晉書

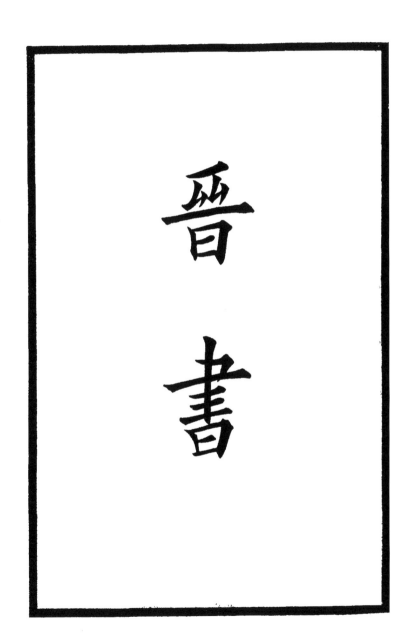

四部備要

史部

上海中華書局據武英殿本校刊

桐鄉　陸費逵總勘
杭縣　高時顯
　　　吳汝霖輯校
杭縣　丁輔之監造

晉書卷十九

唐　太　宗　文　皇　帝　御　撰

志第九

禮上

夫人含天地陰陽之靈有哀樂喜怒之情迺聖垂範以爲民極節其驕淫以防其暴亂崇高天地虔敬鬼神列尊卑之序成夫婦之義然後爲國爲家可得而治也傳曰一日克己復禮天下歸仁若迺太一初分燧人鑽火志有暢於恭儉情不由乎玉帛而酌玄流於春澗之右焚封豕於秋林之外亦無得而闕焉軒頊依神唐虞稽古逮乎隆周其文大備或垂百官之範置不刊之法或禮經三百威儀三千皆所以弘宣天意雕刻人理叔代澆訛王風陵謝事睽光國禮亦愆家趙簡子問太叔以揖讓周旋之禮對曰蓋所謂儀而非禮也天經地義之道自茲尤缺哀公十一年孔子自衞反魯述三代之典垂百王之訓時無明后道噎不行若夫情尙分流隄防之仁是棄澆訛異術洙泗之風斯泯是以漢文

罷再朞之喪中興爲一郊之祭隨時之義不其然歟而西京元鼎之辰中興永平之日疏璧流而延冠帶啓儒門而引諸生兩京之盛於斯爲美及山魚登俎澤豕睽經禮樂恆委浮華相尚而郊禋之制綱紀或存魏氏光宅憲章斯美王肅高堂隆之徒博通前載三千條之禮十七篇之學各以舊文增損當世豈所謂致君於堯舜之道焉世屬雕牆時逢秕政周因之典務多違俗而遺編殘冊猶有可觀者也景初元年營洛陽南委粟山以爲圓丘祀之日以始祖帝舜配房俎生魚陶樽玄酒非搢紳爲之綱紀其孰能與於此者哉宣景戎旅未遑伊制太康平吳九州共一禮經咸至樂器同歸於是齊魯諸生各攜緗素武皇帝亦初平寇亂意先儀範其吉禮也則三茅不翦日觀停瑄其凶禮也則深衣布冠降席徹膳明乎一謙三益之義而教化行焉元皇中興事多權道遺文舊典不斷如髮是以常侍戴邈詣闕上疏云方今天地更始萬物權輿蕩近世之流弊創千齡之英範是故雙劍之節崇而飛白之俗成挾琴之容飾而赴曲之和作其所以與起禮文勸帝身先之也穆哀之後王猷漸替桓溫居揆政由己出

而有司或曜斯文增暉執事主威長謝臣道專行記曰苟無其位不可以作禮樂豈斯之謂歟晉始則有荀顗鄭沖裁成國典江左則有荀崧刁協損益朝儀周官五禮吉凶軍賓嘉而吉禮之大莫過祭祀故洪範八政三曰祀祀者所以昭孝事祖通于神明者也漢興承秦滅學之後制度多未能復古歷東西京四百餘年故往往改變魏氏承漢末大亂舊章殄滅命侍中王粲尚書衞覬草創朝儀及晉國建文帝又命荀顗因魏代前事撰爲新禮參考今古更其節文羊祜任愷庾峻應貞並共刊定成百六十五篇奏之太康初尚書僕射朱整奏付尚書郎摯虞討論之虞表所宜損增曰臣典校故太尉顗所撰五禮臣以爲夫革命以垂統帝王之美事也隆禮以率教邦國之大務也是以臣前表禮事稽留求速訖施行又以喪服最多疑闕宜見補定又以今禮篇卷煩重宜隨類通合事久不出懼見寢嘿蓋冠婚祭會諸吉禮其制少變至於喪服世之要用而特易失旨故子張疑高宗諒陰三年子思不聽其子服出母子游謂異父昆弟大功而子夏謂之齊衰及孔子沒而門人疑於所服此等皆明達習禮仰讀周

典俯師仲尼漸漬聖訓講肄積年及遇喪事猶尚若此明喪禮易惑不可不詳
也況自此已來篇章焚散去聖彌遠喪制詭謬固其宜矣是以喪服一卷卷不
盈握而爭說紛然三年之喪鄭云二十七月王云二十五月改葬之服鄭云服
緦三月王云葬訖而除繼母出嫁鄭云皆服王云從乎繼寄育乃爲之服無服
之殤鄭云子生一月哭之一日王云以哭之日易服之月如此者甚衆喪服本
文省略必待注解事義迺彰其傳說差詳世稱子夏所作鄭王祖經宗傳而各
有異同天下並疑莫知所定而顗直書古經文而已盡除子夏傳及先儒注說
其事不可得行及其行事故當還頒異說一彼一此非所以定制也臣以爲今
宜參采禮記略取傳說補其未備一其殊義可依準王景侯所撰喪服變除使
類統明正以斷疑爭然後制無二門咸同所由又有此禮當班於天下不宜繁
多顗爲百六十五篇篇爲一卷合十五餘萬言臣猶謂卷多文煩類皆重出案
尚書堯典祀山川之禮惟於東嶽備稱牲幣之數陳所用之儀其餘則但曰如
初周禮祀天地五帝享先王其事同者皆曰亦如之文約而義舉今禮儀事同

而名異者輒別爲篇卷煩而不典皆宜省文通事隨類合之事有不同乃列其異如此此所減三分之一虞討論新禮訖以元康元年上之所陳惟明堂五帝二社六宗及吉凶王公制度凡十五篇有詔可其議後虞與傅咸纘續其事竟未成功中原覆沒虞之決疑注是其遺事也逮于江左僕射刁協太常荀崧補緝舊文光祿大夫蔡謨又踵脩其事云

魏明帝太和元年正月丁未郊祀武帝以配天宗祀文帝於明堂以配上帝於是時二漢郊禋之制具存魏所損益可知

四年八月天子東巡過繁昌使執金吾臧霸行大尉事以特牛祠受禪壇

景初元年十月乙卯始營洛陽南委粟山爲圓丘詔曰昔漢氏之初承秦滅學之後採摭殘缺以備郊祀自甘泉后土雍宮五時神祇兆位多不經見並以興廢無常一彼一此四百餘年廢無禘禮古代之所更立者遂有闕焉曹氏世係出自有虞氏今祀圜丘以始祖帝舜配號圜丘曰皇皇帝天方丘所祭曰皇皇后地以舜妃伊氏配天郊所祭曰皇天之神以太祖武皇帝配地郊所祭曰皇

地之祇以武宣皇后配宗祀皇考高祖文皇帝於明堂以配上帝十二月壬子冬至始祀皇皇帝天于圜丘以始祖有虞帝舜配自正始以後終魏世不復郊祀

魏元帝咸熙二年十二月甲子持節侍中太保鄭沖兼太尉司隸校尉李憙奉皇帝璽綬策書禪位于晉景寅武皇帝設壇場于南郊柴燎告類于上帝是時尚未有祖配泰始二年正月詔曰有司前奏郊祀權用魏禮朕不慮改作之難令便爲永制衆議紛互遂不時定不得以時供饗神祇配以祖考日夕難企貶食忘安其便郊祀時羣臣又議五帝卽天地王氣時異故殊其號雖名有五其實一神明堂南郊宜除五帝之坐五郊改五精之號皆同稱昊天上帝各設一坐而已地郊又除先后配祀帝悉從之二月丁丑郊祀宣皇帝以配天宗祀文皇帝於明堂以配上帝是年十一月有司又議奏古者丘郊不異宜幷圜丘方丘於南北郊更脩立壇兆其二至之祀合於二郊帝又從之一如宣帝所用王肅議也是月庚寅冬至帝親祀圓丘於南郊自是後圓丘方澤不別立

太康三年正月帝親郊祀皇太子皇子悉侍祠十年十月又詔曰孝經郊祀后稷以配天宗祀文王於明堂以配上帝而周官云祀天旅上帝又曰祀地旅四望望非地則明堂上帝不得爲天地往者衆議除明堂五帝位考之禮文不正且詩序曰文武之功起於后稷故推以配天焉宣帝以神武創業既已配天復以先帝配天於義亦所不安其復明堂及南郊五帝位愍帝都長安未及立郊廟而敗元帝渡江太興二年始議立郊祀儀尚書令刁協國子祭酒杜夷議宜須旋都洛邑乃脩之司徒荀組據漢獻帝都許卽便立郊自宜於此脩奉驃騎王導僕射荀崧太常華恆中書侍郎庾亮皆同組議事遂施行立南郊於巳地其制度皆太常賀循所定多依漢及晉初之儀三月辛卯帝親郊祀饗配之禮一依武帝始郊故事是時尚未立北壇地祇衆神共在天郊

明帝太寧三年七月始詔立北郊未及建而帝崩及成帝咸和八年正月追述前旨於覆舟山南立之天郊則五帝之佐日月五星二十八宿文昌北斗三台司命軒轅后土太一天一太微勾陳北極雨師雷電司空風伯老人凡六十二

神也地郊則五嶽四望四海四瀆五湖五帝之佐沂山嶽山白山霍山醫無閭山蔣山松江會稽山錢唐江先農凡四十四神也江南諸小山蓋江左所立猶如漢西京關中小水皆有祭秩也是月辛未祀北郊始以宣穆張皇后配地魏氏故事非晉舊也

康帝建元元年正月將北郊有疑議太常顧和表泰始中合二至之禮於二郊北郊之月古無明文或以夏至或同用陽月漢光武正月辛未始建北郊此則與南郊同月及中興草創百度從簡合七郊於一丘憲章未備權用斯禮蓋時宜也至咸和中議別立北郊同用正月魏承漢後正月祭天以地配時高堂隆等以爲禮祭天不以地配而稱周禮三王之郊一用夏正於是從和議是月辛未南郊辛巳北郊帝皆親奉

安帝元興三年劉裕討桓玄走之己卯告義功于南郊是年帝蒙塵江陵未反其明年應郊朝議以爲宜依周禮宗伯攝職三公行事尚書左丞王納之獨曰既殯郊祀自是天子當陽有君存焉稟命而行何所辯也郊之與否豈如今日

之比乎議者又云今宜郊故是承制所得令三公行事又郊天極尊惟一而已故非天子不祀也庶人以上莫不蒸嘗嫡子居外介子執事未有不親受命而可祭天者納之又曰武皇受禪用二月郊元帝中興以三月郊今郊時未過日月望輿駕無爲欲速而使皇輿旋反更不得親奉也於是從納之議

郊廟牲幣璧玉之色雖有成文秦世多以騮駒漢則但云犢未辯其色江左南北郊同用玄牲明堂廟社同以赤牲禮有事告祖禰宜社之文未有告郊之典也漢儀天子之喪使太尉告諡于南郊他無聞焉

魏文帝黃初四年七月帝將東巡以大軍當出使太常以一特牛告祠南郊及文帝崩太尉鍾繇告諡南郊皆是有事於郊也江左則廢

禮春分祀朝日於東秋分祀夕月於西漢武帝郊泰時平旦出竹宮東向揖日其夕西向揖月旣郊日月又不在東西郊也後遂旦夕常拜故魏文帝詔曰漢氏不拜日於東郊而旦夕常於殿下東西拜日月煩褻似家人之事非事天神之道也

黃初二年正月乙亥祀朝日于東郊之外又違禮二分之義

魏明帝太和元年二月丁亥祀朝日于東郊八月己丑祀夕月于西郊始得古禮及武帝太康二年有司奏春分依舊請車駕祀朝日寒温未適可不親出詔曰禮儀宜有常若如所奏與故太尉所撰不同復爲無定制也間者方難未平故每從所奏今戎事弭息惟此爲大按此詔帝復爲親祀朝日也此後廢

禮郊祀后稷以配天宗祀文王於明堂以配上帝魏文帝卽位用漢明堂而未有配

明帝太和元年始宗祀文帝於明堂齊王亦行其禮晉初以文帝配後復以宣帝尋復還以文帝配其餘無所變革是則郊與明堂同配異配參差不同矣摯虞議以爲漢魏故事明堂祀五帝之神新禮五帝卽上帝卽天帝也明堂除五帝之位惟祭上帝按仲尼稱郊祀后稷以配天宗祀文王於明堂以配上帝周禮祀天旅上帝祀地旅四望望非地則上帝非天斷可識矣郊丘之祀掃地而祭牲用繭栗器用陶匏事反其始故配以遠祖明堂之祭備物以薦三牲並陳

籩豆成列禮同人理故配以近考郊堂兆位居然異體牲牢品物質文殊趣且祖考同配非謂尊嚴之美三日再祀非謂不黷之義其非一神亦足明矣昔在上古生爲明王沒則配五行故太昊配木神農配火少昊配金顓頊配水黃帝配土此五帝者配天之神同兆之於四郊報之於明堂祀天大裘而冕五帝亦如之或以爲五精之帝佐天育物者也前代相因莫之或廢晉初始從異議庚午詔書明堂及南郊除五帝之位惟祀天神新禮奉而用之前太醫令韓楊上書宜如舊祀五帝太康十年詔已施用宜定新禮明堂及郊祀五帝如舊詔從之江左以議後未遑脩建漢儀太史每歲上其年曆先立春立夏大暑立秋立冬常讀五時令皇帝所服各隨五時之色帝升御坐尚書令以下就席位尚書三公郎以令置案上奉以入就席伏讀訖賜酒一巵魏氏常行其禮魏明帝景初元年通事白曰前後但見讀春夏秋冬四時令至於服黃之時獨闕不讀今不解其故散騎常侍領太史令高堂隆以爲黃於五行中央土也王四季各十八日土生於火故用事之末服黃三季則否其令則隨四時不以五行爲令也

是以服黃無令斯則魏氏不讀大暑令也及晉受命亦有其制傅咸云立秋一日白路光於紫庭白旂陳於玉堦然則其日旂路皆白也

成帝咸和五年六月丁未有司奏讀秋令兼侍中散騎常侍荀弈兼黃門侍郎散騎侍郎曹宇駮曰尚書三公曹奏讀秋令儀注舊典未備臣等參議光祿大夫臣華恆議武皇帝以秋夏盛暑常闕不讀令在春冬不廢也夫先王所以順時讀令者蓋後天而奉天時正服尊嚴之所重今服章多闕加比熱隆赫臣等謂可如恆議依故事闕而不讀詔可六年三月有司奏今月十六日立夏令正服漸備四時讀令是祇述天和隆殺之道謂今故宜讀夏令奏可

禮孟春之月乃擇元辰天子親載耒耜措之于參保介之御間帥三公九卿諸侯大夫躬耕帝耤至秦滅學其禮久廢漢文帝之後始行斯典魏之三祖亦皆親耕耤田及武帝泰始四年有司奏耕祠先農可令有司行事詔曰夫國之大事在祀與農是以古之聖王躬耕帝耤以供郊廟之粢盛且以訓化天下近世以來耕耤止於數步之中空有慕古之名曾無供祀訓農之實而有百官車徒

之費今脩千畝之制當與羣公卿士躬稼穡之艱難以率先天下主者詳具其制下河南處田地於東郊之南洛水之北若無官田隨宜便換而不得侵人也於是乘輿御木輅以耕以太牢祀先農自惠帝之後其事便廢

江左元帝將脩耕耤尚書符問耤田至尊應躬祠先農不賀循答漢儀無止有至尊應自祭之文然則周禮王者祭四望則毳冕祭社稷五祀則絺冕以此不爲無親祭之義也宜立兩儀注賀循等所上儀注又未詳允事竟不行後哀帝復欲行其典亦不能遂漢儀縣邑常以乙日祠先農乃耕於乙地以景戌日祠風伯於戌地以己丑日祠雨師於丑地牲用羊豕立春之日皆青幡幘迎春于東郊外野中迎春至自野中出則迎拜之而還弗祭三時不迎

魏氏惟天子耕耤藩鎮闕諸侯百畝之禮及武帝末有司奏古諸侯耕耤田百畝躬執耒以奉社稷宗廟以勸率農功今諸王臨國宜依脩耕耤之義然竟未施行

周禮王后帥內外命婦享先蠶於北郊漢儀皇后親桑東郊苑中蠶室祭蠶神

曰苑窳婦人寓氏公主祠用少牢

魏文帝黃初七年正月命中宮蠶于北郊依周典也及武帝太康六年散騎常侍華嶠奏先王之制天子諸侯親耕耤田千畝后夫人躬蠶桑宮今陛下以聖明至仁脩先王之緒皇后體資生之德合配乾之義而坤道未光蠶禮尚缺以爲宜依古式備斯盛典詔曰昔天子親耤以供粢盛后夫人躬蠶以備祭服所以聿遵孝敬明教示訓也今耤田有制而蠶禮不脩由中間務多未暇崇備今天下無事宜脩禮以示四海其詳依古典及近代故事以參今宜明年施行於是蠶於西郊蓋與耤田對其方也乃使侍中成粲草定其儀先蠶壇高一丈方二丈爲四出陛陛廣五尺在皇后採桑壇東南帷宮外門之外而東南去帷宮十丈在蠶室西南桑林在其東取列侯妻六人爲蠶母蠶將生擇吉日皇后著十二笄步搖依漢魏故事衣青衣乘油畫雲母安車駕六騩馬女尚書著貂蟬佩璽陪乘載筐鉤公主三夫人九嬪世婦諸太妃太夫人及縣鄉君郡公侯特進夫人外世婦命婦皆步搖衣青各載筐鉤從蠶先桑二日蠶室生蠶著薄上

桑曰皇后未到大祝令質明以一太牢告祠謁者一人監祠祠畢徹饌班餘胙於從桑及奉祠者皇后至西郊升壇公主以下陪列壇東皇后東面躬桑採三條諸妃公主各採五條縣鄉君以下各採九條悉以桑授蠶母還蠶室事訖皇后還便坐公主以下乃就位設饗宴賜絹各有差

前漢但置官社而無官稷王莽置官稷後復省故漢至魏但太社有稷而官社無稷故常二社一稷也

晉初仍魏無所損益至太康九年改建宗廟而社稷祠壇與廟俱徙乃詔曰社實一神其并二社之祀於是車騎司馬傅咸表曰祭法王社大社各有其義天子尊事宗廟故冕而躬耕躬耕也者所以重孝享之粢盛親耕故自報自爲立社者爲耤田而報者也國以人爲本人以穀爲命故又爲百姓立社而祈報焉事異報殊此社之所以有二也王景侯之論王社亦謂春祈耤田秋而報之也其論大社則曰王者布下圻內爲百姓立之謂之大社不自立之於京都也景侯此論據祭法祭法大夫以下成羣立社曰置社景侯解曰今之里社是也景

侯解祭法則以置社爲人間之社矣而別論復以大社爲人間之社未曉此旨也大社天子爲百姓而祀故稱天子社郊特牲曰天子大社必受霜露風雨以羣姓之衆王者通爲立社故稱大社也若夫置社其數不一蓋以里所爲名左氏傳盟于清丘之社是衆庶之社既已不稱大矣若復不立之京師當安所立乎祭法又曰王爲羣姓立七祀王自爲立七祀言自爲者自爲而祀也爲羣姓者爲羣姓而祀也大社與七祀其文正等說者窮此因云墳籍但有五祀無七祀也按祭五祀國之大祀七者小祀周禮所云祭凡小祀則墨冕之屬也景侯解大厲曰如周社鬼有所歸乃不爲厲今云無二社者稱景侯祭法不謂無二則曰口傳無其文也夫以景侯之明擬議而後爲解而欲以口論除明文如此非但二社當見思惟景侯之解亦未易除也前被勑尚書召誥乃社于新邑惟一太牢不二社之明義也按郊特牲曰社稷太牢必援一牢之文以明社之無二明稷無牲矣說者曰舉社則稷可知苟可舉社以明稷何獨不舉一以明二國之大事在祀與戎若有二而除之不若過而存之況存之有義而除之無據

乎周禮封人掌設社壝無稷字今帝社無稷蓋出於此然國主社稷故經傳動稱社稷周禮王祭社稷則絺冕此王社有稷之文也封人所掌壝之無稷字說者以爲略文從可知也謂宜仍舊立二社而加立帝社之稷時成粲議據景侯論大社不立京都欲破鄭氏學咸重表以爲如祭法之論景侯之解交以此壞大雅云乃立冢土毛公解曰冢土大社也景侯解詩即用此說禹貢惟土五色景侯解曰王者取五色土爲大社封四方諸侯各割其方色王者覆四方也如此大社復爲立京都也不知此論何從而出而與解乖上違經記明文下壞景侯之解臣雖頑蔽少長學門不能默已謹復續上劉寔與咸議同詔曰社稷一神而相襲二位衆議不同何必改作其便仍舊一如魏制其後摯虞奏以爲臣按祭法王爲羣姓立社曰太社王自爲立社曰王社周禮大司徒設其社稷之壝又曰以血祭社稷則大社也又曰封人掌設王之社壝又有軍旅宜乎社則王社也太社爲羣姓祈報祈報有時主不可廢故凡被社釁鼓主奉以從是也此皆二社之明文前代之所尊以尚書召誥社于新邑三牲各文詩稱乃立冢

土無兩社之文故廢帝社惟立大社詩書所稱各指一事又皆在公旦制作之前未可以易周禮之明典祭法之正義前改建廟社營一社之處朝議斐然執古匡今世祖武皇帝躬發明詔定二社之義以爲永制宜定新禮從二社詔從之至元帝建武元年又依洛京立二社一稷其大社之祝曰地德普施惠存無疆乃建大社保祐萬邦悠悠四海咸賴嘉祥其帝社之祝曰坤德厚載邦畿是保乃建帝社以神地道明祀惟辰景福來造

漢儀每月旦太史上其月歷有司侍郎尚書見讀其令奉行其正朔前後二日牽牛酒至社下故以祭日日有變割羊以祠社用救日變執事者長冠衣絳領袖緣中衣絳緣以行禮如故事自晉受命日月將交會太史乃上合朔尚書先事三日宣攝內外戒嚴摯虞決疑曰凡救日蝕者著赤幘以助陽也日將蝕天子素服避正殿內外嚴警太史登靈臺伺候日變便伐鼓於門聞鼓音侍臣皆著赤幘帶劍入侍三臺令史以上皆各持劍立其戶前衛尉卿驅馳繞宮伺察守備周而復始亦伐鼓於社用周禮也又以赤絲爲繩以繫社祝史陳辭以責

之勾龍之神天子之上公故陳辭以責之日復常乃罷

漢建安中將正會而太史上言正旦當日蝕朝士疑會否共諮尚書令荀彧時廣平計吏劉邵在坐曰梓慎裨竈古之良史猶占水火錯失天時諸侯旅見天子入門不得終禮者四日蝕在一然則聖人垂制不爲變異豫廢朝禮者或災消異伏或推術謬誤也彧及衆人咸善而從之遂朝會如舊日亦不蝕邵由此顯名至武帝咸寧三年四年並以正旦合朔却元會改魏故事也

元帝太興元年四月合朔中書侍郎孔愉奏曰春秋日有蝕之天子伐鼓于社攻諸陰也諸侯伐鼓于朝臣自攻也按尚書符若日之有變便擊鼓於諸門有違舊典詔曰所陳有正義輒勑外改之至康帝建元元年太史上元日合朔後復疑應却會與否庾冰輔政寫劉邵議以示八坐于時有謂邵爲不得禮意荀彧從之是勝人之一失故蔡謨遂著議非之曰邵論災消異伏又以梓慎裨竈猶有錯失太史上言亦不必審其理誠然也而云聖人垂制不爲變異豫廢朝禮此則謬矣災祥之發所以譴告人君王者之所重誠故素服廢樂退避正寢

百官降物用幣伐鼓躬親而救之夫敬誠之事與其疑而廢之寧慎而行之故孔子老聃助葬於巷黨以表不見星而行故日蝕而止柩曰安知其不見星也而邵廢之是棄聖賢之成規也魯桓公壬申有災而以乙亥嘗祭春秋譏之災事既過猶追懼未已故廢宗廟之祭況聞天眚將至行慶樂之會於禮乖矣禮記所云諸侯入門不得終禮者謂日官不豫言諸侯入見蝕乃知耳非先聞當蝕而朝會不廢也引此可謂失其義旨劉邵所執者禮記也夫子老聃巷黨之事亦禮記所言復違而反之進退無據然荀令所言漢朝所從遂使此言至今見稱莫知其謬矣後君子將擬以爲式故正之云爾於是冰從衆議遂以却會至永和中殷浩輔政又欲從劉邵議不却會王彪之據咸寧建元故事又曰禮云諸侯旅見天子不得終禮而廢者四自謂卒暴有之非爲先存其事而僥倖史官推術繆錯故不豫廢朝禮也於是又從彪之議

尚書禋于六宗諸儒互說往往不同王莽以易六子遂立六宗祠魏明帝時疑其事以問王肅亦以爲易六子故不廢及晉受命司馬彪等表六宗之祀不應

特立新禮於是遂罷其祀其後摯虞奏之又以爲按舜受終類于上帝禋于六宗望于山川則六宗非上帝之神又非山川之靈也周禮四師職曰用牲于社宗黨正職曰春秋祭禜亦如之肆師之宗與社並列則班與社同也黨正之宗文不繫社則神與社異也周之命祀莫重郊社宗同於社則貴神明矣又月令孟冬祈于天宗則周禮祭禜月令天宗六宗之神也漢光武即位高邑依虞書禋于六宗安帝元初中立祀乾位禮同大社魏氏因之至景初二年大議其神朝士紛紜各有所執惟散騎常侍劉邵以爲萬物負陰而抱陽沖氣以爲和六宗者太極沖和之氣爲六氣之宗者也虞書謂之六宗周書謂之天宗是時考論異同而從其議漢魏相仍著爲貴祀凡崇祀百神放而不致有其興之則莫敢廢之宜定新禮祀六宗如舊詔從之

禮王爲羣姓立七祀曰司命中霤國門國行太厲戶竈仲春玄鳥至之日以太牢祀高禖毛詩絲衣篇高子曰靈星之戶漢興高帝亦立靈星祠及武帝以李少君故始祠竈及生戾太子始立高禖漢儀云國家亦有五祀有司行事其禮

頗輕於社稷則亦存其典矣又云常以仲春之月立高禖祠于城南祀以特牲

又是月也祠老人星于國都南遂郊老人星廟立夏祭竈季秋祠心星于城南

壇心星廟元康時洛陽猶有高禖壇百姓祠其旁或謂之落星是後諸祀無聞

江左以來不立七祠靈星則配饗南郊不復特置焉左氏傳龍見而雩經典尚

矣漢儀自立春至立夏盡立秋郡國尚旱郡縣各掃除社稷其旱也公卿官長

以次行雩禮求雨閉諸陽衣皂興土龍立土人舞僮二佾七日一變如故事

武帝咸寧二年春分久旱四月丁巳詔曰諸旱處廣加祈請五月庚午始祈雨

于社稷山川六月戊子獲澍雨此雩之舊典也

太康三年四月十年二月又如之其雨多則禜祭赤幘朱衣閉諸陰朱索禜社

伐朱鼓焉

周禮王者祭昊天上帝日月星辰司中司命風伯雨師社稷五土五嶽山林川

澤四方百物兆四類四望亦如之

魏文帝黃初二年六月庚子初禮五嶽四瀆咸秩羣祀瘞沉珪璧六年七月帝

以舟軍入淮九月壬戌遣使者沈璧于淮

魏明帝太和四年八月帝東巡遣使者以特牛祠中嶽

魏元帝咸熙元年行幸長安使使者以璧幣禮祠華山及穆帝升平中何琦論

備五嶽祠曰唐虞之制天子五載一巡狩順時之方柴燎五嶽望于山川徧于羣神故曰因名山升中于天所以昭告神祇饗報功德是以災厲不作而風雨寒暑以時降及三代年數雖殊而其禮不易五嶽視三公四瀆視諸侯著在經記所謂有其舉之莫敢廢也及秦漢都西京涇渭長水雖不在祀典以近咸陽故盡得比大川之祠而正立之祀可以闕哉自永嘉之亂神州傾覆茲事替矣惟灊之天柱在王略之內也舊臺選百戶吏卒以奉其職中興之際未有官守廬江郡常遣太史兼假四時禱賽春釋寒而冬請冰咸和迄今又復隳替計今非典之祠可謂非一考其正名則淫昏之鬼推其糜費則百姓之蠹而山川大神更爲簡缺禮俗頹紊人神雜擾公私奔惑漸以繁滋良由頃國家多難日不暇給草建廢滯事有未遑今元憝已殲宜脩舊典嶽瀆之域風教所被來蘇之

衆咸蒙德澤而神明禋祀未之或甄巡狩柴燎其廢尚矣崇明前典將俟皇輿
北旋稽古憲章大釐制度俎豆牲牢祝嘏大辭舊章靡記可令禮官作式歸諸
誠簡以達明德馨香如斯而已其諸祆孽可粗依法令先去其甚俾邪正不黷
時不見省
昔武王入殷未及下車而封先代之後蓋追思其德也孔子以大聖而終於陪
臣未有封爵至漢元帝孔霸以帝師賜爵號褒成君奉孔子後
魏文帝黃初二年正月詔以議郎孔羨爲宗聖侯邑百戸奉孔子祀令魯郡脩
舊廟置百戸吏卒以守衞之及武帝泰始三年十一月改宗聖侯孔震爲奉聖
亭侯又詔太學及魯國四時備三牲以祀孔子
明帝太寧三年詔給奉聖亭侯孔亭四時祠孔子祭宜如泰始故事
禮始立學必先釋奠于先聖先師及行事必用幣漢世雖立學斯禮無聞魏齊
王正始二年二月帝講論語通五年正月講尚書通七年十二月講禮記通並
使太常釋奠以太牢祠孔子於辟雍以顏回配

武帝泰始七年皇太子講孝經通咸寧三年講詩通太康三年講禮記通惠帝元康三年皇太子講論語通元帝太興二年皇太子講論語通太子並親釋奠以太牢祠孔子以顏回配成帝咸康元年帝講詩通穆帝升平元年三月帝講孝經通孝武寧康三年七月帝講孝經通並釋奠如故事穆帝孝武並權以中堂爲太學

故事祀皐陶於廷尉寺新禮移祀於律署以同祭先聖於太學也故事祀以社日新禮改以孟秋之月以應秋政摯虞以爲按虞書皐陶作士師惟明克允國重其功人思其當是以獄官禮其神繫者致其祭功在斷獄之成不在律令之始也太學之設義重太常故祭于太學是崇聖而從重也律署之置卑於廷尉移祀於署是去重而就輕也律非正署廢興無常宜如舊祀於廷尉又祭用仲春義取重生改用孟秋以應刑殺理未足以相易宜定新禮皆如舊制可

歲旦常設葦茭桃梗磔雞於宮及百寺之門以禳惡氣按漢儀則仲夏設之有桃卯無磔雞及魏明帝大儺禳禮故何晏禳祭議雞特牲供禳釁之事磔雞宜

起於魏印本漢制所以輔卯金又宜魏所除也且未詳改仲夏在歲旦之所起耳

魏明帝青龍元年詔郡國山川不在祀典勿立祠

武帝泰始元年十二月詔曰昔聖帝明王脩五嶽四瀆名山川澤各有定制所以報陰陽之功故也然以道蒞天下者其鬼不神其神不傷人故祝史薦而無媿辭是以其人敬愼幽冥而淫祀不作末世信道不篤僭禮瀆神縱欲祈請曾不敬而遠之徒偷以求幸祆妄相煽舍正爲邪故魏朝疾之其按舊禮具爲之制使功著於人者必有其報而祆淫之鬼不亂其間二年正月有司奏春分祠厲殃及禳祠詔曰不在祀典除之

王制天子七廟諸侯以下各有等差禮文詳矣漢獻帝建安十八年五月以河北十二郡封魏武帝爲魏公是年七月始建宗廟于鄴自以諸侯禮立五廟也後雖進爵爲王無所改易

延康元年文帝繼王位七月追尊皇祖爲大王夫人曰大王后黃初元年十一

月受禪又追尊大王曰大皇帝皇考武王曰武皇帝二年六月以洛京宗廟未成乃祠武帝於建始殿親執饋奠如家人禮按禮將營宮室宗廟爲先庶人無廟故祭於寢帝者行之非禮甚矣

明帝太和三年六月又追尊高祖大長秋曰高皇夫人吳氏曰高皇后並在鄴廟之所祠則文帝之高祖處士曾祖高皇大帝共一廟考太祖武皇帝特一廟百世不毀然則所祠止於親廟四室也其年十一月洛京廟成則以親盡遷處士主置園邑使行太傅太常韓暨行太常宗正曹恪持節迎高祖以下神主共一廟猶爲四室而已至景初元年六月羣公有司始更奏定七廟之制曰大魏三聖相承以成帝業武皇帝肇建洪基撥亂夷險爲魏太祖文皇帝繼天革命應期受禪爲魏高祖上集成大命清定華夏興制禮樂宜爲魏烈祖於太祖廟北爲二祧其左爲文帝廟號曰高祖昭祧其右擬明帝號曰烈祖穆祧三祖之廟萬世不毀其餘四廟親盡迭遷一如周后稷文武廟祧之禮文帝甄后賜死故不列廟明帝卽位有司奏請追謚曰文昭皇后使司空王朗持節奉策告祠

于陵三公又奏曰自古周人禘祖后稷又特立廟以祀姜嫄今文昭皇后於後嗣聖德至化豈有量哉夫以皇家世妃之尊神靈遷化而無寢廟以承享祀非以報顯德昭孝敬也稽之古制宜依周禮別立寢廟奏可

太和元年二月立廟于鄴四月洛邑初營宗廟掘地得玉璽方一寸九分其文曰天子羨思慈親明帝爲之改容以太牢告廟至景初元年十二月己未有司又奏文昭皇后立廟京師永傳享祀樂舞與祖同廢在鄴廟

魏元帝咸熙元年進文帝爵爲王追命舞陽宣文侯爲宣王忠武侯爲景王是年八月文帝崩謚曰文王武帝泰始元年十二月景寅受禪丁卯追尊皇祖宣王爲宣皇帝伯考景王爲景皇帝考文王爲文皇帝宣王妃張氏爲宣穆皇后景王夫人羊氏爲景皇后二年正月有司奏置七廟帝重其役詔宜權立一廟於是羣臣議奏上古清廟一宮尊遠神祇逮至周室制爲七廟以辯宗祧聖旨深弘遠跡上世敦崇唐虞舍七廟之繁華遵一宮之遠旨昔舜承堯禪受終于文祖遂陟帝位蓋三十載月正元日又格于祖遂陟帝位此則虞氏不改唐廟

因仍舊宮可依有虞氏故事即用魏廟奏可於是追祭征西將軍豫章府君潁川府君京兆府君與宣皇帝景皇帝文皇帝爲三昭三穆是時宣皇未升太祖虛位所以祠六世與景帝爲七廟其禮則據王肅說也七月又詔曰主者前奏就魏舊廟誠亦有準然於祇奉明主情猶未安宜更營造於是改創宗廟十一月追尊景帝夫人夏侯氏爲景懷皇后任茂議以爲夏侯初嬪之時未有王業帝不從太康元年靈壽公主脩麗祔于太廟周漢未有其準魏明帝則別立平原主廟晉又異魏也六年因廟陷當改脩創羣臣又議奏曰古者七廟所建自宜如禮詔曰古雖七廟自近代以來皆廟七室於禮無廢於情爲敘亦隨時之宜也其便仍舊至十年乃更改築於宣陽門內窮極壯麗然坎位之制猶如初耳廟成帝用摯虞議率百官遷神主于新廟自征西以下車服導從皆如帝者之儀及武帝崩則遷征西及惠帝崩又遷豫章而惠帝世愍懷太子二子哀太孫臧沖太孫尚並祔廟元帝世懷帝殤太子又祔廟號爲陰室四殤懷帝初又策謚武悼楊后曰武悼皇后改葬峻陽陵側別祠弘訓宮不列於廟元帝既即

尊位上繼武於元爲禰如漢光武上繼元帝故事也是時西京神主湮滅虞庭
江左建廟皆更新造尋以登懷帝之主又遷潁川位雖七室其實五世蓋從刁
協以兄弟爲世數故也于時百度草創舊禮未備毁主權居側室至太興三年
正月乙卯詔曰吾雖上繼世祖然於懷愍皇帝皆北面稱臣今祠太廟不親執
觴酌而令有司行事於情禮不安可依禮更處太常恆言今聖上繼武皇帝宜
準漢世祖故事不親執觴爵又曰今上承繼武帝而廟之昭穆四世而已前太
常賀循博士傅純並以爲惠懷及愍宜別立廟然臣愚謂廟室當以客主爲限
無拘常數殷世有二祖三宗若拘七室則當祭禰而已推此論之宜還復豫章
潁川全成七廟之禮驃騎長史溫嶠議凡言兄弟不相入廟既非禮文且光武
奮劍振起不策名於孝平務神其事以應九世之讖又古不共廟故別立焉今
上以策名而言殊於光武之事躬奉蒸嘗於繼既正於情又安矣太常恆欲還
二府君以全七世嶠謂是宜驃騎將軍王導從嶠議嶠又曰其非子者可直言
皇帝敢告某皇帝又若以一帝爲一世則不祭禰反不及庶人帝從嶠議悉施

用之於是乃更定制還復豫章穎川于昭穆之位以同惠帝嗣武故事而惠懷愍三帝自從春秋尊卑之義在廟不替也及元帝崩則豫章復遷然元帝神位猶在愍帝之下故有坎室者十也至明帝崩而穎川又遷猶十室也于時續廣太廟故三遷主並還西儲名之曰祧以準遠廟成帝咸康五年始作武悼皇后神主祔于廟配饗世祖成帝崩而康帝承統以兄弟一世故不遷京兆始十一室也至康帝崩穆帝立永和二年七月有司奏十月殷祭京兆府君當遷祧室昔征西豫章穎川三府君毀主中興之初權居天府在廟門之西咸康中太常馮懷表續太廟奉還於西儲夾室謂之爲祧疑亦非禮今京兆遷入是爲四世遠祖長在太祖之上昔周室太祖世遠故遷有所歸今晉廟宣皇爲主而四祖居之是屈祖就孫也殷祫在上是代太祖也領司徒蔡謨議四府君宜改築別室若未展者當入就太廟之室人莫敢卑其祖文武不先不窋殷祭之日征西東面處宣皇之上其後遷廟之主藏於征西之祧祭薦不絕護軍將軍馮懷議禮無廟者爲壇以祭可立別室藏之至殷禘則祭于壇也輔國將軍譙王司馬

無忌等議禘諸儒謂太王王季遷主藏於文武之祧如此府君遷主宜在宣帝廟中然今無寢室宜變通而改築又殷祫太廟征西東面尚書郎孫綽與無忌議同曰太祖雖位始九五而道以從暢替人爵之尊篤天倫之道所以成教本而光百代也尚書郎徐禪議禮去祧爲壇去壇爲墠歲祫則祭之今四祖遷主可藏之石室有禱則祭於壇墠又遣禪至會稽訪處士虞喜喜答曰漢世韋玄成等以毀主瘞於園魏朝議者云應埋兩階之間且神主本在太廟若今側室而祭則不如永藏又四君無追號之禮益明應毀而無祭是時簡文爲撫軍與尚書郎劉邵等奏四祖同居西祧藏主石室禘祫乃祭如先朝舊儀時陳留范宣兄子問此禮宣答曰舜廟所以祭皆是庶人其後世遠而毀不居舜廟上不序昭穆今四君號猶依本非以功德致祀也若依虞主之瘞則猶藏子孫之所若依夏主之埋則又非本廟之階宜思其變別築一室親未盡則禘祫處宣帝之上親盡則無緣下就子孫之列其後太常劉遐等同蔡謨議博士或疑陳於太祖者皆其後之毀主憑按古義無別前後之文也禹不先鯀則遷主居太祖

之上亦何疑也於是京兆遷入西儲同謂之祧如前三祖遷主之禮故正室猶十一也穆帝崩而哀帝海西並爲兄弟無所登除咸安之初簡文皇帝上繼元皇世秩登進於是潁川京兆二主復還昭穆之位至簡文崩潁川又遷孝武帝太元十二年五月壬戌詔曰昔建太廟每事從儉太祖虛位明堂未建郊祀國之大事而稽古之制闕然便可詳議祠部郎中徐邈議圓丘郊祀經典無二宣皇帝嘗辯斯義而檢以聖典爰及中興備加研極以定南北二郊誠非異學所可輕改也謂仍舊爲安武皇帝建廟六世祖三昭三穆宣皇帝創基之主寔惟太祖而親則王考四廟在上未及遷也權虛東向之位也兄弟相及義非二世故當今廟祀世數未足而欲太祖正位則違事亡之義矣又禮曰庶子王亦禘祖立廟蓋謂支胤授立則親近必復京兆府君於今六世宜復立此室則宣皇未在六世之上須前世既遷乃太祖位定耳京兆遷毀宜藏主於石室雖禘祫猶弗及何者傳稱毀主升合乎太祖升者自下之名不謂可降尊就卑也太子太孫陰室四主儲嗣之重升祔皇祖所託之廟世遠應遷然後從食之孫與之

俱毀明堂方圓之制綱領已舉不闕配帝之祀且王者以天下爲家未必一邦故周平光武無廢於二京也明堂所祀之神積疑莫辯按易殷薦上帝以配祖考祖考同配則上帝亦爲天而嚴父之義顯周禮旅上帝者有故告天與郊祀常祀同周四圭故並言之若上帝是五帝經文何不言祀天旅五帝祀地旅四望乎侍中車胤議同又曰明堂之制既其難詳且樂主於和禮主於敬故質文不同音器亦殊既茅茨廣夏不一其度何必守其形範而不弘本從俗乎九服咸寧河朔無塵然後明堂辟雍可崇而脩之時朝議多同於是奏行所改十六年始改作太廟殿正室十四間東西儲各一間合十六間棟高八丈四尺備法駕遷神主于行廟征西至京兆四主及太孫各用其位之儀服四主不從帝者儀是與太康異也諸主既入廟設脯醢之奠及新廟成神主還室又設脯醢之奠十九年二月追尊簡文母會稽太妃鄭氏爲簡文皇帝宣太后立廟太廟道西及孝武崩京兆又遷如穆帝之世四祧故事義熙元年四月將殷祠詔博士議遷毀之禮大司馬琅邪王德文議泰始之初虛太祖之位而緣情流遠上及

征西故世盡則宜毁而宣帝正太祖之位又漢光武移十一帝主於洛邑則毁
主不設理可推矣宜築室以居四府君之主永藏而弗祀也大司農徐廣議曰
府君當處廟堂之首歆率土之祭若埋之幽壤於情理未必咸盡謂可遷藏西
儲以爲遠祧而禘饗永絶也太尉諮議參軍袁豹議仍舊無革殷祠猶及四府
君情理爲允時劉裕作輔意與大司馬議同須後殷祠行事改制會安帝崩未
及禘而天祿終焉

武帝咸寧五年十一月己酉弘訓羊太后崩宗廟廢一時之祀天地明堂去樂
且不上胙

穆帝升平五年十月己卯殷祀以帝崩後不作樂

孝武太元十一年九月皇女亡及應烝祠中書侍郎范甯奏按喪服傳有死宮
中者三月不舉祭不別長幼之與貴賤也皇女雖在嬰孩臣竊以爲疑於是尙
書奏使三公行事

武帝泰始七年四月帝將親祠車駕夕牲而儀注還不拜詔問其故博士奏歷

代相承如此帝曰非致敬宗廟之禮也於是實拜而還遂以爲制夕牲必躬臨

拜而江左以來復止

魏故事天子爲次殿於廟殿之北東天子入自北門新禮設次殿於南門中門

外之右天子入自南門摯虞以爲次殿所以爲解息之處凡適尊以不顯爲恭

以由隱爲順而設之於上位入自南門非謙厭之義宜定新禮皆如舊說從之

禮大事則告祖禰小事則特告禰秦漢久廢

魏文帝黄初四年七月將東巡以大軍當出使太常以特牛告南郊及文帝崩

又使太尉告謚策於南郊自是迄晉相承告郊之後仍以告廟至江左其禮廢

至成帝咸和三年蘇峻覆亂京都温嶠等立行廟於白石復行其典告先帝及

后曰逆臣蘇峻傾覆社稷毀棄三正汙辱海內臣侃臣嶠臣亮等手刃戎首龔

行天罰惟中宗元皇帝肅祖明皇帝明穆皇后之靈降鑒有罪勦絶其命翦此

羣凶以安宗廟臣等雖隕首摧軀猶生之年

魏明帝太和三年詔曰禮王后無嗣擇建支子以繼大宗則當纂正統而奉公

義何得復顧私親哉漢宣繼昭帝後加悼考以皇號哀帝以外藩援立而董宏等稱引亡秦惑誤朝議遂尊恭皇立廟京師又寵藩妾使比長信僭差無禮人神弗佑非罪師丹忠正之諫用致丁傅焚如之禍自是之後相踵行之其令公卿有司深以前世爲戒後嗣萬一有由諸侯入奉大統則當明爲人後之義敢爲佞邪導諛君上妄建非正之號謂考爲皇稱妣爲后則股肱大臣誅之無赦其書之金策藏之宗廟是後高貴常道援立皆不外尊及愍帝建興四年司徒梁芬議追尊之禮帝既不從而右僕射索綝等亦稱引魏制以爲不可故追贈吳王爲太保而已

元帝太興三年有詔琅邪恭王宜稱皇考賀循議云禮典之義子不敢以己爵加其父號帝又從之

晉書卷十九

晉書卷十九考證

禮志上北郊之月古無明文或以夏至或同用陽月○陽字下監本脫月字今從宋本增正

郊之與否豈如今日之比乎○郊監本誤作齊

又月令孟冬祈於天宗則周禮祭禜月令天宗六宗之神也○監本脫禜字今增正

宜思其變別築一室○別監本作則今從宋本

晉書卷十九考證

晉書卷二十

唐 太 宗 文 皇 帝 御 撰

志第十

禮中

五禮之別二曰凶自天子至于庶人身體髮膚受之父母其理既均其情亦等生則養死則哀故曰三年之喪天下之達禮者也漢禮天子崩自不豫至於登遐及葬喪紀之制與夫三代變易魏晉以來大體同漢然自漢文革喪禮之制後代遵之無復三年之禮及魏武臨終遺令天下尚未安定未得遵古百官當臨中者十五舉音葬畢便除其將兵屯戍者不得離部魏武以正月庚子崩辛丑即殯是月丁卯而葬是為不踰月也及宣帝景帝之崩並從權制文帝之崩國內服三日武帝亦遵漢魏之典既葬除喪然猶深衣素冠降席撤膳太宰司馬孚太傅鄭沖太保王祥太尉何曾司徒領中領軍司馬望司空荀顗車騎將軍賈充尚書令裴秀尚書僕射武陔都護大將軍郭建侍中郭綏中書監荀勖

中軍將軍羊祜等奏曰臣聞禮典軌度豐殺隨時虞夏商周咸不相襲蓋有由也大晉紹承漢魏有革有因期於足以興化而已故未得皆返太素同規上古也陛下既以俯遵漢魏降喪之典以濟時務而躬蹈大孝情過乎哀素冠深衣降席撤膳雖武丁行之於殷世曾閔履之於布衣未足以踰方今荆蠻未夷庶政未乂萬幾事殷動勞神慮豈遑全遂聖旨以從至情臣等以爲陛下宜割情以康時濟俗輒勑御府易服內省改坐太官復膳諸所施行皆如舊制詔曰每感念幽冥而不得終苴絰於草土以存此痛況當食稻衣錦誠詭然激切其心非所以相解也本諸生家傳禮來久何至一旦便易此情於所天相從已多可試省孔子答宰我之言無事紛紜也言及悲殺奈何奈何孚等重奏伏讀聖詔感以悲懷輒思仲尼所以抑宰我之問聖思所以不能以已甚深甚篤然今者干戈未戢武事未偃萬幾至重天下至衆陛下以萬乘之尊履布衣之禮服麤席稿水飲蔬食殷憂內盈毀悴外表然而躬勤萬幾坐而待旦降心接下仄不遑食所以勞力者如斯之甚是以臣等悚息不寧誠懼神氣用損以疚大事輒

勑有司改坐復常率由舊典惟陛下察納愚款以慰皇太后之心又詔曰重覽奏議益以悲剝不能自勝奈何奈何三年之喪自古達禮誠聖人稱情立哀明恕而行也神靈日遠無所訊告雖薄於情食旨服美所不堪也不宜反覆重傷其心言用斷絕奈何奈何帝遂以此禮終三年後居太后之喪亦如之泰始二年八月詔曰此上旬先帝棄天下日也便以周年吾煢煢當復何時一得敘人子之情邪思慕煩毒欲詣陵瞻侍以盡哀憤主者具行備太宰安平王孚尚書令裴秀尚書僕射武陔等奏陛下至孝烝烝哀思罔極衰麻雖除哀毀蔬食有損神和秋節尚有餘暑謁見山陵悲感摧傷羣下竊用竦息以爲宜降抑聖情以慰萬國詔曰孤煢忽爾日月已周痛慕摧感永無逮及欲瞻奉山陵以敘哀情體氣自佳耳又已涼便當行不得如所奏也主者便具行備又詔曰漢文不使天下盡哀亦帝王至謙之志當見山陵何心而無服其禮以衰絰行秀等重奏曰臣聞上古喪期無數後世乃有年月之漸漢文帝隨時之義制爲短喪傳之于後陛下社稷宗廟之重萬方億兆之故既從權制除衰麻羣臣百姓吉服

今者謁陵以敘哀慕若加衰絰進退無當不敢奉詔詔曰亦知不在此麻布耳然人子情思爲欲令哀喪之物在身蓋近情也羣臣自當按舊制秀等又奏曰臣聞聖人制作必從時宜故五帝殊樂三王異禮此古今所以不同質文所以迭用也陛下隨時之宜既降心克己俯就權制既除衰麻而行心喪之禮今復制服義無所依若君服而臣不服亦未之敢安也參議宜如前奏詔曰患情不能跂及耳衣服何在諸君勤勤之至豈苟相違泰始四年皇太后崩有司奏前代故事倚廬中施白縑帳蓐素牀以布巾裹草軺輦版輿細犢車皆施縑裹詔不聽但令以布衣車而已其餘居喪之制不改禮文有司又奏大行皇太后當以四月二十五日安厝故事虞著衰服既虞而除其內外官寮皆就朝晡臨位御服訖各還所次除衰服詔曰夫三年之喪天下之達禮也受終身之愛而無數年之報奈何葬而便卽吉情所不忍也有司又奏世有險易道有洿隆所遇之時異誠有由然非忽禮也方今戎馬未散王事至殷交須聽斷以熙庶績昔周康王始登翌室猶戴冕臨朝降于漢魏既葬除釋諒闇之禮自遠代而廢矣

惟陛下割高宗之制從當時之宜詔曰夫三年之喪所以盡情致禮葬已便除所以不堪也當敘吾哀懷言用斷絕奈何奈何有司又固請詔曰不能篤孝勿以毀傷爲憂也誠知衣服末事耳然今思存草土率當以吉物奪之迺所以重傷至心非見念也每代禮典質文皆不同耳何爲限以近制使達喪闕然乎羣臣又固請帝流涕久之迺許文明皇后崩及武元楊后崩天下將吏發哀三日止

穆帝崩哀帝立帝於穆帝爲從父昆弟穆帝舅褚歆有表中書答表朝廷無其儀詔下議尚書僕射江虨等四人並云閔僖兄弟也而爲父子則哀帝應爲帝嗣衞軍王述等二十五人云成帝不私親愛越授天倫康帝受命顯宗社稷之重已移所授纂承之序宜繼康皇尚書謝奉等六人云繼體之正宜本天屬考之人情宜繼顯宗也詔從述等議上繼顯宗

寧康二年七月簡文帝崩再周而遇閏博士謝攸孔粲議魯襄二十八年十二月乙未楚子卒實閏月而言十二月者附正於前月也喪事先遠則應用博士

吳商之言以閏月祥尚書僕射謝安中領軍王劭散騎常侍鄭襲右衛將軍殷康驍騎將軍袁宏散騎侍郎殷茂中書郎車胤左丞劉遵吏部郎劉耽意皆同康曰過七月而未及八月豈可謂之踰期必所不了則當從其重者宏曰假值閏十二月而不取者此則歲未終固不可得矣漢書以閏爲後九月明其同體也襲曰中宗肅祖皆以閏月崩祥除之變皆用閏之後月先朝尚用閏之後月令閏附七月取之何疑亦合遠日申請之言又閏是後七而非八也豈踰月之嫌乎尚書令王彪之侍中王混中丞譙王恬右丞戴謐等議異彪之曰吳商中才小官非名賢碩儒公輔重臣爲時所準則者又取閏無證據直擊遠日之義越祥忌限外取不合卜遠之理又丞相桓公嘗論云禮二十五月大祥何緣越期取閏乃二十六月乎於是啓曰或以閏附七月宜用閏月除者或以閏名雖附七月而實以三旬別爲一月故應以七月除者臣等與中軍將軍沖參詳一代大禮宜準經典三年之喪十三月而練二十五月而畢禮之明文也陽秋之義閏在年內則略而不數明閏在年外則不應取之以越期忌之重禮制祥除

必正期月故也己酉晦帝除縞卽吉徐廣論曰凡辦義詳理無顯據明文可以
折中奪易則非疑如何禮疑從重喪易寧戚順情通物固有成言矣彪之不能
徵援正義有以相屈但以名位格人君子虛受心無適莫豈其然哉執政從而
行之其殆過矣魏武以正月崩魏文以其年七月設妓樂百戲是則魏不以喪
廢樂也武帝以來國有大喪輒廢樂終三年惠帝太安元年太子喪未除及元
會亦廢樂穆帝永和中爲中原山陵未脩復頻年元會廢樂是時太后臨朝后
父褚裒薨元會又廢樂也孝武太元六年爲皇后王氏喪亦廢樂孝武崩太傅
錄尙書會稽王道子議山陵之後通婚嫁不得作樂以一期爲斷

漢儀太皇太后皇太后崩長樂太僕少府大長秋典喪事三公奉制度他皆如
禮魏晉亦同天子之儀

泰始十年武元楊皇后崩及將還于峻陽陵依舊制旣葬帝及羣臣除喪卽吉
先是尙書祠部奏從博士張靖議皇太子亦從制俱釋服博士陳逵議以爲今
制所依蓋漢帝權制興於有事非禮之正皇太子無有國事自宜終服有詔更

詳議尚書杜預以爲古者天子諸侯三年之喪始同齊斬既葬除喪服諒闇以居心喪終制不與士庶同禮漢氏承秦天下爲天子脩服三年漢文帝見其下不可久行而不知古制更以意制祥禫除喪卽吉魏氏直以訖葬爲節嗣君皆不復諒闇終制學者非之久矣然竟不推究經傳考其行事專謂王者三年之喪當以衰麻終二十五月嗣君苟若此則天子羣臣皆不得除喪雖志在居篤更通而不行至今世主皆從漢文輕典由處制者非制也今皇太子與尊同體宜復古典卒哭除衰麻以諒闇終制於義既不應不除又無取於漢文乃所以篤喪禮也於是尚書僕射盧欽尚書魏舒問杜預證據所依預云傳稱三年之喪自天子達此謂天子絕期唯有三年喪也非謂居喪衰服三年與士庶同也故后世子之喪而叔嚮稱有三年之喪二也周公不言高宗服喪三年而云諒闇三年此釋服心喪之文也叔嚮不譏景王除喪而譏其燕樂已早明既葬應除而違諒闇之節也春秋晉侯享諸侯子產相鄭伯時簡公未葬請免喪以聽命君子謂之得禮宰咺來歸惠公仲子之賵傳曰弔生不及哀此皆既葬除服

諒闇之證先儒舊說往往亦見學者未之思耳喪服諸侯爲天子亦斬衰豈可謂終服三年邪上考七代未知王者君臣上下衰麻三年者諸下推將來恐百世之主其理一也非必不能乃事勢不得故知聖人不虛設不行之制仲尼曰禮所損益雖百世可知此之謂也於是欽舒從之遂命預造議奏曰侍中尚書令司空魯公臣賈充侍中尚書僕射奉車都尉大梁侯臣盧欽尚書新沓伯臣山濤尚書奉車都尉平春侯臣胡威尚書劇陽子臣魏舒司徒尚書堂陽子臣石鑒尚書豐樂亭侯臣杜預稽首言禮官參議博士張靖等議以爲孝文權制三十六日之服以日易月道有污隆禮不得全皇太子亦宜割情除服博士陳逵等議以爲三年之喪人子所以自盡故聖人制禮自上達下是以今制將吏諸遭父母喪皆假寧二十五月敦崇孝道所以風化天下皇太子至孝著於內而衰服除于外非禮所謂稱情者也宜其不除臣欽臣舒臣預謹按靖逵等議各見所學之一端未統帝者居喪古今之通禮也自上及下尊卑貴賤物有其宜故禮有以多爲貴者有以少爲貴者有以高爲貴者有以下爲貴者唯其稱

也不然則本末不經行之不遠天子之與羣臣雖哀樂之情若一而所居之宜實異故禮不得同易曰上古之世喪期無數虞書稱三載四海遏密八音其後無文至周公旦乃稱殷之高宗諒闇三年不言其傳曰諒信也闇默也下逮五百餘歲而子張疑之以問仲尼仲尼答云何必高宗古之人皆然君薨百官總己以聽於冢宰三年周景王有后世子之喪既葬除喪而樂晉叔向譏之曰三年之喪雖貴遂服禮也王雖弗遂宴樂已早亦非禮也此皆天子喪事見於古文者也稱高宗不云服喪三年而云諒闇三年此釋服心喪之文也譏景王不譏其除喪而譏其宴樂已早明既葬應除而違諒闇之節也堯崩舜諒闇三年故稱遏密八音由此言之天子居喪齊斬之制菲杖絰帶當遂其服既葬而除諒闇以終之三年無改父之道故百官總己聽於冢宰喪服已除故稱不言之美明不復寢苫枕土以荒大政也禮記三年之喪自天子達又云父母之喪無貴賤一也又云端衰喪車皆無等此通謂天子居喪衣服之節同於凡人心喪之禮終於三年亦無服喪三年之文然繼體之君猶多荒寧自從廢諒闇之制

至今高宗擅名於往代子張致疑於當時此乃賢聖所以爲譏非譏天子不以服終喪也秦燔書籍率意而行亢上抑下漢祖草創因而不革乃至率天下皆終重服旦夕哀臨經罹寒暑禁塞嫁娶飲酒食肉制不稱情是以孝文遺詔斂畢便葬葬畢制紅禫之除雖不合高宗諒闇之義近於古典故傳之後嗣于時預脩陵廟故斂葬得在浹辰之內因以定制近至明帝存無陵寢五旬乃葬安在三十六日此當時經學疏略不師前聖之病也魏氏革命以既葬爲節合於古典然不垂心諒闇同譏前代自泰始開元陛下追遵諒闇之禮愼終居篤允臻古制超絕於殷宗天下歌德誠非靖等所能原本也天子諸侯之禮當以具矣諸侯惡其害己而削其籍今其存者唯士喪一篇戴聖之記雜錯其間亦難以取正天子之位至尊萬幾之政至大羣臣之衆至廣不同之於凡人故大行既葬祔祭于廟則因疏而除之己不除則羣臣莫敢除故屈己以除之而諒闇以終制天下之人皆曰我王之仁也屈己以從宜皆曰我王之孝也旣除而心喪我王猶若此之篤也凡等臣子亦焉得不自勉以崇禮此乃聖制移風易俗

之本高宗所以致雍熙豈惟衰裳而已哉若如難者更以權制自居疑於屈伸
厭降欲以職事爲斷則父在爲母期父卒三年此以至親屈於至尊之義也出
母之喪以至親爲屬而長子不得有制體尊之義升降皆從不敢獨也禮諸子
之職掌國子之倅國有事則帥國子而致之太子唯所用之傳曰君行則守有
守則從從曰撫軍守曰監國不無事矣喪服母爲長子妻爲夫妾爲主皆三年
內宮之主可謂無事揆度漢制孝文之喪紅禫既畢孝景卽吉於未央薄后竇
后必不得齊斬於別宮此可知也況皇太子配貳之至尊與國爲體固宜遠遵
古禮近同時制屈除以寬諸下協一代之成典君子之於禮有直而行曲而報
有經而等有順而去之存諸內而已禮云非玉帛之謂喪云唯衰麻之謂乎此
旣臣等所謂經制大義且卽實近言亦有不安今皇太子至孝蒸蒸發於自然
號咷之慕匍匐殯宮大行旣奠往而不反必想像平故彷徨寢殿若不變從諒
闇則東宮臣僕義不釋服此爲永福官屬當獨衰麻從事出入殿省亦難以繼
今將吏雖蒙同二十五月之事寧至於大臣亦奪其制昔翟方進自以身爲漢

相居喪三十六日不敢踰國典而況於皇太子臣等以爲皇太子宜如前奏除服諒闇終制於是太子遂以厭降之議從國制除衰麻諒闇終制于時外內卒聞預異議多怪之或者乃謂其違禮以合時時預亦不自解說退使博士段暢博採典籍爲之證據令大義著明足以垂示將來暢承預旨遂撰集書傳舊文條諸實事成言以爲定證以弘指趣其傳記有與今議同者亦具列之博舉二隅明其會歸以證斯事文多不載武帝楊悼皇后既母養懷帝后遇難時懷帝尚幼及卽位中詔述后恩愛及后祖載羣官議帝應爲追制服或以庶母慈母已依禮制小功五月或以謂慈母服如母服齊衰者衆議不同閭丘沖議云楊后母養聖上蓋以曲情今以恩禮追崇不配世祖廟王者無慈養之服謂宜祖載之日可三朝素服發哀而已於是從之

康帝建元元年正月晦成恭杜皇后周忌有司奏至尊期年應改服詔曰君親名教之重也權制出於近代耳於是素服如舊固非漢魏之典也

興寧元年哀帝章皇太妃薨帝欲服重江虨啓先王制禮應在緦服詔欲降期

彪又啓厭屈私情所以上嚴祖考於是制緦麻三月
孝武寧康中崇德太后褚氏崩后於帝爲從嫂或疑其服博士徐藻議以爲資
父事君而敬同又禮其夫屬父道者其妻皆母道也則夫屬君道妻亦后道矣
服后宜以資母之義魯譏逆祀以明尊尊今上躬奉康穆哀皇及靖后之禮致
敬同於所天豈可敬之以君道而服廢於本親謂應服齊衰期於是帝制期服
隆安四年孝武太皇太后李氏崩疑所服尚書左僕射何澄右僕射王雅尚書
車胤孔安國祠部郎徐廣議太皇太后名位允正體同皇極理制備盡情禮彌
申陽秋之義母以子貴既稱夫人禮服從改故成風顯夫人之號昭公服三年
之喪子於父之所生體尊義重且禮祖不厭孫固宜遂服無屈而緣情立制若
嫌明文不存則疑斯從重謂應同於爲祖母後齊衰期永安皇后無服但一舉
哀百官亦一期詔可
孝武帝太元十五年淑媛陳氏卒皇太子所生也有司參詳母以子貴贈淑媛
爲夫人置家令典喪事太子前衛率徐邈議喪服傳稱與尊卑者爲體則不服

其私親又君父所不服子亦不敢服故王公妾子服其所生母練冠麻衣既葬而除非五服之常則謂之無服從之

太元二十一年孝武帝崩孝武太后制三年之服

惠帝太安元年三月皇太孫尚薨有司奏御服齊衰期詔下通議散騎常侍謝衡以爲諸侯之太子誓與未誓尊卑體殊喪服云爲嫡子長殤謂未誓也已誓則不殤也中書令卞粹曰太子始生故已尊重不待命誓若衡議已誓不殤則元服之子當斬衰三年未誓而殤則雖十九當大功九月誓與不誓爲其升降也微斬衰與大功其爲輕重也遠而今注云諸侯不降嫡殤重嫌於無服以大功爲重嫡之服則雖誓無復有三年之理明矣男能衞社稷女能奉婦道以可成之年而有已成之事故可無殤非孩齔之謂也謂殤後者尊之如父猶無所加而止殤服況以天子之尊而爲服之殤行成人之制邪凡諸宜重之殤皆士大夫不加服而令至尊猶居其重未之前聞也博士蔡克同粹祕書監摯虞云太子初生舉以成人之禮則殤理除矣太孫亦體君傳重由位成而服全非以

年也天子無服殤之義絕期故也於是從之
魏氏故事國有大喪羣臣凶服以帛爲綬囊以布爲劍衣新禮以傳稱去喪無所不佩明在喪則無佩也更制齊斬之喪不佩劍綬摯虞以爲周禮武賁氏士大夫之職也皆以兵守王宮國有喪故則衰葛執戈楯守門葬則從車而哭又成王崩太保命諸大夫以干戈內外警設明喪故之際蓋重宿衛之防去喪無所不佩謂服飾之事不謂防禦之用宜定新禮布衣劍如舊其餘如新制詔從之
漢魏故事將葬設吉凶鹵簿皆有鼓吹新禮以禮無吉駕導從之文臣子不宜釋其衰麻以服玄黃除吉駕鹵簿又凶事無樂遏密八音除凶服之鼓吹摯虞以爲葬有祥車曠左則今之容車也既葬日中反虞逆神而還春秋傳鄭大夫公孫蠆卒天子追賜大路使以行士喪禮葬有稿乘車以載生之服此皆不唯載柩兼有吉駕之明文也既設吉駕則宜有導從以象平生之容明不致死之義臣子衰麻不得爲身而釋以爲君父則無不可顧命之篇足以明之宜定新

禮設吉服導從如舊其凶服鼓吹宜除詔從之
漢魏故事大喪及大臣之喪執紼者輓歌新禮以爲輓歌出於漢武帝役人之
勞歌聲哀切遂以爲送終之禮雖音曲摧愴非經典所制違禮設銜枚之義方
在號慕不宜以歌爲名除不輓歌摯虞以爲輓歌因倡和而爲摧愴之聲銜枚
所以全哀此亦以感衆雖非經典所載是歷代故事詩稱君子作歌惟以告哀
以歌爲名亦無所嫌宜定新禮如舊詔從之
咸寧二年安平穆王薨無嗣以母弟敦上繼獻王後移太常問應何服博士張
靖答宜依魯僖服閔三年例尚書符詰謂穆王不臣敦敦不繼穆與閔僖不同
孫毓宋昌議以穆王不之國敦不仕諸侯不應三年以義處之敦宜服本服一
期而除主穆王喪祭三年畢乃吉祭獻王毓云禮君之子孫所以臣諸兄者以
臨國故也禮又與諸侯爲兄弟服斬者謂鄰國之臣於鄰國之君有猶君之義
故也今穆王既不之國不臣兄弟敦不仕諸侯無鄰臣之義異於閔僖如符旨
也但喪無主敦既奉詔紹國受重主喪典其祭祀大功者主人之喪有三年者

則必爲之再祭鄭氏注云謂死者之從父昆弟來爲喪主也有三年者謂妻若
子幼少也再祭謂大小祥也穆妃及國臣於禮皆當三年此爲有三年者孰當
爲之主大小兩祥祭也且哀樂不相雜吉凶不相干凶服在宮哭泣未絶孰據
主穆王之喪而國制未除則不得以己本親服除而吉祭獻王也
咸寧四年陳留國上燕公是王之父王出奉明帝祀今於王爲從祖父有司奏
應服期不以親疎尊卑爲降詔曰王奉魏氏所承者重不得服其私親穆帝時
東海國言哀王薨踰年嗣王乃來不復追服羣臣皆已反吉國妃亦宜同除詔
曰朝廷所以從權制者以王事奪之非爲變禮也婦人傳重義大若從權制義
將安託於是國妃終三年之禮孫盛以爲廢三年之禮開偷薄之源漢魏失之
奢也今若以大夫宜奪以王事婦人可終本服是吉凶之儀雜陳於宮寢綵素
之制乖異於內外無乃情禮俱違哀樂失所乎太元十七年太常車胤上言謹
按喪服禮經庶子爲母緦麻三月傳曰何以緦麻以尊者爲體不敢服其私親
也此經傳之明文聖賢之格言而自頃開國公侯至于卿士庶子爲後各肆私

情服其庶母同之於嫡此末俗之弊溺情傷教縱而不革則流蕩忘反矣且夫尊尊親親雖禮之大本然厭親於尊由來尚矣禮記曰爲父後出母無服也者不祭故也又禮天子父母之喪未葬越紼而祭天地社稷斯皆崇嚴至敬不敢以私廢尊也今身承祖宗之重而以庶母之私廢烝嘗之事五廟闕祀由一妾之終求之情禮失莫大焉舉世皆然莫之裁貶就心不同而事不敢異故正禮遂頹而習非成俗此國風所以思古小雅所以悲歎當今九服漸寧王化惟新誠宜崇明禮訓以一風俗請臺省考脩經典式明王度不答

十八年胤又上言去年上自頃開國公侯至于卿士庶子爲後者服其庶母同之於嫡違禮犯制宜加裁抑事上經年未被告報未審朝議以何爲疑若以所陳或謬則經有文若以古今不同則晉有成典升平四年故太宰武陵王所生母喪表求齊衰三年詔聽依昔樂安王故事制大功九月興寧三年故梁王逢又所生母喪亦求三年庚子詔書依太宰故事同服大功若謹案周禮則緦麻三月若奉晉制則大功九月古禮今制並無居廬三年之文而頃年已來各申

私情更相擬襲漸以成俗縱而不禁則聖典滅矣夫尊尊親親立人之本王化所由二端而已故先王設教務弘其極尊郊社之敬制越紼之禮嚴宗廟之祀厭庶子之服所以經緯人文化成天下夫屈家事於王道厭私恩於祖宗豈非上行乎下父行乎子若尊尊之心有時而替宜厭之情觸事而申祖宗之敬微而君臣之禮虧矣嚴恪微於祖宗致敬虧於事上而欲俗安化隆不亦難乎區區所惜實在於斯職之所司不敢不言請臺參詳尚書奏案如辭輒下主者詳尋依禮庶子與尊者爲體不敢服其私親此尊祖敬宗之義自頃陵遲斯禮遂廢封國之君廢五廟之重士庶匹夫闕烝嘗之禮習成頹俗宜被革正輒內外參詳謂宜聽胤所上可依樂安王大功爲正請爲告書如左班下內外以定永制普令依承事可奉行詔可

禮王爲三公六卿裼衰爲大夫士疑衰首服弁絰天子諸侯皆爲貴臣貴妾服三月漢爲大臣制服無聞焉

漢明帝時東海恭王薨帝出幸津門亭發哀及武帝咸寧二年十一月詔諸王

公大臣薨應三朝發哀者踰月不舉樂其一朝發哀者三日不舉樂也元帝姨廣昌鄉君喪未葬中丞熊遠表云案禮君於卿大夫比葬不食肉比卒哭不舉樂惻隱之心未忍行吉事故也被尙書符冬至後二日小會臣以爲廣昌鄉君喪殯日聖恩垂悼禮大夫死廢一時之祭祭猶可廢而況餘事冬至唯可羣下奉賀而已未便小會詔以遠表示賀循又曰咸寧二年武皇帝故事云王公大臣薨三朝發哀踰月不舉樂其一朝發哀三日不舉樂此舊事明文賀循答曰案禮雜記君於卿大夫之葬比葬不食肉比卒哭不舉樂古者君臣義重雖以至尊之義降而無服三月之內猶禓衰以居不接吉事故春秋晉大夫智悼子未葬平公作樂爲屠蒯所譏如遠所答合於古義咸寧詔書雖不會經典然隨時立宜以爲定制誠非羣下所得稱論升平元年帝姑廬陵公主未葬符問太常冬至小會應作樂不博士胡訥議云君於卿大夫比卒哭不舉樂公主有骨肉之親宜闕樂太常王彪之云案武帝詔三朝舉哀三旬乃舉樂其一朝舉哀者三日則舉樂泰始十年春長樂長公主薨太康七年秋扶風王亮薨武帝並

舉哀一日而已中興已後更參論不改此制今小會宜作樂二議竟不知所取
喪服記公爲所寓齊衰三月新禮以今無此事除此一章摯虞以爲周禮作樂於刑厝之時而著荒政十二禮備制待物不以時衰而除盛典世隆而闕衰教也曩者王司徒失守播越自稱寄公是時天下又多此比皆禮之所及宜定新禮自如舊經詔從之
漢魏故事無五等諸侯之制公卿朝士服喪親疎各如其親新禮王公五等諸侯成國置卿者及朝廷公孤之爵皆傍親絕期而傍親爲之服斬衰卿校位從大夫者皆絕緦虞摯以爲古者諸侯君臨其國臣諸父兄今之諸侯未同于古未同于古則其尊未全不宜便從絕期之制而令傍親服斬衰之重也諸侯既然則公孤之爵亦宜如舊昔魏武帝建安中已曾表上漢朝依古爲制事與古異皆不施行施行者著魏科大晉采以著令宜定新禮皆如舊詔從之
喪服無弟子爲師服之制新禮弟子爲師齊衰三月摯虞以爲自古無師服之制故仲尼之喪門人疑於所服子貢曰昔夫子之喪顏回若喪子而無服請喪

夫子若喪父而無服遂心喪三年此則懷三年[illegible]而無齊衰之制也羣居入
則絰出則否所謂弔服加麻也先聖為禮必易從而可傳師徒義誠重而服制
不著歷代相襲不以為缺且尋師者以彌高為得故屢遷而不嫌脩業者以日
新為益故舍舊而不疑仲尼稱三人行必有我師焉子貢云夫何常師之有淺
學之師暫學之師不可皆為之服義有輕重服有廢興則臧否由之而起是非
因之而爭愛惡相攻悔吝生焉宜定新禮無服如舊詔從之
古者天子諸侯葬禮粗備漢世又多變革魏晉以下世有改變大體同漢之制
而魏武以禮送終之制襲稱之數繁而無益俗又過之豫自制送終衣服四篋
題識其上春秋冬夏日有不諱隨時以斂金珥珠玉銅鐵之物一不得送文帝
遵奉無所增加及受禪刻金璽追加尊號不敢開埏乃為石室藏璽埏首以示
陵中無金銀諸物也漢禮明器甚多自是皆省之矣
魏文帝黃初三年又自作終制曰禮國君卽位為椑存不忘亡也壽陵因山為
體無封樹無立寢殿造園邑通神道夫葬者藏也欲人之不得見也禮不墓祭

欲存亡不黷也皇后及貴人以下不隨王之國者有終沒皆葬澗西前又已表
其處矣此詔藏之宗廟副在尚書祕書三府明帝亦遵奉之明帝之性雖崇奢
然未遽營陵墓之制也
宣帝預自於首陽山為土藏不墳不樹作顧命終制斂以時服不設明器景文
皆謹奉成命無所加焉景帝崩喪事制度又依宣帝故事
武帝泰始四年文明王皇后崩將合葬開崇陽陵使太尉司馬望奉祭進皇帝
密璽綬於便房神坐魏氏金璽此又儉矣
江左初元明崇儉且百度草創山陵奉終省約備矣
成帝咸康七年皇后杜氏崩詔外官五日一入臨內官旦一入而已過葬虞祭
禮畢止有司奏大行皇后陵所作凶門柏歷門號顯陽端門詔曰門如所處凶
門柏歷大為煩費停之案蔡謨說以二瓦器盛始死之祭繫於木裏以葦席置
庭中近南名為重今之凶門是其象也禮既虞而作主今未葬未有主故以重
當之禮稱為主道此其義也范堅又曰凶門非禮禮有懸重形似凶門後人出

之門外以表喪俗遂行之薄帳郎古弔幕之類也是時又詔曰重壤之下豈宜
崇飾無用陵中唯絜掃而已有司又奏依舊選公卿以下六品子弟六十人爲
挽郎詔又停之
孝武帝太元四年九月皇后王氏崩詔曰終事唯從儉速又詔遠近不得遣山
陵使有司奏選挽郎三十四人詔停之
古無墓祭之禮漢承秦皆有園寢正月上丁祠南郊禮畢次北郊明堂高廟世
祖祠廟謂之五供
魏武葬高陵有司依漢立陵上祭殿至文帝黃初三年乃詔曰先帝躬履節儉
遺詔省約子以述父爲孝臣以繼事爲忠古不墓祭皆設於廟高陵上殿皆毀
壞車馬還廄衣服藏府以從先帝儉德之志文帝自作終制又曰壽陵無立寢
殿造園邑自後園邑寢殿遂絕齊王在位九年始一謁高平陵而曹爽誅其後
遂廢終於魏世及宣帝遺詔子弟羣官皆不得謁陵於是景文遵旨至武帝猶
再謁崇陽陵一謁峻平陵然遂不敢謁高原陵至惠帝復止也逮于江左元帝

崩後諸公始有謁陵辭告之事蓋由眷同友執率情而舉非洛京之舊也成帝時中官亦年年拜陵議者以爲非禮於是遂止以爲永制至穆帝時褚太后臨朝又拜陵帝幼故也至孝武崩驃騎將軍司馬道子曰今雖權制服至於朔望諸節自應展情陵所以一周爲斷於是至陵變服單衣煩黷無準非禮意也及安帝元興元年尚書左僕射桓謙奏百僚拜陵起於中興非晉舊典積習生常遂爲近法尋武皇帝詔乃不使人主諸王拜陵豈唯百僚謂宜遵奉於是施行及義熙初又復江左之舊

太康七年大鴻臚鄭默母喪既葬當依舊攝職固陳不起於是始制大臣得終喪三年然元康中陳準傅咸之徒猶以權奪不得終禮自茲已往以爲成比也

太康元年東平王楙上言祖王昌父毖本居長沙有妻息漢末使入中國值吳叛仕魏爲黃門郎與前妻息死生隔絕更娶昌母今江表一統昌聞前母久喪當追成服求平議守博士謝衡議曰雖有二妻蓋有故而然不爲害於道議宜更相爲服守博士許猛以爲地絕又無前母之制正以在前非沒則絕故也前

母雖在猶不應服段暢秦秀騶沖從猛散騎常侍劉智安議禮爲常事制不爲非常設也亡父母不知其死生者不著於禮平生不相見去其加隆以朞爲斷都令史虞溥議曰臣以爲禮不二嫡所以重正非徒如前議者防妬忌而已故曰一與之齊終身不改未有遭變而二嫡苟不二則昌父更娶之辰是前妻義絶之日也使昌父尚存二妻俱在必不使二嫡專堂兩婦執祭同爲之齊也秦秀議二妾之子父命令相慈養而便有三年之恩便同所生昌父何義不命二嫡依此禮乎父之執友有如子之禮況事兄之母乎許猛又議夫少婦稚則不可許以改娶更適矣今妻在許以更聘夫存而妻得改醮者非絶而何侍中領博士張惲議昔舜不告而娶婚禮蓋闕故堯典以釐降二女爲文不殊嫡媵傳記以妃夫人稱之明不立正后也夫以聖人之弘帝者嫡子猶權事而變以定典禮黄昌之告新妻使避正室時論許之推姬氏之讓執黄卿之決宜使各自服其母黄門侍郎崔諒荀悝中書監荀勖領中書令和嶠侍郎夏侯湛皆如溥議侍郎山雄兼侍郎著作陳壽以爲溥駁一與之齊非大夫也禮無二嫡不可

以並耳若昌父及二母於今各存者則前母不廢已有明徵也設令昌父將前母之子來入中國尙在者當從出母之服苟昌父無棄前妻之命昌兄有服母之理則昌無疑於不服賊曹屬卞粹議昌父當莫審之時而娶後妻則前妻同之於死而義不絕若生相及而後妻不去則妾列於前志矣死而會乎則同祔於葬無並嫡之實必欲使子孫於沒世之後追計二母隔絕之時以爲並嫡則背違死父追出母亡議者以爲禮無前母之服者可謂以文害意愚以爲母之不親而服三年非一無異於前母也倉曹屬衞恆議或云嫡不可二前妻宜絕此爲奪舊與新違母從子禮律所不許人情所未安也或云絕與死同無嫌二嫡據其相及欲令服此爲論嫡則死議服則生還自相伐理又不通愚以爲地絕死絕誠無異也宜一如前母不復追服主簿劉卞議毖在南爲邦族於北爲覊旅以此名分言之前妻爲元妃後婦爲繼室何至王路既通更當逐其今妻廢其嫡子不書姜氏絕不爲親以其犯至惡也趙姬雖貴必推叔隗原同雖寵必嫡宣孟若違禮苟讓何則春秋所當善也論者謂地絕其情終已不得往來

今地既通何爲故當追而絕之邪黃昌見美斯又近世之明比司空齊王攸議
禮記生不及祖父母諸父昆弟而父稅喪己則否諸儒皆以爲父以他故子生
異域不及此親存時歸見之父雖追服子不從稅不責非時之恩也但不相見
尚不服其先終而況前母非親所生義不踰祖莫往莫來恩絕殊隔而令追服
殆非稱情立文之謂也以爲昌不宜追服司徒李胤議悉爲黃門侍郎江南已
叛石厚與焉大義滅親況於悉之義可得以爲妻乎大司馬騫不議太尉充撫
軍大將軍汝南王亮皆從主者溥又駁粹曰喪從寧戚謂喪事尚哀耳不使服
非其親也夫死者終也終事已故無絕道分居兩存則離否由人夫婦以判合
爲義今土隔人殊則配合理絕彼已更娶代己安得自同於死婦哉伯夷讓孤
竹不可以爲後王法也且既已爲嫡後服復云爲妾生則或貶或離死則同祔
於葬妻專一以事夫夫懷貳以接己開僞薄之風傷貞信之教於以純化篤俗
不亦難乎今昌二母雖土地殊隔據同時並存何得爲前母後母乎設使昌母
先亡以嫡合葬而前母不絕遠聞喪問當復相爲制何服邪夫制不應禮動而

愈失夫孝子不納親於不義貞婦不昧進而茍容今同前嫡於死婦使後妻居
正而或廢於二子之心曾無慼乎而云誣父棄母恐此文致之言難以定臧否
也禮違諸侯適天子不服舊君然則昌父絕前君矣更納後室廢舊妻矣又何
取於宜誅宜撫乎且婦人之有惡疾乃慈夫之所愍也而在七出誠以人理應
絕故也今夫婦殊域與無妻同方之惡疾理無以異據已更娶有絕前之證而
云應服於義何居尚書八座以爲設令有人於此父爲敦煌太守而子後任於
洛若父娶妻非徒不見乃可不知及其死亡不得不服但鞠養己者情哀而不
相見名制雖戚念之心殊而爲之服一也又兩后匹嫡自謂違禮不謂非常之
事而以禮處之也昔子思二哭出母於廟其門人曰庶氏之女死何爲哭於孔
氏之廟子思懼改哭於他室若昌不制服不得不告其父母掘其前母之尸徙
之他地若其不徙昌爲罪人何則異族之女不得祔于先姑藏其墓次故也且
夫婦人牽夫猶有所尊趙姬之舉禮得權通故先史詳之不譏其事耳今昌之
二母各已終亡尚無並主輕重之事也昌之前母宜依叔隗爲比若亡在昌未

生之前者則昌不應復服生及母存自應如禮以名服三年輒正定爲文章草下太常報楙奉行制曰凡事有非常當依準舊典爲之立斷今議此事稱引趙姬叔隗者粗是也然後狄與晉和故姬氏得迎叔隗而下之吳寇隔塞毖與前妻終始永絕必義無兩嫡則趙衰可以專制隗氏昌爲人子豈得擅替其母且毖二妻並以絕亡其子猶後母之子耳昌故不應制服也太興初著作郎干寶論之曰禮有經有變有權王毖之事有爲爲之也有不可責以始終之義不可求以循常之文何羣議之紛錯同產者無嫡側之別而先生爲兄諸侯同爵無等級之差而先封爲長今二妻之入無貴賤之禮則宜以先後爲秩順序義也今生而同室者寡死而同廟者衆及其神位固有上下也故春秋賢趙姬遭禮之變而得禮情也且夫吉凶哀樂動乎情者也五禮之制所以敘情而卽事也今二母者本他人也以名來親而恩否於時敬不及生愛不及喪夫何追服之道哉張惲劉卞得其先後之節齊王衞恆通于服絕之制可以斷矣朝廷於此宜導之以趙姬齊之以詔命使先妻恢含容之德後妻崇卑讓之道室人達長

少之序百姓見變禮之中若此可以居生又況於死乎古之王者有師友之禮待其臣而不敢自尊今令先妻以一體接後而後妻不敢抗及其子孫交相為服禮之善物也然則王昌兄弟相得之日蓋宜祫祭二母等其禮饋序其先後配以左右兄弟肅雍交酬奏獻上以恕先父之志中以高二母之德下以齊兄弟之好使義風弘于王教慈讓洽乎急難不亦得禮之本乎是時沛國劉仲武先娶毋丘氏生子正舒正則二人毋丘儉反敗仲武出其妻娶王氏生陶仲武為毋丘氏別舍而不告絕及毋丘氏卒正舒求祔葬焉而陶不許舒不釋服訟于上下泣血露骨縗裳綴絡數十年不得從以至死亡時吳國朱某娶妻陳氏生子東伯入晉晉賜妻某氏生子綏伯太康之中某已亡綏伯將母以歸邦族兄弟交愛敬之道二母篤先後之序雍雍人無間焉及其終也二子交相為服君子以為賢安豐太守程諒先已有妻後又娶遂立二嫡前妻亡後妻子勳疑所服中書令張華造甲乙之問曰甲娶乙為妻後又娶景匿不說有乙居家如二嫡無有貴賤之差乙亡景之子當何服本實並列嫡庶不殊雖二嫡非正此

失在先人人子何得專制析其親也若爲庶母服又不成爲庶進退不知所從太傅鄭沖議曰甲失禮於家二嫡並在誠非人子所得正則乙景之子並當三年禮疑從重車騎賈充侍中少傅任愷議略與鄭同太尉荀顗議曰春秋並后匹嫡古之明典也今不可以犯禮並立二妻不別尊卑而遂其失也故當斷之以禮先至爲嫡後至爲庶景子宜以嫡母服乙乙子宜以庶母事景昔屈建去芰古人以爲違禮而得禮景子非爲抑其親斯自奉禮先後貴賤順敘之義也中書監荀勖議曰昔鄉里鄭子羣娶陳司空從妹後隔呂布之亂不復相知存亡更娶鄉里蔡氏女徐州平定陳氏得還遂二妃並存蔡氏之子字元釁爲陳氏服嫡母之服事陳公以從舅之禮族兄宗伯曾責元釁謂抑其親鄉里先達以元釁爲合宜不審此事粗相似否

建武元年以温嶠爲散騎侍郎嶠以母亡值寇不臨殯葬欲營改葬固讓不拜元帝詔曰温嶠不拜以未得改卜葬送朝議又頗有異同爲審由此邪天下有闕寒行禮制物者當使理可經通古人之制三年非情之所盡蓋存亡有斷不

以死傷生耳要經而服金革之役者豈營官邪隨王事之緩急也今桀逆未梟
平陽道斷奉迎諸軍猶未得徑進嶠特一身於何濟其私艱而以理閡自疑不
服王命邪其令三司八座門下三省外內羣臣詳共通議如嶠比吾將親裁其
中於是太宰西陽王羕司徒臨潁公組驃騎將軍卽丘子導侍中紀瞻尚書周
顗散騎常侍荀邃等議以昔伍員挾弓去楚爲吳行人以謀楚誠志在報讎不
苟滅身也溫嶠遭難昔在河朔日尋干戈志刷讎惡萬里投身歸赴朝廷將欲
因時竭力憑賴王威以展其情此乃嶠之志也無緣道路未通師旅未進而更
中辭王事留志家巷也以爲誠宜如明詔於是有司奏曰案如衆議去建武元
年九月下辛未令書依禮文父喪未葬唯喪主不除以他故未葬人子之情不
可居殯而除故期於畢葬無遠近之斷也若亡遇賊難喪靈無處求索理絶固
應三年而除不得故從未葬之例也若骨肉殲於寇害死亡漫於中原而繼以
遺賊未滅亡者無收殯之實存者又闕於奔赴之禮而人子之情哀痛無斷輒
依未葬之義久而不除若遂其情則人居無限之喪非有禮無時不得之義也

諸如此皆如東關故事限行三年之禮畢而除也唯二親生離吉凶未分服喪則凶事未據從吉則疑於不存心憂居素出自人情有如此者非官制之所裁今嶠以未得改卜奔赴累設疾辭寀辛未之制已有成斷皆不得復遂其私情不服王命以虧法憲參議可如前詔嶠受拜重告以中丞司徒諸如嶠比者依東關故事辛未令書之制嶠不得已乃拜是時中原喪亂室家離析朝廷議二親陷沒寇難應制服不太常賀循曰二親生離吉凶未分服喪則凶事未據從吉則疑於不存心憂居素允當人情元帝令以循議爲然太興二年司徒荀組云二親陷沒寇難萬無一冀者宜使依王法隨例行喪庾蔚之云二親爲戎狄所破存亡未可知者宜盡尋求之理尋求之理絕三年之外便宜婚宦胤嗣不可絕王政不可廢故也猶宜以哀素自居不豫吉慶之事待中壽而服之也若境內賊亂清平肆眚之後尋覓無蹤跡者便宜制服

咸康二年零陵李繁姊先適南平郡陳詵爲妻產四子而遭賊於賊請活姑命賊略將姊去詵更娶嚴氏生三子繁後得姊消息往迎還詵詵籍注領二妻及

李亡詵疑制服以事言征西大將軍庾亮府平議時議亦往往異同司馬王愆期議曰案禮不二嫡故惠公元妃孟子孟子卒繼室以聲子諸侯猶爾況庶人乎士喪禮曰繼母本實繼室故稱繼母事之如嫡故曰如母也詵不能遠慮避難以亡其妻非犯七出見絕於詵始不見絕終又見迎養姑於堂子爲首嫡列名黃籍則詵之妻爲詵也妻則爲暉也母暉之制服無所疑矣禮爲繼母服而不爲前母服者如李比類曠世所希前母既終乃有繼母後子不及前母故無制服之文然礿祠蒸嘗未有不以前母爲母者亡猶母之況其存乎詵有老母不可以莫之養妻無歸期納妾可也李雖沒賊尙有生冀詵尋求之理不盡而便娶妻誠詵之短也然隴畝之夫不達禮義考之傳記不勝施孝叔之妻失身於郤犨而不棄者以非其罪也詵有兩妻非故犯法李鄙野人而能臨危請活姑命險不忘順可謂孝婦矣議者欲令在沒略之中必全苦操有隕無二是望凡人皆爲宋伯姬也詵雖不應娶妻要以嚴爲妻妻則繼室本非嫡也雖云非嫡義在始終寧可以詵不應二妻而已涉二庭乎若能下之則趙姬之義若云

不能宣當有制先嫡後繼有自來矣衆議貶譏太峻故略序異懷亮從愆期議定

五經通義以爲有德則諡善無德則諡惡故雖君臣可同魏朝初諡宣帝爲文侯景王爲武侯文王表不宜與二祖同於是改諡宣文忠武至文王受晉王之號魏帝又追命宣文爲宣王忠武爲景王

太康八年十月太常上諡故太常平陵男郭奕爲景侯有司奏云晉受命以來祖宗號諡羣下未有同者故郭奕爲景與景皇同不可聽宜諡曰穆王濟羊璞等並云夫無窮之祚名諡不一若皆相避於制難全如悉不避復非推崇事尊之禮宜依諱名之義但及七廟祖宗而已不及遷毀之廟成粲武茂劉訥並云同諡非嫌號諡者國之大典所以厲時作教經天人之遠旨也固雖君父義有所不隆及在臣子或以行顯故能使上下邁德罔有殆荒臣願聖世同符堯舜行周同諡之禮舍漢魏近制相避之議又引周公父子同諡曰文武帝詔曰非言君臣不可同正以奕諡景不相當耳宜諡曰簡及太元四年侍中王欣之表

君臣不嫌同謚尚書奏以欣之言爲然詔可
驃騎將軍溫嶠前妻李氏在嶠微時便卒又娶王氏何氏並在嶠前死及嶠薨
朝廷以問陳舒三人並得爲夫人不舒云禮記其妻爲夫人而卒而後其夫不
爲大夫而祔於其妻則不易牲妻卒而後夫爲大夫而祔於其妻則以大夫牲
然則夫榮於朝妻貴於室雖先夫沒榮辱常隨於夫也禮記曰妻祔於祖姑祖
姑有三人則祔其親者如禮則三人皆爲夫人也自秦漢已來廢一娶九女之
制近世無復繼室之禮先妻卒則更娶苟生加禮則亡不應貶庾蔚之云賤時
之妻不得並爲夫人若有追贈之命則不論耳嶠傳贈王何二人夫人印綬不
及李氏
永和十一年彭城國爲李太妃求謚博士曹耽之議夫婦行不必同不得以夫
謚謚婦春秋婦人有謚甚多經無譏文知禮得謚也胡訥云禮婦人生以夫爵
死以夫謚春秋夫人有謚不復依禮耳安平獻王李妃瑯琊武王諸葛妃太傅
東海王裴妃並無謚今宜率舊典王彪之云婦人有謚禮壞故耳聲子爲謚服

虔諸儒以爲非杜預亦云禮婦人無謚春秋無譏之文所謂不待貶絶自明者也近世惟后乃有謚耳太尉荀顗上謚法云若賜謚而道遠不及葬者皆封策下屬遣所承長吏奉策即冢祭賜謚

太元十三年召孔安國爲侍中安國表以黄門郎王愉名犯私諱不得連署求解有司議云名終諱之有心所同聞名心瞿亦明前誥而禮復云君所無私諱大夫之所有公諱無私諱又云詩書不諱臨文不諱豈非公義奪私情王制屈家禮哉尚書安衆男臣先表中兵曹郎王祐名犯父諱求解職明詔爰發聽許換曹蓋是恩出制外耳而頃者互相瞻式源流既啓莫知其極夫皇朝禮大百僚備職編官列署動相經涉若以私諱人遂其心則移官易職遷流莫已既違典法有虧政體請一斷之從之

晉書卷二十

晉書卷二十一

唐　太　宗　文　皇　帝　御　撰

志第十一

禮下

五禮之別三曰賓蓋朝宗覲遇會同之制是也自周以下其禮彌繁自秦滅學之後舊典殘缺漢興始使叔孫通制禮參用先代之儀然亦往往改異焉漢儀有正會禮正旦夜漏未盡七刻鐘鳴受賀公侯以下執贄來庭二千石以上升殿稱萬歲然後作樂宴饗魏武帝都鄴正會文昌殿用漢儀又設百華燈晉氏受命武帝更定元會儀咸寧注是也傅玄元會賦曰考夏后之遺訓綜殷周之典藝採秦漢之舊儀定元正之嘉會此則兼採衆代可知矣

咸寧注先正一日有司各宿設夜漏未盡十刻羣臣集到庭燎起火上賀起謁報又賀皇后還從雲龍東中華門入詣東閤下便坐漏未盡七刻百官及受贄郎官以下至計吏皆入立其次其陛衞者如臨軒儀漏未盡五刻謁者僕射大

鴻臚各各奏羣臣就位定漏盡侍中奏外辦皇帝出鐘鼓作百官皆拜伏太常
導皇帝升御坐鐘鼓止百官起大鴻臚跪奏請朝賀掌禮郎讚皇帝延王登大
鴻臚跪讚藩王臣某等奉白璧各一再拜賀太常報王悉登謁者引上殿當御
坐皇帝興王再拜皇帝坐復再拜跪置璧御坐前復再拜成禮訖謁者引下殿
還故位掌禮郎讚皇帝延太尉等於是公特進匈奴南單于金紫將軍當大鴻
臚西中二千石二千石千石六百石當大行令西皆北面伏鴻臚跪讚太尉中
二千石等奉璧皮帛羔鴈雉再拜賀太常讚皇帝延公等登掌禮引公至金紫
將軍上殿皇帝興皆再拜皇帝坐又再拜跪置璧皮帛御坐前復再拜成禮訖
謁者引下殿還故位公置璧成禮時大行令並讚殿下中二千石以下同成禮
訖以贄授贄郎郎以璧帛付諸謁者羔鴈雉付太官太樂令跪奏雅樂樂以次
作乘黃令乃出車皇帝罷入百官皆坐晝漏上水六刻諸蠻夷胡客以次入皆
再拜訖坐御入後三刻又出鐘鼓作謁者僕射跪奏請羣臣上謁者引王公二
千石上殿千石六百石停本位謁者引王詣樽酌壽酒跪授侍中侍中跪置御

坐前王還王自酌置位前謁者跪奏藩王臣某等奉觴再拜上千萬歲四廂樂作百官再拜已飲又再拜謁者引王等還本位陛下者傳就席羣臣皆跪諾侍中中書令尚書令各於殿上上壽酒登歌樂升太官又行御酒御酒升階太官令跪授侍郎侍郎跪進御坐前乃行百官酒太樂令跪奏奏登歌三終乃降太官令跪請具御飯到階羣臣皆起太官令持羹跪授司徒持飯跪授大司農尚食持案並授持節持節跪進御坐前羣臣就席太樂令跪奏奏食舉樂太官行百官飯案遍食畢太樂令跪奏請進樂樂以次作鼓吹令又前跪奏請以次進衆妓乃召諸郡計吏前受勑戒於階下宴樂畢謁者一人跪奏請罷退鐘鼓作羣臣北面再拜出然則夜漏未盡七刻謂之晨賀晝漏上三刻更出百官奉壽酒謂之晝會別置女樂三十人於黃帳外奏房中之歌江左多虞不復晨賀夜漏未盡十刻開宣陽門至平旦始開殿門晝漏上五刻皇帝乃出受賀皇太子出會者則在三恪下王公上正旦元會設白獸樽於殿庭樽蓋上施白獸若有能獻直言者則發此樽飲酒案禮白獸樽乃杜舉之遺式也爲白獸蓋是後代

所爲示忌憚也

魏制藩王不得朝覲魏明帝時有朝者皆由特恩不得以爲常及泰始中有司奏諸侯之國其王公以下入朝者四方各爲二番三歲而周周則更始若臨時有故却在明年明年來朝之後更滿三歲乃復朝不得違本數朝禮皆親執璧如舊朝之制不朝之歲各遣卿奉聘奏可江左王侯不之國其有受任居外則同方伯刺史二千石之禮亦無朝聘之制故此禮遂廢漢以高帝十月定秦且爲歲首至武帝雖改用夏正然每月朔朝至於十月朔猶常饗會其儀夜漏未盡七刻受賀及贄公侯璧中二千石二千石羔千石六百石鴈四百石以下雉三公奉璧上殿御坐前北面太常讚曰皇帝爲君與三公伏皇帝坐乃前進璧百官皆賀二千石以上上殿稱萬歲舉觴御食司徒奉羹大司農奉飯奏食舉之樂百官受賜宴饗大作樂如元正之儀魏晉則冬至日受方國及百僚稱賀因小會其儀亞於獻歲之旦

古者帝王莫不巡狩魏文帝值天下三分方隅多事皇輿亟動役無寧歲蓋應

時之務非舊章也明帝凡三東巡狩所過存問高年恤疾苦或賜穀帛有古巡
幸之風焉
齊王正始元年巡洛陽縣賜高年力田各有差及武帝泰始四年詔刺史二千
石長吏曰古之王者以歲時巡狩方岳其次則二伯述職不然則行人順省故
雖幽遐側微心無壅隔下情上通上指遠諭至于鰥寡罔不得所用垂風遺烈
休聲猶存朕在位累載如臨深川夙興夕惕明發不寢坐而待旦思四方水旱
災眚爲之怛然勤躬約己欲令事事當宜常恐衆吏用情誠意未著萬幾兼猥
慮有不周政刑失謬而弗獲備覽百姓有過在予一人惟歲之不易未遑卜征
巡省之事下之未乂其何以恤之今使使持節侍中副給事黃門侍郎銜命四
出周行天下親見刺史二千石長吏申諭朕心訪求得失損益諸宜觀省政教
問人間患苦周典有之以其萬姓之利害爲一書其禮俗政事刑禁之逆順爲
一書其暴亂作逆犯令爲一書其札喪凶荒厄貧爲一書其康樂和親安平爲
一書每國辨異之以返命于王舊章前訓今率由之還具條奏俾朕昭然鑒于

幽遠若親行焉大夫君子其各悉乃心敬乃事嘉言令圖苦言至戒與使者盡之無所隱諱方將虛心以俟其勉哉勖之稱朕意焉新禮巡狩方嶽柴望告設壝宮如禮諸侯之覲者賓及執贄皆如朝儀而不建旗輦虞以爲覲禮諸侯覲天子各建其旗旗章所以殊爵命示等威詩稱君子至止言觀其旂宜定新禮建旗如舊禮詔可其議然終晉代其禮不行

封禪之說經典無聞禮有因天事天因地事地因名山升中於天而鳳皇降龜龍格天子所以巡狩至於方嶽燔柴祭天以告其成功事似而非也讖緯諸說皆云王者封泰山禪梁甫易姓紀號秦漢行其典前史各陳其制矣

魏文帝黃初中護軍蔣濟曰夫帝王大禮巡狩爲先昭祖揚禰封禪爲首是以自古革命受符未有不蹈梁父登泰山刊無竟之名紀天人之際者也故司馬相如謂有文以來七十二君或順所繇於前謹遺教於後太史公曰主上有聖明而不宣布有司之過也然則元功懿德不刊梁山之石無以顯帝王之功示兆庶不朽之觀也語曰當君而歎堯舜之美譬猶人子對厥親而生譽宅人之

父今大魏承百王之弊亂拯流遁之艱厄接千載之衰緒繼百代之廢業自文武至于聖躬所以參成天地之道綱維神人之化上天報應嘉瑞顯祥以比往古無所取喻至於歷世迄今未廢大禮雖志在掃盡殘盜蕩滌餘穢未遑斯事若爾三苗屈彊於江海大舜當廢東巡之儀徐夷跳梁於淮泗周成當止岱嶽之禮且去歲破吳虜於江漢今茲屠蜀賊於隴右其震蕩內潰在不復淹無累於封禪之事也此議久廢非倉卒所定宜下公卿廣撰其禮卜年考時昭告上帝以副天下之望臣待罪軍旅不勝大願冒死以聞詔曰聞蔣濟斯言使吾汗出流足自開闢以來封禪者七十餘君耳故太史公曰雖有受命之君而功有不洽是以中間曠遠者千有餘年近者數百載其儀闕不可得記吾何德之修敢庶茲乎濟豈謂世無管仲以吾有桓公登泰山之志乎吾不欺天也濟之所言華則榮矣非助我者也公卿侍中尚書常侍省之而已勿有所議亦不須答詔也天子雖距濟議而實使高堂隆草封禪之儀以天下未一不欲便行大禮會隆卒不復行之及武帝平吳混一區宇太康元年九月庚寅尚書令衛瓘尚

書左僕射山濤右僕射魏舒尚書劉寔司空張華等奏曰臣聞肇自生靈則有
后辟年載之數莫之能紀立德濟世揮揚仁風以登封泰山者七十有四家其
諡號可知者十有四焉沉淪寂寞曾無遺聲者不可勝紀大晉之德始自重黎
實佐顓頊至于夏商世序天地其在于周不失其緒金德將升世濟明聖外平
蜀漢海內歸心武功之盛實由文德至于陛下受命踐祚弘建大業羣生仰流
惟獨江湖沅湘之表凶桀負固歷代不賓神謀獨斷命將出討兵威暫加數旬
蕩定羈其鯨鯢赦其罪逆雲覆兩施八方來同聲教所被達于四極雖黃軒遐
征大禹遠略周之奕世何以尚今若夫玄石素文底號前載象以數表言以事
告雖古河圖洛書之徵不是過也宜宣大典禮中嶽封泰山禪梁父發德號明
至尊享天休篤黎庶勤千載之表播流後之聲俾百世之下莫不興起斯帝王
之盛業天人之至望也詔曰今逋寇雖殄外則障塞有警內則百姓未寧此盛
德之事所未議也瓘等又奏曰今東漸于海西被于流沙大漠之陰日南北戶
莫不通屬芒芒禹跡今實過之天人之道已周巍巍之功已著宜修禮地祇登

封泰山致誠上帝以答人神之願也乞如前奏詔曰今陰陽未和刑政未當百姓未得其所豈可以勒功告成邪詔不許瓘等又奏曰臣聞處帝王之位者必有歷運之期天命之應濟兆庶之功者必有盛德之容告成之典無不可誣有不敢讓自古道也而明詔謙沖屢辭其禮雖盛德攸在推而未居夫三公職典天地實掌人物國之大事取義於此故漢氏封禪非是官也不在其事臣等前奏蓋陳祖考之功天命又應陛下之德合同四海迹古考今宜修此禮至於克定歲月須五府上議然後奏聞詔曰雖蕩清江表皆臨事者之勞何足以告成方望羣后思隆大化以寧區夏百姓獲乂與之休息斯朕日夜之望無所復下諸府矣瓘等又奏臣聞唐虞三代濟世弘功之君莫不仰承天休俯協人志登介丘履梁父未有辭焉者蓋不可讓也今陛下勳高皇德無二茂績宏規巍巍之業固非臣等所能究論而聖旨勞謙屢自抑損時至弗應推美不居闕皇代之上儀塞靈祇之款望何以使大晉之典謨同風於三五臣等誠不敢奉詔請如前奏施行詔曰方當共思弘道以康庶績且俟它年無復紛紜也王公有司

又奏自古聖明光宅四海封禪名山著於史籍作者七十四君矣舜禹之有天下也巡狩四嶽躬行其道易著觀俗省方禮有升中于天詩頌陟其高山皆載在方策文王爲西伯以服事殷周公以魯藩列于諸侯或享于岐山或有事泰山徒以聖德猶得爲其事自是以來功薄而僭其義者不可勝數號謚不泯以至于今況高祖宣皇帝肇開王業海外有截世宗景皇帝濟以大功輯寧區夏太祖文皇帝受命造晉盪定蜀漢陛下應期龍興混一六合澤被羣生威震無外昔漢氏失統吳蜀鼎峙兵興以來近將百年地險俗殊人望絕塞今不羈之寇二代而平非聰明神武先天弗違孰能巍巍其成功若茲者歟臣等幸以千載得遭運會親服大化日覩太平至公至美誰與爲讓宜祖述先明憲章古昔勒功岱嶽登封告成弘禮樂之制正三雍之典揚名萬世以顯祖宗是以不勝大願敢昧死以聞請告太常具禮儀復上詔曰所議誠列代之盛事也然方今未可以爾便報絕之

哀帝卽位欲尊崇章皇太妃桓溫議宜稱太夫人尚書僕射江虨議曰虞舜體

仁孝之性盡事親之禮貴爲天王富有四海而瞽叟無立錐之地一級之爵蒸蒸之心昊天罔極寧當忍父卑賤不以徽號顯之豈不以子無爵父之道理窮義屈靡所厝情者哉春秋經曰紀季姜歸于京師傳曰父母之於子雖爲天王后猶曰吾季姜言子尊不加父母也或以爲子尊不加父母則武王何以追王太王王季文王乎周之三王德配天地王跡之興自此始也是以武王仰尋前緒遂奉天命追崇祖考明不以子尊加父母也按禮幼不誄長賤不誄貴幼賤猶不得表彰長貴況敢錫之以榮命邪漢祖感家令之言而尊太公荀悅以爲孝莫大于嚴父而以子貴加之父母家令之言過矣爰逮孝章不上賈貴人以尊號而厚其金寶幣帛非子道之不至也蓋聖典不可踰也當春秋時庶子承國其母得爲夫人不審直子命母邪故當告於宗祧以先君之命命之邪竊見詔書當臨軒拜授貴人爲皇太妃今稱皇帝策命命貴人斯則子爵母也貴人北面拜授斯則母臣子也天尊地卑名位定矣母貴子賤人倫序矣雖欲加崇貴人而實卑之雖顯明國典而實廢之且人主舉動史必書之如當載之方策

以示後世無乃不順乎竊謂應告顯宗之廟稱貴人仁淑之至宜加殊禮以酬
鞠育之惠奉先靈之命事不在己妃后雖是配君之名然自后以下有夫人九
嬪無稱妃焉桓公謂宜進號太夫人非不允也如以夫人爲少可言皇太夫人
皇君也君太夫人於名禮順矣帝特下詔拜皇太妃三月景辰使兼太保王恬
授璽綬儀服一如太后又詔曰朝臣不爲太妃敬爲合禮不太常江逌議位號
不極不應盡敬孝武追崇會稽鄭太妃爲簡文太后詔問當開墓不王珣答據
三祖追贈及中宗敬后並不開墓位更爲塋域制度耳
褚太后臨朝時議褚裒進見之典蔡謨王彪之並以虞舜漢高祖猶執子道況
后乎王者父無拜禮尚書八座議以爲純子則王道缺純臣則孝道虧謂公庭
如臣私覲則嚴父爲允
漢魏故事皇太子稱臣新禮以太子既以子爲名而又稱臣臣子兼稱於義不
通除太子稱臣之制摯虞以爲孝經資於事父以事君義兼臣子則不嫌稱臣
宜定新禮皇太子稱臣如舊詔從之

太寧三年三月戊辰明帝立皇子衍爲皇太子癸巳詔曰禮無生而貴者故帝元子方之於士而漢魏以來尊崇儲貳使官屬稱臣朝臣咸拜此甚無謂吾昔在東宮未及啓革今衍幼沖之年便臣先達將令日習所見謂之自然此豈可以教之邪主者其下公卿內外通議使必允禮中尚書令卞壺議以爲周禮王后太子不會明禮同於君皆所以重儲貳異正嫡苟奉之如君不得不拜矣太子若存謙沖故宜答拜臣以爲皇太子之立郊告天地正位儲宮豈得同之皇子揖讓而已謂宜稽則漢魏闔朝同拜從之

太元中尚書符問王公已下見皇太子儀及所衣服侍中領國子博士車胤議朝臣宜朱衣褠幘拜敬太子答拜按經傳不見其文故太傅羊祜殘慶太子稱叩頭死罪此則拜之證也又太寧三年詔議其典尚書卞壺謂宜稽則漢魏闔朝同拜其朱衣冠冕惟施之天朝宜褠幘而已朝議多同

太元十二年議二王後與太子先後博士庾弘之及尚書參議並以爲陳留國之上賓皇太子雖國之儲貳猶在臣位陳留王坐應在太子上陳留王勸表稱

疾病積年求放罷詔禮官博士議之博士曹躭云勸爲祭主而無執祭之期宜與穆子孟摯事同王彪之云二王之後不宜輕致廢立記傳未見有已爲君而疾病退罷者當知古無此禮孟縶穆子是方應爲君非陳留之比

咸康四年成帝臨軒遣使拜太傅太尉司空儀注太樂宿懸於殿庭門下奏非祭祀宴饗則無設樂之制太常蔡謨議曰凡敬其事則備其禮禮備則制有樂樂者所以敬事而明義爲耳目之娛故冠亦用之不惟宴饗宴饗之有樂亦所以敬賓也故卻至使楚楚子饗之卻至辭曰不忘先君之好貺之以大禮重之以備樂尋斯辭也則宴樂之意可知矣公侯大臣人君所重故御坐爲起在輿爲下言稱伯舅傳曰國卿君之貳也是以命使之日御親臨軒百僚陪列此即敬事之意也古者天王饗下國之使及命將帥遣使臣皆有樂故詩序曰皇皇者華君遣使臣也又曰採薇以遣之出車以勞還杕杜以勤歸皆作樂而歌之今命大使拜輔相比於下國之臣輕重殊矣輕誠有之重亦宜然故謂臨軒遣使宜有金石之樂議奏從焉

漢魏故事王公羣妾見於夫人夫人不答拜新禮以爲禮無不答更制妃公侯夫人答妾拜摯虞以爲禮妾事女君如婦之事姑妾服女君朞女君不報則敬與婦同而又加賤也名位不同本無酬報禮無不答義不謂此先聖殊嫡庶之別以絶陵替之漸峻明其防猶有僭違宜定新禮自如其舊詔可其議

五禮之別其四曰軍所以和外寧內保大定功者也但兵者凶事故因蒐狩而習之

漢儀立秋之日自郊禮畢始揚威武斬牲於東門以薦陵廟其儀乘輿御戎路白馬朱鬣躬執弩射生牲以爲薦鼲太宰命謁者各一人載以獲車馳送陵廟還宮遣使者齎束帛以賜武官武官肄兵習戰陣之儀斬牲之禮名曰貙劉兵官皆肄孫吳兵法六十四陣既還公卿已下陳雒陽前街乘輿到公卿已下拜天子下車公卿親識顏色然後還宮古語曰在軍下車則惟此時施行漢世率以爲常至獻帝建安二十一年魏國有司奏古四時講武皆於農隙漢西京承秦制三時不講惟十月都講今金革未偃士衆素習可無四時講武但以立秋

擇吉日大朝車騎號曰閱兵上合禮名下承漢制奏可是冬閱兵魏王親執金
鼓以令進退
延康元年魏文帝爲魏王是年六月立秋閱兵于東郊公卿相儀王御華蓋親
令金鼓之節
魏明帝太和元年十月又閱兵
武帝泰始四年九月咸寧元年太康四年六年冬皆自臨宣武觀大閱衆軍然
不自令進退也自惠帝以後其禮遂廢
元帝太興四年詔左右衞及諸營教習依大習儀作鴈羽仗
成帝咸和中詔內外諸軍戲兵於南郊之場故其地因名鬬場自後藩鎮桓庾
諸方伯往往閱習然朝廷無事焉
漢魏故事遣將出征符節郎授節鉞於朝堂其後荀顗等所定新禮遣將御臨
軒尙書受節鉞依古兵書跪而推轂之義也
五禮之別其五曰嘉宴饗冠婚之道於是乎備周末崩離賓射宴饗之則罕復

能行冠婚飲食之法又多遷變周禮雖有服冕之數而無天子冠文又儀禮云
公侯之有冠禮夏之末造也王鄭皆以爲夏末上下相亂篡弒由生故作公侯
冠禮則明無天子冠禮之審也大夫又無冠禮古者五十而後爵何大夫冠禮
之有周人年五十而有賢才則試以大夫之事猶行士禮也故筮日筮賓冠於
阼以著代醮於客位三加彌尊皆士禮耳然漢代以來天子諸侯頗採其儀正
月甲子若景子爲吉日可加元服儀從冠禮是也漢順帝冠又兼用曹褒新禮
乘輿初加緇布進賢次爵弁武弁次通天皆於高廟以禮謁見世祖廟王公已
下初加進賢而已按此文始冠緇布從古制也冠於宗廟是也魏天子冠一加
其說曰士禮三加加有成也至於天子諸侯無加數之文者將以踐阼臨下尊
極德備豈得與士同也魏氏太子再加皇子王公世子乃三加孫毓以爲一加
再加皆非也禮醮辭曰令月吉日以歲之正以月之令按魯襄公冠以冬漢惠
帝冠以三月明無定月而後漢以來帝加元服咸以正月及咸寧二年秋閏九
月遣使冠汝南王柬此則非必歲首冠禮於廟然武惠冠太子太子皆即廟見

斯亦擬在廟之儀也穆帝孝武將冠皆先以幣告廟訖又廟見也惠帝之爲太子將冠武帝臨軒使兼司徒高陽王珪加冠兼光祿大夫屯騎校尉華廙贊冠江左諸帝將冠金石宿設百僚陪位又豫於殿上鋪大牀御府令奉冕幘簪導衮服以授侍中常侍太尉加幘太保加冕將加冕太尉跪讀祝文曰令月吉日始加元服皇帝穆穆思弘衮職欽若昊天六合是式率遵祖考永永無極眉壽惟期介茲景福加冕訖侍中繫玄紞侍中脫帝絳紗服加衮服冕冠事畢太保率羣臣奉觴上壽王公以下三稱萬歲乃退按儀注一加幘冕而已

泰始十年南宮王承年十五依舊應冠有司奏議禮十五成童國君十五而生子以明可冠之宜又漢魏遣使冠諸王非古典於是制王十五而冠不復加使命王彪之云禮傳冠皆在廟按武帝既加元服車駕出拜于太廟以告成也蓋亦猶擬在廟之儀

魏齊王正始四年始立皇后甄氏其儀不存

武帝咸寧二年臨軒遣太尉賈充策立皇后楊氏納悼后也因大赦賜王公以

下各有差百僚上禮

太康八年有司奏婚納徵大婚用玄纁束帛加珪馬二駟王侯玄纁束帛加璧乘馬大夫用玄纁束帛加羊古者以皮馬爲庭實天子加以穀珪諸侯加大璋可依周禮改璧用璋其羊鴈酒米玄纁如故諸侯婚禮加納采告期親迎各帛五匹及納徵馬四匹皆令夫家自備惟璋官爲具致之尚書朱整議按魏氏故事王娶妃公主嫁之禮天子諸侯以皮馬爲庭實天子加以穀珪諸侯加以大璋漢高后制聘后黃金二百斤馬十二匹夫人金五十斤馬四匹魏氏王娶妃公主嫁之禮用絹百九十匹晉興故事用絹三百匹詔曰公主嫁由夫氏不宜皆爲備物賜錢使足而已惟給璋餘如故事

成帝咸康二年臨軒遣使持節兼太保領軍將軍諸葛恢兼太尉護軍將軍孔愉六禮備物拜皇后杜氏卽日入宮帝御太極殿羣臣畢賀賀非禮也王者婚禮禮無其例春秋祭公逆王后于紀穀梁左氏傳說與公羊又不同而自漢魏遺事並皆闕略武惠納后江左又無復儀注故成帝將納杜后太常華恆始與

博士參定其儀據杜預左氏傳說主婚是供其婚禮之幣而已又周靈王求婚於齊齊侯問於晏桓子桓子對曰夫婦所生若如人姑姊妹則稱先守某公之遺女若如人此則天子之命自得下達臣下之答徑自上通先儒以爲丘明詳錄其事蓋爲王者婚娶之禮也故成帝臨軒遣使稱制拜后然其儀注又不具存

康帝建元元年納皇后褚氏而儀注陛者不設旄頭殿中御史奏令迎皇后依成恭皇后入宮御物而儀注至尊衮冕升殿旄頭不設求量處又按昔迎恭皇后惟作青龍旂其餘皆卽御物今當臨軒遣使而五牛旂旗旄頭罼罕並出卽用故致今闕詔曰所以正法服升太極者以敬其始故備其禮也今云何更闕所重而徹法物邪又恭后神主入廟先帝詔后禮宜降不宜建五牛旗而今猶復設之邪既不設五牛旗則旄頭罼罕之物易具也又詔曰舊制既難準且於今而備亦非宜府庫之儲惟當以供軍國之費耳法服儀飾粗令舉其餘兼副雜器停之

穆帝升平元年將納皇后何氏太常王彪之大引經傳及諸故事以定其禮深非公羊婚禮不稱主人之義又曰王者之於四海無非臣妾雖復父兄之親師友之賢皆純臣也夫崇三綱之始以定乾坤之儀安有天父之尊而稱臣下之命以納伉儷安有臣下之卑而稱天父之名以行大禮遠尋古禮無王者此制近求史籍無王者此制此於情不安於義不通按咸寧二年納悼皇后時弘訓太后母臨天下而無命戚屬之臣爲武皇父兄主婚之文又考大晉已行之事咸寧故事不稱父兄師友則咸寧華恆所上禮合於舊臣愚謂今納后儀制宜一依咸寧故事於是從之華恆所定之禮依漢書及晉已行之制故彪之多從咸寧由此也惟以娶婦之家三日不舉樂而咸康羣臣賀爲失禮故但依咸寧上禮不復賀其告廟六禮版文等儀皆彪之定也其納采版文璽書曰皇帝咨前太尉參軍何琦渾元資始肇經人倫爰及夫婦以奉天地宗廟社稷謀于公卿咸以宜率由舊典今使使持節太常彪之宗正綜以禮納采主人曰皇帝嘉命訪婚陋族備數采擇臣從祖弟故散騎侍郎準之遺女未閑教訓衣履若如

人欽承舊章肅奉典制前太尉參軍都鄉侯糞土臣何琦稽首頓首再拜承詔
次問名版文曰皇帝曰咨某官某姓兩儀配合承天統物正位于內必俟令族
重章舊典今使使持節太常某宗正某以禮問名主人曰皇帝嘉命使者某到
重宣中詔問臣名族臣族女父母所生先臣故光祿大夫雩婁侯禎之遺玄孫
先臣故豫州刺史關中侯惲之曾孫先臣安豐太守關中侯叡之孫先臣故散
騎侍郎準之遺女外出自先臣故尚書左丞冑之外曾孫先臣故侍中關內侯
夷之外孫女年十七欽承舊章肅奉典制次納吉版文曰皇帝曰咨某官某姓
人謀龜從僉曰貞吉敬從典禮今使使持節太常某宗正某以禮納吉主人曰
皇帝嘉命使者某重宣中詔太卜元吉臣陋族卑鄙憂懼不堪欽承舊章肅奉
典制次納徵版文曰皇帝曰咨某官某姓之女有母儀之德窈窕之姿如山如
河宜奉宗廟永承天祚以玄纁皮帛馬羊錢璧以章典禮今使使持節司徒某
太常某以禮納徵主人曰皇帝嘉命降婚卑陋崇以上公寵以典禮備物典策
欽承舊章肅奉典制次請期版文曰皇帝曰咨某官某姓謀于公卿泰筮元龜

罔有不臧率遵典禮今使使持節太常某宗正某以禮請期主人曰皇帝嘉命使者某重宣中詔吉日惟某可迎臣欽承舊章肅奉典制次親迎版文曰皇帝曰咨某官某姓歲吉月令吉日惟某率禮以迎今使使持節太保某太尉某以禮迎主人曰皇帝嘉命使者某重宣中詔令月吉辰備禮以迎上公宗卿兼至副介近臣百兩臣螻蟻之族猥承大禮憂懼戰悸欽承舊章肅奉典制某稽首承詔皆如初答孝武納王皇后其禮亦如之其納采問名納吉請期親迎皆用白鴈白羊各一頭酒米各十二斛惟納徵羊一頭玄纁用帛三匹絳二匹絹二百匹獸皮二枚錢二百萬玉璧一枚馬六匹酒米各十二斛鄭玄所謂五鴈六禮也其馬之制備物之數校太康所奏又有不同云古者婚冠皆有醮鄭氏醮文三首具存

升平八年臺符問迎皇后大駕應作鼓吹不博士胡訥議臨軒儀注闕無施安鼓吹處所又無舉麾鳴鐘之條太常王彪之以爲婚禮不樂鼓吹亦樂之總名儀注所以無者依婚禮今宜備設而不作時用此議

永和二年納后議賀不王述云婚是嘉禮春秋傳曰娶者大吉非常吉又傳曰
鄭子罕如晉賀夫人鄭國猶相賀況臣下邪如此便應賀但不在三日內耳今
因廟見成禮而賀亦是一節也王彪之議云婚禮不樂不賀禮之明文傳稱子
罕如晉賀夫人既無經文又傳不云禮也禮取婦三日不舉樂明三日之後自
當樂至於不賀無三日之斷恐三日之後故無應賀之禮又云禮記所以言賀
取妻者是因就酒食而有慶語也愚謂無直相賀之體而有禮貺共慶會之義
今世所共行于時竟不賀
穆帝納后欲用九月九月是忌月范汪問王彪之答云禮無忌月不敢以所不
見便謂無之博士曹耽荀訥等並謂無忌月之文不應有妨王洽曰若有忌月
當復有忌歲
太元十二年臺符問皇太子既拜廟朝臣奉賀應上禮與不國子博士車胤云
百辟卿士咸預盛禮展敬拜伏不須復上禮惟方伯牧守不覲大禮自非酒牢
貢羞無以表其乃誠故宜有上禮猶如元正大慶方伯莫不上禮朝臣奉璧而

已太學博士庾弘之議按咸寧三年始平濮陽諸王新拜有司奏依故事聽京城近臣諸王公主應朝賀者復上禮今皇太子國之儲副既已崇建普天同慶謂應上禮奉賀徐邈同又引一有元良慶在於此封諸王及新宮上禮既有前事亦皆已瞻仰致敬而又奉觴上壽應亦無疑也

江左以來太子婚納徵禮用玉璧一獸皮二未詳何所準況或者獸取其威猛有班彩玉以象德而有潤尋珪璋亦玉之美者豹皮采蔚以譬君子王肅納徵辭云玄纁束帛儷皮鴈羊前漢聘后黃金二百斤馬十二匹亦無用羊之旨鄭氏婚物贊曰羊者祥也然則婚之有羊自漢末始也王者六禮尚未用焉是故太康中有司奏太子婚納徵用玄纁束帛加羊馬二駟

武帝泰始十年將納拜三夫人九嬪有司奏禮皇后聘以穀珪無妾媵禮贄之制詔曰拜授可依魏氏故事於是臨軒使使持節兼太常拜三夫人兼御史中丞拜九嬪

漢魏之禮云公主居第尚公主者來第成婚司空王朗以爲不可其後乃革

太元中公主納徵以獸豹皮各一其禮豈謂婚禮不辨王公之序故取獸豹以
尊崇其事乎
禮有三王養老膠庠之文饗射飲酒之制周末淪廢漢明帝永平二年三月帝
始率羣臣射養三老五更于辟雍行大射之禮郡國縣道行鄉飲酒于學校皆
祠先聖先師周公孔子牲以大牢孟冬亦如之及魏高貴鄉公甘露二年天子
親帥羣司行養老之禮於是王祥爲三老鄭小同爲五更其儀注不存然漢禮
猶在
武帝泰始六年十二月帝臨辟雍行鄉飲酒之禮詔曰禮儀之廢久矣乃今復
講肄舊典賜太常絹百匹丞博士及學生牛酒咸寧三年惠帝元康九年復行
其禮魏正始中齊王每講經遍輒使太常釋奠先聖先師於辟雍弗躬親及惠
帝明帝之爲太子及愍懷太子講經竟並親釋奠於太學太子進爵於先師中
庶子進爵於顏回成穆孝武三帝亦皆親釋奠孝武時以學在水南懸遠有司
議依升平元年於中堂權立行太學于時無復國子生有司奏應須復二學生

百二十人太學生取見人六十國子生權銓大臣子孫六十人事訖罷奏可釋
奠禮畢會百官六品以上
漢儀季春上巳官及百姓皆禊於東流水上洗濯祓除去宿垢而自魏以後但
用三日不以上巳也晉中朝公卿以下至于庶人皆禊洛水之側趙王倫篡位
三日會天泉池誅張林懷帝亦會天泉池賦詩陸機云天泉池南石溝引御溝
水池西積石爲禊堂本水流杯飲酒亦不言曲水元帝又詔罷三日弄具海西
於鍾山立流水曲水延百僚皆其事也九月九日馬射或說云秋金之節講武
習射象立秋之禮也

晉書卷二十一

晉書卷二十一考證

禮志下魏文帝黃初中○文帝監本誤作明帝今改正

晉書卷二十一考證

晉書卷二十二

唐　太　宗　文　皇　帝　御　撰

志第十二

樂上

夫性靈之表不知所以發於詠歌感動之端不知所以關於手足生於心者謂之道成於形者謂之用譬諸天地其猶影響百獸率舞而況於人乎美其和平而哀其喪亂以茲援律乃播其聲焉農瑟羲琴倕鍾和磬達靈成性象物昭功由此言之其來自遠殷氏不綱遺風餘孽淫奏既與雅章奔散英莖之制蓋已微矣孔子曰人能弘道非道弘人周始二南風兼六代昔黃帝作雲門堯作咸池舜作大韶禹作大夏殷作大濩周作大武所謂因前王之禮設俯仰之容和順積中英華發外書稱命夔典樂教胄子則周官所謂奏大呂歌黃鍾天皿來下人祇動色抑揚周監以弘雅音及褒豔興災平王逢亂禮廢親疎樂沈河海是以延陵季子聞歌小雅曰其周德之衰乎猶有先王之遺風焉而列壤稱孤

各與吟詠魏文侯聆古樂而恐臥晉平公聽新聲而忘食先王之道漸以陵夷八方殊風九州異則秦氏幷吞遂專刑憲至於絃歌詩頌干戚旄羽投諸烟火掃地無遺漢祖提劍寰中削平天下文匪躬於德化武有心於制作太后擯儒家之道大臣排賈氏之言搢紳先生所以長歎而子政仲舒猶不能已也炎漢中興明皇帝卽位表圭景而陳清廟樹槐陰而疏璧流祀光武於明堂以配上帝召桓榮於太學袒而割牲濟濟焉皇皇焉有足觀者自斯厥後禮樂彌殷永平三年官之司樂改名大予式揚典禮旁求圖讖道隣雅頌事邇中和其有五方之樂者則所謂大樂九變天神可得而禮也其有宗廟之樂者則所謂肅雍和鳴先祖是聽者也其有社稷之樂者則所謂琴瑟擊鼓以迓田祖者也其有辟雍之樂者則所謂移風易俗莫善於樂者也其有黃門之樂者則所謂宴樂羣臣蹲蹲舞我者也其有短簫之樂者則所謂王師大捷令軍中凱歌者也魏武挾天子而令諸侯思一戎而匡九服時逢吞滅憲章咸盪及削平劉表始獲杜夔揚聲總干式遵前記三祖紛綸咸工篇什聲歌雖有損益愛翫在乎雕章

是以王粲等各造新詩抽其藻思吟詠神靈贊揚來饗武皇帝採漢魏之遺範覽景文之垂則鼎鼐唯新前音不改泰始九年光祿大夫荀勖始作古尺以調聲韻仍以張華等所制高文陳諸下管永嘉之亂伶官既滅曲臺宣榭咸變汙萊雖復象舞歌工自胡歸晉至於孤竹之管雲和之瑟空桑之琴泗濱之磬其能備者百不一焉夫人受天地之靈蘊菁華之氣剛柔遞用哀樂分情經春陽而自喜遇秋彫而不悅遊乎金石之端出乎管絃之外因物遷逝乘流不反是以楚王升輕軒於彭蠡漢順聽鳴鳥於樊衢聖人功成作樂化平裁曲乃揚節奏以暢中和飾其歡欣止於哀思者也凡樂之道五聲八音六律十二管爲之綱紀云

五聲宮爲君宮之爲言中也中和之道無往而不理焉商爲臣商之爲言強也謂金性之堅強也角爲民角之爲言觸也謂象諸陽氣觸物而生也徵爲事徵之爲言止也言物盛則止也羽爲物羽之爲言舒也言陽氣將復萬物孳育而舒生也古人有言曰禮樂不可斯須去身化上遷善有如不及是以聞其宮聲

使人温良而寬大聞其商聲使人方廉而好義聞其角聲使人惻隱而仁愛聞
其徵聲使人樂養而好施聞其羽聲使人恭儉而好禮
八音八方之風也乾之音石其風不周坎之音革其風廣莫艮之音匏其風融
震之音竹其風明庶巽之音木其風清明離之音絲其風景坤之音土其風涼
兌之音金其風閶闔
陽六爲律謂黃鐘太蔟姑洗蕤賓夷則無射陰六爲呂謂太呂應鐘南呂林鐘
仲呂夾鐘凡有十二以配十二辰焉律之爲言法也言陽氣施生各有法也呂
之爲言助也所以助成陽功也正月之辰謂之寅寅者津也謂生物之津塗也
二月之辰名爲卯卯者茂也言陽氣生而孳茂也三月之辰名爲辰辰者震也
謂時物盡震動而長也四月之辰謂爲巳巳者起也物至此時畢盡而起也五
月之辰謂爲午午者長也大也言物皆長大也六月之辰謂之未未者味也言
時萬物向成有滋味也七月之辰謂爲申申者身也言時萬物身體皆成就也
八月之辰謂爲酉酉者緧也謂時物皆緧縮也九月之辰謂之戌戌者滅也謂

時物皆衰滅也十月之辰謂爲亥亥者劾也言時陰氣劾殺萬物也十一月之辰謂爲子子者孳也謂陽氣至此更孳生也十二月之辰謂爲丑丑者紐也言終始之際以紐結爲名也十一月之管謂之黃鐘黃者陰陽之中色也天有六氣地有五才而天地數畢焉或曰冬至德氣爲土土色黃故曰黃鐘正月之管謂爲太蔟蔟者蔟也謂萬物隨於陽氣太蔟而生也三月之管名爲姑洗姑洗者姑枯也洗濯也謂物生新潔洗除其枯改柯易葉也五月之管名爲蕤賓蕤蕤垂下貌也賓敬也謂時陽氣下降陰氣始起相賓敬也七月之管名爲夷則夷平也則法也謂萬物將成平均皆有法則也九月之管名爲無射射者出也言時陽氣上升萬物收藏無復出也十二月之管名爲大呂呂者助也謂陽氣方大陰氣助也十月之管名爲應鐘應者和也謂歲功皆成應和陽功收而聚之也八月之管名爲南呂南者任也謂時物皆秀有懷任之象也六月之管名爲林鐘林者林茂也謂時物茂盛於野也四月之管名爲仲呂呂者助也謂陽氣盛長陰助成功也二月之管名爲夾鐘夾者佐也謂時物尚未盡出陰德佐

陽而出物也

漢自東京大亂絕無金石之樂樂章亡缺不可復知及魏武平荊州獲漢雅樂郎河南杜夔能識舊法以爲軍謀祭酒使創定雅樂時又有散騎侍郎鄧靜尹商善訓雅樂歌師尹胡能歌宗廟郊祀之曲舞師馮肅服養曉知先代諸舞夔悉總領之遠詳經籍近採故事考會古樂始設軒懸鐘磬而黃初中柴玉左延年之徒復以新聲被寵改其聲韻及武帝受命之初百度草創泰始二年詔郊祀明堂禮樂權用魏儀遵周室肇稱殷禮之義但改樂章而已使傅玄爲之詞云

祀天地五郊夕牲歌

天命有晉　穆穆明明　我其夙夜　祗事上靈　常于時假　迄用有成

於薦玄牡　進夕其牲　崇德作樂　神祇是聽

祀天地五郊迎送神歌

宣文蒸哉　日靖四方　永言保之　夙夜匪康　光天之命　上帝是皇

嘉樂殷薦　靈祚景祥　神祇降假　享福無疆

饗天地五郊歌

天祚有晉　其命惟新　受終于魏　奄有黎民　燕及皇天　懷和百神
丕顯遺烈　之德之純　享其玄牡　式用肇禋　神祇來格　福祿是臻
時邁其猶　昊天子之　祐享有晉　肇庶戴之　畏天之威　敬授人時
丕顯丕承　於猶繹思　皇極斯建　庶績咸熙　庶幾夙夜　惟晉之祺
宣文惟后　克配彼天　撫寧四海　保有康年　於乎緝熙　肆用靖民
爰立典制　爰脩禮紀　作民之極　莫匪資始　克昌厥後　永言保之

天地郊明堂夕牲歌

皇矣有晉　時邁其德　受終于天　光濟萬國　萬國既光　神定厥祥
虔于郊祀　祗事上皇　祗事上皇　百福是臻　巍巍祖考　克配彼天
嘉牲匪歆　德馨惟饗　受天之祐　神化四方

天地郊明堂降神歌

於赫大晉　應天景祥　二帝邁德　宣此重光　我皇受命　奄有萬方
郊祀配享　禮樂孔章　神祇嘉享　祖考是皇　克昌厥後　保祚無疆

天郊饗神歌

整泰壇　禮皇神　精氣感　百靈賓　蘊朱火　燎芳薪　紫煙遊
冠青雲　神之體　靡象形　曠無方　幽以清　神之來　光景昭
聽無聞　視無兆　神之至　舉歆歆　靈爽協　動余心　神之坐
同歡娛　澤雲翔　化風舒　嘉樂奏　文中聲　八音諧　神是聽
咸潔齊　並芬芳　烹牷牲　享玉觴　神悅饗　歆禋祀　祐大晉
降繁祉　胙京邑　廣四海　保天年　窮地紀

地郊饗神歌

整泰圻　俟皇祇　衆神感　羣靈儀　陰祀設　吉禮施　夜將極
時未移　祇之體　無形象　潛泰幽　洞忽荒　祇之出　薆若有
靈無遠　天下母　祇之來　遺光景　昭若存　終冥冥　祇之至

舉欣欣　舞象德　歌成文　祇之坐　同歡豫　澤雨施　化雲布
樂八變　聲教敷　物咸亨　祇是娛　齊既絜　侍者肅　玉觴進
咸穆穆　饗嘉豢　歆德馨　祚有晉　曁羣生　溢九壤　格天庭
保萬壽　延億齡

明堂饗神歌

經始明堂　享祀匪懈　於皇烈考　光配上帝　赫赫上帝　既高既崇
聖考是配　明德顯融　率土敬職　萬方來祭　常于時假　保祚永世

祠廟夕牲歌

我夕我牲　猗歟敬止　嘉豢孔時　供茲享祀　神鑒厥誠　博碩斯歆
祖考降饗　以虞孝孫之心

祠廟迎送神歌

嗚呼悠哉　日監在茲　以時享祀　神明降之　神明斯降　既祐饗之
祚我無疆　受天之祜　赫赫太上　巍巍聖祖　明明烈考　丕承繼序

祠征西將軍登歌
經始宗廟　神明戻止　申錫無疆　祗承享祀　假哉皇祖　綏予孫子
燕及後昆　錫兹繁祉
祠豫章府君登歌
嘉樂肆筵　薦祀在堂　皇皇宗廟　乃祖乃皇　濟濟辟公　相予蒸嘗
享祀不忒　降福穰穰
祠頴川府君登歌
於邈先后　實司于天　顯矣皇祖　帝祉肇臻　本支克昌　資始開元
惠我無疆　享祚永年
祠京兆府君登歌
於惟曾皇　顯顯令德　高明清亮　匪競柔克　保乂命祐　基命惟則
篤生聖祖　光濟四國
祠宣皇帝登歌

於鑠皇祖　聖德欽明　勤施四方　夙夜敬止　載敷文教　載揚武烈
匡定社稷　龔行天罰　經始大業　造創帝基　畏天之命　于時保之

祠景皇帝登歌

執競景皇　克明克哲　旁作穆穆　惟祗惟畏　纂宣之緒　耆定厥功
登此俊乂　糾彼羣凶　業業在位　帝既勤止　惟天之命　於穆不已

祠文皇帝登歌

於皇時晉　允文文皇　聰明叡智　聖敬神武　萬機莫綜　皇斯清之
虵豕放命　皇斯平之　柔遠能邇　簡授英賢　創業垂統　勳格皇天

祠廟饗神歌二篇

曰晉是常　享祀時序　宗廟致敬　禮樂具舉　惟其來祭　普天率土
犧罇既奠　清酤既載　亦有和羹　薦斯羞備　蒸蒸永慕　感時興思
登歌奏舞　神樂其和　祖考來格　祐我邦家　溥天之下　罔不休嘉
肅肅在位　濟濟臣工　四海來格　禮儀有容　鐘鼓振　管絃理　舞開

元　歌永始　神胥樂兮　肅肅在位　臣工濟濟　小大咸敬　上下有禮　理管絃　振鼓鐘　舞象德　歌詠功　神胥樂兮　肅肅在位　有來雍雍　穆穆天子　相維辟公　禮有儀　樂有則　舞象功　歌詠德　神胥樂兮

杜夔傳舊雅樂四曲一曰鹿鳴二曰騶虞三曰伐檀四曰文王皆古聲辭及太和中左延年改夔騶虞伐檀文王三曲更自作聲節其名雖存而聲實異唯因夔鹿鳴全不改易每正旦大會太尉奉璧羣后行禮東廂雅樂常作者是也後又改三篇之行禮詩第一曰於赫篇詠武帝聲節與古鹿鳴同第二曰巍巍篇詠文帝用延年所改騶虞聲第三曰洋洋篇詠明帝用延年所作文王聲第四曰復用鹿鳴鹿鳴之聲重用而除古伐檀及晉初食舉亦用鹿鳴至泰始五年尚書奏使太僕傅玄中書監荀勗黃門侍郎張華各造正旦行禮及王公上壽酒食舉樂歌詩荀勗云魏氏行禮食舉再取周詩鹿鳴以爲樂章又鹿鳴以宴嘉賓無取於朝考之舊聞未知所應勗乃除鹿鳴舊歌更作行禮詩四篇先陳

三朝朝宗之義又爲正旦大會王公上壽歌詩幷食舉樂歌詩合十三篇又以魏氏歌詩或二言或三言或四言或五言與古詩不類以問司律中郎將陳頎頎曰被之金石未必皆當故勖造晉歌皆爲四言唯王公上壽酒一篇爲三言五言焉張華以爲魏上壽食舉詩及漢氏所施用其文句長短不齊未皆合古蓋以依詠弦節本有因循而識樂知音足以制聲度曲法用率非凡近之所能改二代三京襲而不變雖詩章辭異廢興隨時至其韻逗留曲折皆繫於舊有由然也是以一皆因就不敢有所改易此則華勖所明異旨也時詔又使中書侍郎成公綏亦作焉今並採列之云

四廂樂歌

正旦大會行禮歌　成公綏

穆穆天子　光臨萬國　多士盈朝　莫匪俊德　流化罔極　王猷允塞

嘉會置酒　嘉賓充庭　羽旄曜宸極　鐘鼓振太清　百辟朝三朝　彧彧

明儀形　濟濟鏘鏘　金聲玉振

禮樂具　宴嘉賓　眉壽祚聖皇　景福惟日新　羣后戾止　有來雍雍
獻酬納贄　崇此禮容　豐羞萬俎　旨酒千鍾　嘉樂盡宴樂　福祿咸攸
同
樂哉天下安寧　道化行　風俗清　簫韶作　詠九成　年豐穰　世泰平
至治哉　樂無窮　元首聰明　股肱忠　澍豐澤　揚清風
嘉瑞出　靈應彰　麒麟見　鳳皇翔　醴泉湧　流中唐　嘉禾生
穗盈箱　降繁祉　祚聖皇　承天位　統萬國　受命應期　授聖德
四世重光　宣開洪業　景克昌　文欽明　德彌彰　肇啓晉邦　流祚無
疆
泰始建元　鳳皇龍興　龍興伊何　享祚萬乘　奄有八荒　化育黎蒸
圖書既煥　金石有徵　德光大　道熙隆　被四表　格皇穹　奕奕萬嗣
明明顯融　高朗令終　保茲永祚　與天比崇
聖皇君四海　順人應天期　三葉合重光　泰始開洪基　明曜參日月

功化侔四時　宇宙清且泰　黎庶咸雍熙　善哉雍熙
惟天降命　翼仁祐聖　於穆三皇　載德彌盛　總齊璇璣　光統七政
百揆時序　化若神聖　四海同風　與至仁　濟民育物　擬陶均　擬陶
均　垂惠潤　皇皇羣賢　峨峨英雋　德化宣　芬芳播來胤　播來胤
垂後昆　清廟何穆穆　皇極闢四門　皇極闢四門　萬機無不綜　亹亹
翼翼　樂不及荒　飢不遑食　大禮既行　樂無極
登崐崙　上層城　乘飛龍　升泰清　冠日月　佩五星　揚虹蜺　建羽
旌　披慶雲　蔭繁榮　覽八極　遊天庭　順天地　和陰陽　序四時
曜三光　張帝紀　正皇綱　播仁風　流惠康　邁洪化　振靈威　懷萬
方　納九夷　朝閶闔　宴紫微　建五旗　羅鐘虡　列四懸　奏韶武
鏗金石　揚旌羽　縱八佾　巴渝舞　詠雅頌　和律呂　于胥樂　樂聖
主
化蕩蕩　清風泄　總英雄　御俊傑　開宇宙　掃四裔　光緝熙　美聖

哲　超百代　揚休烈　流景祚　顯萬世

皇皇顯祖　翼世佐時　寧濟六合　受命應期　神武鷹揚　大化咸熙

廓開皇衢　用成帝基

光光景皇　無競惟烈　匡時拯俗　休功蓋世　宇宙既康　九域有截

天命降監　啓祚明哲

穆穆烈考　克明克儁　實天生德　誕應靈運　肇建帝業　開國有晉

載德奕世　垂慶洪胤

明明聖帝　龍飛在天　與靈合契　通德幽玄　仰化青雲　俯育重川

受靈之祐　於萬斯年

正旦大會王公上壽酒歌　荀勗

踐元辰　延顯融　獻羽觴　祈令終　我皇壽而隆　我皇茂而嵩　本支

奮百世　休祚鍾聖躬

食舉樂東西廂歌　荀勗

煌煌七曜　重明交暢　我有嘉賓　是應是貺　邦政既圖　接以大饗
人之好我　式遵德讓
賓之初筵　藹藹濟濟　既朝乃宴　以洽百禮　頒以位敘　或庭或陛
登儐台叟　亦有兄弟　胥子陪寮　憲茲度楷　觀頤養正　降福孔偕
昔我三后　大業是維　今我聖皇　焜燿前暉　奕世重規　明照九畿
思輯用光　時罔有違　陟禹之跡　莫不來威　天被顯祿　福履是綏
赫矣太祖　克廣明德　廓開宇宙　正世立則　變化不經　民無瑕慝
創業垂統　兆我晉國
烈文伯考　時維帝景　夷險平亂　威而不猛　御衡不迷　皇塗煥景
七德咸宣　其寧惟永
猗歟盛歟　先皇聖文　則天作孚　大哉爲君　慎徽五典　帝載是勤
文武發揮　茂建嘉勳　脩己濟治　民用寧殷　懷遠燭幽　玄教氤氳
善世不伐　服事三分　德博化隆　道冒無垠

隆化洋洋　帝命溥將　登我晉道　越惟聖王　龍飛革運　臨燾八荒
叡喆欽明　配蹤虞唐　封建厥福　駿發其祥　三朝習吉　終然允臧
其臧維何　總彼萬方　元侯列辟　四嶽藩王　時見世享　率茲有常
旅揖在庭　嘉客在堂　宋衛既臻　陳留山陽　有賓有使　觀國之光
貢賢納計　獻璧奉璋　保祐命之　申錫無疆
振鷺于飛　鴻漸其翼　京邑穆穆　四方是式　無競維人　王綱允勑
君子來朝　言觀其極
廙廙大君　民之攸曁　信理天工　惠康不匱　將遠不仁　訓以醇粹
幽明有倫　俊乂在位　九族既睦　庶邦順比　開元布憲　四海鱗萃
協時正統　殊塗同致　厚德載物　靈心隆貴　敷奏讜言　納以無諱
樹之典象　誨之義類　上教如風　下應如卉　一人有慶　羣萌以遂
我后宴喜　令問不墜
既宴既喜　翕是萬邦　禮儀卒度　物其有容　晢晢庭燎　喤喤鼓鐘

笙磬詠德　萬舞象功　八音克諧　俗易化從　其和如樂　庶品時邕
時邕斌斌　六合同塵　往我祖宣　威靜殊鄰　首定荊楚　遂平燕秦
亹亹文皇　邁德流仁　爰造草昧　應乾順民　靈瑞告符　休徵響震
天地弗違　以和神人　既禽庸蜀　吳會是賓　肅慎率職　楛矢來陳
韓濊進樂　宮徵清鈞　西旅獻獒　扶南效珍　蠻裔重譯　玄齒文身
我皇撫之　景命惟新
愔愔嘉會　有聞無聲　清酤既奠　籩豆既升　禮充樂備　簫韶九成
愷樂飲酒　酣而不盈　率土歡豫　邦國以寧　王猷允塞　萬載無傾
冬至初歲小會歌　張華
日月不留　四氣回周　節慶代序　萬國同休　庶允羣后　奉壽升朝
我有壽禮　式宴百僚　繁肴綺錯　旨酒泉渟　笙鏞和奏　磬管流聲
上隆其愛　下盡其心　宣其壅滯　訓之德音　乃宣乃訓　配享交泰
永載仁風　長撫無外

宴會歌 張華

亹亹我皇 配天垂光 留精日昃 經覽無方 聽朝有暇 延命衆臣
冠蓋雲集 罇俎星陳 肴蒸多品 八珍代變 羽爵無算 究樂極宴
歌者流聲 舞者投袂 動容有節 絲竹並設 宣揚四體 繁手趣摯
懽足發和 酣不忘禮 好樂無荒 翼翼濟濟

命將出征歌 張華

重華隆帝道 戎蠻或不賓 徐夷與有周 鬼方亦違殷 今在盛明世
寇虐動四垠 豺狼染牙爪 羣生號穹旻 元帥統方夏 出車撫涼秦
衆貞必以律 臧否實在人 威信加殊類 疎逖思自親 單醪豈有味
挾纊感至仁 武功尚止戈 七德美安民 遠跡由斯舉 永世無風塵

勞還師歌 張華

玁狁背天德 構亂擾邦畿 戎車震朔野 羣帥贊皇威 將士齊心旅
感義忘其私 積勢如彍弩 赴節如發機 囂聲動山谷 金光曜素暉

揮戈陵勁敵　武步蹈橫屍　鯨鯢皆授首　北土永清夷　昔往冒隆暑
今來白雪霏　征夫信勤瘁　自古詠采薇　收榮於舍爵　燕喜在凱歸

中宮所歌張華

先王統大業　玄化漸八維　儀刑孚萬邦　內訓隆壼闈　皇英垂帝典
大雅詠三妃　執德宣隆教　正位理厥機　含章體柔順　帥禮蹈謙祗
螽斯弘慈惠　樛木逮幽微　徽音穆清風　高義邈不追　遺榮參日月
百世仰餘暉

宗親會歌張華

族燕明禮順　餟食序親親　骨肉散不殊　昆弟豈他人　本支篤同慶
棠棣著先民　於皇聖明后　天覆弘且仁　降禮崇親戚　旁施協族姻
式宴盡酣娛　飲御備羞珍　和樂既宣洽　上下同懽欣　德教加四海
敦睦被無垠

泰始九年，光祿大夫荀勖以杜夔所制律呂校太樂總章鼓吹八音，與律呂乖錯乃制古尺作新律呂以調聲韻事具律歷志律成遂班下太常使太樂總章鼓吹清商施用勖遂典知樂事啓朝士解音律者共掌之使郭瓊宋識等造正德大豫二舞其樂章亦張華之所作云

正德舞歌 張華

曰皇上天　玄鑒惟光　神器周回　五德代章　祚命于晉　世有哲王
弘濟區夏　陶甄萬方　大明垂曜　旁燭無疆　蚩蚩庶類　風德永康
皇道惟清　禮樂斯經　金石在懸　萬舞在庭　象容表慶　協律被聲
軼武超濩　取節六英　同進退讓　化漸無形　太和宣洽　通於幽冥

大豫舞歌 張華

惟天之命　符運有歸　赫赫大晉　三后重暉　繼明紹世　光撫九圍
我皇紹期　遂在璇璣　羣生屬命　奄有庶邦　愼徽五典　玄教遐通
萬方同軌　率土咸雍　爰制大豫　宣德舞功　醇化既穆　王道協隆
仁及草木　惠加昆蟲　億兆夷人　悅仰皇風　丕顯大業　永世彌崇

荀勗又作新律笛十二枚以調律呂正雅樂正會殿庭作之自謂宮商克諧然論者猶謂勗暗解時阮咸妙達八音論者謂之神解咸常心譏勗新律聲高以爲高近哀思不合中和每公會樂作勗意咸謂之不調以爲異己乃出咸爲始平相後有田父耕於野得周時玉尺勗以校己所治鐘鼓金石絲竹皆短校一米於此伏咸之妙復徵咸歸勗既以新律造二舞次更脩正鐘聲會勗薨未竟其業元康三年詔其子藩脩定金石以施郊廟尋值喪亂莫有記之者

漢高祖自蜀漢將定三秦閬中范因率賨人以從帝爲前鋒及定秦中封因爲閬中侯復賨人七姓其俗喜舞

高祖樂其猛銳數觀其舞後使樂人習之閬中有渝水因其所居故名曰巴渝舞舞曲有矛渝本歌曲安弩渝本歌曲安臺本歌曲行辭本歌曲總四篇其辭既古莫能曉其句度魏初乃使軍謀祭酒王粲改創其辭粲問巴渝帥李管种玉歌曲意試使歌聽之以考校歌曲而爲之改爲矛渝新福歌曲弩渝新福歌曲安臺新福歌曲行辭新福歌曲行辭以述魏德黃初三年又改巴渝舞曰昭

武舞至景初元年尚書奏考覽三代禮樂遺曲據功象德奏作武始咸熙章斌
三舞皆執羽籥及晉又改昭武舞曰宣武舞羽籥舞曰宣文舞咸寧元年詔定
祖宗之號而廟樂乃停宣武宣文二舞而同用荀勗所使郭瓊宋識等所造正
德大豫二舞云

晉書卷二十二

晉書卷二十三

唐　太　宗　文　皇　帝　御　撰

志第十三

樂下

永嘉之亂海內分崩伶官樂器皆沒於劉石江左初立宗廟尚書下太常祭祀所用樂名太常賀循答云魏氏增損漢樂以爲一代之禮未審大晉樂名所以爲異遭離喪亂舊典不存然此諸樂皆和之以鍾律文之以五聲詠之以歌辭陳之於舞列宮懸在庭琴瑟在堂八音迭奏雅樂並作登歌下管各有常詠周人之舊也自漢氏以來依倣此禮自造新詩而已舊京荒廢今既散亡音韻曲折又無識者則於今難以意言于時以無雅樂器及伶人省大樂并鼓吹令是後頗得登歌食舉之樂猶有未備太寧末明帝又訪阮孚等增益之咸和中成帝乃復置太樂官鳩集遺逸而尚未有金石也庾亮爲荊州與謝尚脩復雅樂未具而亮薨庾翼桓溫專事軍旅樂器在庫遂至朽壞焉及慕容儁平冉閔兵

戈之際而鄴下樂人亦頗有來者永和十一年謝尚鎭壽陽於是採拾樂人以備大樂幷制石磬雅樂始頗具而王猛平鄴慕容氏所得樂聲又入關右太元中破符堅又獲其樂工揚蜀等閑習舊樂於是四廂金石始備焉乃使曹毗王珣等增造宗廟歌詩然郊祀遂不設樂今列其詞於後云

歌宣帝 曹毗

於赫高祖 德協靈符 應運撥亂 釐整天衢 勳格宇宙 化動八區
肅以典刑 陶以玄珠 神石吐瑞 靈芝自敷 肇基天命 道均唐虞

歌景帝 曹毗

景皇承運 纂隆洪緒 皇羅重抗 天暉再舉 蠢矣二寇 擾我揚楚
乃整元戎 以膏齊斧 亹亹神算 赫赫王旅 鯨鯢既平 功冠帝宇

歌文帝 曹毗

太祖齊聖 王猷誕融 仁教四塞 天基累崇 皇室多難 嚴清紫宮
威厲秋霜 惠過春風 平蜀夷楚 以文以戎 奄有參墟 聲流無窮

歌武帝 曹毗

於穆武皇 允襲欽明 應期登禪 龍飛紫庭 百揆時序 聽斷以情

殊域旣賓 僞吳亦平 晨流甘露 宵應朗星 野有擊壤 路垂頌聲

歌元帝 曹毗

運屯百六 天羅解貫 元皇勃興 網籠江漢 仰齊七政 俯平禍亂

化若風行 澤猶雨散 淪光更曜 金輝復煥 德冠千載 蔚有餘粲

歌明帝 曹毗

明明肅祖 闡弘帝祚 英風夙發 淸暉載路 姦逆縱忒 罔式皇度

躬振朱旗 遂豁天步 宏猷允塞 高羅雲布 品物咸寧 洪基永固

歌成帝 曹毗

於休顯宗 道澤玄播 式宣德音 暢物以和 邁德蹈仁 匪禮不過

敷以純風 濯以淸波 連理暎阜 鳴鳳棲柯 同規放勛 義蓋山河

歌康帝 曹毗

康皇穆穆　仰嗣洪德　爲而不宰　雅音四塞　閑邪以誠　鎭物以默
威靜區宇　道宣邦國

歌穆帝　曹毗

孝宗夙哲　休音久臧　如彼晨離　燿景扶桑　垂訓華幄　流潤八荒
幽贊玄妙　爰該典章　西平僭蜀　北靜舊疆　高猷遠暢　朝有遺芳

歌哀帝　曹毗

於穆哀皇　聖心虛遠　雅好玄古　大庭是踐　道尚無爲　治存易簡
化若風行　時猶草偃　雖曰登遐　徽音彌闡　愔愔雲韶　盡美盡善

歌簡文帝　王珣

皇矣簡文　於昭于天　靈明若神　周淡如川　沖應其來　實與其還
亹亹心化　日用不言　易而有親　簡而可傳　觀流彌遠　求本踰玄

歌孝武帝　王珣

天監有晉　欽哉烈宗　同規文考　玄默允恭　威而不猛　約而能通

神鉦一震　九域來同　道積淮海　雅頌自東　氣陶醇露　化協時雍

四時祠祀　曹毗

肅肅清廟　巍巍聖功　萬國來賓　禮儀有容　鍾鼓振　金石熙　宣兆祚　武開基　神斯樂兮　理管絃　有來斯和　說功德　吐清歌　神斯樂兮　洋洋玄化　潤被九壤　民無不說　道無不往　禮有容　樂有式　詠九功　永無極　神斯樂兮

漢時有短簫鐃歌之樂其曲有　朱鷺　思悲翁　艾如張　上之回　雍離　戰城南　巫山高　將進酒　君馬黃　上陵　有所思　雉子班　聖人出　芳樹　上邪　臨高臺　遠如期　石留　務成　玄雲　黃爵行　釣竿等曲列於鼓吹多序戰陣之事及魏受命改其十二曲使繆襲爲詞述以功德代漢改朱鷺爲楚之平言魏也改思悲翁爲戰滎陽言曹公也改艾如張爲獲呂布言曹公東圍臨淮擒呂布也改上之回爲克官渡言曹公與袁紹戰破之於官渡也改雍離爲舊邦言曹公勝袁紹於官渡還譙收藏死亡士卒也改

戰城南爲定武功言曹公初破鄴武功之定始乎此也改巫山高爲屠柳城言曹公越北塞歷白檀破三郡烏桓於柳城也改上陵爲平南荊言曹公平荊州也改將進酒爲平關中言曹公征馬超定關中也改有所思爲應帝期言文帝以聖德受命應運期也改芳樹爲邕熙言魏氏臨其國君臣邕穆庶績咸熙也改上邪爲太和言明帝繼體承統太和改元德澤流布也其餘並同舊名是時吳亦使韋昭製十二曲名以述功德受命改朱鷺爲炎精缺言漢室衰孫堅奮迅猛志念在匡救王迹始乎此也改思悲翁爲漢之季言堅悼漢之微痛董卓之亂興兵奮擊功蓋海內也改艾如張爲攄武師言權卒父之業而征伐也改上之回爲烏林言魏武既破荊州順流東下欲來爭鋒權命將周瑜逆擊之於烏林而破走也改雍離爲秋風言權悅以使人人忘其死也改戰城南爲克皖城言魏武志圖幷兼而權親征破之於皖也改巫山高爲關背德言蜀將關羽背棄吳德權引師浮江而擒之也改上陵曲爲通荊州言權與蜀交好齊盟中有關羽自失之愆終復初好也改將進酒爲章洪德言權章其大德而遠方來

附也改有所思爲順歷數言權順籙圖之符而建大號也改芳樹爲承天命言其時主聖德踐位道化至盛也改上邪曲爲玄化言其時主脩文武則天而行仁澤流洽天下喜樂也其餘亦用舊名不改及武帝受禪乃令傅玄製爲二十二篇亦述以功德代魏改朱鷺爲靈之祥言宣帝之佐魏猶虞舜之事堯既有石瑞之徵又能用武以誅孟達之逆命也改思悲翁爲宣受命言宣帝禦諸葛亮養威重運神兵亮震怖而死也改艾如張爲征遼東言宣帝陵大海之表討滅公孫氏而梟其首也改上之回爲宣輔政言宣帝聖道深遠撥亂反正網羅文武之才以定二儀之序也改雍離爲時運多難言宣帝致討吳方有征無戰也改戰城南爲景龍飛言景帝克明威教賞順夷逆隆無疆崇洪基也改巫山高爲平玉衡言景帝一萬國之殊風齊四海之乖心禮賢養士而纂洪業也改上陵爲文皇統百揆言文帝始統百揆用人有序以敷太平之化也改將進酒爲因時運言因時運變聖謀潛施解長蛇之交離羣桀之黨以武濟文以邁其德也改有所思爲惟庸蜀言文帝既平萬乘之蜀封建萬國復五等之爵也改

芳樹爲天序言聖皇應歷受禪弘濟大化用人各盡其才也改上邪爲大晉承運期言聖皇應籙受圖化象神明也改君馬黃爲金靈運言聖皇踐祚致敬宗廟而孝道行於天下也改雉子班爲於穆我皇言聖皇受禪德合神明也改聖人出爲仲春振旅言大晉申文武之教畋獵以時也改臨高臺爲夏苗田言大晉畋狩順時爲苗除害也改遠如期爲仲秋獮田言大晉雖有文德不廢武事順時以殺伐也改石留爲順天道言仲冬大閱用武脩文大晉之德配天也改務成爲唐堯言聖皇陟帝位德化光四表也玄雲依舊名言聖皇用人各盡其材也改黃爵行爲伯益言赤烏銜書有周以興今聖皇受命神雀來也釣竿依舊名言聖皇德配堯舜又有呂望之佐濟大功致太平也其辭並列之於後云

靈之祥

靈之祥　石瑞章　旌金德　出西方　天降命　授宣皇　應期運　時龍驤　繼大舜　佐陶唐　贊文武　建帝綱　孟氏叛　據南疆　追有扈亂五常　吳寇叛　蜀虜彊　交誓盟　連遐荒　宣赫怒　奮鷹揚　震乾

威　曜電光　陵九天　陷石城　梟逆命　拯有生　萬國安　四海寧

宣受命

宣受命　應天機　風雲時動神龍飛　禦葛亮　鎮雍梁　邊境安　夷夏康　務節事　勤定傾　攬英雄　保持盈　深穆穆　赫明明　沖而泰天之經　養威重　運神兵　亮乃震斃　天下安寧

征遼東

征遼東　敵失據　威靈邁日域　公孫既授首　羣逆破膽　咸震怖　朔北響應　海表景附　武功赫赫　德雲布

宣輔政

宣皇輔政　聖烈深　撥亂反正　順天心　網羅文武才　慎厥所生　所生賢　遺教施　安上治民　化風移　肇創帝基　洪業垂　於鑠明明時赫戲　功濟萬世　定二儀　定二儀　雲行雨施　海外風馳

時運多難

時運多難　道教痡　天地變化　有盈虛　蠢爾吳蠻　武視江湖　我皇

赫斯　致天誅　有征無戰　弭其圖　天威橫被　廓東隅

景龍飛

景龍飛　御天威　聰鑒玄察　動與神明協機　從之者顯　逆之者滅夷

文教敷　武功巍　普被四海　萬邦望風　莫不來綏　聖德潛斷　先

天弗違　弗違祥　享世永長　猛以致寬　道化光　赫明明　祚隆無疆

帝績惟期　有命既集　崇此洪基

平玉衡

平玉衡　糾姦回　萬國殊風　四海乖　禮賢養士　羈御英雄　思心齊

纂戎洪業　崇皇階　品物咸亨　聖敬日躋　聰鑒盡下情　明明綜天

機

文皇統百揆

文皇統百揆　繼天理萬方　武將鎮四隅　英佐盈朝堂　謀言協秋蘭

清風發其芳　洪澤所漸潤　礫石爲珪璋　大道侔五帝　盛德踰三王
咸光大　上參天與地　至化無內外　無內外　六合並康乂　並康乂
遘茲嘉會　在昔羲與農　大晉德斯邁　鎮征及諸州　爲藩衞　功濟四
海　洪烈流萬世
因時運
因時運　聖策施　長虵交解　羣桀離　勢窮奔吳　獸騎厲　惟武進
審大計　時邁其德　清一世
惟庸蜀
惟庸蜀　僭號天一隅　劉備逆帝命　禪亮承其餘　擁衆數十萬　闚隙
乘我虛　驛騎進羽檄　天下不遑居　姜維屢寇邊　隴上爲荒蕪　文皇
愍斯民　歷世受罪辜　外謨藩屏臣　內謨衆士夫　爪牙應指受　腹心
獻良圖　良圖協成文　大興百萬軍　雷鼓震地起　猛勢陵浮雲　逋虜
畏天誅　面縛造壘門　萬里同風教　逆命稱妾臣　光建五等　紀綱天

人

天序

天序　應歷受禪　承靈祜　御羣龍　勒螭武　弘濟大化　英雋作輔

明明統萬機　赫赫鎮四方　咎繇稷契之疇協蘭芳　禮王臣　覆兆民

化之如天與地　誰敢愛其身

大晉承運期

大晉承運期　德隆聖皇　時清晏　白日垂光　應籙圖　陟帝位　繼天

正玉衡　化行象神明　至哉道隆虞與唐　元首敷洪化　百僚股肱並忠

良　時太康　隆隆赫赫　福祚盈無疆

金靈運

金靈運　天符發　聖徵見　參日月　惟我皇　體神聖　受魏禪　應天

命　皇之興　靈有徵　登大麓　御萬乘　皇之輔　若闞武　爪牙奮

莫之禦　皇之佐　贊清化　百事理　萬邦賀　神祇應　嘉瑞章　恭享

禮　薦先皇　樂時奏　磬管鏘　鼓殷殷　鐘鍠鍠　奠樽俎　實玉觴
神歆饗　咸悅康　宴孫子　祐無疆　大孝烝烝　德教被萬方

於穆我皇

於穆我皇　盛德聖且明　受禪君世　光濟羣生　普天率土　莫不來庭
顒顒六合內　望風仰泰清　萬國雍雍　興頌聲　大化洽　地平而天
成　七政齊　玉衡惟平　峨峨佐命　濟濟羣英　夙夜乾乾　萬機是經
雖治興　匪荒寧　謙道光　沖不盈　天地合德　日月同榮　赫赫煌
煌　曜幽冥　三光克從　於顯天垂景星　龍鳳臻　甘露宵零　肅神祇
祇上靈　萬物欣戴　自天效其成

仲春振旅

仲春振旅　大致人　武教於時日新　師執提　工執鼓　坐作起　節有
序　盛矣允文允武　蒐田表禡　申法誓　遂圍禁　獻社祭　允以時明
國制　文武並用禮之經　列車如戰大教明　古今誰能去兵　大晉繼天

濟羣生
夏苗田
夏苗田　運將徂　軍國異容　文武殊　乃命羣吏　撰車徒　辯其號各
讚契書　王軍啓八門　行同上帝居　時路建大麾　雲旗翳紫虛　百
官象其事　疾則疾　徐則徐　回衡旋軫　罷陣弊車　獻禽享祀　烝烝
配有虞　惟大晉德參兩儀　化雲敷
仲秋獮田
仲秋獮田　金德常綱　涼風清且厲　凝露結爲霜　白藏司辰　金隼時
鷹揚　鷹揚猶尚父　順天以殺伐　春秋時序　雷霆振威曜　進退由鉦
鼓　致禽祀祊　羽毛之用充軍府　赫赫大晉德　芬烈陵三五　敷化以
文　雖安不廢武　光宅四海　永享天之祜
順天道
順天道　握神契　三時示講武事　冬大閱　鳴鐲振鼓鐸　旌旗象虹霓

文制其中　武不窮武　動軍誓衆　禮成而義舉　三驅以崇仁　進止
不失其序　兵卒練　將如闞武　惟闞武　氣陵青雲　解圍三面　殺不
殄羣　偃旌麾　班六軍　獻享烝　修典文　嘉大晉　德配天　祿報功
爵俟賢　饗燕樂　受茲百祿　壽萬年

唐堯

唐堯諮務成　謙謙德其與　積漸終光大　履霜致堅冰　神明道自成
河海猶可凝　舜禹統百揆　元凱以次升　禪讓應大歷　睿聖世相承
我皇陟帝位　平衡正準繩　德化飛四表　祥氣見其徵　興王坐俟旦
亡主恬自矜　致遠由近始　覆簣成山陵　披圖按先籍　有其證靈液

玄雲

玄雲起丘山　祥氣萬里會　龍飛何蜿蜿　鳳翔何翽翽　昔在唐虞朝
時見青雲際　今親遊萬國　流光溢天外　鶴鳴在後園　清音隨風邁
成湯隆顯命　伊摯來如飛　周文獵渭濱　遂載呂望歸　符合如影響

先天天不違　輟耕綜地綱　解褐衿天維　元功配二王　芬馨世所稀
我皇敘羣才　洪烈何巍巍　桓桓征四表　濟濟理萬機　神化感無方
髦才盈帝畿　丕顯惟昧旦　日新孔所諮　茂哉明聖德　日月同光輝

伯益

伯益佐舜禹　職掌山與川　德侔十六相　思心入無間　智理周萬物
下知衆鳥言　黃雀應清化　翔習何翩翩　和鳴棲庭樹　徘徊雲日間
夏桀爲無道　密網施山河　酷祝振纖網　當奈黃雀何　殷湯崇天德
去其三面羅　逍遙羣飛來　鳴聲乃復和　朱雀作南宿　鳳皇統羽羣
赤烏銜書至　天命瑞周文　神雀今來遊　爲我受命君　嘉祥致天和
膏澤隆青雲　蘭風發芳氣　蓋世同其芬

釣竿

釣竿何冉冉　甘餌芳且鮮　臨川運思心　微綸沈九泉　太公寶此術
乃在靈祕篇　機變隨物移　精妙貫未然　遊魚驚著釣　潛龍飛戾天

戾天安所至　撫翼翔太清　太清一何異　兩儀出渾成　玉衡正三辰
造化賦羣形　退願輔聖君　與神合其靈　我君弘遠略　天人不足并
天人初并時　昧昧何芒芒　日月有徵兆　文象興二皇　蚩尤亂生靈
黄帝用兵征萬方　逮夏禹而德衰　三世不及虞與唐　我皇盛德配堯舜
受禪即祚享天祥　率土蒙祐　靡不肅　庶事康　庶事康　穆穆明明
荷百祿　保無極　永太平

鼙舞未詳所起然漢代已施於燕享矣傅毅張衡所賦皆其事也舊曲有五篇一關東有賢女二章和二年中三樂久長四四方皇五殿前生桂樹其辭並亡曹植鼙舞詩序云故漢靈帝西園鼓吹有李堅者能鼙舞遭世荒亂堅播越關西隨將軍段煨先帝聞其舊伎下書召堅堅年踰七十中間廢而不為又古曲甚多謬誤異代之文未必相襲故依前曲作新歌五篇及泰始中又製其辭焉其舞故常二八桓玄將僭位尚書殿中郎袁明子啓增滿八佾泰始中歌辭今列之後云

鞞舞歌詩五篇

洪業篇 當魏曲明明魏皇帝古曲關中有賢女

宣文創洪業　盛德在泰始　聖皇應靈符　受命君四海　萬國何所樂
上有明天子　唐堯禪帝位　虞舜惟恭己　恭己正南面　道化與時移
大赦盪萌漸　文教被黄支　象天則地　體無爲　聰明配日月　神聖參
兩儀　雖有三凶類　靜言無所施　象天則地　體無爲　稷契並佐命
伊呂升王臣　蘭芷發朝肆　下無失宿人　聲發響自應　表立景來附
哮闞順羈制　潛龍升天路　備物立成器　變通極其數　百事以時敘
萬機有常度　訓之以克讓　納之以忠恕　羣下仰清風　海外同懽慕
象天則地　化雲布　昔日貴彫飾　今尚儉與素　昔日多纖介　今去情
與故　象天則地　化雲布　濟濟大朝士　夙夜綜萬機　萬機無廢理
明明降訓誥　臣譬列星景　君配朝日輝　事業並通濟　功烈何巍巍
五帝繼三皇　三皇世所歸　聖德應期運　天地不能違　仰之彌已高

猶天不可階　將復御龍氏　鳳皇在庭棲

天命篇當魏曲太和有聖帝古曲章和二年中

聖祖受天命　應期輔魏皇　入則綰萬機　出則征四方　朝廷無遺理

方表寧且康　道隆舜臣堯　積德踰太王　孟度阻窮險　造亂天一隅

神兵出不意　奉命致天誅　赦善罰有罪　元惡宗爲虛　威風振勁蜀

武烈懾強吳　諸葛不知命　肆逆亂天常　擁徒十餘萬　數來寇邊疆

我皇邁神武　執鉞鎮雍涼　亮乃畏天威　未戰先仆僵　盈虛自然運

時變故多艱　東征陵海表　萬里克朝鮮　受遺齊七政　曹爽又滔天

羣凶受誅殛　百祿咸來臻　黃華應福始　王淩爲禍先

景皇篇當魏曲魏歷長古曲樂久長

景皇帝　聰明命世生　盛德參天地　帝王道大　創基既已難　繼世亦

未易　外有夏侯玄　內則張與李　三凶構逆亂帝紀　順天行誅　窮其

姦宄　邊將禦其漸　潛謀不得起　罪人咸伏辜　威風振萬里　平衡綜

萬機 萬機無不理 召陵恆不君 內外何紛紛 衆小便成羣 蒙昧恣
心 治亂不分 叡聖獨斷 濟武常以文 順天惟廢立 掃霓披浮雲
雲霓既已闢 清和未幾間 羽檄首尾至 變起東南藩 儉欽爲長虵
外則憑吳蠻 萬國紛騷擾 戚戚天下懼不安 神武御六軍 我皇執鉞
征 儉欽起壽春 前鋒據項城 出其不意 並縱奇兵 奇兵誠難御
廟勝實難支 兩軍不期遇 敵退計無施 豹騎惟武進 大戰沙陽陂
欽乃亡魂走 奔虜若雲披 天因赦有罪 東土放鯨鯢

大晉篇 當魏曲天生蒸民古曲四方皇

赫赫大晉 於穆文皇 蕩蕩巍巍 道邁陶唐 世稱三皇五帝及今重其
光 九德克明 文既顯 武又彰 思弘六合 兼濟萬方 內舉元凱
朝政以綱 外簡武臣 時惟鷹揚 靡順不懷 逆命斯亡 仁配春日
威踰秋霜 濟濟多士 同茲蘭芳 唐虞至治 四凶滔天 致討儉欽
罔不肅虔 化感海內 海外來賓 獻其聲樂 並稱妾臣 西蜀猾夏

僭號方域　命將致討　委國稽服　吳人放命　馮海阻江　飛書告喻

響應來同　先王建萬國　九服爲藩衛　亡秦壞諸侯　序祚不二世　歷

代不能復　忽踰五百歲　我皇邁聖德　應期創典制　分土五等　藩國

正封界　莘莘文武佐　千秋遘嘉會　洪澤溢區內　仁風翔海外

明君篇　當魏曲爲君既不易古曲殿前生桂樹

明君御四海　聽鑒盡物情　顧望有譴罰　竭忠身必榮　蘭芷出荒野

萬里升紫庭　茨草穢堂階　掃截不得生　能否莫相蒙　百官正其名

恭己慎有爲　有爲無不成　闇君不自信　羣下執異端　正直羅浸潤

姦臣奪其權　雖欲盡忠誠　結舌不敢言　結舌以何憚　盡忠爲身患

清流豈不潔　飛塵濁其源　岐路令人迷　未遠勝不還　忠臣立君朝

正色不顧身　邪正不並存　譬若胡與秦　胡秦有合時　邪正各異津

忠臣遇明君　乾乾惟日新　羣目統在綱　衆星共北辰　設令遭闇主

斥退爲凡人　雖薄供時用　白茅猶爲珍　冰霜晝夜結　蘭桂摧爲薪

邪臣多端變　用心何委曲　便辟順情指　動隨君所欲　偷安樂目前
不問清與濁　積僞罔時主　養交以持祿　言行恆相違　難覆其谿谷
昧死射乾沒　覺露則滅族
拂舞出自江左舊云吳舞檢其歌非吳辭也亦陳於殿庭楊泓序云自到江南
見白符舞或言白鳬鳩舞云有此來數十年矣察其辭旨乃是吳人患孫皓虐
政思屬晉也今列之於後云
拂舞歌詩五篇
白鳩篇
翩翩白鳩　再飛再鳴　懷我君德　來集君庭　白雀呈瑞　素羽明鮮
翔庭舞翼　以應仁乾　皎皎鳴鳩　或丹或黃　樂我君惠　振羽來翔
東壁餘光　魚在江湖　惠而不費　敬我微驅　策我良駟　習我驅馳
與君周旋　樂道忘飢　我心虛靜　我志霑濡　彈琴鼓瑟　聊以自娛
陵雲登臺　浮遊太清　攀龍附鳳　自望身輕

濟濟篇

暢暢飛舞氣流芳　追念三五大綺黃　去失有時可行　去來時同此未央　時冉冉　近桑榆　但當飲酒爲歡娛　衰老逝　何有期　多憂耿耿內懷恩　深池曠　魚獨希　願得黃浦衆所依　恩感人　世無比　悲歌且舞無極已

獨祿篇

獨獨祿祿　水深泥濁　泥濁尚可　水深殺我　雍雍雙鴈　遊戲田畔　我欲射鴈　念子孤散　翩翩浮萍　得風搖輕　我心何合　與之同幷　空牀低幃　誰知無人　夜衣錦繡　誰別僞真　刀鳴鞘中　倚牀無施　父冤不報　欲活何爲　猛獸班班　遊戲山間　獸欲嚙人　不避豪賢

碣石篇

東臨碣石　以觀滄海　水何淡淡　山島竦峙　樹木叢生　百草豐茂　秋風蕭瑟　洪波涌起　日月之行　若出其中　星漢燦爛　若出其裏

幸甚至哉　歌以詠志　觀滄海

孟冬十月　北風徘徊　天氣肅清　繁霜霏霏　鵾雞晨鳴　鴈過南飛

鷙鳥潛藏　熊羆窟棲　耨鎛停置　農收積場　逆旅整設　以通賈商

幸甚至哉　歌以詠志　冬十月

鄉土不同　河朔隆寒　流澌浮漂　舟船行難　錐不入地　豐籟深奧

水竭不流　冰堅可蹈　士隱者貧　勇俠輕非　心常歎怨　戚戚多悲

幸甚至哉　歌以詠志　土不同

神龜雖壽　猶有竟時　騰蛇乘霧　終爲土灰　驥老伏櫪　志在千里

烈士暮年　壯心不已　盈縮之期　不但在天　養怡之福　可得永年

幸甚至哉　歌以詠志　龜雖壽

淮南王篇

淮南王　自言尊　百尺高樓與天連　後園鑿井銀作牀　金瓶素綆汲寒漿　汲寒漿　飲少年　少年窈窕何能賢　揚聲悲歌音絕天　我欲渡河

河無梁　願作雙黃鵠還故鄉　還故鄉　入故里　徘徊故鄉　苦身不已
繁舞奇歌無不泰　徘徊桑梓遊天外
鼓角橫吹曲鼓按周禮以鼖鼓鼓軍事角說者云蚩尤氏帥魑魅與黃帝戰於涿鹿帝乃命始吹角爲龍鳴以禦之其後魏武北征烏丸越沙漠而軍士思歸於是減爲中鳴而尤更悲矣
胡角者本以應胡笳之聲後漸用之橫吹有雙角卽胡樂也張博望入西域傳其法於西京惟得摩訶兜勒一曲李延年因胡曲更造新聲二十八解乘輿以爲武樂後漢以給邊和帝時萬人將軍得之魏晉以來二十八解不復具存用者有黃鵠隴頭出關入關出塞入塞折楊柳黃覃子赤之楊望行人十曲按魏晉之世有孫氏善弘舊曲宋識善擊節唱和陳左善清歌列和善吹笛郝索善彈箏朱生善琵琶尤發新聲故傅玄著書曰人若欽所聞而忽所見不亦惑乎設此六人生於上世越今古而無儷何但夔牙同契哉按此說則自茲以後皆孫朱等之遺則也

相和漢舊歌也絲竹更相和執節者歌本一部魏明帝分爲二更遞夜宿本十七曲朱生宋識列和等復合之爲十三曲

但歌四曲自漢世無絃節作伎最先唱一人唱三人和魏武帝尤好之時有宋容華者清徹好聲善唱此曲當時之特妙自晉以來不復傳遂絶

凡樂章古辭今之存者並漢世街陌謠謳江南可採蓮烏生十五子白頭吟之屬也

吳歌雜曲並出江南東晉以來稍有增廣

子夜歌者女子名子夜造此聲孝武太元中瑯邪王軻之家有鬼歌子夜則子夜是此時人也

鳳將雛歌者舊曲也應璩百一詩云言是鳳將雛然則其來久矣

前溪歌者車騎將軍沈充所制

阿子及懽聞歌者穆帝升平初歌畢輒呼阿子汝聞不語在五行志後人衍其聲以爲此二曲

團扇歌者中書令王珉與嫂婢有情愛好甚篤嫂捶撻婢過苦婢素善歌而珉好捉白團扇故制此歌

懊儂歌者隆安初俗聞訛謠之曲語在五行志

長史變者司徒左長史王廞臨敗所制

凡此諸曲始皆徒歌旣而被之絃管又有因絲竹金石造歌以被之魏世三調歌辭之類是也

杯柈舞按太康中天下爲晉世寧舞矜手以按杯柈反覆之此則漢世惟有柈舞而晉加之以杯反覆之也

公莫舞今之巾舞也相傳云項莊劍舞項伯以袖隔之使不得害漢高祖且語項莊云公莫古人相呼曰公言公莫害漢王也今之用巾蓋像項伯衣袖之遺式然按琴操有公莫渡河曲然則其聲所從來已久俗云項伯非也

白紵舞按舞辭有巾袍之言紵本吳地所出宜是吳舞也晉俳歌又云皎皎白緒節節爲雙吳音呼緒爲紵疑白紵卽白緒也

鐸舞歌一篇幡舞歌一篇鼓舞伎六曲並陳於元會後漢正旦天子臨德陽殿受朝賀舍利從西方來戲於殿前激水化成比目魚跳躍嗽水作霧翳日畢又化成龍長八九丈出水遊戲炫燿日光以兩大絲繩繫兩柱頭相去數丈兩倡女對舞行於繩上相逢切肩而不傾魏晉訖江左猶有夏育扛鼎巨象行乳神龜抃舞背負靈嶽桂樹白雪畫地成川之樂

成帝咸康七年尚書蔡謨奏八年正會儀注惟作鼓吹鐘鼓其餘伎樂盡不作侍中張澄給事黃門侍郎陳逵駮以爲王者觀時設教至於吉凶殊斷不易之道也今四方觀禮陵有殯弔之位庭奏宮懸之樂二禮兼用哀樂不分體國經制莫大於此詔曰今旣以天下體大禮從權宜三正之饗宜盡用吉禮也至娛耳目之樂所不忍聞故闕之耳事之大者不過上壽酒稱萬歲已許其大不足復闕鍾鼓鼓吹也澄逵又啓今大禮雖降事吉於朝然殯弔顯於園陵則未滅有哀禮服定於典文義無盡吉是以咸寧之會有徹樂之典實先朝稽古憲章垂式萬世者也詔曰若元日大饗萬國朝宗庭廢鍾鼓之奏遂闕起居之節朝

無磬制之音賓無蹈履之度其於義事不亦闕乎惟可量輕重以制事中散騎侍郎顧臻表曰臣聞聖王制樂贊揚政道養以仁義防其淫佚上享宗廟下訓黎元體五行之正音協八風以陶物宮聲正方而好義角聲堅齊而率禮絃歌鍾鼓金石之作備矣故通神至化有率舞之感移風易俗致和樂之極末世之伎設禮外之觀逆行連倒頭足入筥之屬皮膚外剝肝心內摧敦彼行葦猶謂勿踐矧伊生靈而不惻愴加四海朝覲言觀帝庭耳聆雅頌之聲目覩威儀之序足以蹋天頭以履地反天地之至順傷彝倫之大方今夷狄對岸外禦爲急兵食七升忘身赴難過泰之戲日廩五斗方掃神州經略中甸若此之事不可示遠宜下太常纂備雅樂簫韶九成惟新於盛運功德頌聲永著于來葉此乃所以燕及皇天克昌厥後者也諸伎而傷人者皆宜除之流簡儉之德邁康哉之休清風既行下應如草此之謂也愚管之誠惟垂採察於是除高絙紫鹿跂行鼈食及齊王捲衣笮兒等樂又減其廩其後復尙高絙紫鹿焉

晉書卷二十三

晉書卷二十三考證

樂志下歌穆帝○各本俱脫此一章今從宋志增入

景龍飛詞普被四海萬邦望風莫不來綏聖德潛斷先天弗違○普被以下共二十字監本脫去今從宋志增

玄雲詞周文獵渭濱遂載呂望歸符合如影響○周文以下十五字監本脫去今從宋志增

晉書卷二十三考證

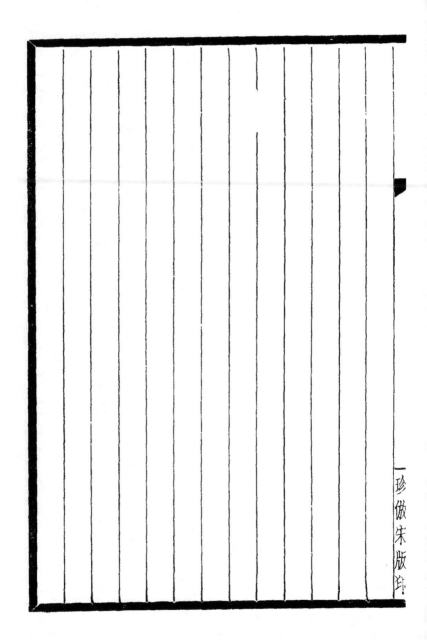

晉書卷二十四

唐 太 宗 文 皇 帝 御 撰

志第十四

職官

書曰唐虞稽古建官惟百所以獎導民萌裁成庶政易曰天垂象聖人則之執法在南宮之右上相處端門之外而烏龍居位雲火垂名前史詳之其以尙矣黃帝置三公之秩以親黎元少昊配九扈之名以爲農正命重黎於天地詔融冥於水火則可得而言焉伊尹曰三公調陰陽九卿通寒暑大夫知人事列士去其私而成湯居亳初置二相以伊尹仲虺爲之凡厥樞會仰承君命總及周武下車成康垂則六卿分職二公弘化咸樹司存各題標準苟非其道人弗虛榮貽厥孫謀其固本也如此及秦變周官漢遵嬴舊或隨時適用或因務遷革霸王之典義在於斯既獲厥安所謂得其時制者也四征與於漢代四安起於魏初四鎭通於柔遠四平止於喪亂其渡遼凌江輕車強弩式遏邊外用表攻

伐與而復毀厥號彌繁及當塗得志剋平諸夏初有軍師祭酒參掌戎律建安十三年罷漢台司更置丞相而以曹公居之用兼端揆孫吳劉蜀多依漢制雖復臨時命氏而無忝舊章世祖武皇帝即位之初以安平王孚爲太宰鄭沖爲太傅王祥爲太保司馬望爲太尉何曾爲司徒荀顗爲司空石苞爲大司馬陳騫爲大將軍世所謂八公同辰攀雲附翼者也若乃成乎棟宇非一枝之勢處乎經綸稱萬夫之敵或牽羊以叶於夢或垂釣以申其道或空桑以獻其術或操版以啓其心臥龍飛鴻方金擬璧秦奚鄭產楚材晉用斯亦曩時之良具其又昭彰者焉宣王既誅曹爽政由己出網羅英俊以備天官及蘭卿受羈貴公顯戮雖復策名魏氏而乃心皇晉及文王纂業初啓晉臺始置二衛有前驅養由之弩及設三部有熊渠佽飛之衆是以武帝龍飛乘茲奮翼猶武王以周之十亂而理殷民者也是以泰始盡於太康喬柯茂葉來居斯位自太興訖于建元南金北銑用處茲秩雖未擬乎夔拊龍言天工人代亦庶幾乎任官惟賢莅事惟能者也

丞相相國並秦官也晉受魏禪並不置自惠帝之後省置無恆爲之者趙王倫梁王肜成都王穎南陽王保王敦王導之徒皆非復尋常人臣之職

太宰太傅太保周之三公官也魏初唯置太傅以鍾繇爲之末年又置太保以鄭沖爲之晉初以景帝諱故又採周官官名置太宰以代太師之任秩增三司與太傅太保皆爲上公論道經邦燮理陰陽無其人則闕以安平獻王孚居之自渡江以後其名不替而居之者甚寡

太尉司徒司空並古官也自漢歷魏置以爲三公及晉受命迄江左其官相承不替

大司馬古官也漢制以冠大將軍驃騎車騎之上以代太尉之職故恆與太尉迭置不並列及魏有太尉而大司馬大將軍各自爲官位在三司上晉受魏禪因其制以安平王孚爲太宰鄭沖爲太傅王祥爲太保義陽王望爲太尉何曾爲司徒荀顗爲司空石苞爲大司馬陳騫爲大將軍凡八公同時並置唯無丞相焉自義陽王望爲大司馬之後定令如舊在三司上

大將軍古官也漢武帝置冠以大司馬名爲崇重之職及漢東京大將軍不常置爲之者皆擅朝權至景帝爲大將軍亦受非常之任後以叔父孚爲太尉奏改大將軍在太尉下及晉受命猶依其制位次三司下後復舊在三司上太康元年琅邪王伷遷大將軍復制在三司下伷薨後如舊

開府儀同三司漢官也殤帝延平元年鄧隲爲車騎將軍儀同三司儀同之名始自此也及魏黃權以車騎將軍開府儀同三司開府之名起於此也

驃騎車騎衛將軍伏波撫軍都護鎭軍中軍四征四鎭龍驤典軍上軍輔國等大將軍左右光祿光祿三大夫開府者皆爲位從公

太宰太傅太保司徒司空左右光祿大夫光祿大夫開府位從公者爲文官公冠進賢三梁黑介幘

大司馬大將軍太尉驃騎車騎衛將軍諸大將軍開府位從公者爲武官公皆著武冠平上黑幘

文武官公皆假金章紫綬著五時服其相國丞相皆衮冕綠盭綬所以殊於常

公也

諸公及開府位從公者品秩第一食奉日五斛太康二年又給絹春百匹秋絹二百匹綿二百斤元康元年給菜田十頃騶十人立夏後不及田者食奉一年置長史一人秩一千石西東閤祭酒西東曹掾戶倉賊曹令史屬各一人御屬閤下令史西東曹倉戶賊曹令史門令史記室省事令史閤下記室書令史西東曹學事各一人給武賁二十人持班劍給朝車駕駟安車黑耳駕三各一乘祭酒掾屬白蓋小車七乘軺車施耳後戶皁輪犢車各一乘自祭酒已下令史已上皆皁零辟朝服太尉雖不加兵者吏屬皆絳服司徒加置左右長史各一人秩千石主簿左西曹掾屬各一人西曹稱右西曹其左西曹令史已下人數如舊令司空加置導橋掾一人諸公及開府位從公加兵者增置司馬一人秩千石從事中郎二人秩比千石主簿記室督各一人舍人四人兵鎧士曹營軍刺姦帳下都督外都督令史各一人主簿已下令史已上皆絳服司馬給吏卒如長史從事中郎給侍二人主簿記室督各給侍一人其餘臨時增崇者則褒

加各因其時爲節文不爲定制
諸公及開府位從公爲持節都督增參軍爲六人長史司馬從事中郎主簿記室督祭酒掾屬舍人如常加兵公制
特進漢官也二漢及魏晉以加官從本官車服無吏卒太僕羊琇遜位拜特進加散騎常侍無餘官故給吏卒車服其餘加特進者唯食其祿賜位其班位而已不別給特進吏卒車服後定令特進品秩第二位次諸公在開府驃騎上冠進賢兩梁黑介幘五時朝服佩水蒼玉無章綬食奉日四斛太康二年始賜春服絹五十匹秋絹百五十匹緜一百五十斤元康元年給菜田八頃田騶八人立夏後不及田者食奉一年置主簿功曹史門亭長門下書佐各一人給安車黑耳駕御一人軺車施耳後戶一乘
左右光祿大夫假金章紫綬光祿大夫加金章紫綬者品秩第二祿賜班位冠幘車服佩玉置吏卒羽林及卒諸所賜給皆與特進同其以爲加官者唯假章綬祿賜班位而已不別給車服吏卒也又卒贈此位本已有卿官者不復重給

吏卒其餘皆給

光祿大夫假銀章青綬者品秩第三位在金紫將軍下諸卿上漢時所置無定員多以爲拜假賵贈之使及監護喪事魏氏已來轉復優重不復以爲使命之官其諸公告老者皆家拜此位及在朝顯職復用加之及晉受命仍舊不改復以爲優崇之制而諸公遜位不復加之或更拜上公或以本封食公祿其諸卿尹中朝大官年老致仕者及內外之職如此者前後甚衆由是或因得開府或進加金章紫綬又復以爲禮贈之位泰始中唯太子詹事楊珧加給事中光祿大夫加兵之制諸所供給依三品將軍其餘自如舊制終武惠孝懷三世

光祿大夫與卿同秩中二千石著進賢兩梁冠黑介幘五時朝服佩水蒼玉食奉日三斛太康二年始給春賜絹五十匹秋絹百匹綿百斤惠帝元康元年始給菜田六頃田騶六人置主簿功曹史門亭長門下書佐各一人

驃騎已下及諸大將軍不開府非持節都督者品秩第二其祿與特進同置長史司馬各一人秩千石主簿功曹史門下督錄事兵鎧士賊曹營軍刺姦帳下

都督功曹書佐門吏門下書吏各一人其假節爲都督者所置與四征鎮加大將軍不開府爲都督者同四征鎮安平加大將軍不開府持節都督者品秩第二置參佐吏卒幕府兵騎如常都督制唯朝會祿賜從二品將軍之例然則持節都督無定員前漢遣使始有持節光武建武初征伐四方始權時置督軍御史事竟罷建安中魏武爲相始遣大將軍督之二十一年征孫權還夏侯惇督二十六軍是也魏文帝黃初三年始置都督諸州軍事或領刺史又上軍大將軍曹真都督中外諸軍事假黃鉞則總統內外諸軍矣魏明帝太和四年秋宣帝征蜀加號大都督高貴鄉公正元二年文帝都督中外諸軍尋加大都督及晉受禪都督諸軍爲上監諸軍次之督諸軍爲下使持節爲上持節次之假節爲下使持節得殺二千石以下持節殺無官位人若軍事得與使持節同假節唯軍事得殺犯軍令者江左以來都督中外尤重唯王導等權重者乃居之

三品將軍秩中二千石者著武冠平上黑幘五時朝服佩水蒼玉食奉春秋賜綿絹菜田田騶如光祿大夫諸卿制置長史司馬各一人秩千石主簿功曹門

下都督錄事兵鎧士賊曹營軍刺姦吏帳下都督功曹書佐門吏門下書吏各
一人
錄尙書案漢武時左右曹諸吏分平尙書奏事知樞要者始領尙書事張安世
以車騎將軍霍光以大將軍王鳳以大司馬師丹以左將軍並領尙書事後漢
章帝以太傅趙憙大尉牟融並錄尙書事尙書有錄名蓋自憙融始亦西京領
尙書之任猶虞唐大麓之職也和帝時大尉鄧彪爲太傅錄尙書事位上公在
三公上漢制遂以爲常每少帝立則置太傅錄尙書事猶古冢宰總己之義薨
輒罷之自魏晉以後亦公卿權重者爲之
尙書令秩千石假銅印墨綬冠進賢兩梁冠納言幘五時朝服佩水蒼玉食奉
月五十斛受拜則策命之以在端右故也太康二年始給賜絹春三十匹秋七
十匹綿七十斤元康元年始給菜田六頃田騶六人立夏後不及田者食奉一
年始賈充爲尙書令以目疾表置省事吏四人省事蓋自此始
僕射服秩印綬與令同案漢本置一人至漢獻帝建安四年以執金吾榮郃爲

尙書左僕射僕射分置左右蓋自此始經魏至晉迄於江左省置無恆置二則爲左右僕射或不兩置但曰尙書僕射令闕則左爲省主若左右並闕則置尙書僕射以主左事

列曹尙書案尙書本漢承秦置及武帝遊宴後庭始用宦者主中書以司馬遷爲之中閒遂罷其官以爲中書之職至成帝建始四年罷中書宦者又置尙書五人一人爲僕射而四人分爲四曹通掌圖書祕記章奏之事各有其任其一曰常侍曹主丞相御史公卿事其二曰二千石曹主刺史郡國事其三曰民曹主吏民上書事其四曰主客曹主外國夷狄事後成帝又置三公曹主斷獄是爲五曹後漢光武以三公曹主歲盡考課諸州郡事改常侍曹爲吏部曹主選舉祠祀事民曹主繕修功作鹽池園苑事客曹主護駕羌胡朝賀事二千石曹主辭訟事中都官曹主水火盜賊事合爲六曹幷令僕二人謂之八座尙書雖有曹名不以爲號靈帝以侍中梁鵠爲選部尙書於此始見曹名及魏改選部爲吏部主選部事又有左民客曹五兵度支凡五曹尙書二僕射一令爲八座

及晉置吏部三公客曹駕部屯田度支六曹而無五兵咸寧二年省駕部尚書四年省一僕射又置駕部尚書太康中有吏部殿中及五兵田曹度支左民爲六曹尚書又無駕部三公客曹惠帝世又有右民尚書止於六曹不知此時省何曹也及渡江有吏部祠部五兵左民度支五尚書祠部尚書常與右僕射通職不恆置以右僕射攝之若右僕射闕則以祠部尚書攝知右事

左右丞自漢武帝建始四年置尚書而便置丞四人及光武始減其三唯置左右丞左右丞蓋自此始也自此至晉不改晉左丞主臺內禁令宗廟祠祀朝儀禮制選用署吏急假右丞掌臺內庫藏廬舍凡諸器用之物及廩振人租布刑獄兵器督錄遠道文書章表奏事八座郎初拜皆沿漢舊制並集都座交禮遷職又解交焉

尚書郎西漢舊置四人以分掌尚書其一人主匈奴單于營部一人主羌夷吏民一人主戶口墾田一人主財帛委輸及光武分尚書爲六曹之後合置三十四人秩四百石并左右丞爲三十六人郎主作文書起草更直五日於建禮門

內尙書郎初從三署詣臺試守尙書郎中歲滿稱尙書郎三年稱侍郎選有吏能者爲之至魏尙書郎有殿中吏部駕部金部虞曹比部南主客祠部度支庫部農部水部儀曹三公倉部民曹二千石中兵外兵都兵別兵考功定課凡二十三郎靑龍二年尙書陳矯奏置都官騎兵合凡二十五郎每一郎缺白試諸孝廉能結文案者五人謹封奏其姓名以補之及晉受命武帝罷農部定課置直事殿中祠部儀曹吏部三公比部金部倉部度支都官二千石左民右民虞曹屯田起部水部左右主客駕部車部庫部左右中兵左右外兵別兵都兵騎兵左右士北主客南主客爲三十四曹郎後又置運曹凡三十五曹置郎二十三人更相統攝及江左無直事右民屯田車部別兵都兵騎兵左右士運曹十曹郎康穆以後又無虞曹二千石二郎但有殿中祠部吏部儀曹三公比部金部倉部度支都官左民起部水部主客駕部庫部中兵外兵十八曹郎後又省主客起部水部餘十五曹云

侍中案黃帝時風后爲侍中於周爲常伯之任秦取古名置侍中漢因之秦漢

俱無定員以功高者一人爲僕射魏晉以來置四人別加官者則非數掌儐贊威儀大駕出則次直侍中護駕正直侍中負璽陪乘不帶劍餘皆騎從御登殿與散騎常侍對扶侍中居左常侍居右備切問近對拾遺補闕及江左哀帝興寧四年桓温奏省二人後復舊

給事黃門侍郎秦官也漢已後並因之與侍中俱管門下衆事無員及晉置員四人

散騎常侍本秦官也秦置散騎又置中常侍散騎騎從乘輿車後中常侍得入禁中皆無員亦以爲加官漢東京初省散騎而中常侍用宦者魏文帝黃初初置散騎合之於中司掌規諫不典事貂璫插右騎而散從至晉不改及元康中惠帝始以宦者董猛爲中常侍後遂止常爲顯職

給事中秦官也所加或大夫博士議郎掌顧問應對位次中常侍漢因之及漢東京省魏世復置至晉不改在散騎常侍下給事黃門侍郎上無員

通直散騎常侍案魏末散騎常侍又有在員外者泰始十年武帝使二人與散

騎常侍通員直故謂之通直散騎常侍江左置四人
員外散騎常侍魏末置無員
散騎侍郎四人魏初與散騎常侍同置自魏至晉散騎常侍侍郎與侍中黃門侍郎共平尚書奏事江左乃罷通直散騎侍郎四人初武帝置員外散騎侍郎及太興元年元帝使二人與散騎侍郎通員直故謂之通直散騎侍郎後增爲四人
員外散騎侍郎武帝置無員
奉朝請本不爲官無員漢東京罷三公外戚宗室諸侯多奉朝請奉朝請者奉朝會請召而已武帝亦以宗室外戚爲奉車駙馬騎三都尉而奉朝請焉元帝爲晉王以參軍爲奉車都尉掾屬爲駙馬都尉行參軍舍人爲騎都尉皆奉朝請後罷奉車騎二都尉唯留駙馬都尉奉朝請諸尚公主者劉惔桓溫皆爲之
中書監及令案漢武帝遊宴後庭始使宦者典事尚書謂之中書謁者置令僕射成帝改中書謁者令曰中謁者令罷僕射漢東京省中謁者令而有中官謁

者令非其職也魏武帝爲魏王置祕書令典尙書奏事文帝黃初初改爲中書置監令以祕書左丞劉放爲中書監右丞孫資爲中書令監令蓋自此始也及晉因之並置一人

中書侍郞魏黃初初中書旣置監令又置通事郞次黃門郞黃門郞已署事過通事乃署名已署奏以入爲帝省讀書可及晉改曰中書侍郞員四人中書侍郞蓋此始也及江左初改中書侍郞曰通事郞尋復爲中書侍郞

中書舍人案晉初初置舍人通事各十人江左令舍人通事謂之通事舍人掌呈奏案後省而以中書侍郞一人直西省又掌詔命

祕書監案漢桓帝延熹三年置祕書監後省魏武爲魏王置祕書令丞及文帝黃初初置中書令典尙書奏事而祕書改令爲監後以何禎爲祕書丞而祕書先自有丞乃以禎爲祕書右丞及晉受命武帝以祕書幷中書省其祕書著作之局不廢惠帝永平中復置祕書監其屬官有丞有郞幷統著作省

著作郞周左史之任也漢東京圖籍在東觀故使名儒著作東觀其有名尙未

有官魏明帝太和中詔置著作郎於此始有其官隸中書省及晉受命武帝以

繆徵爲中書著作郎元康二年詔曰著作舊屬中書而祕書既典文籍今改中

書著作爲祕書著作於是改隸祕書省後別自置省而猶隸祕書著作郎一人

謂之大著作郎專掌史任又置佐著作郎八人著作郎始到職必撰名臣傳一

人

太常光祿勳衞尉太僕廷尉大鴻臚宗正大司農少府將作大匠太后三卿大

長秋皆爲列卿各置丞功曹主簿五官等員

太常有博士協律校尉員又統太學諸博士祭酒及太史太廟太樂鼓吹陵等

令太史又別置靈臺丞

太常博士魏官也魏文帝初置晉因之掌引導乘輿王公已下應追謚者則博

士議定之

協律校尉漢協律都尉之職也魏杜夔爲之及晉改爲協律校尉

晉初承魏制置博士十九人及咸寧四年武帝初立國子學定置國子祭酒博

士各一人助教十五人以教生徒博士皆取履行清淳通明典義者若散騎常侍中書侍郞太子中庶子以上乃得召試及江左初減爲九人元帝末增儀禮春秋公羊博士各一人合爲十一人後又增爲十六人不復分掌五經而謂之太學博士也孝武太元十年損國子助教員爲十人

光祿勳統武賁中郞將羽林郞將冗從僕射羽林左監五官左右中郞將東園匠太官御府守宮黃門掖庭清商華林園暴室等令哀帝興寧二年省光祿勳幷司徒孝武寧康元年復置

衞尉統武庫公車衞士諸冶等令左右都候南北東西督冶掾及渡江省衞尉

太僕統典農典虞都尉典虞丞左右中典牧都尉車府典牧乘黃廏驊騮廏龍馬廏等令典牧又別置羊牧丞太僕自元帝渡江之後或省或置太僕省故驊騮爲門下之職

廷尉主刑法獄訟屬官有正監評幷有律博士員

大鴻臚統大行典客園池華林園鉤盾等令又有靑宮列丞鄴玄武苑丞及江

左有事則權置無事則省
宗正統皇族宗人圖諜又統大醫令史又有司牧掾員及渡江哀帝省并太常
太醫以給門下省
大司農統太倉籍田導官三令襄國都水長東西南北部護漕掾及渡江哀帝
省并都水孝武復置
少府統材官校尉中左右三尚方中黃左右藏左校甄官平準奚官等令左校
坊鄴中黃左右藏油官等丞及渡江哀帝省并丹陽尹孝武復置自渡江唯置
一尚方又省御府
將作大匠有事則置無事則罷
太后三卿衞尉少府太僕漢置皆隨太后宮爲官號在同名卿上無太后則闕
魏改漢制在九卿下及晉復舊在同號卿上
大長秋皇后卿也有后則置無后則省
御史中丞本秦官也秦時御史大夫有二丞其一御史丞其一爲中丞中丞外

督部刺史內領侍御史受公卿奏事舉劾按章漢因之及成帝綏和元年更名御史大夫爲大司空置長史而中丞官職如故哀帝建平二年復爲御史大夫元壽二年又爲大司空而中丞出外爲御史臺主歷漢東京至晉因其制以中丞爲臺主

治書侍御史案漢宣帝幸宣室齋居而決事令侍御史二人治書侍側後因別置謂之治書侍御史蓋其始也及魏又置治書執法掌奏劾而治書侍御史掌律令二官俱置及晉唯置治書侍御史員四人泰始四年又置黃沙獄治書侍御史一人秩與中丞同掌詔獄及廷尉不當者皆治之後并河南遂省黃沙治書侍御史及太康中又省治書侍御史二員

侍御史案二漢所掌凡有五曹一曰令曹掌律令二曰印曹掌刻印三曰供曹掌齋祠四曰尉馬曹掌廏馬五曰乘曹掌護駕魏置八人及晉置員九人品同治書而有十三曹吏曹課第曹直事曹印曹中都督曹外都督曹媒曹符節曹水曹中壘曹營軍曹法曹算曹及江左初省課第曹置庫曹掌廏牧牛馬市租

後分曹置外左庫內左庫云
殿中侍御史案魏蘭臺遣二御史居殿中伺察非法即其始也及晉置四人江
左置二人又案魏晉官品令又有禁防御史第七品孝武太元中有檢校御史
吳琨則此二職亦蘭臺之職也
符節御史秦符璽令之職也漢因之位次御史中丞至魏別爲一臺位次御史
中丞掌授節銅武符竹使符及泰始九年武帝省幷蘭臺置符節御史掌其事
焉
司隸校尉案漢武初置十三州刺史各一人又置司隸校尉察三輔三河弘農
七郡歷漢東京及魏晉其官不替屬官有功曹都官從事諸曹從事部郡從事
主簿錄事門下書佐省事記室書佐諸曹書佐守從事武猛從事等員凡吏一
百人卒三十二人及渡江乃罷司隸校尉官其職乃揚州刺史也
謁者僕射秦官也自漢至魏因之魏置僕射掌大拜授及百官班次統謁者十
人及武帝省僕射以謁者幷蘭臺江左復置僕射後又省

都水使者漢水衡之職也漢又有都水長丞主陂池灌溉保守河渠屬太常漢東京省都水置河隄謁者魏因之及武帝省水衡置都水使者一人以河隄謁者爲都水官屬及江左省河隄謁者置謁者六人

中領軍將軍魏官也漢建安四年魏武丞相府自置及拔漢中以曹休爲中領軍文帝踐祚始置領軍將軍以曹休爲之主五校中壘武衞等三營武帝初省使中軍將軍羊祜統二衞前後左右驍衞等營卽領軍之任也懷帝永嘉中改中軍曰中領軍永昌元年改曰北軍中候尋復爲領軍成帝世復爲中候尋復爲領軍

護軍將軍案本秦護軍都尉官也漢因之高祖以陳平爲護軍中尉武帝復以爲護軍都尉屬大司馬魏武爲相以韓浩爲護軍史奐爲領軍非漢官也建安十二年改護軍爲中護軍領軍爲中領軍置長史司馬魏初因置護軍將軍主武官選隸領軍晉世則不隸也元帝永昌元年省護軍幷領軍明帝太寧二年復置領護各領營兵江左以來領軍不復別領營總統二衞驍騎材官諸營護

軍猶別有營也資重者爲領軍護軍資輕者爲中領軍中護軍屬官有長史司馬功曹主簿五官受命出軍則置參軍

左右衞將軍案文帝初置中衞及武帝受命分爲左右衞以羊琇爲左趙序爲右並置長史司馬功曹主簿員江左罷長史

驍騎將軍游擊將軍並漢雜號將軍也魏置爲中軍及晉以領護左右衞驍騎游擊爲六軍

左右前後軍將軍案魏明帝時有左軍則左軍魏官也至晉不改武帝初又置前軍右軍泰始八年又置後軍是爲四軍

屯騎步兵越騎長水射聲等校尉是爲五校並漢官也魏晉逮于江左猶領營兵並置司馬功曹主簿後省左軍右軍前軍後軍爲鎮衞軍其左右營校尉自如舊皆中領軍統之二衞始制前驅由基彊弩爲三部司馬各置督史左衞熊渠武賁右衞佽飛武賁二衞各五部督其命中武賁驍騎游擊各領之又置武賁羽林上騎異力四部并命中爲五督其衞鎮四軍如五校各置千人更制殿

中將軍中郎校尉司馬此驍騎持椎斧武賁分屬二衞尉中武賁持鈒冗從羽林司馬常從人數各有差武帝甚重兵官故軍校多選朝廷清望之士居之先是陳勰爲文帝所待特有才用明解軍令帝爲晉王委任使典兵事及蜀破後令勰受諸葛亮圍陣用兵倚伏之法又甲乙校摽幟之制勰悉闇練之遂以勰爲殿中典兵中郎將遷將軍久之武帝每出入勰持白獸幡在乘輿左右鹵簿陳列齊肅太康末武帝嘗出射雉勰時已爲都水使者散從車駕逼暗乃還漏已盡當合函停乘輿良久不得合乃詔勰合之勰舉白獸幡指麾須臾之閒而函成皆謝勰閑解甚爲武帝所任

太子太傅少傅皆古官也泰始三年武帝始建官各置一人尚未置詹事官事無大小皆由二傅並有功曹主簿五官太傅中二千石少傅二千石其訓導者太傅在前少傅在後皇太子先拜諸傅然後答之武帝後以儲副體尊遂命諸公居之以本位重故或行或領時侍中任愷武帝所親敬復使領之蓋一時之制也咸寧元年以給事黃門侍郎楊珧爲詹事掌宮事二傅不復領官屬及楊

珧爲衞將軍領少傅省詹事遂崇廣傅訓命太尉賈充領太保司空齊王攸領
太傅所置吏屬復如舊二傅進賢兩梁冠黑介幘五時朝服佩水蒼玉食奉日
三斛太康二年始給春賜絹五十匹秋絹百匹綿百斤其後太尉汝南王亮車
騎將軍楊駿司空衞瓘石鑒皆領傅保猶不置詹事以終武帝之世惠帝元康
元年復置詹事二傅給菜田六頃田騶六人立夏後不及田者食奉一年置丞
一人秩千石主簿五官掾功曹史主記門下史錄事戸曹法曹倉曹賊曹功曹
書佐門下亭長門下書佐省事各一人給赤印安車一乘及愍懷建官乃置六
傅三太三少以景帝諱師故改太師爲太保通省尚書事詹事文書關由六傅
然自元康之後諸傅或二或三或四或六及永康中復不置詹事也自太安已
來置詹事終孝懷之世渡江之後有太傅少傅不立師保
中庶子四人職如侍中
中舍人四人咸寧四年置以舍人才學美者爲之與中庶子共掌文翰職如黃
門侍郎在中庶子下洗馬上

食官令一人職如太官令
庶子四人職比散騎常侍中書監令
舍人十六人職比散騎中書等侍郎
洗馬八人職如謁者祕書掌圖籍釋奠講經則掌其事出則直者前驅導威儀
率更令主宮殿門戶及賞罰事職如光祿勳衞尉
家令主刑獄穀貨飲食職比司農少府漢東京主食官令食官令及晉自爲官
不復屬家令
僕主車馬親族職如太僕宗正
左右衞率案惠帝建東宮置衞率初曰中衞率泰始五年分爲左右各領一軍
惠帝時愍懷太子在東宮又加前後二率及江左省前後二率孝武太元中又
置
王置師友文學各一人景帝諱故改師爲傅友者因文王仲尼四友之名號改
太守爲內史省相及僕有郎中令中尉大農爲三卿大國置左右常侍各一人

省郎中置侍郎二人典書典祠典衛學官令典書丞各一人治書四人中尉司
馬世子庶子陵廟牧長各一人謁者四人中大夫六人舍人十人典府各一人
咸寧三年衞將軍楊珧與中書監荀勖以齊王攸有時望懼惠帝有後難因追
故司空裴秀立五等封建之旨從容共陳時宜於武帝以爲古者建侯所以藩
衞王室今吳寇未殄方岳任大而諸王爲帥都督封國既各不臣其統內於事
重非宜又異姓諸將居邊宜參以親戚而諸王公皆在京都非扞城之義萬世
之固帝初未之察於是下詔議其制有司奏從諸王公更制戶邑皆中尉領兵
其平原汝南琅邪扶風齊爲大國梁趙樂安燕安平義陽爲次國其餘爲小國
皆制所近縣益滿萬戶又爲郡公制度如小國王亦中尉領兵郡侯如不滿五
千戶王置一軍一千一百人亦中尉領之于時唯特增魯國公戶邑追進封故
司空博陵公王沈爲郡公鉅平侯羊祜爲南城郡侯又南宮王承隨王萬各於
泰始中封爲縣王邑千戶至是改正縣王增邑爲三千戶制度如郡侯亦置一
軍自此非皇子不得爲王而諸王之支庶皆皇家之近屬至親亦各以土推恩

受封其大國次國始封王之支子爲公承封王之支子爲侯繼承封王之支子爲伯小國五千戶已上始封王之支子爲子不滿五千戶始封王之支子及始封公侯之支子皆爲男非此皆不得封其公之制度如五千戶國侯之制度如不滿五千戶國亦置一軍千人中尉領之伯子男以下各有差而不置軍大國始封之孫罷下軍曾孫又罷上軍次國始封子孫亦罷下軍其餘皆以一軍爲常大國中軍二千人上下軍各千五百人次國上軍二千人下軍千人其未之國者大國置守土百人次國八十人小國六十人郡侯縣公亦如小國制度既行所增徙各如本奏遣就國而諸公皆戀京師涕泣而去及吳平後齊王攸遂之國

中朝制典書令在常侍下侍郎上及渡江則侍郎次常侍而典書令居三軍下公國則無中尉常侍三軍侯國又無大農侍郎伯子男唯典書以下又無學官令史職皆以次損焉公侯以下置官屬隨國大小無定制其餘官司各有差名山大澤不以封鹽鐵金銀銅錫始平之竹園別都宮室園囿皆不爲屬國其仕

在天朝者與之國同皆自選其文武官諸入作卿士而其世子年已壯者皆遣
莅國其王公已下茅社符璽車旗命服一如泰始初故事
州置刺史別駕治中從事諸曹從事等員所領中郡以上及江陽朱提郡郡各
置部從事一人小郡亦置一人又有主簿門亭長錄事記室書佐諸曹佐守從
事武猛從事等凡吏四十一人卒二十人諸州邊遠或有山險濱近寇賊羌夷
者又置弓馬從事五十餘人徐州又置淮海涼州置河津諸州置都水從事各
一人涼益州置吏八十五人卒二十人荊州又置監佃督一人
郡皆置太守河南郡京師所在則曰尹諸王國以內史掌太守之任又置主簿
主記室門下賊曹議生門下史記室史錄事史書佐循行幹小史五官掾功曹
史功曹書佐循行小史五官掾等員郡國戶不滿五千者置吏職五十人散吏
十三人五千戶以上則職吏六十三人散吏二十一人萬戶以上職吏六十九
人散吏三十九人郡國皆置文學掾一人
縣大者置令小者置長有主簿錄事史主記室史門下書佐幹游徼議生循行

功曹史小史廷掾功曹史小史書佐幹戶曹掾史幹法曹門幹金倉賊曹掾史兵曹史吏曹史獄小史獄門亭長都亭長賊捕掾等員戶不滿三百以下職吏十八人散吏四人三百以下職吏二十八人散吏六人五百以上職吏四十人散吏八人千以上職吏五十三人散吏十二人千五百以上職吏六十八人散吏一十八人三千已上職吏八十八人散吏二十六人

郡國及縣農月皆隨所領戶多少爲差散吏爲勸農又縣五百以上皆置鄉三千以上置二鄉五千以上置三鄉萬以上置四鄉鄉置嗇夫一人鄉戶不滿千以下置治書史一人千以上置史佐各一人正一人五千五百以上置吏一人佐二人縣率百戶置里吏一人其土廣人稀聽隨宜置里吏限不得減五十戶戶千以上置校官掾一人

縣皆置方略吏四人洛陽縣置六部尉江左以後建康亦置六部尉餘大縣置二人次縣小縣各一人鄴長安置吏如三千戶以上之制

四中郎將並後漢置歷魏及晉並有其職江左彌重

護羌夷蠻等校尉案武帝置南蠻校尉於襄陽西戎校尉於長安南夷校尉於寧州元康中護羌校尉爲涼州刺史西戎校尉爲雍州刺史南蠻校尉爲荆州刺史及江左初省南蠻校尉尋又置於江陵改南夷校尉曰鎮蠻校尉及安帝時於襄陽置寧蠻校尉

護匈奴羌戎蠻夷越中郎將案武帝置四中郎將或領刺史或持節爲之武帝又置平越中郎將居廣州主護南越

晉書卷二十四

晉書卷二十四考證

職官志左右衞將軍案文帝初置中衞及武帝受命分爲左右衞○各本武字上衍魏字 臣龍官按晉文帝爲相國時置中尉則此承上文言之乃晉武非魏武也今刪去

晉書卷二十四考證

晉書卷二十五

唐 太 宗 文 皇 帝 御 撰

志第十五

輿服

史臣曰昔者乘雲效駕卷領垂衣則黃帝阜衣纁裳放勳彤車白馬叶三微之序舍寅丑之建玄戈玉刃作會相暉若乃參旗分景帝車含曜又所以營衞南宮增華北極月令季夏之月命婦官染綵頳丹班次各有品章矣高旗有日月之象式視有威儀之選衣兼鞙珮衡載鳴和是以閑邪屏棄不可入也若乃正名百物補緝四維疏懷山之水靜傾天之害功尤彰者飾彌煥德逾盛者服彌尊莫不質良用成其美書曰明試以功車服以庸禮記曰鸞車有虞氏之路也鉤車夏后氏之路也大路殷路也乘路周路也而韍火山龍以通其意前史以爲聖人見鳥獸容貌草木英華始創衣冠而玄黃殊采見秋蓬孤轉杓觿旁建乃作輿輪而方圓異則遇物成象觸類興端周因於殷其來已舊成王之會壇

垂陰雨五方之威有八十物者焉宗馬鳥旌奚往不格殷公曹叔此焉低首周禮巾車氏建大赤以朝大白以戎雅制弘多式遵遺範賓入異憲師行殊則是以有嚴有翼用光其武鉤膺鞗革乃暢其文六服之冕五時之路王之常制各有等差逮禮業彫訛人情馳爽諸侯征伐憲度淪亡一紫亂於齊飾長纓混於鄒翫孔子曰君子其學也博其服也鄉若乃豪傑不經庶人干典彯鷸冠於鄭伯之門躡珠履於春申之第及秦皇幷國攬其餘軌豐貂東至獬豸南來又有玄旗皁旒之制旄頭罕車之飾寫六王之廷於咸陽北坂車輿之綵各樹其文所謂秦人大備而陳戰國之後車者也及凝脂布網經書咸燼削滅三代以金根爲帝軫除棄六冕以袀玄爲祭服高祖入關旣因秦制世祖挺英雄之略總文景之資揚霓拂翳皮軒記鼓橫汾河而祠后土登甘泉而祭昊天奉常獻儀謂之大駕車千乘而騎萬匹至於成帝以幸姬趙飛燕置屬車閒豹尾中又揚雄所謂攫天狼之威弧張曜日之靈旄駢羅列布霧集雲合者也於後王氏擅朝武車常軔赤眉之亂文物無遺建武十三年吳漢平蜀始送葆車輿輦充庭

之飾漸以周備明帝採周官禮記更服衮章天子冠通天而佩玉璽魏明以黼黻之美有疑於僭於是隨章償略而損者半焉高堂隆奏曰改正朔殊徽號者帝王所以神明其政變民耳目也帝從其議改青龍五年爲景初元年服色尙黃從地正也世祖武皇帝接天人之貺開典午之基受終之禮皆如唐虞故事晉氏金行而服色尙赤豈有司失其傳歟

玉金象革木等路是爲五路並天子之法車皆朱班漆輪畫爲虡文三十輻法月之數重轂貳轄以赤油廣八寸長三尺注地繫兩軸頭謂之飛軨金薄繆龍繞之爲輿倚較較重爲文獸伏軾龍首銜軛左右吉陽筩鸞雀立衡虡文畫轅及轓青蓋黃爲裏謂之黃屋金華施橑末橑二十八以象宿兩箱之後皆玳瑁爲鵾翅加以金銀雕飾故世人亦謂之金鵾車斜注旂旗於車之左又加棨戟於車之右皆槖而施之棨戟韜以黼繡上爲亞字繫大蛙蟆幡軛長丈餘於戟之杪以氂牛尾大如斗置左騑馬軛上是爲左纛轅皆曲向上取禮緯山車垂句之義言不揉而能自曲

玉金象三路各以其物飾車因以爲名革者漆革木者漆木其制玉路最尊建太常十有二旒九軔委地畫日月升龍以祀天金路建大旂九旒以會萬國之賓亦以賜上公及王子母弟象路建大赤通赤無畫所以視朝亦以賜諸侯革路建大白以卽戎兵事亦以賜四鎮諸侯木路建大麾以田獵其麾色黑亦以賜藩國玉路駕六黑馬餘四路皆駕四馬馬並以黃金爲文髦插以翟尾象鹿而鏤錫（錫在馬面所謂當顱者也）金錽而方釳（金錽謂以金錽爲文釳以鐵爲之其大三寸中央兩頭高如山形貫中以翟尾而結著之也）繁纓赤罽易茸金就十有二（繁纓馬飾纓馬膺前在如索帬）五路皆有錫鸞之飾和鈴之響鉤膺玉瓖（鉤膺卽繁纓也瓖馬帶玦名也）龍輈華轙（輈車轅也頭爲龍象轙謂車衡上環受轡者也）朱幩（幩飾也人君以朱纏鑣扇汗以爲飾也）法駕行則五路各有所主不俱出臨軒大會則陳乘輿車輦旌鼓於其殿庭

車坐乘者謂之安車倚乘者謂之立車亦謂之高車按周禮惟王后有安車也王亦無之自漢已來制乘輿乃有之有青立車青安車赤立車赤安車黃立車黃安車白立車白安車黑立車黑安車合十乘名爲五時車俗謂之五帝車天

子所御則駕六其餘並駕四建旂十二各如車色立車則正豎其旂安車則邪

注駕馬馬亦各隨五時之色白馬則朱其鬣尾左右騑驂金鋄鑣錫黃屋左纛

如金根之制行則從後五牛旗平吳後所造以五牛建旗車設五牛青赤在左

黃在中白黑在右豎旗於牛背行則使人輿之牛之爲義蓋取其負重致遠而安穩也旗常纏不舒所謂德車結旌也天子親戎則舒謂武車綏旌也

金根車駕四馬不建旗幟其上如畫輪車下猶金根之飾

耕根車駕四馬建赤旗十有二旒天子親耕所乘者也一名芝車一名三蓋車

置耒耜於軾上魏景初元年改正朔易服色色尚黃牲用白戎事乘黑首白馬

建大赤之旂朝會則建大白行殷之時也泰始二年有司奏宜如有虞遵唐故

事皆用前代正朔服色其金根耕根車並以建赤旗帝從之

輦按自漢以來爲人君之乘魏晉御小出卽乘之

戎車駕四馬天子親戎所乘者也載金鼓羽旂幢翳置弩於軾上其建矛麾悉

斜注

獵車駕四馬天子校獵所乘也重輞漫輪繆龍繞之一名闟戟車一名蹋猪車
魏文帝改名蹋獸車記云國君不乘奇車奇車亦獵車也古天子獵則乘木輅後人代以獵車也
遊車九乘駕四先驅之乘是也
雲罕車駕四
皮軒車駕四以獸皮爲軒
鸞旗車駕四先輅所載也鸞旗者謂析羽旄而編之列繫幢傍也
建華車駕四凡二乘行則分居左右
輕車駕二古之戰車也前後二十乘分居左右輿輪洞朱不巾不蓋建矛戟麾
幢置弩箙於軾上大駕法駕出射聲校尉司馬吏士戰士載以次屬車
司南車一名指南車駕四馬其下制如樓三級四角金龍銜羽葆刻木爲仙人
衣羽衣立車上車雖回運而手常南指大駕出行爲先啓之乘
記里鼓車駕四形制如司南其中有木人執槌向鼓行一里則打一槌
羊車一名輦車其上如軺伏兎箱漆畫輪軛武帝時護軍羊琇輒乘羊車司隸

劉毅糾劾其罪

畫輪車駕牛以綵漆畫輪轂故名曰畫輪車上起四夾杖左右開四望綠油幢朱絲絡青交路其上形制事事如輦其下猶如犢車耳古之貴者不乘牛車漢武帝推恩之末諸侯寡弱貧者至乘牛車其後稍見貴之自靈獻以來天子至士遂以爲常乘至尊出朝堂舉哀乘之　屬車一曰副車一曰貳車一曰左車漢因秦制大駕屬車八十一乘行則中央左右分爲行

法駕屬車三十六乘最後車懸豹尾豹尾以前比之省中屬車皆皁蓋朱裏云

御衣車御書車御軺車御藥車皆駕牛　陽遂四望繐牕皁輪小形車駕牛

象車漢鹵簿最在前武帝太康中平吳後南越獻馴象詔作大車駕之以載黃門鼓吹數十人使越人騎之元正大會駕象入庭

中朝大駕鹵簿

先象車鼓吹一部十三人中道

次靜室令駕一中道式道候二人駕一分左右也

次洛陽尉二人騎分左右
次洛陽亭長九人赤車駕一分三道各次正二人引
次洛陽令皁車駕一中道
次河南中部掾中道河橋掾在左功曹史在右並駕一
次河南尹駕駟戟吏六人
次河南主簿駕一中道
次河南主記駕一中道
次司隸部河南從事中道都部從事居左別駕從事居右並駕一
次司隸校尉駕三戟吏八人
次司隸主簿駕一中道
次司隸主記駕一中道
次廷尉明法掾中道五官掾居左功曹史居右並駕一
次廷尉卿駕駟戟吏六人

次廷尉主簿主記並駕一在左太僕引從如廷尉在中宗正引從如廷尉在右
次太常駕駟中道戟吏六人太常外部掾居左五官掾功曹史居右並駕一
次光祿引從中道太常主簿主記居左衞尉引從居右並駕一
次太尉外督令史駕一中道
次西東賊倉戶等曹屬並駕一引從
次太尉駕駟中道太尉主簿舍人各一人祭酒二人並駕一在左
次司徒引從駕駟中道
次司空引從駕駟中道三公騎令史戟各八人鼓吹各一部七人
次中護軍中道駕駟鹵簿左右各二行戟楯在外弓矢在內鼓吹一部七人
次步兵校尉在左長水校尉在右並駕一各鹵簿左右二行戟楯在外刀楯在
內鼓吹各一部七人
次射聲校尉在左翊軍校尉在右並駕一各鹵簿左右各二行戟楯在外刀楯
在內鼓吹各一部七人

次驍騎將軍在左游擊將軍在右並駕一皆鹵簿左右引各二行戟楯在外刀楯在內鼓吹各一部七人

騎隊五在左五在右隊各五十四命中督二人分領左右各有戟吏二人麾幢獨揭鼓在隊前

次左將軍在左前將軍在右並駕一皆鹵簿左右各二行戟楯在外刀楯在內鼓吹各一部七人

次黃門麾騎中道

次黃門前部鼓吹左右各一部十三人駕駟八校尉佐仗左右各四行外大戟楯

次九尺楯

次弓矢次弩並熊渠佽飛督領之

次司南車駕駟中道　護駕御史騎夾左右

次謁者僕射駕駟中道

次御史中丞駕一中道
次武賁中郎將騎中道
次九游車中道武剛車夾左右並駕駟
次雲罕車駕駟中道
次闟戟車駕駟中道長戟邪偃向後
次皮軒車駕駟中道
次鸞旗車中道建華車分左右並駕駟
次護駕尚書郎三人都官郎中道駕部在左中兵在右並騎又有護駕尚書一人騎督攝前後無常
次相風中道
次司馬督在前中道左右各司馬史三人引仗左右各六行外大戟楯二行
次九尺楯　次刀楯
次弓矢　次弩

次五時車左右有遮列騎
次典兵中郎中道督攝前却無常
左殿中御史右殿中監並騎
次高蓋中道左罼右罕
次御史中道左右節郎各四人
次華蓋中道
次殿中司馬中道殿中都尉在左殿中校尉在右左右各四行
細楯一行在弩內又殿中司馬一行殿中都尉一行殿中校尉一行
次櫃鼓中道
次金根車駕六馬中道
太僕卿大將軍參乘左右又各增三行爲九行
司馬史九人引大戟楯二行九尺楯一行刀楯一行由基一行細弩一行跡禽
一行椎斧一行力人刀楯一行連細楯殿中司馬殿中都尉殿中校尉爲左右

各十二行

金根車建青旂十二左將軍騎在左右將軍騎在右殿中將軍持鑿䑲斧夾車

車後衣書主職步從六行合左右三十二行

次曲華蓋中道侍中散騎常侍黃門侍郎並騎分左右

次黃鉞車駕一在左御麾騎在右

次相風中道

次中書監騎左祕書監騎右

次殿中御史騎左殿中監騎右

次五牛旗赤青在左黃在中白黑在右

次大輦中道太官令丞在左太醫令丞在右

次金根車駕駟不建旗

次青立車　次青安車　次赤立車　次赤安車

次黃立車　次黃安車　次白立車　次白安車

次黑立車　次黑安車合十乘並駕駟建旗十二如車色立車正豎旗安
車邪拖之
次蹋猪車駕駟中道無旗
次耕根車駕駟中道赤旗十二熊渠督左佽飛督右
次御軺車　次御四望車　次御衣車　次御書車
次御藥車並駕牛中道
次尚書令在左尚書僕射在右
又尚書郎六人分次左右並駕
又治書侍御史二人分左右又侍御史二人分次左右
又蘭臺令史分次左右並駕
次豹尾車駕一
自豹尾車後而鹵簿盡矣但以神弩二十張夾道至後部鼓吹其五張神弩置
一將左右各二將

次輕車二十乘左右分駕

次流蘇馬六十匹

次金鉞車駕三中道左右護駕尙書郎幷令史並騎各一人

次金鉦車駕三中道左右護駕侍御史幷令史等並騎各一人

次黃門後部鼓吹左右各十三人

次戟鼓車駕牛二乘分左右

次左大鴻臚外部掾右五官掾功曹史並駕

次大鴻臚駕駟鉞吏六人

次大司農引從中道左大鴻臚主簿主記右少府引從

次三卿並騎吏四人鈴下二人執馬鞭辟車六人執方扇羽林郎十人朱衣

次領軍將軍中道鹵簿左右各二行九尺楯在外弓矢在內鼓吹如護軍

次後軍將軍在左右將軍在右各鹵簿鼓吹如左軍前軍

次越騎校尉在左屯騎校尉在右各鹵簿鼓吹如步兵射聲

次領護驍騎游軍校尉皆騎吏四人乘馬夾道都督兵曹各一人乘馬在中騎
將軍四人騎校鞉角金鼓鈴下信幡軍校並駕一功曹史主簿並騎從繖扇幢
麾各一騎鼓吹一部七騎
次領護軍加大車斧五官掾騎從
次騎十隊隊各五十匹將一人持幢一人鞉一人並騎在前督戰伯長各一人
並騎在後羽林騎督幽州突騎督分領之郎簿十隊隊各五十人絳袍將一人
騎鞉角各一人在前督戰伯長各一人步在後騎皆持矟
次大戟一隊九尺楯一隊刀楯一隊弓一隊弩一隊隊各五十人黑袴褶將一
人騎校鞉角各一人步在前督戰伯長各一人步在後金顏督將并領之
皇太子安車駕三左右騑朱班輪倚獸較伏鹿軾九旒畫降龍青蓋金華蚤二
十八枚黑樻文畫轓文輈黃金塗五采亦謂之鸞路非法駕則乘畫輪車上開
四望綠油幢朱絲繩絡兩箱裏飾以金錦黃金塗五采其副車三乘形制如所
乘但不畫輪耳

王青蓋車皇孫綠蓋車並駕三左右騑
雲母車以雲母飾犢車臣下不得乘以賜王公耳
皁輪車駕駟牛形制猶如犢車但皁漆輪轂上加青油幢朱絲繩絡諸王三公
有勳德者特加之
位至公或四望三望夾望車油幢車駕牛形制如皁輪但不漆轂耳王公大臣
有勳德者特給之
通幰車駕牛猶如今犢車制但舉其幰通覆車上也諸王三公並乘之
諸公給朝車駕四安車黑耳駕三各一乘皁輪犢車各一乘自祭酒掾屬以下
及令史皆皁零辟朝服其武官公又別給大車
特進及車騎將軍驃騎將軍以下諸大將軍不開府非持節都督者給安車黑
耳駕二軺車施耳後戶一乘
三公九卿中二千石二千石河南尹謁者僕射郊廟明堂法出皆大車立乘駕
駟前後導從大車駕二右騑他出乘安車其去位致仕告老賜安車駟馬

郡縣公侯安車駕二右騑皆朱班輪倚鹿較伏熊軾黑緇皁繒蓋

公旗旂八旒侯七旒卿五旒皆畫降龍

中二千石二千石皆皁蓋朱兩轓銅五采駕二中二千石以上右騑千石六百

石朱左轓車轓長六尺下屈廣八寸上業廣尺二寸九文十二初後謙一寸若

月初生示不敢自滿也

王公之世子攝命理國者安車駕三旗旂七旒其封侯之世子五旒

太康四年制依漢故事給九卿朝車駕四及安車各一乘八年詔諸尚書軍校

加侍中常侍者皆給傳事乘軺車給劍得入殿省中與侍臣升降相隨

大使車立乘駕四赤帷裳騶騎導從舊公卿二千石郊廟上陵從駕乘大使車他出乘安車也

小使車不立乘駕四輕車之流也蘭輿皆朱赤轂赤屏泥白蓋赤帷裳從騶騎

四十人又別有小使車赤轂皁蓋追捕考梜有所執取者之所乘也凡諸使車

皆朱班輪赤衡軛

追鋒車去小平蓋加通幰如軺車駕二追鋒之名蓋取其迅速也施於戎陣之

間是爲傳乘
軺車古之時軍車也一馬曰軺車二馬曰軺傳漢世貴輜輧而賤軺車魏晉重
軺車而賤輜輧三品將軍以上尚書令軺車黑耳有後戶僕射但有後戶無耳
並皁輪尚書及四品將軍則無後戶漆轂輪其中書監令如僕射侍中黃門散
騎初拜及謁陵廟亦得乘之
皇太后皇后法駕乘重翟羽蓋金根車駕青輅青帷裳雲㡢畫轅黃金塗五采
蓋爪施金華駕三左右騑其廟見小駕則乘紫罽輧車雲㡢畫輈黃金塗五采
駕三非法駕則皇太后乘輦皇后乘畫輪車皇后先蠶乘油畫雲母安車駕六
騩馬騩淺黑色油畫兩轅安車駕五騩馬爲副又金薄石山輧紫絳罽輧車皆駕三
騩馬爲副女旄頭十二人持棨戟二人共載安車儷駕女尚輦十二人乘輜車
儷駕女長御八人乘安車儷駕三夫人油輧車駕兩馬左騑其貴人駕節畫輈
三夫人助蠶乘青交路安車駕三皆以紫絳罽輧車九嬪世婦乘輧車駕三
長公主赤罽輧車駕兩馬公主王太妃王妃皆油輧車駕兩馬右騑公主油畫

安車駕三青交路以紫絳罽軿車駕三爲副王太妃三夫人亦如之公主助蠶
乘油畫安車駕三公主有先置者乘青交路安車駕三
諸王妃公太夫人夫人縣鄉君諸郡公侯特進夫人助蠶乘皁交路安車駕三
諸侯監國世子之世婦侍中常侍尚書中書監令卿校世婦命婦助蠶乘皁交
路安車儷駕
郡縣公侯中二千石二千石夫人會朝及蠶各乘其夫之安車皆右騑皁交路
皁帷裳自非公會則不得乘朝車止乘漆布輜軿銅五采而已
王妃特進夫人封郡君安車駕三皁交路封縣鄉君油軿車駕兩馬右騑
自過江之後舊章多缺元帝踐極始造大路戎路各一皆即古金根之制也無
復充庭之儀至於郊祀大事則權飾餘車以周用六師親征則用戎路去其蓋
而乘之屬車但五乘而已加綠油幢朱絲絡飾青交路黃金塗五采其輪轂猶
素兩箱無金錦之飾其一車又是軺車舊儀天子所乘駕六是時無復六馬之
乘五路皆駕四而已同用黑是爲玄牡無復五時車有事則權以馬車代之建

旗其上其後但以五色木牛象五時車豎旗於牛背行則使人輿之牛之義蓋取其負重致遠安而穩也旗常纏而不舒旆所謂德車結旌者也惟天子親戎五旗舒旆所謂武車綏旌者也指南車過江亡失及義熙五年劉裕屠廣固始復獲焉乃使工人張綱補緝周用十三年裕定關中又獲司南記里諸車制度始備其輦過江亦亡制度太元中謝安率意造焉及破苻堅於淮上獲京都舊輦形制無差大小如一時人服其精記義熙五年劉裕執慕容超獲金鉦輦豹尾舊式猶存

元帝太興三年皇太子釋奠制曰今草創未有高車可乘安車也太元中東宮建乘路有青赤旂致疑徐邈議太子既不備五路赤旂宜省漢制太子鸞路皆以安車爲名自晉過江禮儀疎舛王公以下車服卑雜惟有東宮禮秩崇異上次辰極下納侯王而安帝爲皇太子乘石山安車制如金路義不經見事無所出

中宮初建及祀先蠶皆用法駕太僕妻御大將軍妻參乘侍中妻陪乘丹陽尹

建康令及公卿之妻奉引各乘其夫車服多以宮人權領其職
周禮弁師掌六冕司服掌六服自后王之制爰及庶人各有等差及秦變古制
郊祭之服皆以袀玄舊法掃地盡矣漢承秦弊西京二百餘年猶未能有所制
立及中興後明帝乃始採周官禮記尚書及諸儒記說還備衮冕之服天子車
乘冠服從歐陽氏說公卿以下從大小夏侯氏說始制天子三公九卿特進之
服侍祠天地明堂皆冠旒冕兼五冕之制一服而已天子備十二章三公諸侯
用山龍九章九卿以下用華蟲七章皆具五采魏明帝以公卿衮衣黼黻之飾
疑於至尊多所減損始制天子服刺繡文公卿服織成文及晉受命遵而無改
天子郊祀天地明堂宗廟元會臨軒介幘通天冠平冕冕皁表朱綠裏廣七寸
長二尺二寸加於通天冠上前圓後方垂白玉珠十有二旒以朱組爲纓無緌
佩白玉垂珠黃大旒綬黃赤縹紺四采衣皁上絳下前三幅後四幅衣畫而裳
繡爲日月星辰山龍華蟲藻火粉米黼黻之象凡十二章素帶廣四寸朱裏以
朱綠裨飾其側中衣以絳緣其領袖赤皮爲韍絳袴襪赤舄未加元服者空頂

介幘其釋奠先聖則皁紗袍絳緣中衣絳袴袜黑舄其臨軒亦衮冕也其朝服
通天冠高九寸金博山顏黑介幘絳紗袍皁緣中衣其拜陵黑介幘單衣其雜
服有青赤黄白緗黑色介幘五色紗袍五梁進賢冠遠遊冠平上幘武冠其素
服白帢單衣後漢以來天子之冕前後旒用真白玉珠魏明帝好婦人之飾改
以珊瑚珠晉初仍舊不改及過江服章多闕而冕飾以翡翠珊瑚雜珠侍中顧
和奏舊禮冕十二旒用白玉珠今美玉難得不能備可用白璇珠從之
通天冠本秦制高九寸正豎頂少斜却乃直下鐵爲卷梁前有展筩冠前加金
博山述乘輿所常服也
平冕王公卿助祭於郊廟服之王公八旒卿七旒以組爲纓色如其綬王公衣
山龍以下九章卿衣華蟲以下七章
遠遊冠傅玄云秦冠也似通天而前無山述有展筩橫于冠前皇太子及王者
後帝之兄弟帝之子封郡王者服之諸王加官者自服其官之冠服惟太子及
王者後常冠焉太子則以翠羽爲緌綴以白珠其餘但青絲而已

緇布冠蔡邕云卽委貌冠也太古冠布齊則緇之緇布冠始冠之冠也其制有四形一似武冠又一似進賢其一上方其下加幘顏其一刺上而方下行鄉射禮則公卿委貌冠以皁絹爲之形如覆杯與皮弁同制長七寸高四寸衣黑而裳素其中衣以皁緣領袖其執事之人皮弁以鹿皮爲之

進賢冠古緇布遺象也斯蓋文儒者之服前高七寸後高三寸長八寸有五梁三梁二梁一梁人主元服始加緇布則冠五梁進賢三公及封郡公縣公郡侯縣侯鄉亭侯則冠三梁卿大夫八座尙書關中內侯二千石及千石以上則冠兩梁中書郎祕書丞郎著作郎尙書丞郎太子洗馬舍人六百石以下至于令史門郎小吏並冠一梁漢建初中太官令冠兩梁親省御膳爲重也博士兩梁崇儒也宗室劉氏亦得兩梁冠示加服也

武冠一名武弁一名大冠一名繁冠一名建冠一名籠冠卽古之惠文冠或曰趙惠文王所造因以爲名亦云惠者蟪也其冠文輕細如蟬翼故名惠文或云齊人見千歲涸澤之神名曰慶忌冠大冠乘小車好疾馳因象其冠而服焉漢

幸臣閎孺爲侍中皆服大冠天子元服亦先加大冠左右侍臣及諸將軍武官通服之侍中常侍則加金璫附蟬爲飾插以貂毛黃金爲竿侍中插左常侍插右胡廣曰昔趙武靈王爲胡服以金貂飾首秦滅趙以其君冠賜侍臣應劭漢官云說者以爲金取剛強百鍊不耗蟬居高飲淸口在掖下貂內勁悍而外柔縟又以蟬取淸高飲露而不食貂則紫蔚柔潤而毛采不彰灼金則貴其寶瑩於義亦有所取或以爲北土多寒胡人常以貂皮溫額後世效此遂以附冠漢貂用赤黑色王莽用黃貂各附服色所尙也

高山冠一名側注高九寸鐵爲卷梁制似通天頂直豎不斜却無山述展筩高山者詩云高山仰止取其矜莊賓遠者也中外官謁者謁者僕射所服胡廣曰高山齊王冠也傳曰桓公好高冠大帶秦滅齊以其君冠賜謁者近臣應劭曰高山今法冠也秦行人使官亦服之而漢官儀云乘輿冠高山之冠飛翮之纓然則天子亦有時服焉傅子曰魏明帝以其制似通天遠遊故改令卑下

法冠一名柱後或謂之獬豸冠高五寸以縰爲展筩鐵爲柱卷取其不曲撓也

侍御史廷尉正監平凡執法官皆服之或謂獬豸神羊能觸邪佞異物志云北荒之中有獸名獬豸一角性別曲直見人鬭觸不直者聞人爭咋不正者楚王嘗獲此獸因象其形以制衣冠胡廣曰春秋左氏傳晉侯觀于軍府見鍾儀曰南冠而縶者誰也南冠卽楚冠秦滅楚以其冠服賜執法臣也

長冠一名齊冠高七寸廣三寸漆纚爲之間如版以竹爲裏漢高祖微時以竹皮爲此冠其世因謂劉氏冠後除竹用漆纚司馬彪曰長冠蓋楚制人間或謂之鵲尾冠非也救曰蝕則服長冠而祠宗廟諸祀冠之此高祖所造後世以爲祭服尊敬之至也

建華冠以鐵爲柱卷貫大銅珠九枚古用雜木珠原憲所冠華冠是也又春秋左氏傳鄭子臧好聚鷸冠謂建華是也祀天地五郊明堂舞人服之漢高命舞樂人所服

方山冠其制似進賢鄧展曰方山冠以五采縠爲之漢天子八佾五行樂人所服冠衣各如其行方之色而舞焉

巧士冠前高七寸要後相通直豎此冠不常用漢氏惟郊天黃門從官四人冠之在鹵簿中夾乘輿車前以備宦者四星或云掃除從官所服

却非冠高五寸制似長冠宮殿門吏僕射冠之負赤幡青翅燕尾諸僕射幡皆如之

却敵冠前高四寸通長四寸後高三寸制似進賢凡當殿門衛士服之

樊噲冠廣九寸高七寸前後出各四寸制似平冕昔楚漢會於鴻門項籍圖危高祖樊噲常持鐵楯聞急乃裂裳苞楯戴以爲冠排入羽營因數羽罪漢王乘間得出後人壯其意乃制冠象焉凡殿門司馬衛士服之

衞氏冠前圓吳制差池四重趙武靈王好服之或曰楚莊王復讐冠也

鶡冠加雙鶡尾豎插兩邊鶡鳥名也形類鷂而微黑性果勇其鬭到死乃止上黨貢之趙武靈王以表顯壯士至秦漢猶施之武人

皮弁以鹿皮淺毛黃白色者爲之禮王皮弁會五采玉璂象邸玉笄謂之合爲弁其縫中名曰會以采玉朱爲璂璂結也天子五采諸侯三采邸冠下抵也象骨爲之音帝也

天子則縫十二公侯伯七子男五孤四卿大夫三

韋弁制似皮弁頂上尖韎草染之色如淺絳

爵弁一名廣冕高八寸長二寸如爵形前小後大增其上似爵頭色有收持笄

所謂夏收殷冔者也祠天地五郊明堂翹舞樂人服之

幘者古賤人不冠者之服也漢元帝額有壯髮始引幘服之王莽頂禿又加其

屋也漢注曰冠進賢者宜長耳今介幘也冠惠文者宜短耳今平上幘也始時

各隨所宜遂因冠為別介幘服文吏平上幘服武官也童子幘無屋者示不成

人也又有納言幘幘後收又一重方三寸又有赤幘騎吏武吏乘輿鼓吹所服

救日蝕文武官皆免冠著幘對朝服示武威也

漢儀立秋日貙服緗幘及江左哀帝從博士曹弘之等議立秋御讀令改用素

白帢按漢末王公名士多委王服以幅巾為雅是以袁紹崔鈞之徒雖為將帥

皆著縑巾魏武以天下凶荒資財乏匱擬古皮弁裁縑帛以為帢合乎簡易隨

時之義以色別其貴賤本施軍飾非為國容也徐爰曰俗說帢本未有歧荀文

若巾之行觸樹枝成岐謂之爲𢄼因而弗改今通以爲慶弔服

巾以葛爲之形如㡊而橫著之古尊卑共服也故漢末妖賊以黃爲巾世謂黃巾賊

帽名猶冠也義取於蒙覆其首其本纚也古者冠無幘冠下有纚以繒爲之後世施幘於冠因或裁纓爲帽自乘輿宴居下至庶人無爵者皆服之成帝咸和九年制聽尚書八座丞郎門下三省侍官乘車白㡊低幃出入掖門又二宮直官著烏紗㡊然則往往士人宴居皆著㡊矣而江左時野人已著帽人士亦往往而然但其頂圓耳後乃高其屋云

漢制自天子至于百官無不佩劍其後惟朝帶劍晉世始代之以木貴者猶用玉首賤者亦用蚌金銀玳瑁爲雕飾

乘輿六璽秦制也曰皇帝行璽皇帝之璽皇帝信璽天子行璽天子之璽天子信璽漢遵秦不改又有秦始皇藍田玉璽螭獸鈕在六璽之外文曰受天之命皇帝壽昌漢高祖佩之後世名曰傳國璽與斬白蛇劍俱爲乘輿所寶斬白蛇

劒至惠帝時武庫火燒之遂亡及懷帝沒胡傳國璽沒於劉聰後又沒於石勒及石季龍死胡亂穆帝世乃還江南

革帶古之鞶帶也謂之鞶革文武衆官牧守丞令下及騶寺皆服之其有囊綬則以綴於革帶其戎服則以皮絡帶代之八坐尚書荷紫以生紫爲袷囊綴之服外加於左肩昔周公負成王制此服衣至今以爲朝服或云漢世用盛奏事負之以行未詳也

車前五百者卿行旅從五百人爲一旅漢氏一統故去其人留其名也

袴褶之制未詳所起近世凡車駕親戎中外戒嚴服之服無定色冠黑帽綴紫標標以繒爲之長四寸廣一寸腰有絡帶以代鞶中官紫標外官絳標又有纂嚴戎服而不綴標行留文武悉同其畋獵巡幸則惟從官戎服帶鞶革文官不下纓武官脫冠

漢制一歲五郊天子與執事者所服各如方色百官不執事者服常服絳衣以從魏祕書監秦靜曰漢氏承秦改六冕之制但玄冠絳衣而已魏已來名爲五

時朝服又有四時朝服又有朝服自皇太子已下隨官受給百官雖服五時朝服據令止給四時朝服闕秋服三年一易

諸假印綬而官不給鞶囊者得自具作其但假印不假綬者不得佩綬鞶古制也漢世著鞶囊者側在腰間或謂之傍囊或謂之綬囊然則以紫囊盛綬也或盛或散各有其時

笏古者貴賤皆執笏其有事則搢之於腰帶所謂搢紳之士者搢笏而垂紳帶也紳垂長三尺笏者有事則書之故常簪筆今之白筆是其遺象三臺五省二品文官簪之王公侯伯子男卿尹及武官不簪加內侍位者乃簪之手版卽古笏矣尚書令僕射尚書手版頭復有白筆以紫皮裹之名曰笏

皇太子金璽龜鈕朱黃綬四采赤黃縹紺給五時朝服遠遊冠介幘翠緌佩瑜玉垂組朱衣絳紗褠皁緣白紗其中衣白曲領帶劍火珠素首革帶玉鉤燮獸頭鞶囊其大小會祠宗廟朔望五日還朝皆朝服常還上宮則朱服預上宮正會則於殿下脫劍舃又有三梁進賢冠其侍祀則平冕九旒袞衣九章白紗絳

緣中單絳繒韠采畫織成袞帶金辟邪首紫綠二色帶采畫廣領曲領各一赤舄絳袜若講則著介幘單衣釋奠則遠遊冠玄朝服絳緣中單絳袴袜玄舄若未加元服則中舍人執冕從介幘單衣玄服

諸王金璽龜鈕纁朱綬四采朱黃縹紺五時朝服遠遊冠介幘亦有三梁進賢冠朱衣絳紗褠皁緣中衣表素革帶黑舄佩山玄玉垂組大帶若加餘官則服其加官之服也

皇后謁廟其服皁上皁下親蠶則青上縹下皆深衣制隱領袖緣以條首飾則假髻步搖俗謂之珠松是也簪珥步搖以黃金爲山題貫白珠爲支相繆八爵九華熊獸赤羆天鹿辟邪南山豐大特六獸諸爵獸皆以翡翠爲毛羽金題白珠璫繞以翡翠爲華元康六年詔曰魏以來皇后蠶服皆以文繡非古義也今宜純服青以爲永制

貴人夫人貴嬪是爲三夫人皆金章紫綬章文曰貴人夫人貴嬪之章佩于寘玉

淑妃淑媛淑儀脩華脩容脩儀婕妤容華充華是爲九嬪銀印青綬佩采瓄玉

貴人貴嬪夫人助蠶服純縹爲上與下皆深衣制太平髻七鏌蔽髻黑玳瑁又

加簪珥九嬪及公主夫人五鏌世婦三鏌助蠶之義自古而然矣

皇太子妃金璽龜鈕纁朱綬佩瑜玉

諸王太妃妃諸長公主公主封君金印紫綬佩山玄玉長公主公主見會太平

髻七鏌蔽髻其長公主得有步搖皆有簪珥衣服同制自公主封君以上皆帶

綬以綵組爲緄帶各如其綬色金辟邪首爲帶玦

郡公侯縣公侯太夫人夫人銀印青綬佩水蒼玉其特加乃金紫

公特進侯卿校世婦中二千石二千石夫人紺繒幗黃金龍首銜白珠魚須擿

長一尺爲簪簪珥入廟佐祭者皁絹上下助蠶者縹絹上下皆深衣制緣自二

千石夫人以上至皇后皆以蠶衣爲朝服

晉書卷二十五

晉書卷二十五考證

輿服志繫兩軸頭謂之飛軨金薄繆龍繞之○各本脫繞字今從下獵車重輞

漫輪繆龍繞之增正

上爲弫字○臣龍官按弫當作弡但音義作弫是自唐以來相沿久矣

晉書卷二十五考證

晉書卷二十六

唐　太　宗　文　皇　帝　御　撰

志第十六

食貨

昔者先王量地以制邑度地以居民因三才以節其務敬四序以成其業觀其謠俗而正其紀綱勗農桑之本通魚鹽之利登良山而採符玉泛瀛海而罩珠璣日中爲市總天下之隸先諸布帛繼以貨泉貿遷有無各得其所周禮正月始和乃布教于象魏若乃一夫之士十畝之宅三日之徭九均之賦施陽禮以興其讓命春社以勗其耕天之所貴者人也明之所求者學也治經入官則君子之道焉詩曰三之日于耜四之日舉趾是以農官澤虞各有攸次父兄之習不翫而成十五從務始勝衣服鄉無遊手邑不廢時所謂厥初生民各從其事者也是以太公通市井之貨以致齊國之強鴟夷善發斂之居以盛中陶之業昔在金天勤於民事命春鳸以耕稼召夏鳸以耘耡秋鳸所以收斂冬鳸於焉

蓋藏書曰歷象日月星辰敬授民時傳曰禹稷躬稼而有天下若乃九土既敷
四民承範東吳有齒角之饒西蜀有丹砂之富兗豫漆絲之儈燕齊怪石之府
秦邠旄羽迥帶琅玕荊郢桂林旁通竹箭江干橘柚河外舟車遼西旃罽之鄉
葱右蒲梢之駿殖物怪錯于何不有若乃上法星象下料無外因天地之利而
總山海之饒百畝之田十一而稅九年躬稼而有三年之蓄可以長孺齒可以
養耆年因乎人民用之邦國宮室有度旗章有序朝聘自其儀晏饗由其制家
殷國阜遠至邇安救水旱之災卹寰瀛之弊然後王之常膳乃間笙鏞商周之
興用此道也辛紂暴虐翫其經費金鏤傾宮廣延百里玉飾鹿臺崇高千仞宮
中九市各有女司厚賦以實鹿臺之錢大斂以增鉅橋之粟多發妖冶以充傾
宮之麗廣收珍玩以備沙丘之遊懸肉成林積醪爲沼使男女裸體相逐於其
間伏詣酒池中牛飲者三千餘人宮中以錦綺爲席綾紈爲薦及周王誅紂肅
拜殷墟乃盡振鹿財並頒橋粟上天降休殷人大喜王赧云季徙都西周九鼎
淪沒二南堙盡貸於百姓無以償之乃上層臺以避其責周人謂王所居爲逃

責臺者也昔周姬公制以六典職方陳其九貢頒財內府永爲不刊及刑政陵
夷菁茅罕至魯侯初踐畝之稅秦君收太半之入前王之範靡有孑遺史臣曰
班固爲殖貨志自三代至王莽之誅網羅前載其文詳悉光武寬仁龔行天討
王莽之後赤眉新敗雖復三暉乃睠而九服蕭條及得隴望蜀黎民安堵自此
始行五銖之錢田租三十稅一民有產子者復以三年之算顯宗卽位天下安
寧民無橫徭歲比登稔永平五年作常滿倉立粟市於城東粟斛直錢二十草
樹殷阜牛羊彌望作貢尤輕府廩還積姦回不用禮義專行于時東方旣明百
官詣闕戚里侯家自相馳騖車如流水馬若飛龍照映軒廡光華前載傳曰三
統之元有陰陽之九焉蓋天地之恆數也安帝永初三年天下水旱人民相食
帝以鴻陂之地假與貧民以用度不足三公又奏請令吏民入錢穀得爲關內
侯云桓帝永興元年郡國少半遭蝗河泛數千里流人十餘萬戶所在廩給迨
建寧永和之初西羌反叛二十餘年兵連師老軍旅之費三百二十餘億府帑
空虛延及內郡沖質短祚桓靈不軌中平二年南宮災延及北闕於是復收天

下田畝十錢用營宮宇帝出自侯門居貧即位常曰桓帝不能作家曾無私蓄故於西園造萬金堂以爲私藏復寄小黃門私錢家至巨億於是懸鴻都之牓開賣官之路公卿以降悉有等差廷尉崔烈入錢五百萬以買司徒刺史二千石遷除皆責助治宮室錢大郡至二千萬錢不畢者或至自殺獻帝作五銖錢而有四道連於邊緣有識者尤之曰豈京師破壞此錢四出也及董卓尋戈火焚宮室乃劫鑾駕西幸長安悉壞五銖錢更鑄小錢盡取長安及洛陽銅人飛廉之屬以充鼓鑄又錢無輪郭文章不便時人以爲秦始皇見長人於臨洮乃鑄銅人卓臨洮人也與毀不同凶訛相類及卓誅死李傕郭汜自相攻伐於長安城中以爲戰地是時穀一斛五十萬豆麥二十萬人相食啖白骨盈積殘骸餘肉臭穢道路帝使侍御史侯汶出太倉米豆爲飢民作糜經日頒布而死者愈多帝於是始疑有司盜其糧廩乃親於御前自加臨給飢者人皆泣曰今始得耳帝東歸也李傕郭汜等追敗乘輿於曹陽夜潛渡河六宮皆步初出營欄后手持縑數匹董承使符節令孫徽以刃脅奪之殺旁侍者血濺后服既至安

邑御衣穿敗唯以野棗園菜以爲糇糧自此長安城中盡空並皆四散二三年間關中無復行人建安元年車駕至洛陽宮闈蕩滌百官披荆棘而居焉州郡各擁強兵而委輸不至尙書郎官自出採梠或不能自反死於墟巷魏武之初九州雲擾攻城略地保此懷民軍旅之資權時調給于時袁紹軍人皆資椹棗袁術戰士取給蠃蒲魏武于是乃募良民屯田許下又於州郡列置田官歲有數千萬斛以充兵戎之用及初平袁氏以定鄴都令收田租畝粟四升戶絹二匹而緜二斤餘皆不得擅興藏強賦弱文帝黃初二年以穀貴始罷五銖錢于時天下未幷戎車歲動孔子曰加之以師旅因之以饑饉此言兵凶之謀而沴氣應之也于時三方之人志相吞滅戰勝攻取耕夫釋耒江淮之鄉尤缺儲峙吳上大將軍陸遜抗疏請令諸將各廣其田權報曰甚善今孤父子親自受田車中八牛以爲四耦雖未及古人亦欲與衆均其勞也有吳之務農重穀始於此焉魏明帝不恭淫於宮籞百僚編於手役天下失其躬稼此後關東遇水民亡產業而興師遼陽坐甲江甸皆以國乏經用胡可勝言世祖武皇帝太康元

年既平孫皓納百萬而罄三吳之資接千年而總西蜀之用韜干戈於府庫破舟船於江壑河濱海岸三丘八藪耒耨之所不至者人皆受焉農祥晨正平秩東作荷鍤贏糧有同雲布若夫因天而資五緯因地而興五材世屬升平物流倉府宮闈增飾服玩相輝於是王君夫武子石崇等更相誇尚輿服鼎俎之盛連衡帝室布金埒之泉粉珊瑚之樹物盛則衰固其宜也永寧之初洛中尚有錦帛四百萬寶珠金銀百餘斛惠后北征蕩陰反駕寒桃在御隻雞以給其布衾兩幅囊錢三千以爲車駕之資焉懷帝爲劉曜所圍王師累敗府帑既竭百官飢甚比屋不見火烟飢人自相啖食愍皇西宅餒饉弘多斗米二金死者大半劉曜陳兵內外斷絕十䴵之麴屑而供帝君臣相顧莫不揮涕元后渡江軍事草創蠻陬賧布不有恆準中府所儲數四千匹于時石勒勇銳挻亂江南帝懼其侵逼甚患之乃詔方鎮云有斬石勒首者賞布千匹云

漢自董卓之亂百姓流離穀石至五十餘萬人多相食魏武既破黃巾欲經略四方而苦軍食不足羽林監潁川棗祗建置屯田議魏武乃令曰夫定國之術

在於強兵足食秦人以急農兼天下孝武以屯田定西域此先世之良式也於是以任峻爲典農中郎將募百姓屯田許下得穀百萬斛郡國列置田官數年之中所在積粟倉廩皆滿袛死魏武後追思其功封爵其子建安初關中百姓流入荊州者十餘萬家及聞本土安寧皆企望思歸而無以自業於是衞覬議爲鹽者國之大寶自喪亂以來放散今宜如舊置使者監賣以其直益市犂牛百姓歸者以供給之勤耕積粟以豐殖關中遠者聞之必多競還於是魏武遣謁者僕射監鹽官移司隸校尉居弘農流人果還關中豐實既而又以沛國劉馥爲揚州刺史鎮合肥廣屯田修芍陂茹陂七門吳塘諸堨以溉稻田公私有蓄歷代爲利賈逵之爲豫州南與吳接修守戰之具堨汝水造新陂又通運渠三百餘里所謂賈侯渠者也當黃初中四方郡守墾田又加以故國用不匱時濟北顏斐爲京兆太守京兆自馬超之亂百姓不專農殖乃無車牛斐又課百姓令閑月取車材轉相教匠其無牛者令養猪投貴賣以買牛始者皆以爲煩一二年中編戶皆有車牛於田役省贍京兆遂以豐沃鄭渾爲沛郡太守郡居

下濕水潦爲患百姓飢乏渾於蕭相二縣興陂堨開稻田郡人皆不以爲便渾以爲終有經久之利遂躬帥百姓興功一冬皆成比年大收頃畝歲增租入倍常郡中賴其利刻石頌之號曰鄭陂魏明帝世徐邈爲涼州土地少雨常苦乏穀邈上修武威酒泉鹽池以收虜穀又廣開水田募貧民佃之家家豐足倉庫盈溢及度支州界軍用之餘以市金錦犬馬通供中國之費西域人入貢財貨流通皆邈之功也其後皇甫隆爲敦煌太守敦煌俗不使耬犂及不知用水人牛功力既費而收穀更少隆到乃教作耬犂又教使溉灌歲終率計所省庸力過半得穀加五西方以豐嘉平四年關中饑宣帝表徙冀州農夫五千人佃上邽興京兆天水南安鹽池以益軍實青龍元年開成國渠自陳倉至槐里築臨晉陂引汧洛溉舄鹵之地三千餘頃國以充實焉正始四年宣帝又督諸軍伐吳將諸葛恪焚其積聚恪棄城遁走帝因欲廣田積穀爲兼幷之計乃使鄧艾行陳項以東至壽春地艾以爲田良水少不足以盡地利宜開河渠可以大積軍糧又通運漕之道乃著濟河論以喻其指又以爲昔破黃巾因爲屯田積穀

許都以制四方今三隅已定事在淮南每大軍征舉運兵過半功費巨億以爲大役陳蔡之間土下田良可省許昌左右諸稻田并水東下令淮北二萬人淮南三萬人分休且佃且守水豐常收三倍於西計除衆費歲完五百萬斛以爲軍資六七年間可積三千萬餘斛於淮北此則十萬之衆五年食也以此乘敵無不剋矣宣帝善之皆如艾計施行遂北臨淮水自鍾離而南橫石以西盡泚水四百餘里五里置一營營六十人且佃且守兼修廣淮陽百尺二渠上引河流下通淮潁大治諸陂於潁南潁北穿渠三百餘里溉田二萬頃淮南淮北皆相連接自壽春到京師農官兵田雞犬之聲阡陌相屬每東南有事大軍出征汎舟而下達于江淮資食有儲而無水害艾所建也及晉受命武帝欲平一江表時穀賤而布帛貴帝欲立平糴法用布帛市穀以爲糧儲議者謂軍資尚少不宜以貴易賤泰始二年帝乃下詔曰夫百姓年豐則用奢凶荒則窮匱是相報之理也故古人權量國用取贏散滯有輕重平糴之法理財鈞施惠而不費政之善者也然此事廢久天下希習其宜加以官蓄未廣言者異同財貨未能

達通其制更令國寶散於穰歲而上不收貧弱困於荒年而國無備豪人富商挾輕資蘊重積以管其利故農夫苦其業而末作不可禁也今者省徭務本幷力墾殖欲令農功益登耕者益勸而猶或騰踴至於農人並傷今宜通糴以充儉乏主者平議具爲條制然事竟未行是時江南未平朝廷厲精於稼穡四年正月丁亥帝親耕籍田庚寅詔曰使四海之內棄末反本競農務功能奉宣朕志令百姓勸事樂業者其唯郡縣長吏乎先之勞之在於不倦每念其經營職事亦爲勤矣其以中左典牧種草馬賜縣令長相及郡國丞各一匹是歲乃立常平倉豐則糴儉則糶以利百姓五年正月癸巳勑戒郡國計吏諸郡國守相令長務盡地利禁遊食商販其休假者令與父兄同其勤勞豪勢不得侵役寡弱私相置名十月詔以司隸校尉石鑒所上汲郡太守王宏勤恤百姓導化有方督勸開荒五千餘頃遇年普饑而郡界獨無匱乏可謂能以勸教時同功異者矣其賜穀千斛布告天下八年司徒石苞奏州郡農桑未有殿最之制宜增掾屬令史有所循行帝從之事見石苞傳苞既明於勸課百姓安之十年光祿

勳夏侯和上修新渠富壽遊陂三渠凡溉田千五百頃咸寧元年十二月詔曰出戰入耕雖自古之常然事力未息未嘗不以戰士爲念也今以鄴奚官奴婢著新城代田兵種稻奴婢各五十人爲一屯屯置司馬使皆如屯田法三年又詔曰今年霖雨過差又有蟲災潁川襄城自春以來略不下種深以爲慮主者何以爲百姓計促處當之杜預上疏曰臣輒思惟今者水災東南特劇非但五稼不收居業幷損下田所在停污高地皆多磽埆此卽百姓困窮方在來年雖詔書切告長吏二千石爲之設計而不廓開大制定其趣舍之宜恐徒文具所益蓋薄當今秋夏蔬食之時而百姓已有不贍前至冬春野無青草則必指仰官穀以爲生命此乃一方之大事不可不豫爲思慮者也臣愚謂旣以水爲困當恃魚菜螺蜯而洪波汎濫貧弱者終不能得今者宜大壞兗豫州東界諸陂隨其所歸而宣導之交令饑者盡得水產之饒百姓不出境界之內旦暮野食此目下日給之益也水去之後塡淤之田畝收數鍾至春大種五穀五穀必豐此又明年益也臣前啓典牧種牛不供耕駕至於老不穿鼻者無益於用而徒

有吏士穀草之費歲送任駕者甚少尚復不調習宜大出賣以易穀及爲賞直
詔曰孳育之物不宜減散事遂停寢問主者今典虞右典牧種產牛大小相通
有四萬五千餘頭苟不益世用頭數雖多其費日廣古者匹馬丘牛居則以耕
出則以戰非如猪羊類也今徒養宜用之牛終爲無用之費甚失事宜東南以
水田爲業人無牛犢今既壞陂可分種牛三萬五千頭以付二州將吏士庶使
及春耕穀登之後頭責三百斛是爲化無用之費得運水次成穀七百萬斛此
又數年後之益也加以百姓降丘宅土將來公私之饒乃不可計其所留好種
萬頭可卽令右典牧都尉官屬養之人多畜少可並佃牧地明其考課此又三
魏近甸歲當復入數千萬斛穀牛又皆當調習動可駕用皆今日之可全者也
預又言諸欲修水田者皆以火耕水耨爲便非不爾也然此事施於新田草萊
與百姓居相絕離者耳往者東南草創人稀故得火田之利自頃戶口日增而
陂堨歲決良田變生蒲葦人居沮澤之際水陸失宜放牧絕種樹木立枯皆陂
之害也陂多則土薄水淺潦不下潤故每有水雨輒復橫流延及陸田言者不

思其故因云此土不可陸種臣計漢之戶口以驗今之陂處皆陸業也其或有舊陂舊堨則堅完脩固非今所謂當為人害者也臣前見尚書胡威啓宜壞陂其言墾至臣中者又見宋侯相應遵上便宜求壞泗陂徙運道時下都督度支共處當各據所見不從遵言臣按遵上事運道東詣壽春有舊渠可不由泗陂泗陂在遵地界壞地凡萬三千餘頃傷敗成業遵縣領應佃二千六百口可謂至少而猶患地狹不足肆力此皆水之為害也當所共恤而都督度支方復執異非所見之難直以不同害理也人心所見既不同利害之情又有異軍家之與郡縣士大夫之與百姓其意莫有同者此皆偏其利以忘其害者也此理之所以未盡而事之所以多患也臣又案豫州界二度支所領佃者州郡大軍雜士凡用水田七千五百餘頃耳計三年之儲不過二萬餘頃以常理言之無為多積無用之水況於今者水潦瓮溢大為災害臣以為與其失當寧瀉之不滀宜發明詔敕刺史二千石其漢氏舊陂舊堨及山谷私家小陂皆當修繕以積水其諸魏氏以來所造立及諸因雨決溢蒲葦馬腸陂之類皆決瀝之長吏二

千石躬親勸功諸食力之人並一時附功令比及水凍得粗枯涸其所修功實
之人皆以俾之其舊陂堨溝渠當有所補塞者皆尋求微跡一如漢時故事豫
爲部分列上須冬東南休兵交代各留一月以佐之夫川瀆有常流地形有定
體漢氏居人衆多猶以無患今因其所患而宣寫之跡古事以明近大理顯然
可坐論而得臣不勝愚意竊謂最是今日之實益也朝廷從之及平吳之後有
司又奏詔書王公以國爲家京城不宜復有田宅今未暇作諸國邸當使城中
有往來處近郊有芻藁之田今可限之國王公侯京城得有一宅之處近郊田
大國田十五頃次國十頃小國七頃城內無宅城外有者皆聽留之又制戶調
之式丁男之戶歲輸絹三匹綿三斤女及次丁男爲戶者半輸其諸邊郡或三
分之二遠者三分之一夷人輸賨布戶一匹遠者或一丈男子一人占田七十
畝女子三十畝其外丁男課田五十畝丁女二十畝次丁男半之女則不課男
女年十六已上至六十爲正丁十五已下至十三六十一已上至六十五爲次
丁十二已下六十六已上爲老小不事遠夷不課田者輸義米戶三斛遠者五

斗極遠者輸算錢人二十八文其官品第一至于第九各以貴賤占田品第一者占五十頃第二品四十五頃第三品四十頃第四品三十五頃第五品三十頃第六品二十五頃第七品二十頃第八品十五頃第九品十頃而又各以品之高卑蔭其親屬多者及九族少者三世宗室國賓先賢之後及士人子孫亦如之而又得蔭人以爲衣食客及佃客品第六已上得衣食客三人第七第八品二人第九品及舉輦跡禽前驅由基強弩司馬羽林郎殿中冗從武賁殿中武賁持椎斧武騎武賁持鈒冗從武賁命中武賁武騎一人其應有佃客者官品第一第二者佃客無過五十戶第三品十戶第四品七戶第五品五戶第六品三戶第七品二戶第八品第九品一戶是時天下無事賦稅平均人咸安其業而樂其事及惠帝之後政教陵夷至於永嘉喪亂彌甚雍州以東人多饑乏更相鬻賣奔迸流移不可勝數幽并司冀秦雍六州大蝗草木及牛馬毛皆盡又大疾疫兼以饑饉百姓又爲寇賊所殺流尸滿河白骨蔽野劉曜之逼朝廷議欲遷都倉垣人多相食飢疫總至百官流亡者十八九元帝爲晉王課督農

功詔二千石長吏以入穀多少爲殿最其非宿衞要任皆宜赴農使軍各自佃作即以爲廩太興元年詔曰徐揚二州土宜三麥可督令熯地投秋下種至夏而熟繼新故之交於以周濟所益甚大昔漢遣輕車使者氾勝之督三輔種麥而關中遂穰勿令後晚其後頻年麥雖有旱蝗而爲益猶多二年三吳大饑死者以百數吳郡太守鄧攸輒開倉廩賑之武帝時使黃門侍郎虞䮀桓彝開倉廩振給并省衆役百官各上封事後軍將軍應詹表曰夫一人不耕天下必有受其飢者而軍興以來征戰運漕朝廷宗廟百官用度既已殷廣下及工商流寓僮僕不親農桑而遊食者以十萬計不思開立美利而望國足人給豈不難哉古人言曰飢寒並至雖堯舜不能使野無寇盜貧富并兼雖臯陶不能使強不陵弱故有國有家者何嘗不務農重穀近魏武皇帝用棗祗韓浩之議廣建屯田又於征伐之中分帶甲之士隨宜開墾故下不甚勞而大功克舉也間者流人奔東吳東吳今儉皆已還反江西良田曠廢來久火耕水耨爲功差易宜簡流人與復農官功勞報賞皆如魏氏故事一年中與百姓二年分稅三年計

賦稅以使之公私兼濟則倉盈庾億可計日而待也又曰昔高祖使蕭何鎮關中光武令寇恂守河內魏武委鍾繇以西事故能使八表夷蕩區內輯寧今中州蕭條未蒙疆理此兆庶所以企望壽春一方之會去此不遠宜選都督有文武經略者遠以振河洛之形勢近以爲徐豫之藩鎮綏集流散使人有攸依專委農功令事有所局趙充國農於金城以平西零諸葛亮耕於渭濱規抗上國今諸軍自不對敵皆宜齊課咸和五年成帝始度百姓田取十分之一率畝稅米三升六年以海賊寇抄運漕不繼發王公以下餘丁各運米六斛是後頻年水災旱蝗田收不至咸康初算度田稅米空懸五十餘萬斛尚書褚裒以下免官穆帝之世頻有大軍糧運不繼制王公以下十三戶共借一人助度支運升平初荀羨爲北府都督鎮下邳起田于東陽之石鼈公私利之哀帝卽位乃減田租畝收二升孝武太元二年除度田收租之制王公以下口稅三斛唯蠲在役之身八年又增稅米口五石至於末年天下無事時和年豐百姓樂業穀帛殷阜幾乎家給人足矣

漢錢舊用五銖自王莽改革百姓皆不便之及公孫述僭號於蜀童謡曰黃牛白腹五銖當復好事者竊言王莽稱黃述欲繼之故稱白腹五銖漢貨言漢當復併天下也至光武中興除莽貨泉建武十六年馬援又上書曰富國之本在於食貨宜如舊鑄五銖錢帝從之於是復鑄五銖錢天下以爲便及章帝時穀帛價貴縣官經用不足朝廷憂之尚書張林言今非但穀貴也百物皆貴此錢賤故爾宜令天下悉以布帛爲租市買皆用之封錢勿出如此則錢少物皆賤矣又鹽者食之急也縣官可自賣鹽武帝時施行之名曰均輸於是事下尚書通議尚書朱暉議曰王制天子不言有無諸侯不言多少食祿者不與百姓爭利均輸之法與賈販無異以布帛爲租則吏多姦官自賣鹽與下爭利非明主所宜行帝本以林言爲是得暉議因發怒遂用林言少時復止和帝時有上書言人以貨輕錢薄故致貧困宜改鑄大錢事下四府羣僚及太學能言之士孝廉劉陶上議曰臣伏讀鑄錢之詔平輕重之議訪覃幽微不遺窮賤是以藿食之人謬延逮及蓋以當今之憂不在於貨在於人飢是以先王觀象育物敬授

民時使男不逋畝女不下機故君臣之道行王路之教通由是言之食者乃有國之所寶百姓之至貴也竊以比年已來良苗盡於蝗螟之口杼柚空於公私之求所急朝夕之食所患靡鹽之事豈謂錢之厚薄銖兩之輕重哉就使當今沙礫化爲南金瓦石變爲和玉使百姓渴無所飲飢無所食雖皇羲之純德唐虞之文明猶不能以保蕭牆之內也蓋百姓可百年無貨不可以一朝有飢故食爲至急也議者不達農殖之本多言鑄冶之便或欲因緣行詐以賈國利國利將盡取者爭競造鑄之端於是乎生蓋萬人鑄之一人奪之猶不能給況今一人鑄之則萬人奪之乎雖以陰陽爲炭萬物爲銅役不食之民使不飢之士猶不能足無厭之求也夫欲民財殷阜要在止役役禁奪則百姓不勞而足陛下聖德愍海內之憂戚傷天下之艱難欲鑄錢齊貨以救其弊此猶養魚沸鼎之中棲鳥烈火之上木水本魚鳥之所生也用之不時必至燋爛願陛下寬鍥薄之禁後冶鑄之議也帝竟不鑄錢及獻帝初平中董卓乃更鑄小錢由是貨輕而物貴穀一斛至錢數百萬至魏武爲相於是罷之還用五銖是時不鑄錢

既久貨本不多又更無增益故穀賤無已及黃初二年魏文帝罷五銖錢使百姓以穀帛爲市至明帝世錢廢穀用既久人間巧僞漸多競濕穀以要利作薄絹以爲市雖處以嚴刑而不能禁也司馬芝等舉朝大議以爲用錢非徒豐國亦所以省刑今若更鑄五銖錢則國豐刑省於事爲便魏明帝乃更立五銖錢至晉用之不聞有所改創孫權嘉平五年鑄大錢一當五百赤烏元年又鑄當千錢故呂蒙定荊州孫權賜錢一億錢既太貴但有空名人間患之權聞百姓不以爲便省息之鑄爲器物官勿復出也私家有者並以輸藏平卑其直勿有所枉晉自中原喪亂元帝過江用孫氏舊錢輕重雜行大者謂之比輪中者謂之四文吳興沈充又鑄小錢謂之沈郎錢錢既不多由是稍貴孝武太元三年詔曰錢國之重寶小人貪利銷壞無已監司當以爲意廣州夷人寶貴銅鼓而州境素不出銅聞官私賈人皆於此下貪比輪錢斤兩差重以入廣州貨與夷人鑄敗作鼓其重爲禁制得者科罪安帝元興中桓玄輔政立議欲廢錢用穀帛孔琳之議曰洪範八政貨爲食次豈不以交易所資爲用之至要者乎若使

百姓用力於爲錢則是妨爲生之業禁之可也今農自務穀工自務器各隸其業何當致勤於錢故聖王制無用之貨以通有用之財既無毀敗之費又省難運之苦此錢所以嗣功龜貝歷代不廢者也穀帛爲寶本充衣食分以爲貨則致損甚多又勞毀於商販之手耗棄於割截之用此之爲弊著自於曩故鍾繇曰巧僞之人競濕穀以要利制薄絹以充資魏世制以嚴刑弗能禁也是以司馬芝以爲用錢非徒豐國亦所以省刑錢之不用由於兵亂積久自致於廢有由而然漢末是也今既用而廢之則百姓頓亡其利今括囊天下之穀以周天下之食或倉庫充溢或糧靡井儲以相資通則貧者仰富致富之道實假於錢一朝斷之便爲棄物是有錢無糧之人皆坐而飢困以此斷之又立弊也且據今用錢之處不以爲貧用穀之處不以爲富又人習來久革之必惑語曰利不百不易業況又錢便于穀邪魏明帝時錢廢穀用既久不以便於人乃舉朝大議精才達政之士莫不以宜復用錢下無異情朝無異論彼尙舍穀帛而用錢足以明穀帛之弊著於已誠也世或謂魏氏不用錢久積累巨萬故欲行之利

公富國斯殆不然晉文後舅犯之謀而先成季之信以爲雖有一時之勳不如萬世之益于時名賢在列君子盈朝大謀天下之利害將定經國之要術若穀實便錢義不昧當時之近利而廢求用之通業斷可知矣斯實由困而思革改而更張耳近孝武之末天下無事時和年豐百姓樂業穀帛殷阜幾乎家給人足驗之實事錢又不妨人也頃兵革屢興荒饉荐及飢寒未振實此之由公既援而拯之大革視聽弘敦本之教明廣農之科敬授人時各從其業遊蕩知反務末自休同以南畝競力野無遺壤矣於此以往將升平必至何衣食之足卹愚謂救弊之術無取於廢錢朝議多同琳之故玄議不行

晉書卷二十六

晉書卷二十七

唐　太　宗　文　皇　帝　御　撰

志第十七

五行上

夫帝王者配德天地叶契陰陽發號施令動關幽顯休咎之徵隨感而作故書曰惠迪吉從逆凶惟影響昔伏羲氏繼天而王受河圖則而畫之八卦是也禹治洪水賜洛書法而陳之洪範是也聖人行其道寶其真自天祐之吉無不利三五已降各有司存爰及殷之箕子在父師之位典斯大範周既克殷以箕子歸武王虛己而問焉箕子對以禹所得雒書授之以垂訓然則河圖雒書相爲經緯八卦九章更爲表裏殷道絕文王演周易周道弊孔子述春秋奉乾坤之陰陽效洪範之休咎天人之道粲然著矣漢興承秦滅學之後文帝時宓生創紀大傳其言五行庶徵備矣後景武之際董仲舒治公羊春秋始推陰陽爲儒者之宗宣化之閒劉向治穀梁春秋數其禍福以洪範與仲舒多所不同至向

子歆治左氏傳其言春秋及五行又甚乖異班固據大傳采仲舒劉向劉歆著
五行志而傳載眭孟夏侯勝京房谷永李尋之徒所陳行事訖于王莽博通祥
變以傳春秋綜而爲言凡有三術其一曰君治以道臣輔克忠萬物咸遂其性
則和氣應休徵效國以安二曰君違其道小人在位衆庶失常則乖氣應咎徵
效國以亡三曰人君大臣見災異退而自省責躬修德共禦補過則消禍而福
至此其大略也輒舉斯例錯綜時變婉而成章有足觀者及司馬彪纂光武之
後以究漢事災眚之說不越前規今採黄初以降言祥異者著于此篇
經曰五行一曰水二曰火三曰木四曰金五曰土水曰潤下火曰炎上木曰曲
直金曰從革土爰稼穡
傳曰田獵不宿飲食不享出入不節奪農時及有姦謀則木不曲直
說曰木東方也於易地上之木爲觀於王事威儀容貌亦可觀者也故行步有
佩玉之度登車有和鸞之節三驅之制飲食有享獻之禮出入有名使人以時
務在勸農桑謀在安百姓如此則木得其性矣若乃田獵馳騁不反宮室飲食

沉湎不顧法度妄興繇役以奪農時作爲姦詐以傷人財則木失其性矣蓋工匠之爲輪矢者多傷敗及木爲變怪是爲不曲直

魏文帝黃初六年正月雨木冰按劉歆說上陽施不下通下陰施不上達故雨而木爲之冰雺氣寒木不曲直也劉向曰冰者陰之盛木者少陽貴臣卿大夫象也此人將有害則陰氣脅木木先寒故得雨而冰也是年六月利成郡兵蔡方等殺太守徐質據郡反太守古之諸侯貴臣有害之應也一說以木冰爲木介介者甲兵之象是歲旣討蔡方又八月天子自將以舟師征吳戍卒十餘萬連旌數百里臨江觀兵又屬常雨也

元帝太興三年二月辛未雨木冰後二年周顗等遇害是陽施不下通也

穆帝永和八年正月乙巳雨木冰是年殷浩北伐明年軍敗十年廢黜又曰荀羨殷浩北伐桓溫入關之象也

孝武帝太元十四年十二月乙巳雨木冰明年二月王恭爲北藩八月庚楷爲西藩九月王國寶爲中書令尋加領軍將軍十七年殷仲堪爲荊州雖邪正異

規而終同夷滅是其應也
吳孫亮建興二年諸葛恪征淮南後所坐聽事棟中折恪妄興徵役奪農時作
邪謀傷國財力故木失其性致毀折也及旋師而誅滅於周易又爲棟橈之凶
也
武帝太康五年五月宣帝廟地陷梁折八年正月太廟殿又陷改作廟築基及
泉其年九月遂更營新廟遠致名材雜以銅柱陳勰爲匠作者六萬人至十年
四月乃成十一月庚寅梁又折天戒若曰地陷者分離之象梁折者木不曲直
也明年帝崩而王室遂亂
惠帝太安二年成都王穎使陸機率衆向京都擊長沙王乂及軍始引而牙竿
折俄而戰敗機被誅穎遂奔潰卒賜死此姦謀之罰木不曲直也
元帝太興四年王敦在武昌鈴下儀仗生華如蓮華五六日而萎落此木失其
性干寶以爲狂華生枯木又在鈴閣之間言威儀之富榮華之盛皆如狂華之
發不可久也其後王敦終以逆命加戮其尸一說亦華孽也於周易爲枯楊生

華

桓玄始篡龍旗竿折時玄田獵無度飲食奢恣土木妨農又多姦謀故木失其性天戒若曰旗所以掛三辰章著明也旗竿之折高明去矣玄果敗

傳曰棄法律逐功臣殺太子以妾爲妻則火不炎上

說曰火南方揚光輝爲明者也其於王者南面嚮明而治書云知人則哲能官人故堯舜舉羣賢而命之朝遠四佞而放諸埜孔子曰浸潤之譖膚受之愬不行焉可謂明矣賢佞分別官人有序帥由舊章敬重功勳殊別嫡庶如此則火得其性矣若乃信道不篤或燿虛僞讒夫昌邪勝正則火失其性矣自上而降及濫炎妄起焚宗廟燒宮館雖興師衆不能救也是爲火不炎上

魏明帝太和五年五月清商殿災初帝爲平原王納河南虞氏爲妃及卽位不以爲后更立典虞車工卒毛嘉女爲后后本仄微非所宜升以妾爲妻之罰也

青龍元年六月洛陽宮鞠室災二年四月崇華殿災延於南閣繕復之至三年七月此殿又災帝問高堂隆此何咎也於禮寧有祈禳之義乎對曰夫災變之

發皆所以明教誡也惟率禮修德可以勝之易傳曰上不儉下不節孽火燒其室又曰君高其臺天火爲災此人君苟飾宮室不知百姓空竭故天應之以旱火從高殿起也按舊占曰災火之發皆以臺榭宮室爲誡今宜罷散作役務從節約清掃所災之處不敢於此有所營造萐莆嘉禾必生此地以報陛下虔恭之德帝不從遂復崇華殿改曰九龍以郡國前後言龍見者九故以爲名多棄法度疲衆逞欲以妾爲妻之應也

吳孫亮建興元年十二月武昌端門災改作端門又災內殿門者號令所出殿者聽政之所是時諸葛恪執政而矜慢放肆孫峻總禁旅而險害終著武昌孫氏尊號所始天戒若曰宜除其貴要之首者恪果喪衆殄人峻授政於綝綝廢亮也或曰孫權毀徹武昌以增太初宮諸葛恪有遷都意更起門殿事非時宜故見災也京房易傳曰君不思道厥妖火燒宮

太平元年二月朔建鄴火人之火也是秋孫綝始執政矯以亮詔殺呂據滕胤明年又輒殺朱異棄法律逐功臣之罰也

孫休永安五年二月城西門北樓災六年十月石頭小城火燒西南百八十丈是時嬖人張布專擅國勢多行無禮而韋昭盛沖終斥不用兼遣察戰等爲內史驚擾州郡致使交阯反亂是其咎也

孫皓建衡元年三月大火燒萬餘家死者七百人按春秋齊火災劉向以爲桓公好內聽女口妻妾數更之罰也時皓制令詭暴蕩棄法度勞臣名士誅斥甚衆後宮萬餘女謁數行其中隆寵佩皇后璽綬者又多矣故有火災

武帝太康八年三月乙丑震災西閣楚王所止坊及臨商觀䆫

十年四月癸丑崇賢殿災十月庚辰含章鞠室修成堂前廡景坊東屋暉章殿南閣火時有上書曰漢王氏五侯兄弟迭任今楊氏三公並在大位故天變屢見竊爲陛下憂之由是楊珧求退是時帝納馮紞之間廢張華之功聽楊駿之讒離衛瓘之寵此逐功臣之罰也明年宮車晏駕其後楚王承竊發之旨戮害二公身亦不免震災其坊又天意乎

惠帝元康五年閏月庚寅武庫火張華疑有亂先命固守然後救火是以累代

異寶王莽頭孔子屐漢高祖斷白蛇劍及二百八萬器械一時蕩盡是後愍懷
見殺太子之罰也天戒若曰夫設險擊柝所以固其國儲積戎器所以戒不虞
今冢嗣將傾社稷將泯禁兵無所復施皇旅又將誰衞帝后不悟終喪四海是
其應也張華閻纂皆曰武庫火而氐羌反太子見廢則四海可知
八年十一月高原陵火是時賈后凶恣賈謐擅朝惡積罪稔宜見誅絕天戒若
曰臣妾之不可者雖親貴莫比猶宜忍而誅之如吾燔高原陵也帝既眊弱而
張華又不納裴頠劉卞之謀故后遂與謐殺太子也干寶以爲高原陵火太子
廢之應漢武帝世高園便殿火董仲舒對與此占同
永康元年帝納皇后羊氏后將入宮衣中忽有火衆咸怪之永興元年成都王
遂廢后處之金墉城是後還立立而復廢者四又詔賜死荀藩表全之雖來還
在位然憂逼折辱終古未聞此孽火之應也
永興二年七月甲午尚書諸曹火起延崇禮闥及閤道夫百揆王化之本王者
棄法律之應也後清河王覃入嗣不終於位又殺太子之罰也

孝懷帝永嘉四年十一月襄陽火燒死者三千餘人是時王如自號大將軍司雍二州牧衆四五萬攻略郡縣此下陵上陽失其節之應也

元帝太興中王敦鎭武昌武昌災火起興衆救之救於此而發於彼東西南北數十處俱應數日不絕舊說所謂濫炎妄起雖興師衆不能救之之謂也干寶以爲此臣而君行亢陽失節是謂王敦陵上有無君之心故災也

永昌二年正月癸巳京師大火三月饒安東光安陵三縣火燒七千餘家死者萬五千人

明帝太寧元年正月京都火是時王敦威侮朝廷多行無禮內外臣下咸懷怨毒極陰生陽也

成帝咸和二年五月京師火

康帝建元元年七月庚申吳郡災

穆帝永和五年六月震災石季龍大武殿及兩廟端門震災月餘乃滅金石皆盡其後季龍死大亂遂滅亡

海西公太和中郄愔爲會稽太守六月大旱災火燒數千家延及山陰倉米數
百萬斛炎煙蔽天不可撲滅此亦桓溫強盛將廢海西極陰生陽之應也
孝武帝寧康元年三月京師風火大起是時桓溫入朝志在陵上少主踐位人
懷憂恐此與太寧火事同
太元十年正月國子學生因風放火焚房百餘閒是後考課不厲賞黜無章蓋
有育才之名而無收賢之實此不哲之罰先兆也　十三年十二月乙未延賢
堂災是月景申螽斯則百堂及客館驃騎府庫皆災于時朝多弊政衰陵日兆
不哲之罰皆有象類主相不悟終至亂亡會稽王道子寵幸尼及姏母各樹用
其親戚乃至出入宮掖禮見人主天戒若曰登延賢堂及客館者多非其人故
災之也又孝武帝更不立皇后寵幸微賤張夫人夫人驕妬皇子不繁乖螽斯
則百之道故災其殿焉道子復賞賜不節故府庫被災斯亦其罰也
安帝隆安二年三月龍舟二乘災是水沴火也其後桓玄篡位帝乃播越天戒
若曰王者流遷不復御龍舟故災之耳

元興元年八月庚子尚書下舍曹火時桓玄遙錄尚書故天火示不復居也
三年盧循攻略廣州刺史吳隱之閉城固守其十月壬戌夜火起時百姓避寇
盈滿城內隱之懼有應賊者但務嚴兵不先救火由是府舍焚蕩燒死者萬餘
人因遂散潰悉爲賊擒
義熙四年七月丁酉尚書殿中吏部曹火　九年京都大火燒數千家　十一
年京都所在大行火災吳界尤甚火防甚峻猶自不絕王弘時爲吳郡晝在聽
事見天上有一赤物下狀如信幡遙集路南人家屋上火即大發弘知天爲之
災故不罪火主此帝室衰微之應也
傳曰修宮室飾臺榭內淫亂犯親戚侮兄弟則稼穡不成
說曰土中央生萬物者也其於王者爲內事宮室夫婦親屬亦相生者也古者
天子諸侯宮廟大小高卑有制后夫人媵妾多少有度九族親疎長幼有序孔
子曰禮與其奢也寧儉故禹卑宮室文王刑于寡妻此聖人之所以昭教化也
如此則土得其性矣若乃奢淫驕慢則土失其性亡水旱之災而草木百穀不

孰是爲稼穡不成
吳孫皓時當歲無水旱苗稼豐美而實不成百姓以飢闔境皆然連歲不已吳人以爲傷露非也按劉向春秋說曰水旱當書不書水旱而曰大無麥禾者土氣不養稼穡不成此其義也皓初遷都武昌尋還建鄴又起新館綴飾珠玉壯麗過甚破壞諸營增廣苑囿犯暑妨農官私疲怠月令季夏不可以興土功皓皆冒之此修宮室飾臺榭之罰也
元帝太興二年吳郡吳興東陽無麥禾大饑
成帝咸和五年無麥禾天下大饑
穆帝永和十年三麥不登　十二年大無麥
孝武太元六年無麥禾天下大饑
安帝元興元年無麥禾天下大饑
傳曰好戰攻輕百姓飾城郭侵邊境則金不從革
說曰金西方萬物旣成殺氣之始也故立秋而鷹隼擊秋分而微霜降其於王

事出軍行師把旄杖鉞誓士衆抗威武所以征叛逆止暴亂也詩云有虔執鉞如火烈烈又曰載戢干戈載櫜弓矢動靜應宜說以犯難人忘其死金得其性矣若乃貪欲恣睢務立威勝不重人命則金失其性蓋工冶鑄金鐵冰滯涸堅不成者衆乃爲變怪是爲金不從革魏時張掖石瑞雖是晉之符命而於魏爲妖好攻戰輕百姓飾城郭侵邊境魏氏三祖皆有其事石圖發於非常之文此不從革之異也

晉定大業多斃曹氏石瑞文大討曹之應也按劉歆以春秋石言于晉爲金石同類也是爲金不從革失其性也劉向以爲石白色爲主屬白祥

魏明帝青龍中盛修宮室西取長安金狄承露槃折聲聞數十里金狄泣於是因留霸城此金失其性而爲異也

吳時歷陽縣有巖穿似印咸云石印封發天下太平孫皓天璽元年印發又陽羨山有石穴長十餘丈皓初修武昌宮有遷都之意是時武昌爲離宮班固云離宮與城郭同占飾城郭之謂也其寶鼎三年後皓出東關遣丁奉至合肥建

衡三年皓又大舉出華里侵邊境之謂也故令金失其性卒面縛而吳亡
惠帝元康三年閏二月殿前六鍾皆出涕五刻止前年賈后殺楊太后於金墉
城而賈后爲惡不止故鍾出涕猶傷之也
永興元年成都伐長沙每夜戈戟鋒有火光如懸燭此輕人命好攻戰金失其
性而爲光變也天戒若曰兵猶火也不戢將自焚成都不悟終以敗亡
懷帝永嘉元年項縣有魏豫州刺史賈逵石牌生金可採此金不從革而爲變
也五月汲桑作亂羣寇飇起
清河王覃爲世子時所佩金鈴忽生起如粟者康王母疑不祥毁棄之及後爲
惠帝太子不終于位卒爲司馬越所殺
愍帝建興五年石言于平陽是時帝蒙塵亦在平陽故有非言之物而言妖之
大者俄而帝爲逆胡所弒
元帝永昌元年甘卓將襲王敦既而中止及還家多變怪照鏡不見其頭此金
失其性而爲妖也尋爲敦所襲遂夷滅

石季龍時鄴城鳳陽門上金鳳皇二頭飛入漳河

海西太和中會稽山陰縣起倉鑿地得兩大船滿中錢錢皆輪文大形時日向暮鑿者馳以告官官夜遣防守甚嚴至明旦失錢所在惟有船存視其狀悉有錢處

安帝義熙初東陽太守殷仲文照鏡不見其頭尋亦誅翦占與甘卓同也

傳曰簡宗廟不禱祠廢祭祀逆天時則水不潤下

說曰水北方終藏萬物者也其於人道命終而形藏精神放越聖人為之宗廟以收魂氣春秋祭祀以終孝道王者卽位必郊祀天地禱祈神祇望秩山川懷柔百神亡不宗事愼其齋戒致其嚴敬是故鬼神歆饗多獲福助此聖王所以順事陰氣和神人也及至發號施令亦奉天時十二月咸得其氣則陰陽調而終始成如此則水得其性矣若迺不敬鬼神政令逆時水失其性霧水暴出百川逆溢壞鄉邑溺人民及淫雨傷稼穡是為水不潤下

京房易傳曰顓事者加誅罰絕理厥災水其水也雨殺人以隕霜大風天黃饑

而不損茲謂泰厥大水水殺人避遏有德茲謂狂厥水水流殺人也已水則地
生蟲歸獄不解茲謂追非厥水寒殺人追誅不解茲謂不理厥水五穀不收大
敗不解茲謂皆陰厥水流入國邑隕霜殺穀仲舒曰交兵結讎伏尸流血百姓
愁怨陰氣盛故大水也
魏文帝黃初四年六月大雨霖伊洛溢至津陽城門漂數千家殺人初帝即位
自鄴遷洛營造宮室而不起宗廟太祖神主猶在鄴嘗於建始殿饗祭如家人
禮終黃初不復還鄴又郊社神祇未有定位此簡宗廟廢祭祀之罰也
吳孫權赤烏八年夏茶陵縣鴻水溢出漂二百餘家　十三年秋丹陽故鄣等
縣又鴻水溢出按權稱帝三十年竟不於建鄴創七廟惟父堅一廟遠在長沙
而郊祀禮闕嘉禾初羣臣奏宜郊祀又不許末年雖一南郊而北郊遂無聞焉
吳楚之廟亦不見秩反祀羅陽妖神以求福助天戒若曰權簡宗廟不禱祠廢
祭祀故示此罰欲其感悟也
太元元年吳又有大風涌水之異是冬權南郊宜是鑒咎徵乎還而寢疾明年

四月甍一曰權時信納譖訴雖陸遜勳重子和儲貳猶不得其終與漢安帝聽讒免楊震廢太子同事也且赤烏中無年不用兵百姓愁怨八年秋將軍馬茂等又圖逆

魏明帝景初元年九月淫雨冀兗徐豫四州水出沒溺殺人漂失財產帝自初即位便淫奢極欲多占幼女或奪士妻崇飾宮室妨害農戰觸情恣欲至是彌甚號令逆時饑不損役此水不潤下之應也

吳孫亮五鳳元年夏大水亮即位四年乃立權廟又終吳世不上祖宗之號不修嚴父之禮昭穆之數有闕亮及休皓又並廢二郊不秩羣神此簡宗廟不祭祀之罰也又是時孫峻專政陰勝陽之應乎

孫休永安四年五月大雨水泉涌溢昔歲作浦里塘功費無數而田不可成士卒死叛或自賊殺百姓愁怨陰氣盛也休又專任張布退盛沖等吳人賊之應也　五年八月壬午大雨震電水泉湧溢

武帝泰始四年九月青州徐兗豫四州大水　七年六月大雨霖河洛伊沁皆

謚殺二百餘人自帝卽尊位不加三后祖宗之號泰始二年又除明堂南郊五帝座同稱昊天上帝一位而已又省先后配地之祀此簡宗廟廢祭祀之罰也

咸寧元年九月徐州大水　二年七月癸亥河南魏郡暴水殺百餘人閏月荆州郡國五大水流四千餘家去年採擇良家子女露面入殿帝親簡閱務在姿色不訪德行有蔽匿者以不敬論搢紳愁怨天下非之陰盛之應也　三年六月益梁二州郡國八暴水殺三百餘人七月荆州大水九月始平郡大水青徐兗豫荆益梁七州又大水是時賈充等用事專恣而正人疏外者多陰氣盛也

四年七月司冀兗豫荆揚郡國二十大水傷秋稼壞屋室有死者

太康二年六月泰山江夏大水泰山流三百家殺六十餘人江夏亦殺人時平吳後王濬爲元功而詆劾妄加荀賈爲無謀而並蒙重賞收吳姬五千納之後宮此其應也　四年七月兗州大水十二月河南及荆揚六州大水　五年九月郡國四大水又隕霜是月南安等五郡大水　六年四月郡國十大水壞廬

舍　七年九月郡國八大水　八年六月郡國八大水

惠帝元康二年有水災　五年五月頴川淮南大水六月城陽東莞大水殺人荆揚徐兗豫五州又水是時帝卽位已五載猶未郊祀其蒸嘗亦多不親行事此簡宗廟廢祭祀之罰　六年五月荆揚二州大水是時賈后亂朝寵樹賈郭女主專政陰氣盛之應也　八年五月金墉城井溢漢志成帝時有此妖後王莽僭逆今有此妖趙王倫簒位倫廢帝於此城井溢所在其天意也九月荆揚徐冀豫五州大水是時賈后暴戾滋甚韓謐驕猜彌扇卒害太子旋以禍滅

九年四月宮中井水沸溢

永寧元年七月南陽東海大水是時齊王冏專政陰盛之應也

太安元年七月兗豫徐冀四州水時將相力政無尊主心陰盛故也

孝懷帝永嘉四年四月江東大水時王導等潛懷翼戴之計陰氣盛也

元帝太興三年六月大水是時王敦內懷不臣傲狠陵上此陰氣盛也　四年七月又大水

永昌二年五月荆州及丹陽宣城吳興壽春大水
明帝太寧元年五月丹陽宣城吳興壽春大水是時王敦威權震主陰氣盛故也
成帝咸和元年五月大水是時嗣主幼沖母后稱制庾亮以元舅決事禁中陰勝陽故也　二年五月戊子京都大水是冬以蘇峻稱兵都邑塗地　四年七月丹陽宣城吳興會稽大水是冬郭默作亂荆豫共討之半歲乃定兵役之應也　七年五月大水是時帝未親機務政在大臣陰勝陽也
咸康元年八月長沙武陵大水
穆帝永和四年五月大水　五年五月大水　六年五月又大水時幼主沖弱母后臨朝又將相大臣各執權政與咸和初同事也　七年七月甲辰夜濤水入石頭死者數百人是時殷浩以私忿廢蔡謨遐邇非之又幼主在上而殷桓交惡選徒聚甲各崇私權陰勝陽之應也一說濤水入石頭以爲兵占是後殷浩桓溫謝尚荀羨連年征伐百姓愁怨也

升平二年五月大水　五年四月又大水是時桓温權制朝廷專征伐陰勝陽也

海西太和六年六月京師大水平地數尺浸入太廟朱雀大航纜斷三艘流入大江丹陽晉陵吳郡吳興臨海五郡又大水稻稼蕩沒黎庶饑饉初四年桓温北伐敗績十喪其九五年又征淮南踰歲乃尅百姓愁怨之應也

簡文帝咸安元年十二月壬午濤水入石頭明年妖賊盧竦率其屬數百人入殿略取武庫三庫甲仗游擊將軍毛安之討滅之兵興陰盛之應也

孝武帝太元三年六月大水是時帝幼弱政在將相　五年五月大水　六年六月揚荆江三州大水　八年三月始興南康廬陵大水平地五丈　十年五月大水自八年破苻堅後有事中州役無寧歲愁怨之應也　十三年十二月濤水入石頭毀大航殺人明年慕容氏寇擾司兗鎮戍西北疲於奔命愁怨之應也　十五年七月沔中諸郡及兗州大水是時緣河紛爭征戍勤瘁之應也

十七年六月甲寅濤水入石頭毀大航漂船舫有死者京口西浦亦濤入殺

人永嘉郡潮水湧起近海四縣人多死後四年帝崩而王恭再攻京師京師亦
發衆以禦之兵役頻興百姓愁怨之應也　十八年六月己亥始興南康廬陵
大水深五丈　十九年七月荊徐大水傷秋稼　二十年六月荊徐又大水
二十一年五月癸卯大水是時政事多弊兆庶非之
安帝隆安三年五月荊州大水平地三丈去年殷仲堪舉兵向京師是年春又
殺郄恢陰威作威之應也仲堪尋亦敗亡　五年五月大水是時會稽王世子
元顯作威陵上又桓玄擅西夏孫恩亂東國陰勝陽之應也
元興二年十二月桓玄篡位其明年二月庚寅夜濤水入石頭商旅方舟萬計
漂敗流斷骸胔相望江左雖頻有濤變未有若斯之甚三月義軍剋京都玄敗
走遂夷滅之　三年二月己丑朔夜濤水入石頭漂沒殺人大航流敗
義熙元年十二月己未濤水入石頭　二年十二月己未夜濤水入石頭明年
駱球父環潛結桓胤殷仲文等謀作亂劉稚亦謀反凡所誅滅數十家　三年
五月丙午大水　四年十二月戊寅濤水入石頭明年王旅北討　六年五月

丁巳大水乙丑盧循至蔡州　八年六月大水　九年五月辛巳大水　十年五月丁丑大水戊寅西明門地穿涌水出毀門扇及限亦水沴土也七月乙丑淮北風災大水殺人　十一年七月景戌大水淹漬太廟百官赴救明年王旅北討關河

經曰敬用五事一曰貌二曰言三曰視四曰聽五曰思貌曰恭言曰從視曰明聽曰聰思曰睿恭作肅從作乂明作哲聰作謀睿作聖休徵曰肅時雨若乂時暘若哲時燠若謀時寒若聖時風若咎徵曰狂恆雨若僭恆暘若豫恆燠若急恆寒若蒙恆風若

傳曰貌之不恭是謂不肅厥咎狂厥罰恆雨厥極惡時則有服妖時則有龜孽時則有雞旤音禍時則有下體生上之痾時則有青眚青祥惟金沴木

說曰凡草木之類謂之妖妖猶夭胎言尙微也蟲豸之類謂之孽孽則芽孽矣及六畜謂之旤言其著也及人謂之痾痾病貌也言寖深也甚則有異物生謂之眚自外來謂之祥祥猶禎也氣相傷謂之沴沴猶臨莅不和意也每一事云

時則以絶之言非必俱至或有或亡或在前或在後孝武時夏侯始昌通五經
善推五行傳以傳族子夏侯勝下及許商皆以教所賢弟子其傳與劉向同惟
劉歆傳獨異
貌之不恭是謂不肅肅敬也內曰恭外曰敬人君行己體貌不恭怠慢驕蹇則
不能敬萬事失則狂易故其咎狂也上慢下暴則陰氣勝故其罰常雨也水傷
百穀衣食不足則姦宄並作故其極惡也
一曰人多被刑或形貌醜惡亦是也風俗狂慢變節易度則爲剽輕奇怪之服
故有服妖水類動故有龜孽於易巽爲雞雞有冠距文武之貌而不爲威貌氣
毁故有雞禍一曰水歲多雞死及爲怪亦是也上失威儀則有彊臣害君上故
有下體生於上之痾木色青故有青眚青祥凡貌傷者病木氣木氣病則金沴
之衝氣相通也於易震在東方爲春爲木兌在西方爲秋爲金離在南方爲夏
爲火坎在北方爲冬爲水春與秋日夜分寒暑平是以金木之氣易以相變故
貌傷則致秋陰常雨言傷則致春陽常旱也至於冬夏日夜相反寒暑殊絶水

火之氣不得相幷故視傷常燠聽傷常寒者其氣然也逆之其極曰惡順之其福曰攸好德劉歆傳曰有鱗蟲之孽羊𡆥鼻痾說以爲於天文東方辰爲龍星故爲鱗蟲於易兌爲羊木爲金所病故致羊𡆥與常雨同應此說非是春與秋氣陰陽相敵木病金盛故能相幷惟此一事耳𡆥與妖痾祥眚同類不得獨異

魏尚書鄧颺行步弛縱筋不束體坐起傾倚若無手足此貌之不恭也管輅謂之鬼躁鬼躁者凶終之徵後卒誅也

惠帝元康年中貴游子弟相與爲散髮倮身之飲對弄婢妾逆之者傷好非之者負譏希世之士恥不與焉蓋貌之不恭胡狄侵中國之萌也其後遂有五胡之亂此失在狂也

元康中賈謐親貴數入二宮與儲君遊戲無降下心又嘗因弈碁爭道成都王穎厲色曰皇太子國之儲貳賈謐何敢無禮謐猶不悛故及於禍貌不恭之罰也

齊王冏既誅趙王倫因留輔政坐拜百官符敕臺府淫醟專驕不一朝覲此狂

恣不肅之咎也天下莫不高其功而慮其亡也冏終弗改遂至夷滅
司馬道子於府園內列肆使姬人酤鬻身自貿易干寶以爲貴者失位降在阜
隸之象也俄而道子見廢以庶人終此貌不恭之應也
安帝義熙七年將拜授劉毅世子毅以王命之重當設饗宴親請吏佐臨視至
拜日國僚不重白默拜於廐中王人將反命毅方知之大以爲恨免郎中令劉
敬叔官天戒若曰此惰略嘉禮不肅之妖也其後毅遂被殺焉庶徵恆雨劉歆
以爲春秋大雨劉向以爲大水
魏明帝太和元年秋數大雨多暴卒雷電非常至殺鳥雀按楊阜上疏此恆雨
之罰也時天子居喪不哀出入弋獵無度奢侈繁興奪農時故水失其性而恆
雨爲罰
大和四年八月大雨霖三十餘日伊洛河漢皆溢歲以凶饑
吳孫亮太平二年二月甲寅大雨震電乙卯雪大寒按劉歆說此時當雨而不
當大大雨恆雨之罰也於始震電之明日而雪大寒又常寒之罰也劉向以爲

既已雷電則雪不復當降皆失時之異也天戒若曰爲君失時賊臣將起先震
電而後雪者陰見間隙起而勝陽逆弑之禍將成也亮不悟尋見廢此與春秋
魯隱同
武帝泰始六年六月大雨霖甲辰河洛伊沁水同時並溢流四千九百餘家殺
二百餘人沒秋稼千三百六十餘頃
太康五年七月任城梁國暴雨害豆麥九月南安郡霖雨暴雪樹木摧折害秋
稼是秋魏郡西平郡九縣淮南平原霖雨暴水霜傷秋稼
惠帝永寧元年十月義陽南陽東海霖雨淹害秋麥
元帝太興三年春雨至于夏是時王敦執權不恭之罰也
永昌元年春雨四十餘日晝夜雷電震五十餘日是時王敦與兵王師敗績之
應也
成帝咸和四年春雨五十餘日恆雷電是時雖斬蘇峻其餘黨猶據守石頭城
至其滅後淫雨乃霽

咸康元年八月乙丑荆州之長沙攸醴陵武陵之龍陽三縣雨水浮漂屋室殺人損秋稼是時帝幼權在於下服妖

魏武帝以天下凶荒資財乏匱始擬古皮弁裁縑帛爲白帢以易舊服傅玄曰白乃軍容非國容也干寶以爲縞素凶喪之象也名之爲帢毀辱之言也蓋革代之後劫殺之妖也

魏明帝著繡帽披縹紈半袖常以見直臣楊阜諫曰此禮何法服邪帝默然近服妖也夫縹非禮之色褻服尚不以紅紫況接臣下乎人主親御非法之章所謂自作孽不可禳也帝既不享永年身沒而祿去王室後嗣不終遂亡天下

景初元年發銅鑄爲巨人二號曰翁仲置之司馬門外按古長人見爲國亡長狄見臨洮爲秦亡之禍始皇不悟反以爲嘉祥鑄銅人以象之魏法亡國之器而於義竟無取焉蓋服妖也

尚書何晏好服婦人之服傅玄曰此妖服也夫衣裳之制所以定上下殊內外也大雅云玄袞赤舄鉤膺鏤鍚歌其文也小雅云有嚴有翼共武之服詠其武

也若內外不殊王制失敘服妖既作身隨之亡妹嬉冠男子之冠桀亡天下何晏服婦人之服亦亡其家其咎均也

吳婦人修容者急束其髮而劘角過于耳蓋其俗自操束太急而廉隅失中之謂也故吳之風俗相驅以急言論彈射以刻薄相尚居三年之喪者往往有致毀以死諸葛患之著正交論雖不可以經訓整亂蓋亦救時之作也

孫休後衣服之制上長下短又積領五六而裳居一二干寶曰上饒奢下儉逼上有餘下不足之妖也至孫皓果奢暴恣情於上而百姓彫困於下卒以亡國是其應也

武帝泰始初衣服上儉下豐著衣者皆厭褄此君衰弱臣放縱下掩上之象也至元康末婦人出兩襠加乎交領之上此內出外也爲車乘者苟貴輕細又數變易其形皆以白篾爲純蓋古喪車之遺象也夫乘者君子之器蓋君子立心無恆事不崇實也干寶以爲晉之禍徵也及惠帝踐阼權制在於寵臣下掩上之應也至永嘉末六宮才人流冗沒於戎狄內出外之應也及天下撓亂宰輔

方伯多負其任又數改易不崇實之應也

泰始之後中國相尚用胡床貊槃及爲羌煮貊炙貴人富室必畜其器吉享嘉會皆以爲先太康中又以氈爲絈頭及絡帶袴口百姓相戲曰中國必爲胡所破夫氈毳產於胡而天下以爲絈頭帶身袴口胡既三制之矣能無敗乎至元康中氐羌互反永嘉後劉石遂篡中都自後四夷迭據華土是服妖之應也

初作屐者婦人頭圓男子頭方圓者順之義所以別男女也至太康初婦人屐乃頭方與男無別此賈后專妬之徵也

太康中天下爲晉世寧之舞手接杯盤而反覆之歌曰晉世寧舞杯盤識者曰夫樂生人心所以觀事也今接杯盤於手上而反覆之至危之事也杯盤者酒食之器而名曰晉世寧言晉世之士苟偷於酒食之間而知不及遠晉世之寧猶杯盤之在手也

惠帝元康中婦人之飾有五兵佩又以金銀瑇瑁之屬爲斧鉞戈戟以當笄干寶以爲男女之別國之大節故服物異等贄幣不同今婦人而以兵器爲飾此

婦人妖之甚者於是遂有賈后之事終亡天下是時婦人結髮者既成以繒急
束其環名曰擷子紒始自中宮天下化之其後賈后廢害太子之應也
元康中天下始相傚爲烏杖以柱掖其後稍施其鐓住則植之夫木東方之行
金之臣也杖者扶體之器烏其頭者尤便用也必旁柱掖者旁救之象也施其
金住則植之言木因於金能孤立也及懷愍之世王室多故而此中都喪敗元
帝以藩臣樹德東方維持天下柱掖之應也至社稷無主海內歸之遂承天命
建都江外獨立之應也
元康太安之閒江淮之域有敗屩自聚于道多者至四五十量人或散投坑谷
明日視之復如故或云見狸銜聚之干寶以爲夫屩者人之賤服處于勞辱黔
庶之象也故者疲弊之象道者四方往來所以交通王命也今敗屩聚於道者
象黔庶罷病將相聚爲亂以絕王命也
太安中發壬午兵百姓怨叛江夏張昌唱亂荊楚從之如流於是兵革歲起服
妖也

初魏造白帢橫縫其前以別後名之曰顏帢傳行之至永嘉之間稍去其縫名無顏帢而婦人束髮其緩彌甚紒之堅不能自立髮被于額目出而已無顏者愧之言也覆額者慚之貌也其緩彌甚者言天下士禮與義放縱情性及其終極至于大恥也永嘉之後二帝不反天下媿焉

孝懷帝永嘉中士大夫競服生箋單衣識者指之曰此則古者總衰諸侯所以服天子也今無故服之殆有應乎其後遂有胡賊之亂帝遇害焉

元帝太興中兵士以絳囊傳紒識者曰紒者在首爲乾君道也囊者坤臣道也今以朱囊傳紒臣道上侵君之象也於是王敦陵上焉舊爲羽扇柄者刻木象其骨形列羽用十取全數也自中興初王敦南征始改爲長柄下出可捉而減其羽用八識者尤之曰夫羽扇翼之名也創爲長柄者將執其柄以制羽翼也改十爲八者將未備奪已備也此殆敦之擅權以制朝廷之柄又將以無德之材欲竊非據也是時爲衣者又上短帶纔至于掖著帽者又以帶縛項下逼上上無地也爲袴者直幅爲口無殺下大之象尋而王敦謀逆再攻京師

海西嗣位忘設豹尾天戒若曰夫豹尾儀服之主大人所以豹變也而海西豹變之日非所宜忘而忘之非主社稷之人故忘其豹尾示不終也尋而被廢焉

孝武太元中人不復著帩頭天戒若曰頭者元首帩者助元首爲儀飾者也今忽廢之若人君獨立無輔佐以至危亡也至安帝桓玄乃篡位焉

舊爲屐者齒皆達楄上名曰露卯太元中忽不徹名曰陰卯識者以爲卯謀也必有陰謀之事至烈宗末驃騎參軍袁悅之始攬搆內外隆安中遂謀詐相傾以至大亂

太元中公主婦女必緩鬢傾髻以爲盛飾用髮旣多不可恆戴乃先於木及籠上裝之名曰假髻或名假頭至於貧家不能自辦自號無頭就人借頭遂布天下亦服妖也無幾時孝武晏駕而天下騷動刑戮無數多喪其元至於大殮皆刻木及蠟或縛菰草爲頭是假頭之應云

桓玄篡位殿上施絳帳鏤黃金爲顏四角金龍銜五色羽葆流蘇羣下相謂曰頗類轜車尋而玄敗此服之妖也

晉末皆冠小而衣裳博大風流相放輿臺成俗識者曰上小而下大此禪代之象也尋而宋受終焉

雞旤

魏明帝景初二年廷尉府中雌雞化爲雄不鳴不將干寶曰是歲宣帝平遼東百姓始有與能之義此其象也然晉三后並以人臣終不鳴不將又天意也

惠帝元康六年陳國有雞生雄雞無翅既大墜坑而死王隱以爲雄者胤嗣子之象坑者母象今雞生無翅墜坑而死此子無羽翼爲母所陷害乎於後賈后誣殺愍懷此其應也

太安中周玘家雌雞逃承霤中六七日而下奮翼鳴將獨毛羽不變其後有陳敏之事敏雖控制江表終無紀綱文章殆其象也卒爲玘所滅雞旤見玘家又天意也京房易傳曰牝雞雄鳴主不榮

元帝太興中王敦鎮武昌有雌雞化爲雄天戒若曰雌化爲雄臣陵其上其後王敦再攻京師

孝武太元十三年四月廣陵高平閻嵩家雌雞生無右翅彭城人劉象之家雞有三足京房易傳曰君用婦人言則雞生妖是時主相並用尼媼之言寵賜過厚故妖象見焉

安帝隆安元年八月琅邪王道子家青雌雞化爲赤雄雞不鳴不將桓玄將篡不能成業之象　四年荆州有雞生角角尋墮落是時桓玄始擅西夏狂慢不肅故有雞禍天戒若曰角兵象尋墮落者暫起不終之妖也後皆應也

元興二年衡陽有雌雞化爲雄八十日而冠萎天戒若曰衡陽桓玄楚國之邦略也及桓玄篡位果八十日而敗此其應也

青祥

武帝咸寧元年八月丁酉大風折大社樹有青氣出焉此青祥也占曰東莞當有帝者明年元帝生是時帝大父武王封東莞由是徙封琅邪孫盛以爲中興之表晉室之亂武帝子孫無孑遺社樹折之應又常風之罰

惠帝元康中洛陽南山有蝱作聲曰韓尸尸識者曰韓氏將尸也言尸尸者盡

死意也其後韓謐誅而韓族殲焉此青祥也

金沴木

魏文帝黃初七年正月幸許昌許昌城南門無故自崩帝心惡之遂不入還洛陽此金沴木木動之也五月宮車晏駕京房易傳曰上下咸悖厥妖也城門壞

元帝太興二年六月吳郡米廡無故自壞天戒若曰夫米廡貨糴之屋無故自壞此五穀踴貴所以無糴賣也是歲遂大饑死者千數焉

明帝太寧元年周筵自歸王敦既立其宅宇所起五間六梁一時躍出墜地餘桁猶亘柱頭此金沴木也明年五月錢鳳謀亂遂族滅筵而湖熟尋亦爲墟矣

安帝元興元年正月丙子會稽王世子元顯將討桓玄建牙竿於揚州南門其東者難立良久乃正近沴妖也而元顯尋爲玄所擒　三年五月樂賢堂壞時帝嚚眊無樂賢之心故此堂見沴

義熙九年五月國子聖堂壞天戒若曰聖堂禮樂之本無故自壞業祚將墜之象未及十年而禪位焉

晉書卷二十七

晉書卷二十八

唐　太　宗　文　皇　帝　御　撰

志第十八

五行中

傳曰言之不從是謂不乂厥咎僭厥罰恆暘厥極憂時則有詩妖時則有介蟲之孽時則有犬禍時則有口舌之痾時則有白眚白祥惟木沴金言之不從從順也是謂不乂乂治也孔子曰君子居其室出其言不善則千里之外違之況其邇者乎詩曰如蜩如螗如沸如羹言上號令不順人心虛譁憒亂則不能治海內失在過差故其咎僭差也刑罰妄加羣陰不附則陽氣勝故其罰常陽也旱傷百穀則有寇難上下俱憂故其極憂也君炕陽而暴虐臣畏刑而箝口則怨謗之氣發於歌謠故有詩妖介蟲孽者謂小蟲有甲飛揚之類陽氣所生也於春秋爲螽今謂之蝗皆其類也於易兌爲口犬以吠守而不可信言氣毀故有犬禍一曰旱歲犬多狂死及爲怪亦是也及人則多病口喉咳嗽者故有口

舌痾金色白故有白眚白祥凡言傷者病金氣金氣病則木沴之其極憂者順之其福康寧劉歆言傳曰則時有毛蟲之孽說以爲於天文西方參爲獸星故爲毛蟲

魏齊王嘉平初東郡有訛言云白馬河出妖馬夜過官牧邊鳴呼衆馬皆應明日見其跡大如斛行數里還入河楚王彪本封白馬兗州刺史令狐愚以彪有智勇及聞此言遂與王淩謀共立之事泄淩愚被誅彪賜死此言不從之罰也詩云人之訛言寧莫之懲蜀劉禪嗣位譙周曰先主諱備其訓具也後主諱禪其訓授也若言劉已具矣當授與人甚於晉穆侯漢靈帝命子之祥也蜀果亡此言之不從也劉備卒劉禪即位未葬亦未踰月而改元爲建興此言之不從也禮國君即位踰年而後改元者緣臣子之心不忍一年而有二君也今可謂亟而不知禮義矣後遂降焉

魏明帝太和中姜維歸蜀失其母魏人使其母手書呼維令反幷送當歸以譬之維報書曰良田百頃不計一畝但見遠志無有當歸維卒不免

景初元年有司奏帝爲烈祖與太祖高祖並爲不毁之廟從之案宗廟之制祖宗之號皆身沒名成乃正其禮故雖功赫天壤德邁前王未有豫定之典此蓋言之不從失之甚者也後二年而宮車宴駕於是統微政逸去

吳孫休時烏程人有得困病及差能以響言者言於此而聞於彼自其所聽之不覺其聲之大也自遠聽之如人對言不覺聲之自遠來也聲之所往隨其所向遠者所過十數里其鄰人有責息於外歷年不還乃假之使爲責讓懼以禍福負物者以爲鬼神卽傎顛倒畀之其人亦不自知所以然也言不從之咎也

魏時起安世殿武帝後居之安世武帝字也武帝每延羣臣多說平生常事未嘗及經國遠圖此言之不從也何曾謂子遵曰國家無貽厥之謀及身而已後嗣其殆乎此子孫之憂也自永熙後王室漸亂永嘉中天下大壞及何綏以非辜被殺皆如曾言

趙王倫廢惠帝於金墉城改號金墉城爲永安宮帝尋復位而倫誅

惠帝永興元年詔廢太子覃還爲清河王立成都王穎爲皇太弟猶加侍中大

都督領丞相備九錫封三十郡如魏王故事案周禮傳國以胤不以勳故雖公旦之聖不易成王之嗣所以遠絶覬覦永一宗祧後代遵履改之則亂今擬非其實僭差已甚且既爲國嗣則不應復開封土兼領庶職此言之不從進退乖爽故帝既播越穎亦不終是其咎僭也後猶不悟又立懷帝爲太弟懷終流弑不永厥祚又其應也語曰變古易常不亂則亡此之謂乎

元帝永昌二年大將軍王敦下據姑孰百姓訛言行蟲病食人大孔數日入腹入腹則死療之有方當得白犬膽以爲藥自淮泗遂及京都數日之間百姓驚擾人人皆自云已得蟲病又云始在外時當燒鐵以灼之於是翕然被燒灼者十七八矣而白犬暴貴至相請奪其價十倍或有自云能行燒鐵灼者賃灼百姓日得五六萬憊而後已四五日漸靜說曰夫裸蟲人類而人爲之主今云蟲食人言本同臭類而相殘賊也自下而上明其逆也必入腹者言害由中不由外也犬有守衛之性白者金色而膽用武之主也帝王之運王霸會於戌戌主用兵金者晉行火燒鐵以療疾者言必去其類而來火與金合德共除蟲害也

按中興之際大將軍本以腹心受伊呂之任而元帝末年遂改京邑明帝諒闇又有異謀是以下逆上腹心內爛也及錢鳳沈充等逆兵四合而爲王師所挫踰月而不能濟水北中郎劉遐及淮陵內史蘇峻率淮泗之衆以救朝廷故其謠言首作於淮泗也朝廷卒以弱制強罪人授首是用白犬膽可救之效也

海西公時庾晞四五年中喜爲挽歌自搖大鈴爲唱使左右齊和又燕會輒令倡伎作新安人歌舞離別之辭其聲悲切時人怪之後亦果敗太元中小兒以兩鐵相打於土中名曰鬬族後王國寶王孝伯一姓之中自相攻擊也

桓玄初改年爲大亨遐邇讙言曰二月了故義謀以仲春發也玄篡立又改年爲建始以與趙王倫同又易爲永始永始復是王莽受封之年也始徙司馬道子于安成安帝遜位出永安宮封爲平固王琅邪王德文爲石陽公並使住尋陽城識者皆以爲言不從之妖僭也

武帝初何曾薄大官御膳自取私食子劭又過之而王愷又過劭王愷羊琇之儔盛致聲色窮珍極麗至元康中夸恣成俗轉相高尚石崇之侈遂兼王何而

儷人主矣崇旣誅死天下尋亦論喪僭踰之咎也

庶徵恆暘劉向以爲春秋大旱也其夏旱雩禮謂之大雩不傷二穀謂之不雨京房易傳曰厥德不用茲謂張厥災荒旱也其旱陰雲不雨變而赤因四際師出過時茲謂廣其旱不生上下皆蔽茲謂隔其旱天赤三月時有雹殺飛禽上緣求妃茲謂僭其旱三月大溫亡雲君高臺府茲謂犯陰侵陽其旱萬物根死數有火災庶位踰節茲爲僭其旱澤物枯爲火所傷

魏明帝太和二年五月大旱元年以來崇廣宮府之應也又是春宣帝南擒孟達置二郡張郃西破諸葛亮斃馬謖亢陽自大又其應也

太和五年三月自去冬十月至此月不雨辛巳大雩

齊王正始元年二月自去冬十二月至此月不雨去歲正月明帝崩二月曹爽白嗣主轉宣帝爲太傅外示尊崇內實欲令事先由己是時宣帝功蓋魏朝厥德不用之應也

高貴鄉公甘露三年正月自去秋至此月旱是時文帝圍諸葛誕衆出過時之

應也初壽春秋夏常雨淹城而此旱踰年城陷乃大雨咸以誕爲天亡
吳孫亮五鳳二年大旱百姓飢是歲征役煩與軍士怨叛此亢陽自大勞役失
衆之罰也其役彌歲故旱亦竟年
孫皓寶鼎元年春夏旱時孫皓遷都武昌勞役動衆之應也
武帝泰始七年五月閏月旱大雩　八年五月旱是時帝納荀勖邪說留賈充
不復西鎮而任愷漸疏上下皆蔽之應也及李憙魯芝李胤等並在散職近厥
德不用之謂也　九年自正月旱至于六月祈宗廟社稷山川癸未雨　十年
四月旱去年秋冬採擇卿校諸葛沖等女是春五十餘人入朝簡選又取小將
吏女數十人母子號哭於宮中聲聞于外行人悲酸是殆積陰生陽上緣求妃
之應也
咸寧二年五月旱大雩至六月乃澍雨
太康二年旱自去冬旱至此春　三年四月旱乙酉詔司空齊王攸與尚書廷
尉河南尹錄訊繫囚事從蠲宥　五年六月旱此年正月天陰解而復合劉毅

上疏曰必有阿黨之臣姦以事君者當誅而不赦也帝不答是時荀勗馮紞僭
作威福亂朝尤甚　六年三月青梁幽冀郡國旱六月濟陰武陵旱傷麥　七
年夏郡國十三大旱　八年四月冀州旱　九年夏郡國三十三旱扶風始平
京兆安定旱傷麥　十年二月旱
太熙元年三月旱自太康已後雖正人滿朝不被親仗而賈充荀勗楊駿馮紞
等迭居要重所以無年不旱者厥德不用上下皆蔽庶位踰節之罰也
惠帝元康七年七月秦雍二州大旱疾疫關中饑米斛萬錢因此氐羌反叛雍
州刺史解系敗績而饑疫薦臻戎晉並困朝廷不能振詔聽相賣鬻其九月郡
國五旱
永寧元年自夏及秋青徐幽幷四州旱十二月又郡國十二旱是年春三王討
趙王倫六旬之中數十戰死者十餘萬人
懷帝永嘉三年五月大旱襄平縣梁水淡池竭河洛江漢皆可涉是年三月司
馬越歸京都遣兵入京收中書令繆播等九人殺之皆僭踰之罰也又四方諸

侯多懷無君之心劉元海石勒王彌李雄之徒賊害百姓流血成泥又其應也

五年自去冬旱至此春去歲十一月司馬越以行臺自隨斥黜宮衞無君臣之節

愍帝建武元年六月揚州旱去年十二月淳于伯寃死其年卽旱而太興元年六月又旱干寶曰殺淳于伯之後旱三年是也刑罰妄加羣陰不附則陽氣勝之罰也

元帝太興四年五月旱是時王敦陵僭已著

永昌元年夏大旱是年三月王敦有石頭之變二宮陵辱大臣誅死僭踰無上故旱尤甚也其閏十一月京都大旱川谷并竭

明帝太寧三年自春不雨至于六月

成帝咸和元年夏秋旱是時庾太后臨朝稱制言不從而僭踰之罰也　二年夏旱　五年五月大旱　六年四月大旱　八年秋七月旱　九年自四月不雨至于八月

咸康元年六月旱是時成帝沖弱未親萬機內外之政決之將相此僭踰之罰連歲旱也至四年王導固讓太傅復子明辟是後不旱殆其應也時天下普旱會稽餘姚特甚米斗直五百人有相鬻者　二年三月旱　三年六月旱時王導以天下新定務在遵養不任刑罰遂盜賊公行頻五年亢旱亦舒緩之應也
康帝建元元年五月旱
穆帝永和元年五月旱是時帝在襁褓褚太后臨朝如明穆太后故事　五年七月不雨至于十月　六年夏旱　八年夏旱　九年春旱
升平三年冬大旱　四年冬大旱
哀帝隆和元年夏旱是時桓温強恣權制朝廷僭踰之罰也
海西公太和元年夏旱　四年冬旱涼州春旱至夏
簡文帝咸安二年十月大旱饑自永和至是嗣主幼沖桓温陵僭用兵征伐百姓怨苦
孝武帝寧康元年三月旱是時桓温入覲高平陵闚朝致拜踰僭之應也　三

年冬旱

太元四年夏大旱　八年六月旱　十年七月旱饑初八年破符堅九年諸將略地有事徐豫楊亮趙統攻討巴沔是年正月謝安又出鎮廣陵使子琰進次彭城頻有軍役　十三年六月旱去歲北府遣戍胡陸荊州經略河南是年夏郭銓置戍野王又遣軍破黃淮　十五年七月旱　十七年秋旱至冬是時烈宗仁恕信任會稽王道子政事舒緩又茹千秋爲驃騎諮議竊弄主相威福又丘尼乳母親黨及婢僕之子階緣近習臨部領衆又所在多上春竟囚不以其辜建康獄吏枉暴既甚此又僭踰不從寃濫之罰

安帝隆安三年冬旱寒甚　四年五月旱　五年夏秋大旱十二月不雨時孫恩作亂桓玄疑貳迫殺殷仲堪而朝廷卽授以荊州之任司馬元顯又諷百僚悉使敬己內外騷動兵革煩與此皆陵僭憂愁之應也

元興元年七月大饑九月十月不雨泉水涸　二年六月不雨冬又旱時桓玄奢僭十二月遂篡位　三年八月不雨

義熙四年冬不雨　六年九月不雨　八年十月不雨　九年秋冬不雨　十年九月旱十二月又旱井瀆多竭是時軍役煩與

詩妖

魏明帝太和中京師歌兜鈴曹子其唱曰其奈汝曹何此詩妖也其後曹爽見誅曹氏遂廢

景初初童謠曰阿公阿公駕馬車不意阿公東渡河阿公來還當奈何及宣帝遼東歸至白屋當還鎮長安會帝疾篤急召之乃乘追鋒車東渡河終如童謠之言

齊王嘉平中有謠曰白馬素羈西南馳其誰乘者朱虎騎朱虎者楚王小字也王淩令狐愚聞此謠謀立彪事發淩等伏誅彪賜死

吳孫亮初童謠曰吁汝恪何若若蘆葦單衣蔑鉤絡於何相求常子閣常子閣者反語石子堈也鉤絡鉤帶也及諸葛恪死果以葦席裹身蔑束其要投之石子堈後聽恪故吏收斂求之此堈云

孫亮初公安有白鼉鳴童謠曰白鼉鳴龜背平南郡城中可長生守死不去義無成南郡城中可長生者有急易以逃也明年諸葛恪敗弟融鎭公安亦見襲融刮金印龜服之而死鼉有鱗介甲兵之象又曰白祥也

孫休永安三年將守質子羣聚嬉戲有異小兒忽來言曰三公鉏司馬如又曰我非人熒惑星也言畢上昇仰視若曳一匹練有頃沒干寶曰後四年而蜀亡六年而魏廢二十一年而吳平於是九服歸晉魏與吳蜀並戰國三公鉏司馬如之謂也

孫晧遣使者祭石印山下妖祠使者因以丹書巖曰楚九州渚吳九州都揚州士作天子四世治太平矣晧聞之意益張曰從太皇帝至朕四世太平之主非朕復誰恣虐踰甚尋以降亡近詩妖也

孫晧天紀中童謠曰阿童復阿童銜刀游渡江不畏岸上獸但畏水中龍武帝聞之加王濬龍驤將軍及征吳江西衆軍無過者而王濬先定秣陵

武帝太康三年平吳後江南童謠曰局縮肉數橫目中國當敗吳當復又曰宮

門柱且當朽吳當復在三十年後又曰雞鳴不拊翼吳復不用力于時吳人皆謂在孫氏子孫故竊發爲亂者相繼按橫目者四字自吳亡至元帝興幾四十年元帝興於江東皆如童謠之言爲元帝懦而少斷局縮肉者有所斥也

太康末京洛爲折楊柳之歌其曲始有兵革苦辛之辭終以擒獲斬截之事是時三楊貴盛而被族滅太后廢黜幽死中宮折楊柳之應也

惠帝永熙中河内温縣有人如狂造書曰光光文長大戟爲牆毒藥雖行戟還自傷又曰兩火沒地哀哉秋蘭歸形街郵終爲人歎及楊駿居內府以戟爲衞死時又爲戟所害傷楊后被廢賈后絕其膳八日而崩葬街郵亭北百姓哀之也兩火武帝諱蘭楊后字也其時又有童謠曰二月末三月初荊筆楊板行詔書宮中大馬幾作驢此時楊駿專權楚王用事故言荊筆楊板二人不誅則君臣禮悖故云幾作驢也

元康中京洛童謠曰南風起吹白沙遙望魯國何嵯峨千歲髑髏生齒牙又曰城東馬子莫嚨哅比至來年纏汝鬉南風賈后字也白晉行也沙門太子小名

也魯賈謐國也言賈后將與謐爲亂以危太子而趙王因釁咀嚼豪賢以成篡奪不得其死之應也

元康中天下商農通著大鄣日時童謠曰屠蘇鄣日覆兩耳當見瞎兒作天子及趙王倫篡位其目實眇焉趙王倫既篡洛中童謠曰獸從北來鼻頭汗龍從南來登城看水從西來河灌灌數月而齊王成都河閒義兵同會誅倫案成都西藩而在鄴故曰獸從北來齊東藩而在許故曰龍從南來河閒水源而在關中故曰水從西來齊留輔政居于宮西又有無君之心故言登城看也

太安中童謠曰五馬游渡江一馬化爲龍後中原大亂宗藩多絶唯琅邪汝南西陽南頓彭城同至江東而元帝嗣統矣司馬越還洛有童謠曰洛中大鼠長尺二若不早去大狗至及苟晞將破汲桑又謠曰元超兄弟大落度上桑打椹爲苟作由是越惡晞奪其兗州隙難遂構焉

愍帝初有童謠曰天子何在豆田中至建興四年帝降劉曜在城東豆田壁中

建興中江南謠歌曰訇如白坑破合集持作甒揚州破換敗吳興覆瓿甊案白

者晉行坑器有口屬瓮瓦瓮質剛亦金之類也甸如白坑破者言二都傾覆王
室大壞也合集持作瓶者元帝鳩集遺餘以主社稷未能尅復中原但偏王江
南故其諭也及石頭之事六軍大潰兵人抄掠京邑爰及二宮其後三年錢鳳
復攻京邑阻水而守相持月餘日焚燒城邑井堙木刊矣鳳等敗退沈充將其
黨還吳興官軍踵之蹈籍郡縣充父子授首黨與誅者以百數所謂揚州破換
敗吳興覆瓿甄瓿甄瓦器又小於瓶也

明帝太寧初童謠曰惻惻力力放馬山側大馬死小馬餓高山崩石自破及明
帝崩成帝幼爲蘇峻所逼遷于石頭御膳不足此大馬死小馬餓也高山峻也
又言峻尋死石峻弟蘇石也峻死後石據石頭尋爲諸公所破復是崩山石破
之應也

成帝之末又有童謠曰礚礚何隆隆駕車入梓宮少日而宮車晏駕

咸寧二年十二月河北謠曰麥入土殺石武後如謠言庾亮初鎮武昌出至石
頭百姓於岸上歌曰庾公上武昌翩翩如飛烏庾公還揚州白馬牽旒旐又曰

庾公初上時翩翩如飛烏庾公還揚州白馬牽流蘇後連徵不入及薨於鎮以喪還都葬皆如謠言

穆帝升平中童兒輩忽歌於道曰阿子聞曲終輒云阿子汝聞不無幾而帝崩太后哭之曰阿子汝聞不

升平末俗間忽作廉歌有扈謙者聞之曰廉者臨也歌云白門廉宮庭廉內外悉臨國家其大諱乎少時而穆帝晏駕

哀帝隆和初童謠曰升平不滿斗隆和那得久桓公入石頭陛下徒跣走朝廷聞而惡之改年曰興寧人復歌曰雖復改興寧亦復無聊生哀帝尋崩升平五年而穆帝崩不滿斗升平不至十年也

海西公太和中百姓歌曰青青御路楊白馬紫遊韁汝非皇太子那得甘露漿識者曰白者金行馬者國族紫爲奪正之色明以紫間朱也海西公尋廢其三子並非海西公之子縊以馬韁死之明日南方獻甘露焉

太和末童謠曰犂牛耕御路白門種小麥及海西公被廢百姓耕其門以種小

麥遂如謠言

海西公初生皇子百姓歌曰鳳皇生一雛天下莫不喜本言是馬駒今定成龍子其歌甚美其旨甚微海西公不男使左右向龍與內侍接生子以爲己子

桓石民爲荆州鎮上明百姓忽歌曰黃曇子曲中又曰黃曇英揚州大佛來上明頃之而桓石民死王忱爲荆州黃曇子乃是王忱字也忱小字佛大是大佛來上明也

孝武帝太元末京口謠黃雌雞莫作雄父啼一旦去毛衣衣被拉颯栖壽而王恭起兵誅王國寶旋爲劉牢之所敗故言拉颯栖也

會稽王道子於東府造土山名曰靈秀山無幾而孫恩作亂再踐會稽會稽道子所封靈秀孫恩之字也

庾楷鎮歷陽百姓歌曰重羅黎重羅黎使君南上無還時後楷南奔桓玄爲玄所誅

殷仲堪在荆州童謠曰芒籠目繩縛腹殷當敗桓當復未幾而仲堪敗桓玄遂

有荆州

王恭鎮京口舉兵誅王國寶百姓謠云昔年食白飯今年食麥麲天公誅謫汝教汝捻嚨喉嚨喉喝復喝京口敗復敗識者曰昔年食白飯言得志也今年食麥麲麲麤穢其精已去明將敗也天公將加譴謫而誅之也捻嚨喉氣不通死之祥也敗復敗丁寧之辭也恭尋死京都又大行欬疾而喉並喝焉

王恭在京口百姓閒忽云黃頭小兒欲作賊阿公在城下指縛得又云黃頭小人欲作亂賴得金刀作藩扞黃字上恭字頭也小人恭字下也尋如謠言者焉

安帝隆安中百姓忽作懊憹之歌其曲曰草生可攬結女兒可攬擷尋而桓玄篡位義旗以三月二日掃定京都誅之玄之宮女及逆黨之家子女妓妾悉爲軍賞東及甌越北流淮泗皆人有所獲故言時則草可結事則女可擷也

桓玄既篡童謠曰草生及馬腹烏啄桓玄目及玄敗走至江陵時正五月中誅如其期焉

安帝義熙初童謠曰官家養蘆化成荻蘆生不止自成積其時官養盧龍寵以

金紫奉以名州養之極也而龍不能懷我好音舉兵內伐遂成讎敵也蘆生不止自成積及盧龍之敗斬伐其黨猶如草木以成積也

盧龍據廣州人爲之謠曰蘆生漫漫竟天半後擁上流數州之地內逼京輦應天半之言

義熙二年小兒相逢於道輒舉其兩手曰盧健健次曰鬬歎鬬歎末曰翁年老翁年老當時莫知所謂其後盧龍內逼舟艦蓋川健健之謂也既至查浦屢尅期欲與官鬬鬬歎之應也翁年老羣公有期頤之慶知妖逆之徒自然消殄也其時復有謠言曰盧橙橙逐水流東風忽如起郁得入石頭盧龍果敗不得入石頭也

昔溫嶠令郭景純卜己與庾亮吉凶景純云元吉嶠語亮曰景純每筮是不敢盡言吾等與國家同安危而曰元吉是事有成也於是協同討滅王敦

苻堅初童謠曰阿堅連牽三十年後若欲敗時當在江湖邊及堅在位凡三十年敗於淝水是其應也又謠語云河水清復清苻堅死新城及堅爲姚萇所殺

死於新城復謠歌云魚羊田斗當滅秦識者以爲魚羊鮮也田斗卑也堅自號秦言滅之者鮮卑也其羣臣諫堅令盡誅鮮卑堅不從及淮南敗還初爲慕容沖所攻又爲姚萇所殺身死國滅

毛蟲之孽

武帝太康六年南陽獻兩足猛獸此毛蟲之孽也識者爲其文曰武形有虧金獸失儀聖主應天斯異何爲言兆亂也京房易傳曰足少者下不勝任也干寶以爲獸者陰精居于陽金獸也南陽火名也金精入火而失其形王室亂之妖也六水數言水數既極火㷫得作而金受其敗也至元康九年始殺太子距此十四年二七十四火始終相乘之數也自帝受命至愍懷之廢凡三十五年焉太康七年十一月景辰四角獸見于河間河間王顒獲以獻天戒若曰角兵象也四者四方之象當有兵亂起於四方後河間王遂連四方之兵作爲亂階殆其應也

懷帝永嘉五年蝘鼠出延陵郭景純筮之曰此郡東之縣當有妖人欲稱制者

亦尋自死矣其後吳與徐馥作亂殺太守袁琇馥亦時滅是其應也

成帝咸和六年正月丁巳會州郡秀孝於樂賢堂有麏見於前獲之孫盛以爲吉祥夫秀孝天下之彥士樂賢堂所以樂養賢也自喪亂以後風教陵夷秀孝策試乏四科之實麏興於前或斯故乎

哀帝隆和元年十月甲申有麞入東海第百姓讙言曰麞入東海第識者怪之及海西廢爲東海王乃入其第

孝武太元十三年四月癸巳祠廟畢有兔行廟堂上天戒若曰兔野物也而集宗廟之堂不祥莫之甚焉

犬旤

公孫文懿家有犬冠幘絳衣上屋此犬旤也屋上亢陽高危之地天戒若曰亢陽無上偷自尊高狗而冠者也及文懿自立爲燕王果爲魏所滅京房易傳曰君不正臣欲篡厥妖狗出朝門魏侍中應璩在直廬歘見一白狗出門問衆人無見者踰年卒近犬旤也

吳諸葛恪征淮南歸將朝會犬銜引其衣恪曰犬不欲我行乎還坐有頃復起犬又銜衣乃令逐犬遂升車入而被害

武帝太康九年幽州有犬鼻行地三百餘步天戒若曰是時帝不思和嶠之言卒立惠帝以致衰亂是言不從之罰也

惠帝元康中吳郡婁縣人家聞地中有犬子聲掘之得雌雄各一還置窟中覆以磨石經宿失所在天戒若曰帝既衰弱藩王相譖故有犬𥎊

永興元年丹陽內史朱遠家犬生三子皆無頭後遠爲揚州刺史曹武所殺

孝懷帝永嘉五年吳郡嘉興張林家狗人言云天下人餓死於是果有二胡之亂天下饑荒焉

愍帝建興元年狗與猪交案漢書景帝時有此以爲悖亂之氣亦犬豕禍也犬兵革之占也豕北方匈奴之象逆言失聽異類相交必生害也俄而帝沒于胡是其應也

元帝太興中吳郡太守張懋聞齋內床下犬聲求而不得既而地自坼見有二

犬子取而養之皆死尋而懋爲沈充所害京房易傳曰讒臣在側則犬生妖

太與四年廬江灊縣何旭家忽聞地中有犬子聲掘之得一母犬青蠤色狀甚羸瘦走入草中不知所在視其處有二犬子一雄一雌哺而養之雌死雄活及長爲犬善噬獸其後旭里中爲蠻所沒

安帝隆安初吳郡治下狗恆夜吠聚高橋上人家狗有限而吠聲甚衆或有夜覘視之云一狗假有兩三頭皆前向亂吠無幾孫恩亂於吳會焉是時輔國將軍孫無終家于既陽地中聞犬子聲尋而地坼有二犬子皆白色一雄一雌取而養之皆死後無終爲桓玄所誅滅案尸子曰地中有犬名曰地狼夏鼎志曰掘地得犬名曰賈此蓋自然之物不應出而出爲犬禍也

桓玄將拜楚王已設拜席羣官陪位玄未及出有狗來便其席莫不驚怪玄性猜暴竟無言者逐狗改席而已天戒若曰桓玄無德而叨竊大位故犬便其席示其妄據之甚也八十日玄敗亡焉

白眚白祥

魏明帝青龍三年正月乙亥隕石于壽光案左氏傳隕石星也劉歆說曰庶衆惟星隕于宋者象宋襄公將得諸侯而不終也秦始皇時有隕石班固以爲石陰類也又白祥臣將危君是後宣帝得政云

武帝太康五年五月丁巳隕石于温及河陽各二　六年正月隕石于温三

成帝咸和八年五月星隕于肥鄉一　九年正月隕石于涼州二

吳孫亮五鳳二年五月陽羨縣離里山大石自立案京房易傳曰庶士爲天子之祥也其說曰石立於山同姓平地異姓干寶以爲孫晧承廢故之家得位其應也或曰孫休見立之祥也

武帝太康十年洛陽宮西宜秋里石生地中始高三尺如香爐形後如偃人槃薄不可掘案劉向說此白眚也明年宮車晏駕王室始騷卒以亂亡京房易傳曰石立如人庶士爲天下雄此近之矣

惠帝元康五年十二月有石生于宜年里

永康元年襄陽郡上言得鳴石撞之聲聞七八里

太安元年丹陽湖熟縣夏架湖有大石浮二百步而登岸民驚噪相告曰石來

干寶曰尋有石冰入建鄴

車騎大將軍東嬴王騰自并州遷鎮鄴行次真定時久積雪而當門前方數丈

獨消釋騰怪而掘之得玉馬高尺許口齒缺騰以馬者國姓上送之以爲瑞然

馬無齒則不得食妖祥之兆衰亡之徵案占此白祥也是後騰爲汲桑所殺而

天下遂亂

武帝泰始八年五月蜀地雨白毛此白祥也時益州刺史皇甫晏伐汶山胡從

事何旅固諫不從牙門張弘等因衆之怨誣晏謀逆害之京房易傳曰前樂後

憂厥妖天雨羽又曰邪人進賢人逃天雨毛其易妖曰天雨毛羽貴人出走三

占皆應

惠帝永寧元年齊王冏舉義軍軍中有小兒出於襄城繁昌縣年八歲髮體悉

白頗能卜於洪範白祥也

成帝咸康初地生毛近白祥也孫盛以爲人勞之異也是後石季龍滅而中原

向化將相皆甘心焉於是方鎮屢革邊戍仍遷皆擁帶部曲動有萬數其間征
伐徵賦役無寧歲天下勞擾百姓疲怨
咸康三年六月地生毛
孝武太元二年五月京都地生毛至四年而氐賊次襄國圍彭城向廣陵征戍
仍出兵連年不解
太元十四年四月京都地生毛是時苻堅滅後經略多事人勞之應也　十七
年四月地生毛
安帝隆安四年四月乙未地生毛或白或黑
元興三年五月江陵地生毛是後江陵見襲交戰者數矣
義熙三年三月地生白毛　十三年三月地生毛明年王旅西討司馬休之又
明年北掃關洛
木沴金
魏齊王正始末河南尹李勝治聽事有小材激墮櫛受符吏石虎頭斷之此木

沴金也勝後旬日而敗
惠帝元康八年五月郊禖壇石中破爲二此木沴金也郊禖壇者求子之神位無故自毀太子將危之疾也明年愍懷廢死
孝武帝太元十年四月謝安出鎮廣陵始發石頭金鼓無故自破此木沴金之異也天意也天戒若曰安徒揚經略之聲終無其實鉦鼓不用之象也月餘以疾還而薨
傳曰視之不明是謂不哲厥咎舒厥罰恆燠厥極疾時則有草妖時則有蠃蟲之孽時則有羊𥚃時則有目痾時則有赤眚赤祥惟水沴火視之不明是謂不哲哲知也詩云爾德不明以亡陪亡卿不明爾德以亡背亡側言上不明暗昧蔽惑則不能知善惡親近習長同類亡功者受賞有罪者不殺百官廢亂失在舒緩故其咎舒也盛夏日長暑以養物政弛緩故其罰常燠也燠則冬温春夏不和傷病疾人其極病疾也誅不行則霜不殺草繇臣下則殺不以時故有草妖凡妖貌則以服言則以詩聽則以聲視不以色者五色物之大分也在於眚

祥故聖人以爲草妖失物柄之明者也溫燠生蟲故有蠃蟲之孽謂螟螣之類當死不死當生而不生或多於故而爲災也劉歆以爲屬思心不容於易剛而苞柔爲離離爲火爲目羊上角下蹄剛而苞柔羊大目而不精明視氣毀故有羊禍一曰暑歲羊多疫死及爲怪亦是也及人則多病目者故有目痾火色赤故有赤祥凡視傷者病火氣火氣傷則水沴之其極疾者順之其福曰壽劉歆視傳曰有羽蟲之孽雞禍說以爲於天文南方朱張爲鳥星故爲羽蟲禍亦從羽故爲雞雞於易自在巽說非是庶徵之恆燠劉向以爲春秋無冰也小燠不書無冰然後書舉其大者也京房易傳曰祿不遂行茲謂欺厥咎燠其燠雨雲四至而溫臣安祿樂逸茲謂亂燠而生蟲知罪不誅茲謂舒其燠夏則暑殺人冬則物華實重過不誅茲謂亡徵其咎當寒而燠盡六日也

吳孫亮建興元年九月桃李華孫權世政煩賦重人彫於役是時諸葛恪始輔政息校官原逋責除關梁崇寬厚此舒緩之應也一說桃李寒華爲草妖或屬孽

魏文帝景元三年十月桃李華時文帝深樹恩德事崇優緩此其應也

惠帝元康二年二月巳酉郡界草皆生華結子如麥可食時帝初卽位楚王瑋矯詔誅汝南王亮及太保衛瓘帝不能察今非時草結實此恒燠寬舒之罰

穆帝永和九年十二月桃李華是時簡文輔政事多弛略舒緩之應也

草妖

漢獻帝建安二十五年春正月魏武帝在洛陽起建始殿伐濯龍樹而血出又掘徙梨根傷亦血出帝惡之遂寢疾是月崩蓋草妖又赤祥是歲魏文帝黃初元年也

吳孫亮五鳳元年六月交阯稗草化爲稻昔三苗將亡五穀變種此草妖也其後亮廢

蜀劉禪景耀五年宮中大樹無故自折譙周憂之無所與言乃書柱曰衆而大期之會[illegible]授若何復言曹者衆也魏者大也衆而大天下其當會也具而授如何[illegible]乎蜀果亡如周言此草妖也

吳孫晧天璽元年吳郡臨平湖自漢末穢塞是時一夕忽開除無草長老相傳此湖塞天下亂此湖開天下平吳尋亡而九服爲一

天紀三年八月建鄴有鬼目菜生於工黃狗家依緣棗樹長丈餘莖廣四寸厚二分又有蕒菜生工吳平家高四尺如枇杷形上圓徑一尺八寸莖廣五寸兩邊生葉綠色東觀案圖名鬼目作芝草蕒菜作平慮遂以狗爲侍芝郎平爲平慮郎皆銀印青綬干寶曰明年平吳王濬止船正得平渚姓名顯然指事之徵也黃狗者吳以土運承漢故初有黃龍之瑞及其季年而有鬼目之妖託黃狗之家黃稱不改而貴賤大殊天道精微之應也

惠帝元康二年春巴西郡界竹生花紫色結實如麥外皮青中赤白味甘

元康九年六月庚子有桑生東宮西廂日長尺餘甲辰枯死此與殷太戊同妖太子不能悟故至廢戮也班固稱野木生朝而暴長小人將暴居大臣之位危國亡家之象朝將爲墟也是後孫秀張林用事遂至大亂

永康元年四月立皇孫臧爲皇太孫五月甲子就東宮桑又生於西廂明年趙

王倫篡位鴆殺臧此與愍懷同妖也是月壯武國有桑化爲柏而張華遇害壯武華之封邑也

孝懷帝永嘉二年冬項縣桑樹有聲如解材人謂之桑樹哭案劉向說桑者喪也又爲哭聲不祥之甚是時京師虛弱胡寇交侵東海王越無衞國之心四年冬季而南出五年春薨于此城石勒邀其衆圍而射之王公以下至衆庶死者十餘萬人又剖越棺焚其屍是敗也中原無所請命洛京亦尋覆沒桑哭之應也　六年五月無錫縣有四株茱萸樹相樛而生狀若連理先是郭景純筮延陵蝘鼠遇臨之益曰後當復有妖樹生若瑞而非辛螫之木也儻有此東西數百里必有作逆者及此木生其後徐馥果作亂亦草妖也郭又以爲木不曲直其七月豫章郡有樟樹久枯是月忽更榮茂與漢昌邑枯社復生同占是懷愍淪陷之徵元帝中興之應也

明帝太寧元年九月會稽剡縣木生如人面是後王敦稱兵作逆禍敗無成昔漢哀成之世並有此妖而人貌備具故其禍亦大今此但如人面而已故其變

也輕矣

成帝咸和六年五月癸亥曲阿有柳樹枯倒六載是日忽復起生至九年五月甲戌吳縣吳雄家有死榆樹是日因風雨起生與漢上林斷柳起生同象初康帝爲吳王于時雖改封琅琊而猶食吳郡爲邑是帝越正體饗國之象也曲阿先亦吳地象見吳邑雄之舍又天意乎

哀帝興寧二年五月癸卯廬陵西昌縣修明家有僵栗樹是日忽復起生時孝武年始四歲俄而哀帝崩海西即位未幾而廢簡文越自藩王入纂大業登阼享國又不踰二年而孝武嗣統帝諱昌明識者竊謂西昌修明之祥帝諱實應焉是亦與漢宣帝同象也

海西太和九年涼州楊樹生松天戒若曰松者不改柯易葉楊者柔脆之木今松生於楊豈非永久之葉將集危亡之地邪是時張天錫稱雄於涼州尋而降苻堅

孝武太元十四年六月建寧郡銅樂縣枯樹斷折忽然自立相屬京房易傳曰

棄正作淫厥妖木斷自屬妃后有專木仆反立是時正道多僻其後張夫人專寵及帝崩兆庶歸咎張氏焉

安帝元興三年荊江二州界竹生實如麥

義熙二年九月揚武將軍營士陳蓋家有苦蕒菜莖高四尺六寸廣三尺二寸厚二寸亦草妖也此殆與吳終同象識者以爲苦蕒者買勤苦也自後歲歲征討百姓勞苦是買苦也十餘年中姚泓滅兵始戢是苦蕒之應也

義熙中宮城上及御道左右皆生蒺藜亦草妖也蒺藜有刺不可踐而行生宮牆及馳道天戒若曰人君不聽政雖有宮室馳道若空廢也故生蒺藜

羽蟲之孽

魏文帝黃初四年五月有鵜鶘鳥集靈芝池按劉向說此羽蟲之孽又青祥也詔曰此詩人所謂污澤者也曹詩刺共公遠君子近小人今豈有賢智之士處于下位否則斯鳥何爲而至哉其博舉天下儁德茂才獨行君子以答曹人之刺於是楊彪管寧之徒咸見薦舉此所謂覩妖知懼者也然猶不能優容亮直

而多溺偏私矣京房易傳曰辟退有德厥妖水鳥集于國井

黃初元年未央宮中又有燕生鷹口爪俱赤此與商紂宋隱同象

景初元年又有燕生巨鷇於衞國李蓋家形若鷹吻似燕此羽蟲之孽又赤眚也高堂隆曰此魏室之大異宜防鷹揚之臣於蕭牆之內其後宣帝起誅曹爽遂有魏室

漢獻帝建安二十三年禿鶖鳥集鄴宮文昌殿後池明年魏武王薨

魏文帝黃初三年又集雒陽芳林園池七年又集其夏文帝崩

景初末又集芳林園池已前再至輒有大喪帝惡之其明年帝崩

蜀劉禪建興九年十月江陽至江州有鳥從江南飛渡江北不能達墮水死者以千數是時諸葛亮連年動衆志呑中夏而終死渭南所圖不遂又諸將分爭頗喪徒旅鳥北飛不能達墮水死者皆有其象也亮竟不能過渭又其應乎此與漢時楚國烏鬬墮泗水相類矣

景初元年陵霄闕始構有鵲巢其上鵲體白黑雜色此羽蟲之孽又白黑祥也

帝以問高堂隆對曰詩云惟鵲有巢惟鳩居之今興起宮室而鵲來巢此宮室未成身不得居之象也天戒若曰宮室未成將有他姓制御之不可不深慮於是帝改顏動色

吳孫權赤烏十二年四月有兩烏銜鵲墮東館權使領丞相朱據燎鵲以祭按劉歆說此羽蟲之孽又黑祥也視不明聽不聰之罰也是時權意溢德衰信讒好殺二子將危將相俱殆覩妖不悟加之以燎昧道之甚者也明年太子和廢魯王霸賜死朱據左遷陸議憂卒是其應也東館典教之府墮東館又天意乎

吳孫權太元二年正月封前太子和為南陽王遣之長沙有鵲巢其帆檣和故官僚聞之皆憂慘以為檣末傾危非久安之象是後果不得免

孫亮建興二年十一月有大鳥五見于春申吳人以為鳳皇明年改元為五鳳漢桓帝時有五色大鳥司馬彪云政道衰缺無以致鳳乃羽蟲孽耳孫亮未有德政孫峻驕暴方甚此與桓帝同事也按瑞應圖大鳥似鳳而為孽者非一宜皆是也

一珍倣宋版印

孫晧建衡三年西苑言鳳皇集以之改元義同於亮

武帝泰始四年八月有翟雉飛上閶闔門天戒若曰閶闔門非雉所止猶殷宗雉登鼎耳之戒也

惠帝永康元年趙王倫既篡京師得異鳥莫能名倫使人持出周旋城邑市以問人積日宮西有小兒見之遂自言曰服留鳥翳持者卽還白倫倫使更求又見之乃將入宮密籠鳥幷閉小兒戶中明日視之悉不見此羽蟲之孽時趙王倫有目瘤之疾言服留者謂倫留將服其罪也尋而倫誅

趙王倫篡位有鶉入太極殿雉集東堂天戒若曰太極東堂皆朝享聽政之所而鶉雉同日集之者趙王倫不當居此位也詩云鶉之疆疆鶉之奔奔人之無良我以爲君其此之謂乎尋而倫誅

孝懷帝永嘉元年二月洛陽東北步廣里地陷有蒼白二色鵝出蒼者飛翔沖天白者止焉此羽蟲之孽又黑白祥也陳留董養曰步廣周之狄泉盟會地也白者金色國之行也蒼爲胡象其可盡言乎是後劉元海石勒相繼亂華

明帝太寧三年八月庚戌有大鳥二蒼黑色翼廣一丈四尺其一集司徒府射而殺之其一集市北家人舍亦獲焉此羽蟲之孽也又黑祥也及閏月戊子而帝崩後遂有蘇峻祖約之亂

成帝咸和二年正月有五鷗鳥集殿庭此又白祥也是時庾亮苟違衆謀將召蘇峻有言不從之咎故白祥先見也三年二月峻果作亂宮掖焚毀化爲汙萊此其應也

咸康八年七月有白鷺集殿屋是時康帝初卽位不永之祥也後涉再朞而帝崩案劉向曰野鳥入處宮室將空此其應也

海西初以興寧三年二月卽位有野雉集于相風此羽蟲之孽也尋爲桓温所廢也

孝武帝太元十六年六月鵲巢太極東頭鴟尾又巢國子學堂西頭十八年東宮始成十九年正月鵲又巢其西門此始與魏景同占學堂風教之所聚西頭又金行之祥及帝崩後安皇嗣位桓玄遂簒風教乃頹金行不競之象也

安帝義熙三年龍驤將軍朱猗戍壽陽婢炊飯忽有羣烏集竈競來啄噉婢驅逐不去有獵狗咋殺兩烏餘烏因共啄殺狗又噉其肉唯餘骨存此亦羽蟲之孽又黑祥也明年六月猗死此其應也

羊旤

成帝咸和二年五月司徒王導廐羊生無後足此羊旤也京房易傳曰足少者下不勝任也明年蘇峻破京都導與帝俱幽石頭僅乃得免是其應也

赤眚赤祥

公孫文懿時襄平北市生肉長圍各數尺有頭目口喙無手足而動搖此赤祥也占曰有形不成有體不聲其國滅亡文懿尋爲魏所誅

吳戍將鄧喜殺豬祠神治畢懸之忽見一人頭往食肉喜引弓射中之咋咋作聲繞屋三日近赤祥也後人白喜謀北叛闔門被誅京房易傳曰山見葆江于邑邑有兵狀如人頭赤色

武帝太康五年四月壬子魯國池水變赤如血七年十月河陰有赤雪二頃此

赤祥也是後四載而帝崩王室遂亂

惠帝元康五年三月呂縣有流血東西百餘步此赤祥也至元康末窮凶極亂僵屍流血之應也干寶以爲後八載而封雲亂徐州殺傷數萬人是其應也

永康元年三月尉氏雨血夫政刑舒緩則有常燠赤祥之妖此歲正月送愍懷太子幽于許宮天戒若曰不宜緩恣姦人將使太子冤死惠帝愚眊不寤是月愍懷遂斃於是王室成釁禍流天下淖齒殺齊湣王曰天雨血霑衣天以告也此之謂乎京房易傳曰歸獄不解茲謂追非厥咎天雨血茲謂不親下有惡心不出三年無其宗又曰佞人祿功臣戮天雨血也

愍帝建興元年十二月河東地震雨肉　四年十二月景寅丞相府斬督運令史淳于伯血逆流上柱二丈三尺此赤祥也是時後將軍褚裒鎮廣陵丞相揚聲北伐伯以督運稽留及役使贓罪依軍法戮之其息訴稱督運事訖無所稽乏受賕役使罪不及死兵家之勢先聲後實實是屯戍非爲征軍自四年已來運漕稽停皆不以軍興法論僚佐莫之理及有變司直彈劾衆官元帝不問遂

頻旱三年干寶以爲寃氣之應也郭景純曰血者水類同屬於坎坎爲法象水平潤下不宜逆流此政有咎失之徵也

劉聰僞建元元年正月平陽地震其崇明觀陷爲池水赤如血赤氣至天有赤龍奮迅而去流星起于牽牛入紫微龍形委蛇其光照地落于平陽北十里視之則肉臭聞于平陽長三十步廣二十七步肉旁常有哭聲晝夜不止數日聰后劉氏產一蛇一獸各害人而走尋之不得頃之見於隕肉之旁是時劉聰納劉殷三女並爲其后天戒若曰聰既自稱劉姓三后又俱劉氏逆骨肉之綱亂人倫之則隕肉諸妖其眚亦大俄而劉氏死哭聲自絕矣

晉書卷二十八

晉書卷二十八考證

五行志中負物者以爲鬼神卽傎顚倒昇之〇傎同顚句有誤

晉書卷二十八考證

晉書卷二十九

唐 太 宗 文 皇 帝 御 撰

志第十九

五行下

傳曰聽之不聰是謂不謀厥咎急厥罰恆寒厥極貧時則有鼓妖時則有魚孽時則有豕禍時則有耳痾時則有黑眚黑祥惟火沴水聽之不聰是謂不謀言上偏聽不聰下情隔塞則謀慮利害失在嚴急故其咎急也盛冬日短寒以殺物政促迫故其罰常寒也寒則不生百穀上下俱貧故其極貧也君嚴猛而閉下臣戰慄而塞耳則妄聞之氣發於音聲故有鼓妖寒氣動故有魚孽而龜能爲孽龜能陸處非極陰也魚去水而死極陰之孽也於易坎爲水爲豕豕大耳而不聰察聽氣毀故有豕禍也一曰寒歲豕多死及爲怪亦是也及人則多病耳者故有耳痾水色黑故有黑眚黑祥凡聽傷者病水氣水氣病則火沴之其極貧者順之其福曰富劉歆聽傳曰有介蟲之孽也庶徵之恆寒劉歆以爲大

雨雪及未當雨雪而雨雪及大雨雹隕霜殺菽草皆恆寒之罰也京房易傳曰有德遭險茲謂逆命厥異寒誅罰過深當燠而寒盡六日亦爲雹害正不誅茲謂養賊寒七十二日殺飛禽道人始去茲謂傷其寒物無霜而死涌水而出戰不量敵茲謂辱命其寒雖雨物不茂聞善不予厥咎聾

吳孫權嘉禾三年九月朔隕霜傷穀按劉向說誅罰不由君出在臣下之象也是時校事呂壹專作威福與漢元帝時石顯用事隕霜同應班固書九月二日陳壽言朔皆明未可以傷穀也壹後亦伏誅京房易傳曰興兵妄誅茲謂亡法厥災霜夏殺五穀冬殺麥誅不原情茲謂不仁其霜夏先大雷風冬先雨乃隕霜有芒角賢聖害其霜附木不下地佞人依刑茲謂私賊其霜在草根土隙閒不教而誅茲謂虐其霜反在草下　四年七月雨雹又隕霜按劉向說雹者陰脅陽也是時呂壹作威用事詆毀重臣排陷無辜自太子登以下咸患毒之而壹反獲封侯寵異與春秋時公子遂專任雨雹同應也漢安帝信讒多殺無辜亦雨雹董仲舒曰凡雹皆爲有所脅行專壹之政故也

赤烏四年正月大雪平地深三尺鳥獸死者大半是年夏全琮等四將軍攻略淮南襄陽戰死者千餘人其後權以讒邪數責讓陸議議憤恚致卒與漢景武大雪同事　十一年四月雨雹是時權聽讒將危太子其後朱據屈晃以迕意黜辱陳正陳象以忠諫族誅而太子終廢此有德遭險誅罰過深之應也

武帝太始六年冬大雪七年十二月又大雪明年有步闡楊肇之敗死傷甚衆不聽之罰也　九年四月辛未隕霜是時賈充親黨比周用事與魯定公漢元帝時隕霜同應也

咸寧三年八月平原安平上黨泰山四郡霜害三豆是月河間暴風寒冰郡國五隕霜傷穀是後大舉征吳馬隆又帥精勇討涼州　五年五月丁亥鉅鹿魏郡雨雹傷禾麥辛卯鴈門雨雹傷秋稼六月庚戌汲郡廣平陳留滎陽雨雹景辰又雨雹隕霜傷秋麥千三百餘頃壞屋百二十餘間癸亥安定雨雹七月景申魏郡又雨雹閏月壬子新興又雨雹八月庚子河南河東弘農又雨雹兼傷秋稼三豆

太康元年三月河東高平霜雹傷桑麥四月河南河內河東魏郡弘農雨雹傷麥豆是月庚午畿內縣二及東平范陽雨雹癸酉畿內縣五又雨雹五月東平平陽上黨鴈門濟南雨雹傷禾麥三豆是時王濬有大功而權戚互加陷抑帝從容不斷陰脅陽之應也　二年二月辛酉隕霜于濟南琅邪傷麥壬申琅邪雨雹傷麥三月甲午河東隕霜害桑五月景戌城陽章武琅邪傷麥庚寅河東樂安東平濟陰弘農濮陽齊國頓丘魏郡河內汲郡上黨雨雹傷禾稼六月郡國十七雨雹七月上黨雨雹　三年十二月大雪　五年七月乙卯中山東平雨雹傷秋稼甲辰中山雨雹九月南安大雪折木　六年二月東海隕霜傷桑麥三月戊辰齊郡臨淄長廣不其等四縣樂安梁鄒等八縣琅邪臨沂等八縣河閒易城等六縣高陽北陽新城等四縣隕霜傷桑麥六月滎陽汲郡鴈門雨雹　八年四月齊國天水二郡隕霜十二月大雪　九年正月京都大風雨雹發屋拔木四月隴西隕霜　十年四月郡國八隕霜

惠帝元康二年八月沛及蕩陰雨雹　三年四月滎陽雨雹六月弘農湖城華

陰又雨雹深三尺是年賈后凶淫專恣與春秋魯桓夫人同事陰氣盛也　五年六月東海雨雹深五寸二月丹陽建鄴雨雹是月丹陽建鄴大雪　六年三月東海隕雪殺桑麥　七年五月魯國雨雹七月秦雍二州隕霜殺稼也　九年三月旬有八日河南滎陽潁川隕霜傷禾五月雨雹是時賈后凶躁滋甚及冬遂廢愍懷

永寧元年七月襄城河南雨雹十月襄城河南高平平陽又風雹折木傷稼

光熙元年閏八月甲申朔霰雪劉向曰盛陽雨水湯熱陰氣脅之則轉而爲雹盛陰雨雪凝滯陽氣薄之則散而爲霰今雪非其時此聽不聰之應是年帝崩

孝懷帝永嘉元年十二月冬雪平地三尺　七年十月庚午大雪

元帝太興二年三月丁未成都風雹殺人　三年三月海鹽雨雹是時王敦陵上

永昌二年十二月幽冀并三州大雨

明帝太寧元年十二月幽冀并三州大雪　二年四月庚子京都大雨雹驚雀

死　三年三月丁丑雨雪癸巳隕霜四月大雨雹是年帝崩尋有蘇峻之亂
成帝咸和六年三月癸未雨雹是時帝幼弱政在大臣　九年八月成都大雪
是歲李雄死
咸康二年正月丁巳皇后見于太廟其夕雨雹
康帝建元元年八月大雪是時政在將相陰氣盛也劉向曰凡雨陰也雪又雨
之陰也出非其時迫近象也
穆帝永和三年八月冀方大雪人馬多凍死　五年六月臨漳暴風震電雨雹
大如升　十年五月涼州雪明年八月張祚枹罕護軍張瓘帥宋混等攻滅祚
更立張曜靈弟玄靚京房易傳曰夏雪戒臣爲亂此其亂之應也　十一年四
月壬申朔霜十二月戊午雷己未雪是時帝幼母后稱制政在大臣陰盛故也
升平二年正月大雪
海西太和三年四月雨雹折木
孝武太元二年四月己酉雨雹十二月大雪是時帝幼政在將相陰之盛也

十二年四月己丑雨雹　二十年五月癸卯上虞雨雹　二十一年四月丁亥雨雹是時張夫人專幸及帝暴崩兆庶尤之十二月連雪二十三日是時嗣主幼沖冢宰專政

安帝隆安二年三月乙卯雨雹是秋王恭殷仲堪稱兵內侮終皆誅之也元興二年十二月酷寒過甚是時桓玄篡位政事煩苛識者以爲朝政失在舒緩玄則反之以酷按劉向曰周衰無寒歲秦滅無燠年此之謂也　三年正月甲申霰雪又雷雷霰同時皆失節之應也四月景午江陵雨雹是時安帝蒙塵義熙元年四月壬申雨雹是時四方未一鉦鼓日戒　五年三月己亥雪深數尺五月癸巳溧陽雨雹九月己丑廣陵雨雹明年盧循至蔡州　六年正月景寅雪又雷五月壬申雨雹　八年四月辛未朔雨雹六月癸亥雨雹大風發屋是秋誅劉蕃等　十年四月辛卯雨雹

雷震

魏明帝景初中洛陽城東橋城西洛水浮橋桓楹同日三處俱時震尋又震西

城上候風木飛烏時勞役大起帝尋晏駕　吳孫權赤烏八年夏震宮門柱又

擊南津大橋桓楹

孫亮建興元年十二月朔大風震電是月又雷雨義同前說亮終廢

武帝太康六年十二月甲申朔淮南郡震電　七年十二月己亥毗陵雷電南

沙司鹽都尉戴亮以聞　十年十二月癸卯廬江建安雷電大雨

惠帝永康元年六月癸卯震崇陽陵標西南五百步標破爲七十片是時賈后

陷害鼎輔寵樹私戚與漢桓帝時震憲陵寢同事也后終誅滅

永興二年十月丁丑雷震

懷帝永嘉四年十月震電

愍帝建興元年十一月戊午會稽大雨震電己巳夜赤氣曜於西北是夕大雨

震雷庚午大雪按劉向說雷以二月出八月入今此月震電者陽不閉藏也既

發泄而明日便大雪皆失節之異也是時劉聰僭號平陽李雄稱制於蜀九州

幅裂西京孤微爲君失時之象也赤氣赤祥也

元帝太興元年十一月乙卯暴雨雷電　永昌二年七月庚子朔雷震太極殿柱十二月會稽吳郡雷震電

成帝咸和元年十月己巳會稽郡大雨震電　三年六月辛卯臨海大雷破郡府內小屋柱十枚殺人九月二日壬午立冬會稽雷電　四年十一月吳郡會稽大震電

穆帝永和七年十月壬午雷雨震電

升平元年十一月庚戌雷乙丑又雷　五年十月庚午雷發東南方

孝武帝太元五年六月甲寅雷震含章殿四柱幷殺內侍二人　十年十二月雷聲在南方　十四年七月甲寅雷震燒宣陽門西柱

安帝隆安二年九月壬辰雷雨

元興三年永安皇后至自巴陵將設儀導入宮天雷震人馬各一俱殪焉

義熙四年十一月辛卯朔西北方疾風發癸丑雷六月景寅雷震太廟破東鴟尾徹柱又震太子西池合堂是時帝不親蒸嘗故天震之明簡宗廟也西池是

明帝爲太子時所造次故號太子池及安帝多病患無嗣故天震之明無後也

六年正月景寅雷又雪十二月壬辰大雷　九年十一月甲戌雷乙亥又雷

鼓妖

惠帝元康九年三月有聲若牛出許昌城十二月廢愍懷太子幽于許宮明年賈后遣黃門孫慮殺太子擊以藥杵聲聞于外是其應也　蘇峻在歷陽外營將軍鼓自鳴如人弄鼓者峻手自破之曰我鄉土時有此則城空矣俄而作亂夷滅此聽不聰之罰也　石季龍末洛陽城西北九里石牛在青石趺上忽鳴聲聞四十里季龍遣人打落兩耳及尾鐵釘釘四脚尋而季龍死

孝武太元十五年三月己酉朔東北方有聲如雷按劉向說以爲雷當託於雲猶君託於臣無雲而雷此君不恤於下下人將叛之象也及帝崩而天下漸亂孫恩桓玄交陵京邑　吳興長城夏架山有石鼓長丈餘面逕三尺許下有盤石爲足鳴則聲如金鼓三吳有兵至安帝隆安中大鳴後有孫恩之亂

魚孽

魏齊王嘉平四年五月有二魚集于武庫屋上此魚孽也王肅曰魚生於水而亢於屋介鱗之物失其所也邊將其殆有弃甲之變乎後果有東關之敗干寶又以爲高貴鄉公兵禍之應二說皆與班固旨同

武帝太康中有鯉魚二見武庫屋上干寶以爲武庫兵府魚有鱗甲亦兵類也魚既極陰屋上太陽魚見屋上象至陰以兵革之禍干太陽也至惠帝初誅楊駿廢太后矢交館閣元康末賈后謗殺太子尋亦誅廢十年之閒母后之難再興是其應也自是禍亂搆矣京房易妖曰魚去水飛入道路兵且作

蝗蟲

春秋螽劉歆從介蟲之孽與魚同占

魏文帝黃初三年七月冀州大蝗人飢按蔡邕說蝗者在上貪苛之所致也是時孫權歸順帝因其有西陵之役舉大衆襲之權遂背叛也

武帝泰始十年六月蝗是時荀賈任政疾害公直

惠帝永寧元年郡國六蝗

懷帝永嘉四年五月大蝗自幽并司冀至于秦雍草木牛馬毛鬣皆盡是時天下兵亂漁獵黔黎存亡所繼惟司馬越苟晞而已競爲暴刻經略無章故有此孽

愍帝建興四年六月大蝗去歲劉曜頻攻北地馮翊麴允等悉衆御之卒爲劉曜所破西京遂潰　五年帝在平陽司冀青雍螽

元帝太興元年六月蘭陵合鄉蝗害禾稼乙未東莞蝗蟲縱廣三百里害苗稼七月東海彭城下邳臨淮四郡蝗蟲害禾豆八月冀青徐三州蝗食生草盡至于二年是時中州淪喪暴亂滋甚也　二年五月淮陵臨淮淮南安豐廬江等五郡蝗蟲食秋麥是月癸丑徐州及揚州江西諸郡蝗吳郡百姓多餓死是年王敦幷領荆州苛暴之釁自此興矣

孝武帝太元十五年八月兗州蝗是時慕容氏逼河南征戍不已故有斯孽

十六年五月飛蝗從南來集堂邑縣界害禾稼是年春發江州兵營甲士二千人家口六七千配護軍及東宮後尋散亡殆盡又邊將連有征役故有斯孽

豕禍

吳孫皓寶鼎元年野豕入右大司馬丁奉營此豕禍也後奉見遣攻穀陽無功而反皓怒斬其導軍及舉大衆北出奉及萬彧等相謂曰若至華里不得不各自還也此謀泄奉時雖已死皓追討穀陽事殺其子溫家屬皆遠徙豕禍之應也襲遂曰山野之獸來入宮室宮室將空又其象也

懷帝永嘉中壽春城內有豕生兩頭而不活周馥取而觀之時識者云豕北方畜胡狄象兩頭者無上也生而死不遂也天戒若曰勿生專利之謀將自致傾覆也周馥不寤遂欲迎天子令諸侯俄爲元帝所敗是其應也石勒亦尋渡淮百姓死者十有其九

元帝建武元年有豕生八足此聽不聰之罰又所任邪也是後有劉隗之變

成帝咸和六年六月錢唐人家豭豕產兩子而皆人面如胡人狀其身猶豕京房易妖曰豕生人頭豕身者危且亂今此豭豕而產異之甚者也

孝武帝太元十年四月京都有豚一頭二脊八足　十三年京都人家豕產子

一頭二身八足並與建武同妖也是後宰相沉湎不恤朝政近習用事漸亂國綱至於大壞也

黑眚黑祥

孝懷帝永嘉五年十二月黑氣四塞近黑祥也帝尋淪陷王室丘墟是其應也

愍帝建興二年正月己巳朔黑霧着人如墨連夜五日乃止此近黑祥也其四年帝降劉曜

元帝永昌元年十月京師大霧黑氣蔽天日月無光十一月帝崩

火沴水

武帝太康五年六月任城魯國池水皆赤如血按劉向說近火沴水聽之不聰之罰也京房易傳曰君淫於色賢人潛國家危厥異水流赤

穆帝升平三年二月涼州城東池中有火　四年四月姑臧澤水中又有火此火沴水之妖也明年張天錫殺中護軍張邕邕執政之人也

安帝元興二年十月錢唐臨平湖水赤桓玄諷吳郡使言開除以爲己瑞俄而

桓玄敗

傳曰：思心之不容，是謂不聖，厥咎霿，厥罰恆風，厥極凶短折。時則有脂夜之妖，時則有華孽，時則有牛禍，時則有心腹之痾，時則有黃眚黃祥，時則有金木水火沴土。思心不容，是謂不聖。思心者，心思慮也。容，寬也。孔子曰：居上不寬，吾何以觀之哉！言上不寬大包容臣下，則不能居聖位。貌言視聽，以心為主，四者皆失，則區霿無識，故其咎霿也。雨旱寒燠，亦以風為本，四氣皆亂，故其罰恆風也。恆風傷物，故其極凶短折也。傷人曰凶，禽獸曰短，草木曰折。一曰凶，夭也；兄喪弟曰短；父喪子曰折。在人腹中，肥而包裹心者，脂也。心區霿則冥晦，故有脂夜之妖。一曰有脂物而夜為妖，若脂夜汙人衣，淫之象也。一曰夜妖者，雲風並起而杳冥，故與常風同象也。溫而風則生螟螣，有裸蟲之孽。劉向以為於易巽為風為木，卦在三月四月，繼陽而治，主木之華實。風氣盛，至秋冬木復華，故有華孽。一曰地氣盛則秋冬復華。一曰華者色也，土為內事，謂女孽也。於易坤為土為牛，牛大心而不能思慮，心氣毀，故有牛禍。一曰牛多死及為怪，亦是也。及人則多病心腹者故有心腹之痾土色黃故有黃眚黃祥凡思心傷者病土氣土氣病則金木水火沴之故曰時則有金木水火沴土不言惟而獨曰時則有者非一衝氣所沴明其異大也其極凶短折者順之其福曰考終命劉歆思心傳曰時有蠃蟲之孽謂螟螣之屬也

庶徵恆風

魏齊王正始九年十一月大風數十日發屋折樹十二月戊午晦尤甚動太極東閣

嘉平元年正月壬辰朔西北大風發屋折樹木昏塵蔽天按管輅說此爲時刑大臣執政之憂也是時曹爽區霿自專驕僭過度天戒數見終不改革此思心不睿恆風之罰也後踰旬而爽等誅滅京房易傳曰衆逆同志至德乃潛厥異風其風也行不解物不長雨小而傷政悖德隱茲謂亂厥風先風不雨大風暴起發屋折木守義不進茲謂耗厥風與雲俱起折五穀莖臣易上政茲謂不順厥風大焱發屋賦斂不理茲謂禍厥風絕經紀止即溫溫即蟲侯專封利茲謂

不統厥風疾而樹不搖穀不成辟不思道茲謂無澤厥風不搖木旱無雲傷禾
公常於利茲謂亂厥風微而温生蟲蝗害五穀棄政作淫茲謂惑厥風温螟蟲
起害有益人之物諸侯不朝茲謂畔厥風無恆地變赤雨殺人
吳孫權太元元年八月朔大風江海涌溢平地水深八尺拔高陵樹二千株石
碑蹉動吳城兩門飛落按華覈對役繁賦重區霿不容之罰也明年權薨
孫亮建興元年十二月景申大風震電是歲魏遣大衆三道來攻諸葛恪破其
東興軍二軍亦退明年恪又攻新城喪衆大半還伏誅
孫休永安元年十一月甲午風四轉五復蒙霧連日是時孫綝一門五侯權傾
吳主風霧之災與漢五侯丁傅同應也十二月丁卯夜有大風發木揚沙明日
綝誅
武帝泰始五年五月辛卯朔廣平大風折木
咸寧元年五月下邳廣陵大風壞千餘家折樹木其月甲申廣陵司吾下邳大
風折木　三年八月河間大風折木

太康二年五月濟南暴風折木傷麥六月高平大風折木發壞邸閣四十餘區
七月上黨又大風傷秋稼　八年六月郡國八大風　九年正月京都風雹發
屋拔樹後二年宮車宴駕
惠帝元康四年六月大風雨拔木　五年四月庚寅夜暴風城東渠波浪殺人
七月下邳大風壞廬舍九月鴈門新興太原上黨災風傷稼明年氐羌反叛大
兵西討　九年六月飈風吹賈謐朝服飛數百丈明年謐誅十一月甲子朔京
都連大風發屋折木十二月愍懷太子廢幽于許昌
永康元年二月大風拔木三月愍懷被害己卯喪柩發許昌還洛是日又大風
雷電幃蓋飛裂四月張華第舍飈風起折木飛繒折軸六七是月華遇害十一
月戊午朔大風從西北來折木飛沙石六日止明年正月趙王倫篡位
永寧元年八月郡國三大風
永興元年正月乙丑西北大風
趙王倫建始元年正月癸酉趙王倫祠太廟災風暴起塵四合其年四月倫伏

辜

元帝永昌元年七月景寅大風拔木屋瓦皆飛八月暴風壞屋拔御道柳樹百餘株其風縱橫無常若風自八方來者是時王敦專權害尚書令刁協僕射周顗等故風縱橫若非一處也此臣易上政諸侯不朝之罰也十一月宮車晏駕

成帝咸康四年三月壬辰成都大風發屋折木四月李壽襲殺李期自立

康帝建元元年七月庚寅晉陵吳郡災風

穆帝升平元年八月丁未策立皇后何氏是日疾風後桓玄篡位乃降后爲零陵縣君不睿之罰也 五年正月戊午朔疾風

海西公太和六年二月大風迅急是年被廢

孝武帝寧康元年三月京都大風火大起是時桓溫入朝志在陵上帝又幼少人懷憂恐斯不睿之徵也 三年三月戊申朔暴風迅起從丑上來須臾逆轉從子上來飛砂揚礫

太元二年二月乙丑朔暴風折木閏三月甲子朔暴風疾雨俱至發屋折木

三年六月長安大風拔苻堅宮中樹其後堅再南伐遂有淝水之敗身戮國亡

四年八月乙未暴風揚沙石　十二年正月壬午夜暴風七月甲辰大風折

木　十三年十二月己未大風晝晦其後帝崩而諸侯違命權奪於元顯禍成

於桓玄是其應也　十七年六月乙未大風折木

安帝元興二年二月夜大風雨大航門屋瓦飛落明年桓玄簒位由此門入

三年正月桓玄出遊大航南飄風飛其輧輗蓋經三月而玄敗歸江陵五月江

陵又大風折木是月桓玄敗於崢嶸洲身以屠裂十二月丁酉大風江陵多死

者

義熙四年十一月辛卯朔西北疾風起　五年閏十一月丁亥大風發屋明年

盧循至蔡州　六年五月壬申大風拔北郊樹樹幾百年也并吹瑯邪揚州二

射堂倒壞是日盧循大艦漂沒甲戌又風發屋折木是冬王師南討　九年正

月大風白馬寺浮圖剎柱折壞　十年四月己丑朔大風拔木六月辛亥大風

拔木七月淮北大風壞廬舍明年西討司馬休之應

夜妖

魏高貴鄉公正元二年正月戊戌景帝討毌丘儉大風晦暝行者皆頓伏近夜妖也劉向曰正晝而暝陰爲陽臣制君也

元帝景元三年十月京都大震晝晦此夜妖也班固曰夜妖者雲風並起而杳冥故與常風同象也劉向春秋說云天戒若曰勿使大夫世官將令專事暝晦公室卑矣魏見此妖晉有天下之應也

懷帝永嘉四年十一月辛卯晝昏至于庚子此夜妖也後年劉曜寇洛川王師頻爲賊所敗帝蒙塵于平陽

孝武帝太元十三年十二月乙未大風晦暝其後帝崩而諸侯違命干戈內侮權奪於元顯禍成於桓玄

蠃蟲之孽

京房易傳曰臣安祿位茲謂貪厥災蟲食根德無常茲謂煩蟲食葉不絀無德蟲食本與東作爭茲謂不時蟲食莖蔽惡生孽蟲食心

武帝咸寧元年七月郡國螟九月青州又螟是月郡國有青蟲食其禾稼四年司冀兗豫荊揚郡國二十螟

太康四年會稽彭蜞及蟹皆化爲鼠甚衆復大食稻爲災

九年八月郡國二十四螟九月蟲又傷秋稼是時帝聽讒諛寵任賈充楊駿故有蟲蝗之災不絀無德之罰

惠帝元康三年九月帶方等六縣螟食禾葉盡

永寧元年七月梁益涼三州螟是時齊王冏執政貪苛之應也

永寧元年十月南安巴西江陽太原新興北海青蟲食禾葉甚者十傷五六十二月郡國六螟

牛禍

武帝太康九年幽州塞北有死牛頭語近牛禍也是時帝多疾病深以後事爲念而託付不以至公思瞀亂之應也按師曠曰怨讟動於人則有非言之物而言又其義也京房易傳曰殺無罪牛生妖

惠帝太安中江夏張騁所乘牛言曰天下亂乘我何之騁懼而還犬又言曰歸何早也尋後牛又人立而行騁使善卜者卦之謂曰天下將有兵亂爲禍非止一家其年張昌反先略江夏騁爲將帥於是五州殘亂騁亦族滅京房易數曰牛能言如其言占吉凶易萌氣樞曰人君不好士走馬被文繡犬狼食人食則有六畜談言時天子諸侯不以惠下爲務又其應也

元帝建武元年七月晉陵陳門才牛生犢一體兩頭按京房易傳言牛生子二首一身天下將分之象也是時愍帝蒙塵於平陽尋爲逆胡所殺元帝卽位江東天下分爲二是其應也

太興元年武昌太守王諒牛生子兩頭八足兩尾共一腹三年後死又有牛一足三尾皆生而死按司馬彪說兩頭者政在私門上下無別之象也京房易傳曰足多者所任邪也足少者不勝任也其後王敦等亂政此其祥也　四年十二月郊牛死按劉向說春秋郊牛死曰宣公區霿昏亂故天不饗其祀今元帝中興之業實王導之謀也劉隗探會上意以得親幸導見疏外此區霿不睿之

禍

成帝咸和二年五月護軍牛生犢兩頭六足是冬蘇峻作亂　七年九德人袁榮家牛產犢兩頭八足二尾共身

桓玄之國在荊州詣刺史殷仲堪行至鶴穴逢一老公驅青牛形色瓌異桓玄卽以所乘牛易取乘至零陵涇溪駿駛非常息駕飲牛牛逕入江水不出玄遣人覘守經日無所見於後玄敗被誅

黃眚黃祥

蜀劉備章武二年東伐二月自秭歸進屯夷道六月秭歸有黃氣見長十餘里廣數十丈後踰旬備為陸遜所破近黃祥也　魏齊王正始中中山王周南為襄邑長有鼠從穴出語曰王周南爾以某日死周南不應鼠還穴後至期更冠幘皂衣出語曰周南汝日中死又不應鼠復入穴斯須更出語如向日適欲中鼠入須臾復出出復入轉更數語如前日適中鼠曰周南汝不應我復何道言絕顛蹷而死卽失衣冠取視俱如常鼠按班固說此黃祥也是時曹爽專政競

爲比周故鼠作變也
惠帝元康四年十二月大霧帝時昏眊政非己出故有區霿之妖
元帝太興四年八月黃霧四塞埃氛蔽天
永昌元年十月京師大霧黑氣貫天日無光
明帝太寧元年正月癸巳黃霧四塞二月又黃霧四塞是時王敦擅權謀逆愈甚
穆帝永和七年三月涼州大風拔木黃霧下塵是時張重華納譖出謝艾爲酒泉太守而所任非其人至九年死嗣子見殺是其應也京房易傳曰聞善不予茲謂不知厥異黃厥咎聾厥災不嗣黃者有黃濁氣四塞天下蔽賢絕道災至絕世也
孝武太元八年二月癸未黃霧四塞是時道子專政親近佞人朝綱方替
安帝元興元年十月景申朔黃霧昏濁不雨是時桓玄謀逆之應
義熙五年十一月大霧　十年十一月又大霧是時帝室衰微臣下權威兵及

土地略非君有此其應也

劉向曰地震金木水火沴土者也伯陽甫曰天地之氣不過其序若過其序人之亂也陽伏而不能出陰迫而不能升於是有地震

地震

吳孫權黃武四年江東地連震是時權受魏爵命爲大將軍吳王改元專制不修臣跡京房易傳曰臣事雖正專必震其震於水則波於木則搖於屋則瓦落大經在辟而易臣兹謂陰動厥震搖政宮大經搖政兹謂不陰厥震搖山出涌水嗣子無德專祿兹謂不順厥震動丘陵涌水出劉向並云臣下強盛將動而爲害之應也

魏明帝青龍二年十一月京都地震從東來隱隱有聲搖屋瓦

景初元年六月戊申京都地震是秋吳將朱然圍江夏荊州刺史胡質擊退之

又公孫文懿叛自立爲燕王改年置百官明年討平之

吳孫權嘉禾六年五月江東地震

赤烏二年正月地再震是時呂壹專事步騭上疏曰伏聞校事吹毛求瑕趣欲陷人成其威福無罪無辜橫受重刑雖有大臣不見信任如此天地焉得無變故地連震動臣下專政之應也冀所以警悟人主可不深思其意哉壹後卒敗

魏齊王正始二年十一月南安郡地震　三年七月甲申南安郡地震十二月魏郡地震　六年二月丁卯南安郡地震是時曹爽專政遷太后于永寧宮太后與帝相泣而別連年地震是其應也

吳孫權赤烏十一年二月江東地仍震是時權聽讒譖黜朱據廢太子

蜀劉禪炎興元年蜀地震是時宦人黃皓專權按司馬彪說閹官無陽施猶婦人也皓見任之應與漢和帝時同事也是冬蜀亡

武帝泰始五年四月辛酉地震是年冬新平氐羌叛明年孫皓遣大衆入渦口

七年六月景申地震

咸寧二年八月庚辰河南河東平陽地震　四年六月丁未陰平廣武地震甲子又震

太康二年二月庚申淮南丹陽地震　五年正月朔壬辰京師地震　六年七月己丑地震　七年七月南安犍爲地震八月京兆地震　八年五月壬子建安地震七月陰平地震九月丹陽地震　九年正月會稽丹陽吳興地震四月辛酉長沙南海等郡國八地震七月至于八月地又四震其三有聲如雷九月臨賀地震十二月又震　十年十二月己亥丹陽地震

太熙元年正月地又震武帝世始於賈充終於楊駿阿黨昧利苟竊朝權至于末年所任轉弊故頻年地震過其序也終喪天下

惠帝元康元年十二月辛酉京都地震此夏賈后使楚王瑋殺汝南王亮及太保衞瓘此陰道盛陽道微故也　四年二月上谷上庸遼東地震五月蜀郡山移淮南壽春洪水出山崩地陷壞城府八月上谷地震水出殺百餘人十月京都地震十一月滎陽襄城汝陰梁國南陽地皆震十二月京都又震是時賈后亂朝終至禍敗之應也漢鄧太后攝政時郡國地震李固以爲地陰也法當安靜今乃越陰之職專陽之政故應以震此同事也京房易傳曰小人剝廬厥妖

山崩茲謂陰乘陽弱勝彊又曰陰背陽則地裂父子分離夷羌叛去

元康五年五月丁丑地震六月金城地震　六年正月丁丑地震　八年正月景辰地震

太安元年十二月地震時齊王冏專政之應　二年十二月景辰地震是時長沙王乂專政之應也

孝懷帝永嘉三年十月荆襄二州地震時司馬越專政　四年四月兗州地震五月石勒寇汲郡執太守胡寵遂南濟沔是其應也

愍帝建興二年四月甲辰地震　三年六月丁卯長安又地震是時主幼權傾於下四方雲擾兵亂不息之應也

元帝太興元年四月西平地震湧水出十二月廬陵豫章武昌西陵地震湧水出山崩干寶以爲王敦陵上之應也　二年五月己丑祁山地震山崩殺人是時相國南陽王保在祁山稱晉王不終之象也　三年四月庚寅丹陽吳郡晉陵又地震

成帝咸和二年二月江陵地震三月益州地震四月己未豫州地震是年蘇峻作亂　九年三月丁酉會稽地震

穆帝永和元年六月癸亥地震是時嗣主幼沖母后稱制政在臣下所以連年地震　二年十二月地震　三年正月景辰地震九月地又震　四年十月己未地震　五年正月庚寅地震是時石季龍僭卽皇帝位亦過其序也　九年八月丁酉京都地震有聲如雷　十年正月丁卯地震聲如雷雞雉皆鳴呴

十一年四月乙酉地震五月丁未地震

升平二年十一月辛酉地震　五年八月涼州地震

哀帝隆和元年四月甲戌地震是時政在將相人主南面而已

興寧元年四月甲戌揚州地震湖瀆溢　二年三月庚寅江陵地震是時桓温專政

海西公太和元年二月涼州地震水涌是海西將廢之應也

簡文帝咸安二年十月辛未安成地震是年帝崩

孝武帝寧康元年十月辛未地震　二年二月丁巳地震七月甲午涼州地又震山崩是時嗣主幼沖權在將相陰盛之應

太元二年閏三月壬午地震五月丁丑地震　十一年六月己卯地震是後緣河諸將連歲兵役人勞之應也　十五年二月己酉朔夜地震八月京都地震十二月己未地震　十七年六月癸卯地震十二月己未地又震是時羣小弄權天下側目　十八年正月癸亥朔地震二月乙未夜地震

安帝隆安四年四月乙未地震九月癸丑地震是時幼主沖昧政在臣下

義熙四年正月壬子夜地震有聲十月癸亥地震　五年正月戊戌夜尋陽地震有聲如雷明年盧循下　八年自正月至四月南康廬陵地四震明年王旅西討荆益　十三年月戊寅地震　山崩地陷裂

吳孫權赤烏十三年八月丹陽句容及故鄣寧國諸山崩鴻水溢按劉向說山陽君也水陰百姓也天戒若曰君道崩壞百姓將失其所與春秋梁山崩漢齊楚衆山發水同事也夫三代命祀祭不越望吉凶禍福不是過也吳雖稱帝其

實列國災發丹陽其天意矣劉歆以爲國主山川山崩川竭亡之徵也後二年
而權薨又二十六年而吳亡
魏元帝咸熙二年二月太行山崩此魏亡之徵也其冬晉有天下
武帝泰始三年三月戊午大石山崩　四年七月泰山崩墜三里京房易傳曰
自上下者爲崩厥應泰山之石顚而下聖王受命人君虜及帝晏駕而祿去王
室惠皇懊弱懷愍二帝俱辱虜庭淪胥於北元帝中興於南此其應也
太康五年景午宣帝廟地陷　六年十月南安新興山崩涌水出　七年二月
朱提之大瀘山崩震壞郡舍陰平之仇池崖隕　八年七月大雨殿前地陷方
五尺深數丈中有破船
惠帝元康四年蜀郡山崩殺人五月壬子壽春山崩洪水出城壞地陷方三十
丈殺人六月壽春大雷山崩地坼人家陷死上庸郡亦如之八月居庸地裂廣
三十六丈長八十四丈水出大飢上庸四處山崩地墜廣三十丈長百三十丈
水出殺人皆賈后亂朝之應也

太安元年四月西墉崩

懷帝永嘉元年三月洛陽東北步廣里地陷　二年八月乙亥鄄城城無故自壞七十餘丈司馬越惡之遷于濮陽此見沴之異也越卒以陵上受禍　三年七月戊辰當陽地裂三所廣三丈長三百餘步京房易傳曰地坼裂者臣下分離不肯相從也其後司馬越苟晞交惡四方牧伯莫不離散王室遂亡　三年十月宜都夷道山崩　四年四月湘東酃黑石山崩

元帝太興元年二月廬陵豫章武昌西陽地震山崩　二年五月祁山地震山崩殺人　三年南平郡山崩出雄黃數千斤時王敦陵傲帝優容之示含養禍萌也　四年八月常山崩水出滹沱盈溢大木傾拔

成帝咸和四年十月柴桑廬山西北崖崩十二月劉胤爲郭默所殺

穆帝永和七年九月峻平崇陽二陵崩　十二年十一月遣散騎常侍車灌修峻平陵開埏道崩壓殺數十人

升平五年二月南掖門馬足陷地得鍾一有文四字

哀帝隆和元年四月丁丑浩亹山崩張天錫亡徵也
安帝義熙八年三月壬寅山陰地陷方四丈有聲如雷　十年五月戊寅西明
門地穿湧水出毀門扇及限此水沴土也　十一年五月霍山崩出銅鍾六枚
十三年七月漢中城固縣水涯有聲若雷既而岸崩出銅鍾十有二枚
惠帝元康九年六月夜暴雷雨賈謐齋屋柱陷入地壓謐牀帳此木沴土土失
其性不能載也明年謐誅焉
光熙元年五月范陽國地燃可以爨此火沴土也是時禮樂征伐自諸侯出
傳曰皇之不極是謂不建厥咎眊厥罰恆陰厥極弱時則有射妖時則有龍蛇
之孽時則有馬禍時則有下人伐上之痾時則有日月亂行星辰逆行皇之不
極是謂不建皇君極中建立也人君貌言視聽思五事皆失不得其中不能立
萬事失在眊悖故其咎眊也王者自下承天理物雲起於山而彌於天天氣亂
故其罰恆陰一曰上失中則下彊盛而蔽君明也易曰亢龍有悔貴而亡位高
而亡民賢人在下位而亡輔如此則君有南面之尊而亡一人之助故其極弱

也盛陽動進輕疾禮春而大射以順陽氣上微弱則下奮驚動故有射妖易曰雲從龍又曰龍蛇之蟄以存身也陰陽氣動故有龍蛇之孽於易乾爲君爲馬任用而強力君氣毀故有馬禍一曰馬多死及爲怪亦是也君亂且弱人之所叛天之所去不有明王之誅則有簒殺之禍故有下人伐上之痾凡君道傷者病天氣不言五行沴天而曰日月亂行星辰逆行者爲若下不敢沴天猶春秋曰王師敗績于貿戎不言敗之者以自敗爲文尊尊之意也劉歆皇極傳曰有下體生於上之痾說以爲下人伐上天誅已成不得復爲痾云

恆陰

吳孫亮太平三年自八月沉陰不雨四十餘日是時將誅孫綝謀泄九月戊午綝以兵圍宮廢亮爲會稽王此恆陰之罰也

吳孫皓寶鼎元年十二月太史奏久陰不雨將有陰謀孫皓驚懼時陸凱等謀因其謁廟廢之及出留平領兵前驅凱先語平平不許是以不果皓既肆虐羣下多懷異圖終至降亡

射妖

蜀車騎將軍鄧芝征涪陵見玄猨緣山手射中之猿拔其箭卷木葉塞其創芝曰嘻吾違物之性其將死矣俄而卒此射妖也一曰猿母抱子芝射中之子爲拔箭取木葉塞創芝歎息投弩水中自知當死

恭帝爲瑯邪王好奇戲嘗閑一馬於門內令人射之欲觀幾箭死左右有諫者曰馬國姓也今射之不祥於是乃止而馬已被十許箭矣此蓋射妖也俄而禪位於宋焉

龍蛇之孽

魏明帝青龍元年正月甲申青龍見郟之摩陂井中凡瑞與非時則爲妖孽況困于井非嘉祥矣魏以改年非也干寶曰自明帝終魏世青龍黃龍見者皆其主廢興之應也魏土運青木色而不勝于金黃得位青失位之象也青龍多見者君德國運內相剋伐也故高貴鄉公卒敗于兵按劉向說龍貴象而困井中諸侯將有幽執之禍也魏世龍莫不在井此居上者逼制之應高貴鄉公著潛

龍詩即此旨也

高貴鄉公正元元年戊戌黃龍見于鄴井中

甘露元年正月辛丑青龍見軹縣井中六月乙丑青龍見元城縣界井中　二年二月青龍見溫縣井中　三年黃龍青龍俱見頓丘冠軍陽夏縣界井中

四年正月黃龍二見寧陵縣界井中

元帝景元元年十二月甲申黃龍見華容縣井中　三年二月龍見軹縣井中

吳孫皓天冊中龍乳於長沙人家啖雞雛京房易妖曰龍乳人家王者爲庶人

其後皓降晉

武帝咸寧二年六月景午白龍二見于九原井中

太康五年正月癸卯二龍見武庫井中帝觀之有喜色百寮將賀劉毅獨表曰昔龍漦夏庭禍發周室龍見鄭門子產不賀帝答曰朕德政未修未有以應受嘉祥遂不賀也孫盛曰龍水物也何與於人子產言之當矣但非其所處實爲妖災夫龍以飛翔顯見爲瑞今則潛伏幽處非休祥也漢惠帝二年兩龍見蘭

陵井中本志以爲其後趙王幽死之象武庫者帝王威御之器所寶藏也屋宇邃密非龍所處是後七年藩王相害二十八年果有二胡僭竊神器二逆皆字曰龍此之表異爲有證矣

愍帝建興二年十一月枹罕羌妓產一龍子色似錦文常就母乳遙見神光少得就視此亦皇之不建於是帝竟淪沒　呂纂末龍出東廂井中到其殿前蟠臥比旦失之俄又有黑龍升其宮門纂咸以爲美瑞或曰龍者陰類出入有時今而屢見必有下人謀上之變後纂果爲呂超所殺

武帝咸寧中司徒府有二大蛇長十許丈居聽事平橑上而人不知但數年怪府中數失小兒及豬犬之屬後有一蛇夜出被刃傷不能去乃覺之發徒攻擊移時乃死夫司徒五教之府此皇極不建故蛇孽見之漢靈帝時蛇見御座楊賜云爲帝溺於色之應也魏代宮人猥多晉又過之燕遊是湎此其孽也詩云惟虺惟蛇女子之祥也

惠帝元康五年三月癸巳臨淄有大蛇長十餘丈負二小蛇入城北門逕從市

入漢城陽景王祠中不見天戒若曰昔漢景王有定傾之功而不厲節忠愼以至失職奪功之辱今齊王冏不籍雖建興復之功而驕陵取禍此其徵也

明帝太寧初武昌有大蛇常居故神祠空樹中每出頭從人受食京房易妖曰蛇見於邑不出三年有大兵國有大憂尋有王敦之逆

馬𩣡

武帝太熙元年遼東有馬生角在兩耳下長三寸按劉向說曰此兵象也及帝晏駕之後王室毒於兵禍是其應也京房易傳曰臣易上政不順厥妖馬生角茲謂賢士不足又曰天子親伐馬生角呂氏春秋曰人君失道馬有生角及惠帝踐阼昏愚失道又親征伐成都是其應也

惠帝元康八年十二月皇太子將釋奠太傅趙王倫驂乘至南城門馬止力士推之不能動倫入軺車乃進此馬𩣡也天戒若曰倫不知義方終爲亂逆非傅導行禮之人也　九年十一月戊寅忽有牡騧馬驚奔至廷尉訊堂悲鳴而死天戒若曰愍懷寃死之象也見廷尉訊堂其天意乎

懷帝永嘉六年二月神馬鳴南城門
愍帝建興二年九月蒲子縣馬生人京房易傳曰上亡天子諸侯相伐厥妖馬生人是時帝室衰微不絕如線胡狄交侵兵戈日逼尋而帝亦淪陷故此妖見也
元帝太興二年丹陽郡吏濮陽演馬生駒兩頭自項前別生而死司馬彪說曰此政在私門二頭之象也其後王敦陵上
成帝咸康八年五月甲戌有馬色赤如血自宣陽門直走入于殿前盤旋走出尋逐莫知所在己卯帝不豫六月崩此馬禍又赤祥也是年張重華在涼州將誅其西河相張祚廐馬數十匹同時悉無後尾也
安帝隆安四年十月梁州有馬生角刺史郭銓送示桓玄按劉向說曰馬不當生角猶玄不當舉兵向上也玄不寤以至夷滅　石季龍在鄴有一馬尾有燒狀入其中陽門出顯陽門東宮皆不得入走向東北俄爾不見術者佛圖澄歎曰災其及矣逾年季龍死其國遂滅

人痾

魏文帝黃初初淸河宋士宗母化爲鼈入水

明帝太和三年曹休部曲丘奚農女死復生時又有開周世冢得殉葬女子數日而有氣數月而能言郭太后愛養之又太原人發冢破棺棺中有一生婦人問其本事不知也視其墓木可三十歲按京房易傳曰至陰爲陽下人爲上宣帝起之象也漢平帝獻帝並有此異占以爲王莽曹操之徵

孫休永安四年安吳民陳焦死七日復生穿冢出干寶曰此與漢宣帝同事烏程侯皓承廢故之家得位之祥也

孫皓寶鼎元年丹陽宣騫母年八十因浴化爲黿兄弟閉戶衛之掘堂上作大坎實水其中黿入坎遊戲一二日恆延頸外望伺戶小開便輪轉自躍入于遠潭遂不復還與漢靈帝時黃氏母同事吳亡之象也

魏元帝咸熙二年八月襄武縣言有大人見長三丈餘跡長三尺二寸髮白著黃巾黃單衣柱杖呼王始語曰今當太平晉尋代魏

武帝泰始五年元城人年七十生角殆趙王倫簒亂之象也

咸寧二年十二月琅邪人顏畿病死棺斂已久家人咸夢畿謂己曰我當復生可急開棺遂出之漸能飲食屈伸視瞻不能行語二年復死京房易傳曰至陰爲陽下人爲上厥妖人死復生其後劉元海石勒僭逆遂亡晉室下爲上之應也（顏含傳作十有三年不起）

惠帝元康中安豐有女子周世寧年八歲漸化爲男至十七八而氣性成京房易傳曰女子化爲丈夫茲謂陰昌賤人爲王此亦劉元海石勒蕩覆天下之妖也

永寧初齊王冏唱義兵誅除亂逆乘輿反正忽有婦人詣大司馬門求寄產門者詰之婦曰我截臍便去耳是時齊王冏匡復王室天下歸功識者爲其惡之後果斬戮

永寧元年十二月甲子有白頭公入齊王冏大司馬府大呼曰有大兵起不出甲子旬冏殺之明年十二月戊辰冏敗卽甲子旬也

太安元年四月癸酉有人自雲龍門入殿前北面再拜曰我當作中書監卽收斬之干寶以爲禁庭尊祕之處今賤人徑入而門衞不覺者宮室將虛而下人踰上之妖也是後帝北遷鄴又遷長安宮闕遂空焉

元康中梁國女子許嫁已受禮娉尋而其夫戍長安經年不歸女家更以適人女不樂行其父母逼彊不得已而去尋得病亡後其夫還問其女所在其家具說之其夫徑至女墓不勝哀情便發冢開棺女遂活因與俱歸後壻聞知詣官爭之所在不能決祕書郎王導議曰此是非常事不得以常理斷之宜還前夫朝廷從其議

惠帝世杜錫家葬而婢誤不得出後十年開冢祔葬而婢尚生始如瞑有頃漸覺問之自謂再宿耳初婢之埋年十五六及開冢更生猶十五六也嫁之有子

光熙元年會稽謝真生子頭大而有髮兩蹠反向上有男女兩體生便作丈夫聲經一日死此皇之不極下人伐上之痾於是諸王有僭亂之象也

惠帝之世京洛有人兼男女體亦能兩用人道而性尤淫此亂氣所生自咸寧

太康之後男寵大興甚於女色士大夫莫不尚之天下相倣效或至夫婦離絕
多生怨曠故男女氣亂而妖形之作也
懷帝永嘉元年吳郡吳縣萬詳婢生子鳥頭兩足馬蹄一手無毛尾黃色大如
枕此亦人妖亂之象也　五年五月枹罕令嚴根妓產一龍一女一鵝京房易
傳曰人生他物非人所見者皆爲天下大兵是時帝承惠皇之後四海沸騰尋
而陷於平陽爲逆胡所害此其徵也
愍帝建興四年新蔡縣吏任僑妻產二女腹與心相合自胸以上臍以下各分
此蓋天下未一之妖也時內史呂會上言按瑞應圖異根同體謂之連理異畝
同穎謂之嘉禾草木之異猶以爲瑞今二人同心易稱二人同心其利斷金蓋
四海同心之瑞也時皆哂之俄而四海分崩帝亦淪沒
元帝太興初有女子其陰在腹當臍下自中國來至江東其性淫而不產又有
女子陰在首渡在揚州性亦淫京房易妖曰人生子陰在首天下大亂在腹天
下有事在背天下無後于時王敦據上流將欲爲亂是其徵　三年十二月尚

書騶謝平妻生女墮地濞濞有聲須臾便死鼻目皆在項上面處如項有口齒都連爲一胸如鼈手足爪如鳥爪皆下勾此亦人生他物非人所見者後二年有石頭之敗

明帝太寧二年七月丹陽江寧侯紀妻死經三日復生

成帝咸康五年四月下邳民王和僑居暨陽息女可年二十自云上天來還得徵瑞印綬當母天下晉陵太守以爲妖收付獄至十一月有人持柘杖絳衣詣止車門口列爲聖人使求見天子門侯受辭辭稱姓呂名賜其言王和女可右足下有七星星皆有毛長七寸天今命可爲天下母奏聞卽伏誅幷下晉陵誅可

康帝建元二年十月衞將軍營督過望所領兵陳瀆女臺有文在其足曰天下之母灸之愈明京都諠譁有司收繫以聞俄自建康縣獄亡去明年帝崩獻后臨朝此其祥也

孝武帝寧康初南郡州陵女唐氏漸化爲丈夫

安帝義熙十年無錫人趙未年八歲一旦暴長八尺髭鬚蔚然三日而死

義熙中東陽人莫氏生女不養埋之數日於土中啼取養遂活

義熙末吳豫章人有二陽道重累生

恭帝元熙元年建安人陽道無頭正平本下作女人形體

晉書卷二十九

晉書卷二十九考證

五行志下六月庚戌汲郡廣平陳留滎陽雨雹○監本郡誤縣滎誤榮

是年王敦并領荆州○是宋本作去

京房易傳曰闇昧不予兹謂不知○臣龍官按易傳作不知諸本俱訛作有知今從原文改正

晉書卷二十九考證

晉書卷三十

唐　太　宗　文　皇　帝　御　撰

志第二十

刑法

傳曰齊之以禮有恥且格刑之不可犯不若禮之不可踰則昊歲比於犧年宜有降矣若夫穹圓肇判宵貌攸分流形播其喜怒稟氣彰其善惡則有自然之理焉合室後刑衢樽先惠將以屏除災害引導休和取譬琴瑟不忘銜策擬陽秋之成化若堯舜之爲心也郊原布肅軒皇有轡野之師雷電揚威高辛有觸山之務陳乎兵甲而肆諸市朝具嚴天刑以懲亂首論其本意蓋有不得已而用之者焉是以丹浦興仁羽山咸服而世屬僥倖事關攸蠹政失禮微獄成刑起則孔子曰聽訟吾猶人也必也使無訟乎及周氏龔行刦收鋒刃祖述生成憲章堯禹政有膏露威兼禮樂或觀辭以明其趣或傾耳以照其微或彰善以激其情或除惡以崇其本至夫取威定霸一匡九合寓言成康不由凝網此所

謂酌其遺美而愛民治國者焉若乃化蔑彝倫道睽明慎則夏癸之虔劉百姓商辛之毒痛四海衞鞅之無所自容韓非之不勝其虐與夫甘棠流詠未或同歸秦文初造參夷始皇加之抽脅囹圄如市悲哀盈路漢王以三章之法以弔之文帝以刑厝之道以臨之于時百姓欣然將逢交泰而犴逐情遷科隨意往獻瓊杯於闕下徙青衣於蜀路覆醢裁刑傾宗致獄況乃數囚於京兆之夜五日於長安之市北闕相引中都繼及者亦往往而有焉而將亡之國典刑咸弃刊章以急其憲適意以寬其網桓靈之季不其然歟魏明帝時宮室盛興而期會迫急有稽限者帝親召問言猶在口身首已分王肅抗疏曰陛下之所行刑皆宜死之人也然衆庶不知將爲倉卒願陛下下之於吏而暴其罪均其死也不汙宮掖不爲搢紳驚惋不爲遠近所疑人命至重難生易殺氣絶而不續者也是以聖王重之孟軻云殺一不辜而取天下者仁者不爲也世祖武皇帝接三統之微酌千年之範乃命有司大明刑憲于時詔書頒新法於天下海內同軌人甚安之條綱雖設稱爲簡惠仰昭天眷下濟民心道有法而無敗德俟刑

而久立及晉圖南徙百有二年仰止前規挹其流潤江左無外蠻陬來格孝武時會稽王道子傾弄朝權其所樹之黨貨官私獄烈祖惛迷不聞司敗晉之綱紀大亂焉

傳曰三皇設言而民不違五帝畫象而民知禁則書所謂象以典刑流宥五刑鞭作官刑朴作教刑者也然則犯黥者皂其巾犯劓者丹其服犯臏者墨其體犯宮者雜其屨大辟之罪殊刑之極布其衣裾而無領緣投之於市與衆弃之舜命咎陶曰五刑有服五服三就五流有宅五宅三居方乎前載事既參倍夏后氏之王天下也則五刑之屬三千殷因於夏有所損益周人以三典刑邦國以五聽察民情左嘉右肺事均鎔造而五刑之屬猶有二千五百焉乃置三刺三宥三赦之法一刺曰訊羣臣再刺曰訊羣吏三刺曰訊萬民一宥曰不識再宥曰過失三宥曰遺忘一赦曰幼弱再赦曰老耄三赦曰惷愚司馬法或起甲兵以征不義廢貢職則討不朝會則誅亂嫡庶則縶變禮刑則放

傳曰殷周之質不勝其文及昭后徂征穆王斯耄爰制刑辟以詰四方奸宄弘

多亂離斯永則所謂夏有亂政而作禹刑商有亂政而作湯刑周有亂政而作九刑者也古者大刑用甲兵中刑用刀鋸薄刑用鞭朴自茲厥後狙詐彌繁武皇帝並以爲往憲猶疑不可經國乃命車騎將軍守尚書令魯公徵求英俊刊律定篇云爾漢自王莽篡位之後舊章不存光武中興留心庶獄常臨朝聽訟躬決疑事是時承離亂之後法網弛縱罪名既輕無以懲肅梁統乃上疏曰臣竊見元帝初元五年輕殊刑三十四事哀帝建平元年盡四年輕殊死者刑八十一事其四十二事手殺人皆減死罪一等著爲常法自是以後人輕犯法吏易殺人吏民俱失至於不羈臣愚以爲刑罰不苟務輕務其中也君人之道仁義爲主仁者愛人義者理務愛人故當爲除害理務亦當爲去亂是以五帝有流殛放殺之誅三王有大辟刻肌之刑所以爲除殘去亂也故孔子稱仁者必有勇又曰理財正辭禁人爲非曰義高帝受命制約令定法律傳之後世可常施行文帝寬惠温克遭世康平因時施恩省去肉刑除相坐之法他皆率由舊章天下幾致升平武帝値中國隆盛財力有餘出兵命將征伐遠方軍役數興

百姓罷弊豪桀犯禁姦吏弄法故設遁匿之科著知縱之律宣帝聰明正直履道握要以御海內臣下奉憲不失繩墨元帝法律少所改更天下稱安孝成孝哀承平繼體卽位日淺聽斷尚寡丞相王嘉等猥以數年之間虧除元帝舊約穿令斷律凡百餘事或不便於政或不厭人心臣謹表取其尤妨政事害善良者傅奏如左伏惟陛下苞五常履九德推時撥亂博施濟時而反因循季世末節衰微軌迹誠非所以還初反本據元更始也願陛下宣詔有司悉舉初元建平之所穿鑿考其輕重察其化俗足以知政教所處擇其善者而從之其不善者而改之定不易之典施之無窮天下幸甚事下三公廷尉議以爲隆刑峻法非明王急務不可開許統復上言曰有司猥以臣所上不可施行今臣所言非曰嚴刑竊謂高帝以後至于宣帝其所施行考合經傳比方今事非隆刑峻法不勝至願願得召見若對尚書近臣口陳其意帝令尚書問狀統又對極言政刑宜改議竟不從及明帝卽位常臨聽訟觀錄洛陽諸獄帝性旣明察能得下姦故尚書奏決罰近於苛碎至章帝時尚書陳寵上疏曰先王之政賞不僭刑

不濫與其不得已寧僭不濫故唐堯著典曰流宥五刑眚災肆赦帝舜命皋陶以五宅三居惟明克允文王重易六爻而列叢棘之聽周公作立政戒成王勿誤乎庶獄陛下卽位率由此義而有司執事未悉奉承斷獄者急於榜格酷烈之痛執憲者繁於詐欺放濫之文違本離實箠楚爲姦或因公行私以逞威福夫爲政也猶張琴瑟大弦急者小弦絕故子貢非臧孫之猛法而美鄭僑之仁政方今聖德充塞假於上下宜因此時隆先聖之務蕩滌煩苛輕薄箠楚以濟羣生廣至德也帝納寵言決罪行刑務於寬厚其後遂詔有司禁絕鉆鑽諸酷痛舊制解祅惡之禁除文致請讞五十餘事定著于令是後獄法和平永元六年寵又代郭躬爲廷尉復校律令刑法溢於甫刑者奏除之曰臣聞禮經三百威儀三千故甫刑大辟二百五刑之屬三千禮之所去刑之所取失禮卽入刑相爲表裏者也今律令犯罪應死刑者六百一十耐罪千六百九十八贖罪以下二千六百八十一溢於甫刑千九百八十九其四百一十大辟千五百耐罪七十九贖罪春秋保乾圖曰王者三百年一蠲法漢興以來三百二年憲令稍

增科條無限又律有三家說各駁異刑法繁多宜令三公廷尉集平律令應經合義可施行者大辟二百耐罪贖罪二千八百合爲三千與禮相應其餘千九百八十九事悉可詳除使百姓改易視聽以成大化致刑措之美傳之無窮未及施行會寵抵罪遂寢寵子忠後復爲尚書略依寵意奏上三十二條爲決事比以省請讞之弊又上除蠶室刑解贓吏三世禁錮狂易殺人得減重論母子兄弟相代死聽赦所代者事皆施行雖時有蠲革而舊律繁蕪未經纂集獻帝建安元年應劭又刪定律令以爲漢議表奏之曰夫國之大事莫尚載籍載籍也者決嫌疑明是非賞刑之宜允執厥中俾後之人永有鑒焉故膠東相董仲舒老病致仕朝廷每有政議數遣廷尉張湯親至陋巷問其得失於是作春秋折獄二百三十二事動以經對言之詳矣逆臣董卓蕩覆王室典憲焚燎靡有孑遺開闢以來莫或茲酷今大駕東邁巡省許都拔出險難其命惟新臣竊不自揆輒撰具律本章句尚書舊事廷尉板令決事比例司徒都目五曹詔書及春秋折獄凡二百五十篇蠲去復重爲之節文又集議駁三十篇以類相從

凡八十二事其見漢書二十五漢記四皆刪敘潤色以全本體其二十六博採古今瓌瑋之士德義可觀其二十七臣所創造左氏云雖有姬姜不弃憔悴雖有絲麻不弃菅蒯蓋所以代匱也是用敢露頑才廁于明哲之末雖未足綱紀國體宣洽時雍庶幾觀察增闡聖德惟因萬機之餘暇遊意省覽獻帝善之於是舊事存焉是時天下將亂百姓有土崩之勢刑罰不足以懲惡於是名儒大才故遼東太守崔實大司農鄭玄大鴻臚陳紀之徒咸以爲宜復行肉刑漢朝既不議其事故無所用及魏武帝匡輔漢室尚書令荀彧博訪百官復欲申之而少府孔融議以爲古者敦龐善否區別政簡刑清一無過失百姓有罪皆自取之末世陵遲風化壞亂政撓其俗法害其教故曰上失其道人散久矣而欲繩之以古刑投之以殘弃非所謂與時消息也紂斮朝涉之脛天下謂爲無道夫九牧之地千八百君若各刖一人是天下常有千八百紂也求世休和弗可得已且被刑之人慮不念生志在思死類多趨惡莫復歸正夙沙亂齊伊戾禍宋趙高英布爲世大患不能止人遂爲非也適足絕人還爲善耳雖忠如鬻拳

信如卞和智如孫臏寃如巷伯才如史遷達如子政一罹刀鋸沒世不齒是太甲之思庸穆公之霸秦陳湯之都賴魏尙之臨邊無所復施也漢開改惡之路凡爲此也故明德之君遠度深惟弃短就長不苟革其政者也朝廷善之卒不改焉及魏國建陳紀子羣時爲御史中丞魏武帝下令又欲復之使羣申其父論羣深陳其便時鍾繇爲相國亦贊成之而奉常王修不同其議魏武帝亦難以藩國改漢朝之制遂寢不行於是乃定甲子科犯釱左右趾者易以木械是時乏鐵故易以木焉又嫌漢律太重故令依律論者聽得科半使從半減也魏文帝受禪又議肉刑詳議未定會有軍事復寢時有大女劉朱撾子婦酷暴前後三婦自殺論朱減死輸作尚方因是下怨毒殺人減死之令魏明帝改士庶罰金之令男聽以罰金婦人加笞還從鞭督之例以其形體裸露故也是時承用秦漢舊律其文起自魏文侯師李悝悝撰次諸國法著法經以爲王者之政莫急於盜賊故其律始於盜賊盜賊須劾捕故著網捕二篇其輕狡越城博戲借假不廉淫侈踰制以爲雜律一篇又以其律具其加減是故所著六篇而已

然皆罪名之制也商君受之以相秦漢承秦制蕭何定律除參夷連坐之罪增部主見知之條益事律興廏戸三篇合爲九篇叔孫通益律所不及傍章十八篇張湯越宮律二十七篇趙禹朝律六篇合六十篇又漢時決事集爲令甲以下三百餘篇及司徒鮑公撰嫁娶辭訟決爲法比都目凡九百六卷世有增損集類爲篇結事爲章一章之中或事過數十事類雖同輕重乖異而通條連句上下相蒙雖大體異篇實相採入盜律有賊傷之例賊律有盜章之文興律有上獄之法廏律有逮捕之事若此之比錯糅無常後人生意各爲章句叔孫宣郭令卿馬融鄭玄諸儒章句十有餘家家數十萬言凡斷罪所當由用者合二萬六千二百七十二條七百七十三萬二千二百餘言言數益繁覽者益難天子於是下詔但用鄭氏章句不得雜用餘家衞覬又奏曰刑法者國家之所貴重而私議之所輕賤獄吏者百姓之所懸命而選用者之所卑下王政之弊未必不由此也請置律博士轉相教授事遂施行然而律文煩廣事比衆多離本依末決獄之吏如廷尉獄吏范洪受囚絹二丈附輕法論之獄吏劉象受屬偏

考囚張茂物故附重法論之洪象雖皆弃市而輕枉者相繼是時太傅鍾繇又上疏求復肉刑詔下其奏司徒王朗議又不同時議百餘人與朗同者多帝以吳蜀未平又寢其後天子又下詔改定刑制命司空陳羣散騎常侍劉邵給事黃門侍郎韓遜議郎庾嶷中郎黃休荀詵等刪約舊科傍采漢律定爲魏法制新律十八篇州郡令四十五篇尚書官令軍中令合百八十餘篇其序略曰舊律所難知者由於六篇篇少故也篇少則文荒文荒則事寡事寡則罪漏是以後人稍增更與本體相離今制新律宜都總事類多其篇條舊律因秦法經就增三篇而具律不移因在第六罪條例既不在始又不在終非篇章之義故集罪例以爲刑名冠於律首盜律有劫略恐猲和賣買人科有持質皆非盜事故分以爲劫略律賊律有欺謾詐僞踰封矯制囚律有詐僞生死令景有詐自復免事類衆多故分爲詐律賊律有賊伐樹木殺傷人畜產及諸亡印金布律有毀傷亡失縣官財物故分爲毀亡律囚律有告劾傳覆廄律有告反逮受科有登聞道辭故分爲告劾律囚律有繫囚鞫獄斷獄之法興律有上獄之事科有

考事報讞宜別爲篇故分爲繫訊斷獄律盜律有受所監受財枉法雜律有假借不廉令乙有呵人受錢科有使者驗賂其事相類故分爲請賕律盜律有勃辱強賊興律有擅興徭役具律有出賣呈科有擅作修舍事故分爲興擅律興律有乏徭稽留賊律有儲峙不辦廏律有乏軍之興及舊典有奉詔不謹不承用詔書漢氏施行有小愆之反不如令輒劾以不承用詔書乏軍要斬又減以丁酉詔書丁酉詔書漢文所下不宜復以爲法故別爲之留律秦世舊有廏置乘傳副車食廚漢初承秦不改後以費廣稍省故後漢但設騎置而無車馬律猶著其文則爲虛設故除廏律取其可用合科者以爲郵驛令其告反逮驗別入告劾律上言變事以爲變事令以驚事告急與興律烽燧及科令者以爲驚事律盜律有還贓畀主金布律有罰贖入責以呈黃金爲價科有平庸坐贓事以爲償贓律律之初制無免坐之文張湯趙禹始作監臨部主見知故縱之例其見知而故不舉劾各與同罪失不舉劾各以贖論其不見不知不坐也是以文約而例通科之爲制每條有違科不覺不知從坐之免不復分別而免坐繁

多宜總爲免例以省科文故更制定其由例以爲免坐律諸律令中有其教制本條無從坐之文者皆從此取法也凡所定增十三篇故就五篇合十八篇於正律九篇爲增於旁章科令爲省矣改漢舊律不行於魏者皆除之更依古義制爲五刑其死刑有三髡刑有四完刑作刑各三贖刑十一罰金六雜抵罪七凡三十七名以爲律首又改賊律但以言語及犯宗廟園陵謂之大逆無道要斬家屬從坐不及祖父母孫至於謀反大逆臨時捕之或汙瀦或梟葅夷其三族不在律令所以嚴絕惡跡也賊鬭殺人以劾而亡許依古義聽子弟得追殺之會赦及過誤相殺不得報讎所以止殺害也正殺繼母與親母同防繼假之隙也除異子之科使父子無異財也毆兄姊加至五歲刑以明教化也囚徒誣告人反罪及親屬異於善人所以累之使省刑息誣也改投書棄市之科所以輕刑也正篡囚弃市之罪斷凶強爲義之蹤也二歲刑以上除以家人乞鞫之制省所煩獄也改諸郡不得自擇伏日所以齊風俗也斯皆魏世所改其大略如是其後正始之間天下無事於是征西將軍夏侯玄河南尹李勝中領軍曹

義尚書丁謐又追議肉刑卒不能決其文甚多不載及景帝輔政是時魏法犯
大逆者誅及已出之女毋丘儉之誅其子甸妻荀氏應坐死其族兄顗與景帝
姻通表魏帝以匄其命詔聽離婚荀氏所生女芝爲潁川太守劉子元妻亦坐
死以懷姙繫獄荀氏辭詣司隸校尉何曾乞恩求沒爲官婢以贖芝命曾哀之
使主簿程咸上議曰夫司寇作典建三等之制甫侯修刑通輕重之法叔世多
變秦立重辟漢又修之大魏承秦漢之弊未及革制所以追戮已出之女誠欲
殄醜類之族也然則法貴得中刑愼過制臣以爲女人有三從之義無自專之
道出適他族還喪父母降其服紀所以明外成之節異在室之恩而父母有罪
追刑已出之女夫黨見誅又有隨姓之戮一人之身內外受辟今女既嫁則爲
異姓之妻如或產育則爲他族之母此爲元惡之所忽戮無辜之所重於防則
不足懲奸亂之源於情則傷孝子之心男不得罪於他族而女獨嬰戮於二門
非所以哀矜女弱蠲明法制之本分也臣以爲在室之女從父母之誅既醮之
婦從夫家之罰宜改舊科以爲永制於是有詔改定律令文帝爲晉王患前代

律令本注煩雜陳羣劉邵雖經改革而科網本密又叔孫郭馬杜諸儒章句但取鄭氏又爲偏黨未可承用於是令賈充定法律令與太傅鄭沖司徒荀顗中書監荀勗中軍將軍羊祜中護軍王業廷尉杜友守河南尹杜預散騎侍郎裴楷潁川太守周權齊相郭頎都尉成公綏尚書郎柳軌及吏部令史榮邵等十四人典其事就漢九章增十一篇仍其族類正其體號改舊律爲刑名法例辨囚律爲告劾繫訊斷獄分盜律爲請賕詐僞水火毀亡因事類爲衞宮違制撰周官爲諸侯律合二十篇六百二十條二萬七千六百五十七言蠲其苛穢存其清約事從中典歸於益時其餘未宜除者若軍事田農酤酒未得皆從人心權設其法太平當除故不入律悉以爲令施行制度以此設教違令有罪則入律其常事品式章程各還其府爲故事減梟斬族誅從坐之條除謀反適養母出女嫁皆不復還坐父母弃市省禁固相告之條去捕亡亡沒爲官奴婢之制輕過誤老小女人當罰金杖罰者皆令半之重奸伯叔母之令弃市淫寡女三歲刑崇嫁娶之要一以下娉爲正不理私約峻禮教之防准五服以制罪也凡

律令合二千九百二十六條十二萬六千三百言六十卷故事三十卷泰始三年事畢表上武帝詔曰昔蕭何以定律令受封叔孫通制儀爲奉常賜金五百斤弟子百人皆爲郎中夫立功立事古今之所重宜加祿賞其詳考差敘輒如詔簡異弟子百人隨才品用賞帛萬餘匹武帝親自臨講使裴楷執讀四年正月大赦天下乃班新律其後明法掾張裴又注律表上之其要曰律始於刑名者所以定罪制也終於諸侯者所以畢其政也王政布於上諸侯奉於下禮樂撫於中故有三才之義焉其相須而成若一體焉刑名所以經略罪法之輕重正加減之等差明發衆篇之多義補其章條之不足較舉上下綱領其犯盜賊詐僞請賕者則求罪於此作役水火畜養守備之細事皆求之作本名告訊爲之心舌捕繫爲之手足斷獄爲之定罪名例齊其制自始及終往而不窮變動無常周流四極上下無方不離于法律之中也其知而犯之謂之故意以爲然謂之失違忠欺上謂之謾背信藏巧謂之詐虧禮廢節謂之不敬兩訟相趣謂之鬭兩和相害謂之戲無變斬擊謂之賊不意誤犯謂之過失逆節絕理謂之

不道陵上僭貴謂之惡逆將害未發謂之戕唱首先言謂之造意二人對議謂之謀制衆建計謂之率不和謂之強攻惡謂之略三人謂之羣取非其物謂之盜貨財之利謂之贓凡二十者律義之較名也夫律者當慎其變審其理若不承用詔書無故失之刑當從贖謀反之同伍實不知情當從刑此故失之變也卑與尊鬭皆爲賊鬭之加兵刃水火中不得爲戲戲之重也向人室廬道徑射不得爲過失之禁也都城人衆中走馬殺人當爲賊賊之似也過失似賊戲似鬭鬭而殺傷傍人又似誤盜傷縛守似強盜呵人取財似受賕因辭所連似告劾諸勿聽理似故縱持質似恐猲如此之比皆爲無常之格也五刑不簡正于五罰五罰不服正于五過意善功惡以金贖之故律制生罪不過十四等死刑不過三徒加不過六囚加不過五累作不過十一歲累笞不過千二百刑等不過一歲金等不過四兩月贖不計日日作不拘月歲數不疑閏不以加至死并死不復加不可累者故有并數不可并數乃累其加以加論者但得其加與加同者連得其本不在次者不以通論以人得罪與人同以法得罪與法同侵生

害死不可齊其防親疏公私不可常其教禮樂崇於上故降其刑刑法閑於下
故全其法是故尊卑敘仁義明九族親王道平也律有事狀相似而罪名相涉
者若加威勢下手取財爲強盜不自知亡爲縛守將中有惡言爲恐猲不以罪
名呵爲呵人以罪名呵爲受賕劫名其財爲持質此八者以威勢得財而名殊
者也即不求自與爲受求所監求而後取爲盜賊輸入呵受爲留難斂人財物
積藏於官爲擅賦加毆擊之爲戮辱諸如此類皆爲以威勢得財而罪相似者
也夫刑者司理之官理者求情之機情者心神之使心感則情動於中而形於
言暢於四支發於事業是故奸人心愧而面赤內怖而色奪論罪者務本其心
審其情精其事近取諸身遠取諸物然後乃可以正刑仰手似乞俯手似奪捧
手似謝擬手似訴拱臂似自首攘臂似格鬪矜莊似威怡悅似福喜怒憂懼貌
在聲色奸真猛弱候在視息出口有言當爲告下手有禁當爲賊喜子殺怒子
當爲戲怒子殺喜子當爲賊諸如此類自非至精不能極其理也律之名例非
正文而分明也若八十非殺傷人他皆勿論即誣告謀反者反坐十歲不得告

言人即奴婢捍主主得謁殺之賊燔人廬舍積聚盜賊贓五匹以上弃市即燔官府積聚盜亦當與同歐人教令者與同罪即令人歐其父母不可與行者同得重也若得遺物強取強乞之類無還贓法隨例畀之文法律中諸不敬違儀失式及犯罪爲公爲私贓入身不入身皆隨事輕重取法以例求其名也夫理者精玄之妙不可以一方行也律者幽理之奧不可以一體守也或計過以配罪或化略不循常或隨事以盡情或趣舍以從時或推重以立防或引輕而就下公私廢避之宜除削重輕之變皆所以臨時觀釁使用法執詮者幽於未制之中采其根牙之微致之於機格之上稱輕重於豪銖考輩類於參伍然後乃可以理直刑正夫奉聖典者若操刀執繩刀妄加則傷物繩妄彈則侵直梟首者惡之長斬刑者罪之大棄市者死之下髡作者刑之威贖罰者誤之誡王者立此五刑所以寶君子而逼小人故爲敕慎之經皆擬周易有變通之體焉欲令提綱而大道清舉略而王法齊其旨遠其辭文其言曲而中其事肆而隱通天下之志唯忠也斷天下之疑唯文也切天下之情唯遠也彌天下之務唯大

也變無常體唯理也非天下之賢聖孰能與於斯夫形而上者謂之道形而下者謂之器化而裁之謂之格刑殺者是冬震曜之象髠罪者似秋彫落之變贖失者是春陽悔吝之疵也五刑成章輒相依准法律之義焉是時侍中盧珽中書侍郎張華又表抄新律諸死罪條目懸之亭傳以示兆庶有詔從之及劉頌爲廷尉頻表宜復肉刑不見省又上言曰臣昔上行肉刑從來積年遂寢不論臣竊以爲議者拘孝文之小仁而輕違聖王之典刑未詳之甚莫過於此今死刑重故非命者衆生刑輕故罪不禁奸所以然者肉刑不用之所致也今爲徒者類性元惡不軌之族也去家懸遠作役山谷飢寒切身志不聊生雖有廉士介者苟慮不首死則皆爲盜賊豈況本性奸凶無賴之徒乎又令徒富者輸財解日歸家乃無役之人也貧者起爲奸盜又不制之虜也不刑則罪無所禁不制則羣惡橫肆爲法若此近不盡善也是以徒亡日屬賊盜日煩亡之數者至有十數得輒加刑日益一歲此爲終身之徒也自顧反善無期而災困逼身其志亡思盜勢不得息事使之然也古者用刑以止刑今反於此諸重犯亡者髮

過三寸輒重髠之此以刑生刑加作一歲此以徒生徒也亡者積多繫囚猥畜議者曰因不可不赦復從而赦之此謂刑不制罪法不勝奸下知法之不勝相聚而謀爲不軌月異而歲不同故自頃年以來奸惡陵暴所在充斥議者不深思此故而曰肉刑於名忤聽忤聽孰與盜賊不禁聖王之制肉刑遠有深理其事可得而言非徒懲其畏剝割之痛而不爲也乃去其爲惡之具使夫奸人無用復肆其志止奸絕本理之盡也亡者刖足無所用復亡盜者截手無所用復盜淫者割其勢理亦如之除惡塞源莫善於此非徒然也此等已刑之後便各歸家父母妻子共相養恤不流離於塗路有今之困創愈可役上准古制隨宜業作雖已刑殘不爲虛弃而所患都塞又生育繁阜之道自若也今宜取死刑之限輕及三犯逃亡淫盜悉以肉刑代之其三歲刑以下已自杖罰遣又宜制其罰數使有常限不得減此其有宜重者又任之官長應四五歲刑者皆髠笞笞至一百稍行使各有差悉不復居作然後刑不復生刑徒不復生徒而殘體爲戮終身作誡人見其痛畏而不犯必數倍於今且爲惡者隨發被刑去其爲

惡之具此爲諸已刑者皆良士也豈與全其爲奸之手足而蹴居必死之窮地
同哉而猶曰肉刑不可用臣竊以爲不識務之甚也臣昔常侍左右數聞明詔
謂肉刑宜用事便於政願陛下信獨見之斷使夫能者得奉聖慮行之於今比
塡溝壑冀見太平周禮三赦三宥施於老幼悼耄黔黎不屬逮者此非爲惡之
所出故刑法逆舍而宥之至於自非此族犯罪則必刑而無赦此政之理也暨
至後世以時嶮多難因赦解結權以行之又不以寬罪人也至今恆以罪積獄
繁赦以散之是以赦愈數而獄愈塞如此不已將至不勝原其所由肉刑不用
之故也今行肉刑非徒不積且爲惡無具則奸息去此二端獄不得繁故無取
於數赦於政體勝矣疏上又不見省至惠帝之世政出羣下每有疑獄各立私
情刑法不定獄訟繁滋尚書裴頠表陳之曰夫天下之事多塗非一司之所管
中才之情易擾賴恆制而後定先王知其所以然也是以辨方分職爲之準局
準局既立各掌其務刑賞相稱輕重無二故下聽有常羣吏安業也舊宮掖陵
廟有水火毀傷之變然後尚書乃躬自奔赴其非此也皆止於郎令史而已刑

罰所加各有常刑云元康四年大風之後廟闕屋瓦有數枚傾落免太常荀寓于時以嚴詔所譴莫敢據正然內外之意僉謂事輕責重有違於常會五年二月有大風主者懲懼前事臣新拜尚書始三日本曹尚書有疾權令兼出按行蘭臺主者乃瞻望阿棟之間求索瓦之不正者得棟上瓦小邪十五處或是始瓦時邪蓋不足言風起倉卒臺官更往太常按行不及得周文書未至之頃便競相禁止臣以權兼暫出出還便罷不復得窮其事而本曹據執却問無已臣時具加解遣而主者畏咎不從臣言禁止太常復與刑獄昔漢氏有盜廟玉環者文帝欲族誅釋之但處以死刑曰若侵長陵一抔土何以復加文帝從之大晉垂制深惟經遠山陵不封園邑不飾墓而不墳同乎山壤是以丘坂存其陳草使齊乎中原矣雖陵兆尊嚴唯毀發然後族之此古典也若登踐犯損失盡敬之道事止刑罪可也去八年奴聽教加誣周龍燒草廷尉遂奏族龍一門八口幷命會龍獄翻然後得免考之情理準之前訓所處實重今年八月陵上荊一枝圍七寸二分者被斫司徒太常奔走道路雖知事小而案劾難測搔擾驅

馳各競免負于今太常禁止未解近日太祝署失火燒屋三間半署在廟北隔
道在重牆之內又即已滅頻爲詔旨所問主者以詔旨使問頻繁便責尚書不
即案行輒禁止尚書免皆在法外刑書之文有限而舛違之故無方故有臨時
議處之制誠不能皆得循常也至於此輩皆爲過當每相逼迫不復以理上替
聖朝畫一之德下損崇禮大臣之望臣愚以爲犯陵上草木不應乃用同產異
刑之制案行奏劾應有定準相承務重體例遂虧或因餘事得容淺深頗雖有
此表曲議猶不止時劉頌爲三公尚書又上疏曰自近世以來法漸多門令甚
不一臣今備掌刑斷職思其憂謹具啓聞臣竊伏惟陛下爲政每思盡善故事
求曲當則例不得直盡善故法不得全何則夫法者固以盡理爲法而上求盡
善則諸下牽文就意以赴主之所許是以法不得全刑書徵文徵文必有乖於
情聽之斷而上安於曲當故執平者因文可引則生二端是法多門令不一則
吏不知所守下不知所避姦僞者因法之多門以售其情所欲淺深苟斷不一
則居上者難以檢下於是事同議異獄犴不平有傷於法古人有言人主詳其

政荒人主期其事理詳匪他盡善則法傷故其政荒也期者輕重之當雖不厭情苟入於文則依而行之故其事理也夫善用法者忍違情不厭聽之斷輕重雖不允人心經於凡覽若不可行法乃得直又君臣之分各有所司法欲必奉故令主者守文理有窮塞故使大臣釋滯事有時宜故人主權斷主者守文若釋之執犯蹕之平也大臣釋滯若公孫弘斷郭解之獄也人主權斷若漢祖戮丁公之爲也天下萬事自非斯格重爲故不近似此類不得出以意妄議其餘皆以律令從事然後法信於下人聽不惑吏不容奸可以言政人主軌斯格以責羣下大臣小吏各守其局則法一矣古人有言善爲政者看人設教看人設教制法之謂也又曰隨時之宜當務之謂也然則看人隨時在大量也而制其法法軌既定則行之行之信如四時執之堅如金石羣吏豈得在成制之內復稱隨時之宜傍引看人設教以亂政典哉何則始制之初固已看人而隨時矣今若設法未盡當則宜改之若謂已善不得盡以爲制而使奉用之司公得出入以差輕重也夫人君所與天下共者法也已令四海不可以不信以爲教方

求天下之不慢不可繩以不信之法且先識有言人至愚而不可欺也不謂平時背法意斷不勝百姓願也上古議事以制不爲刑辟夏殷及周書法象魏三代之君齊聖然咸弃曲當之妙鑒而任徵文之直準非聖有殊所遇異也今論時敦弊不及中古而執平者欲適情之所安自託於議事以制臣竊以爲聽言則美論理則違然天下至大事務衆雜時有不得悉循文如令故臣謂宜立格爲限使主者守文死生以之不敢錯思於成制之外以差輕重則法恆全事無正據名例不及大臣論當以釋不滯則事無閡至如非常之斷出法賞罰若漢祖戮楚臣之私己封趙氏之無功唯人主專之非奉職之臣所得擬議然後情求傍請之跡絕似是而非之奏塞此蓋齊法之大準也主者小吏處事無常何則無情則法徒克有情則撓法積克似無私然乃所以得其私又恆所岨以衞其身斷當恆克世謂盡公時一曲法迺所不疑故人君不善倚深似公之斷而責守文如令之奏然後得爲有檢此又平法之一端也夫出法權制指施一事厭情合聽可適耳目誠有臨時當意之快勝於徵文不允人心也然起爲經制

終年施用恆得一而失十故小有所得者必大有所失近有所漏者必遠有所
苞故諳事識體者善權輕重不以小害大不以近妨遠忍曲當之近適以全簡
直之大準不牽於凡聽之所安必守徵文以正例每臨其事恆御此心以決斷
此又法之大概也又律法斷罪皆當以法律令正文若無正文依附名例斷之
其正文名例所不及皆勿論法吏以上所執不同得爲異議如律之文守法之
官唯當奉用律令至於法律之內所見不同迺得爲異議也今限法曹郎令史
意有不同爲駁唯得論釋法律以正所斷不得援求諸外論隨時之宜以明法
官守局之分詔下其事侍中太宰汝南王亮奏以爲夫禮以訓世而法以整俗
理化之本事實由之若斷不斷常隨輕重意則王憲不一人無所錯矣故觀人
設教在上之舉守文直法臣吏之節也臣以去太康八年隨事異議周懸象魏
之書漢詠畫一之法誠以法與時共義不可二令法素定而法爲議則有所開
長以爲宜如頌所啓爲永久之制於是門下屬三公曰昔先王議事以制自中
古以來執法斷事既以立法誠不宜復求法外小善也若常以善奪法則人逐

善而不忌法其害甚於無法也按啓事欲令法令斷一事無二門郎令史以下應復出法駮按隨事以聞也及于江左元帝爲丞相時朝廷草創議斷不循法律人立異議高下無狀主簿熊遠奏曰禮以崇善法以閑非故禮有典法有常防人之惡而無邪心是以周建象魏之制漢創畫一之法故能闡弘大道以至刑厝律令之作由來尚矣經賢智歷夷險隨時斟酌最爲周備自軍興以來法度陵替至於處事不用律令競作屬命人立異議曲適物情虧傷大例府立節度復不奉用臨事改制朝作夕改至於主者不敢任法每輒關諮委之大官非爲政之體若本曹處事不合法令監司當以法彈違不得動用開塞以壞成事按法蓋麤術非妙道也矯割物情以成法耳若每隨物情輒改法制此爲以情壞法法之不一是謂多門開人事之路廣私請之端非先王立法之本意也凡爲駁議者若違律令節度當合經傳及前比故事不得任情以破成法愚謂宜令錄事更立條制諸立議者皆當引律令經傳不得直以情言無所依準以虧舊典也若開塞隨宜權道制物此是人君之所得行非臣子所宜專用主者唯

當徵文據法以事爲斷耳是時帝以權宜從事尚未能從而河東衞展爲晉王大理考擿故事有不合情者又上書曰今施行詔書有考子正父死刑或鞭父母問子所在近主者所稱庚寅詔書舉家逃亡家長斬若長是逃亡之主斬之雖重猶可設子孫犯事將考祖父逃亡逃亡是子孫而父祖嬰其酷傷順破教如此者衆相隱之道離則君臣之義廢君臣之義廢則犯上之奸生矣秦網密文峻漢興掃除煩苛風移俗易幾於刑厝大人革命不得不蕩其穢匿通其圮滯今詔書宜除者多有便於當今著爲正條則法差簡易元帝令曰禮樂不興則刑罰不中是以明罰勑法先王所慎自元康以來事故荐臻法禁滋漫大理所上宜朝堂會議蠲除詔書不可用者此孤所虛心者也及帝即位展爲廷尉又上言古者肉刑事經前聖漢文除之增加大辟今人戶彫荒百不遺一而刑法峻重非句踐養胎之義也愚謂宜復古施行以隆太平之化詔內外通議於是驃騎將軍王導太常賀循侍中紀瞻中書郎庾亮大將軍諮議參軍梅陶散騎郎張嶷等議以肉刑之典由來尚矣肇自古先以及三代聖哲明王所未曾

改也豈是漢文常主所能易者乎時蕭曹已沒絳灌之徒不能正其義逮班固深論其事以爲外有輕刑之名內實殺人又死刑太重生刑太輕生刑施於上死刑怨於下輕重失當故刑政不中也且原先王之造刑也非以過怒也非以殘人也所以救奸所以當罪今盜者竊人之財淫者好人之色亡者避叛之役皆無殺害也則刖之以刑刑之則止而加之斬戮戮過其罪死不可生縱虐於此歲以巨計此迺仁人君子所不忍聞而況行之於政乎若乃惑其名而不練其實惡其生而趣其死此畏水投舟避坎蹈井愚夫之不若何取於政哉今大晉中興遵復古典率由舊章起千載之滯義拯百殘之遺黎使皇典廢而復存黔首死而更生至義暢于三代之際遺風播乎百世之後生肉枯骨惠侔造化豈不休哉惑者乃曰死猶不懲而況於刑然人者冥也其至愚矣雖加斬戮忽爲灰土死事日往生欲日存未以爲改若刑諸市朝朝夕鑒戒刑者詠爲惡之永痛惡者覩殘刖之長廢故足懼也然後知先王之輕刑以御物顯誠以懲愚其理遠矣尚書令刁協尚書薛兼等議以爲聖上悼殘荒之遺黎傷犯死之繁

衆欲行刖以代死刑使犯死之徒得存性命則率土蒙更生之澤兆庶必懷恩以反化也今中興祚隆大命惟新誠宜設寬法以育人然懼羣小愚蔽習翫所見而忽異聞或未能咸服愚謂行刑之時先明申法令樂刑者刖甘死者殺則心必服矣古典刑不上大夫今士人有犯者謂宜如舊不在刑例則進退爲允尙書周顗郎曹彥中書郎桓彝等議以爲復肉刑以代死誠是聖王之至德哀矜之弘私然竊以爲刑罰輕重隨時而作時人少罪而易威則從輕而寬之時人多罪而難威則宜化刑而濟之肉刑平世所應立非救弊之宜也方今聖化草創人有餘奸習惡之徒爲非未已截頭絞頸尙不能禁而乃更斷足劓鼻輕其刑罰使欲爲惡者輕犯寬刑蹈罪更衆是爲輕其刑以誘人於罪殘其身以加楚酷也昔之畏死刑以爲善人者今皆犯輕刑而殘其身畏重之常人反爲犯輕而致囚此則何異斷刖常人以爲恩仁邪受刑者轉廣而爲非者日多踊貴屨賤有鼻者醜也徒有輕刑之名而實開長惡之源不如以殺止殺重以全輕權小停之須聖化漸著兆庶易威之日徐施行也議奏元帝猶欲從展所上

大將軍王敦以爲百姓習俗日久忽復肉刑必駭遠近且逆寇未殄不宜有慘酷之聲以聞天下於是乃止咸康之世庾冰好爲糾察近於繁細後益矯違復存寬縱疎密自由律令無用矣至安帝元興末桓玄輔政又議欲復肉刑斬左右趾之法以輕死刑命百官議蔡廓上議曰建邦立法弘教穆化必隨時置制德刑兼施長貞一以閑其邪教禁以檢其慢灑湛露以流潤厲嚴霜以肅威雖復質文迭用而斯道莫革肉刑之設肇自哲王蓋由曩世風淳人多惇謹圖像既陳則機心直戢刑人在塗則不逞改操故能勝殘去殺化隆無爲季末澆僞設網彌密利巧之懷日滋恥畏之情轉寡終身劇役不足止其奸況乎黥劓豈能反於善徒有酸慘之聲而無濟俗之益至於弃市之條實非不赦之罪事非手殺考律同歸輕重約科減降路塞鍾陳以之抗言元皇所爲留愍今英輔翼贊道邈伊周誠宜明慎用刑愛人弘育申哀矜以革濫移大辟於支體全性命之至重恢繁息於將來而孔琳之議不同用王朗夏侯玄之旨時論多與琳之同故遂不行

晉書卷三十

晉書卷三十考證

刑法志溢於甫刑千九百八十九其四百一十大辟千五百耐罪七十九贖罪

○監本千五百下衍七字今以上四百一十及下七十九核之則此當作千五百乃合千九百八十九之數也故刪去

晉書卷三十考證

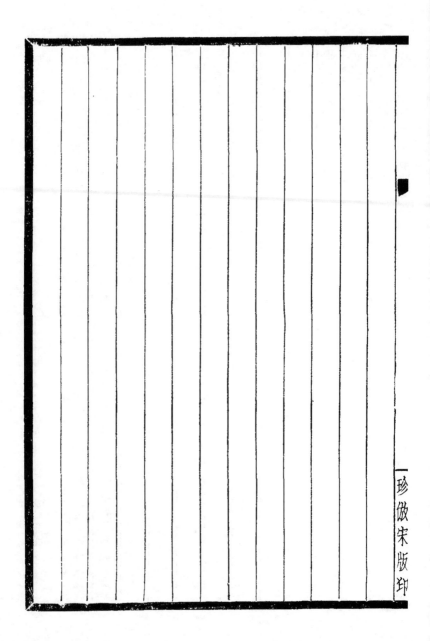

晉書卷三十一

唐　太　宗　文　皇　帝　御　撰

列傳第一

后妃上

夫乾坤定位男女流形伉儷之義同歸貴賤之名異等若乃作配皇極齊體紫宸象玉牀之連後星喻金波之合羲璧爰自夐古是謂元妃降及中年乃稱王后四人並列光于帝嚳之宮二妃同降著彼有虞之典夏商以上六宮之制其詳靡得而聞焉姬劉以降五翟之規其事可略而言矣周禮天子立一后三夫人九嬪二十七世婦八十一御妻以聽王者內政故婚義曰天子之與后如日之與月陰之與陽由斯而談其所從來遠矣故能母儀天寓助宣王化德均載物比大坤維宗廟歆其薦羞穹壤侔其交泰是以哲王垂憲尤重造舟之禮詩人立言先獎葛覃之訓後燭流景所以裁其宴私房樂希聲是用節其容止履端正本抑斯之謂歟若乃娉納有方防閑有禮肅尊儀而修四德體柔範而弘

六義陰教洽於宮闈淑譽騰於區域則玄雲入戶上帝錫母萌之符黃神降徵坤靈贊壽丘之道終能鼎祚惟永胤嗣克昌至若儷極虧閑憑天作孽倒裳衣於衽席感脁側於弦望則龍漦結釁宗周鞠爲黍苗燕尾挻災隆漢墜其枌社矣自曹劉內主位以色登甄衞之家榮非德舉淫荒挺性蔑西郊之禮容婉孌含辭作南國之奇態詖謁由斯外入穢德於是內宣椒掖播晨牝之風蘭殿絕河雎之響永言彤史大練之範逾微緬視青蒲脫珥之猷替矣晉承其末與世污隆宣皇創基功弘而道屈穆后一善勳侔於十亂洎乎太祖始親選良家既而帝掩紈扇躬行請託后採長白實彰妬忌之情賈納短青竟踐覆亡之轍得失遺跡煥在綈緗興滅所由義同畫一故列其本事以爲后妃傳云

宣穆張皇后

宣穆張皇后諱春華河內平皐人也父汪魏粟邑令母河內山氏司徒濤之從祖姑也后少有德行智識過人生景帝文帝平原王幹南陽公主宣帝初辭魏武之命託以風痺嘗曝書遇暴雨不覺自起收之家惟有一婢見之后乃恐事

泄致禍遂手殺之以滅口而親自執爨帝由是重之其後柏夫人有寵后罕得進見帝嘗臥疾后往省病帝曰老物可憎何煩出也后慚恚不食將自殺諸子亦不食帝驚而致謝后乃止帝退而謂人曰老物不足惜慮困我好兒耳魏正始八年崩時年五十九葬洛陽高原陵追贈廣平縣君咸熙元年追號宣穆妃及武帝受禪追尊爲皇后

景懷夏侯皇后

景懷夏侯皇后諱徽字媛容沛國譙人也父尚魏征南大將軍母曹氏魏德陽鄉主后雅有識度帝每有所爲必豫籌畫魏明帝世宣帝居上將之重諸子並有雄才大略后知帝非魏之純臣而后既魏氏之甥帝深忌之青龍二年遂以鴆崩時年二十四葬峻平陵武帝登祚初未追崇弘訓太后每以爲言泰始二年始加號謚后無男生五女

景獻羊皇后

景獻羊皇后諱徽瑜泰山南城人父衜上黨太守后母陳留蔡氏漢左中郎將

邕之女也后聰敏有才行景懷皇后崩景帝更娶鎮北將軍濮陽吳質女見黜復納后無子武帝受禪居弘訓宮號弘訓太后泰始九年追贈蔡氏濟陽縣君諡曰穆咸寧四年太后崩時年六十五祔葬峻平陵

文明王皇后

文明王皇后諱元姬東海郯人也父肅魏中領軍蘭陵侯后年八歲誦詩論尤善喪服苟有文義目所一見必貫於心年九歲遇母疾扶侍不捨左右衣不解帶者久之每先意候指動中所適由是父母令攝家事每盡其理祖朗甚愛異之曰興吾家者必此女也惜不爲男矣年十二朗薨后哀戚哭泣發於自然其父益加敬異既笄歸于文帝生武帝及遼東悼王定國齊獻王攸城陽哀王兆廣漢殤王廣德京兆公主后事舅姑盡婦道謙沖接下嬪御有序及居父喪身不勝衣言與淚俱時鍾會以才能見任后每言於帝曰會見利忘義好爲事端寵過必亂不可大任會後果反武帝受禪尊爲皇太后宮曰崇化初置宮卿重選其職以太常諸葛緒爲衛尉太僕劉原爲太僕宗正曹楷爲少府后雖處尊

位不忘素業躬執紡績器服無文御浣濯之衣食不參味而敦睦九族垂心萬物言必典禮浸潤不行帝以后母羊氏未崇謚號泰始三年下詔曰昔漢文追崇靈文之號武宣有平原博平之封咸所以奉尊尊之敬廣親親之恩也故衞將軍蘭陵景侯夫人羊氏含章體順仁德醇備內承世冑出嬪大國三從之行率禮無違仍遭不造頻喪統嗣撫育衆胤克成家道母儀之教光于邦族誕啓聖明祚流萬國而早世殂隕不遇休寵皇太后孝思蒸蒸永慕罔極朕感存遺訓追遠傷懷其封夫人爲縣君依德紀謚主者詳如舊典於是使使持節謁者何融追謚爲平陽縣君四年后崩時年五十二合葬崇陽陵將還祔帝手疏后德行命史官爲哀策曰明明先后與我晉道暉章淑問以翼皇考邁德宣猷大業有造貽慶孤矇堂構是保庶資復顧永享難老奄然登遐棄我何早沉哀罔訴如何窮旻嗚呼哀哉厥初生民樹之惠康帝還明德顧予先皇天立厥配我皇是光作邦作對德音無疆愍予不弔天篤降殃日沒明夷中年隕喪煢煢在疚永懷推傷尋惟景行於穆不已海岱降靈世荷繁祉永錫祚胤篤生文母誕

膺純和淑慎容止質直不渝體茲孝友詩書是悅禮籍是紀三從無違中饋允理追惟先后勞謙是尙爰初在室竭力致養嬪于大邦皇基是相謚靜隆化帝業以創內敘嬪御外叶時望履信居順德行洽暢密勿無荒劬勞克讓崇儉抑華沖素是放雖享崇高歡嘉未饗胡寧棄之我將曷仰咨余不造大罰薦臻皇考背世始踰三年仰奉慈親冀無後艱凶災仍集何辜于天嗚呼哀哉靈輀夙駕設祖中闈轀輬動軫既往不追哀哀皇妣永潛靈暉進攀梓宮顧援素旐屏營窮痛誰告誰依訴情贈策以舒傷悲尙或有聞顧予孤遺嗚呼哀哉其後帝追慕不已復下詔曰外曾祖母故司徒王朗夫人楊氏舅氏尊屬鄭劉二從母先后至愛每惟聖善敦睦遺旨渭陽之感永懷靡及其封楊夫人及從母爲鄉君邑各五百戶太康七年追贈繼祖母夏侯氏爲滎陽鄉君

武元楊皇后

武元楊皇后諱豔字瓊芝弘農華陰人也父文宗見外戚傳母天水趙氏早卒后依舅家舅妻仁愛親乳養后遣他人乳其子及長又隨後母段氏依其家后

少聰慧善書姿質美麗閑於女工有善相者嘗相后當極貴文帝聞而爲世子
聘焉甚被寵遇生毗陵悼王軌惠帝秦獻王柬平陽新豐陽平公主武帝卽位
立爲皇后有司奏依漢故事皇后太子各食湯沐邑四十縣而帝以非古典不
許后追懷舅氏之恩顯官趙俊納俊兄虞女粲於後宮爲夫人帝以皇太子不
堪奉大統密以語后后曰立嫡以長不以賢豈可動乎初賈充妻郭氏使賂后
求以女爲太子妃及議太子婚帝欲娶衞瓘女然后盛稱賈后有淑德又密使
太子太傅荀顗進言上乃聽之泰始中帝博選良家以充後宮先下書禁天下
嫁娶使宦者乘使車給騶騎馳傳州郡召充選者使后揀擇后性妬惟取潔白
長大其端正美麗者並不見留時卞藩女有美色帝掩扇謂后曰卞氏女佳后
曰藩三世后族其女不可枉以卑位帝乃止司徒李胤鎮軍大將軍胡奮廷尉
諸葛沖太僕臧權侍中馮蓀祕書郎左思及世族子女並充三夫人九嬪之列
司冀兗豫四州二千石將吏家補良人以下名家盛族子女多敗衣瘁貌以避
之及后有疾見帝素幸胡夫人恐後立之慮太子不安臨終枕帝膝曰叔父駿

女男胤有德色願陛下以備六宮因悲泣帝流涕許之泰始十年崩于明光殿絶于帝膝時年三十七詔曰皇后逮事先后常冀能終始永奉宗廟一旦殂隕痛悼傷懷每自以夙喪二親於家門之情特隆又有心欲改葬父祖以頃者務崇儉約初不有言近垂困說此意情亦愍之其使領前軍將軍駿等自克改葬之宜至時主者供給葬事賜謚母趙氏爲縣君以繼母段氏爲鄉君傳不云乎愼終追遠民德歸厚且使亡者有知尙或嘉之於是有司卜吉窀穸有期乃命史臣作哀策敘懷其詞曰天地配序成化兩儀王假有家道在伉儷姜嫄佐嚳二妃興嬀仰希古昔冀亦同規今胡不然景命風虧嗚呼哀哉我應圖籙統臨萬方正位于內實在嬪嬙天作之合駿發之祥河嶽降靈啓祚豐陽奕世豐衍朱紱斯煌纘女惟行受命溥將來翼家邦憲度是常緝熙陰教德聲顯揚昔我先妣暉曜休光后承前訓奉述遺芳宜嗣徽音繼序無荒如何不弔背世隕喪望齊無主長去烝嘗追懷永悼率土摧傷嗚呼哀哉陵兆既窆將還幽都宵陳夙駕元妃其徂宮闈遏密階庭空虛設祖布紼告駕啓塗服翬褕狄寄象容車

金路晻藹裳帳不舒千乘動軫六騑躊躇銘旌樹表翣柳雲敷祁祁同軌岌岌烝徒孰不云懷哀感萬夫寧神虞卜安體玄廬土房陶簋齊制遂初依行紀謚聲被八區雖背明光亦歸皇姑沒而不朽世德作謨嗚呼哀哉乃葬于峻陽陵

武悼楊皇后

武悼楊皇后諱芷字季蘭小字男胤元后從妹父駿別有傳以咸寧二年立爲皇后婉嫕有婦德美暎椒房甚有寵生渤海殤王早薨遂無子太康九年后率內外夫人命婦躬桑于西郊賜帛各有差太子妃賈氏妬忌帝將廢之后言于帝曰賈公閭有勳社稷猶當數世宥之賈妃是其親女正復妬忌之間不足以一眚掩其大德后又數誡厲妃妃不知后之助己因以致恨謂后搆之於帝忿怨彌深及帝崩尊爲皇太后賈后凶悖忌后父駿執權遂誣駿爲亂使楚王瑋與東安王繇稱詔誅駿內外隔塞后題帛爲書射之城外曰救太傅者有賞賈后因宣言太后同逆駿既死詔使後軍將軍荀悝送后于永寧宮特全后母高都君龐氏之命聽就后居止賈后諷羣公有司奏曰皇太后陰漸姦謀圖危社

稷飛箭繫書要募將士同惡相濟自絕于天魯侯絕文姜春秋所許蓋以奉順
祖宗任至公於天下陛下雖懷無已之情臣下不敢奉詔可宣勑王公於朝堂
會議詔曰此大事更詳之有司又奏駿藉外戚之資居冢宰之任陛下既居諒
闇委以重權至乃陰圖凶逆布樹私黨皇太后內爲脣齒叶同逆謀禍釁既彰
背捍詔命阻兵負衆血刃宮省而復流書募衆以獎凶黨上背祖宗之靈下絕
億兆之望昔文姜與亂春秋所貶呂宗叛戾高后降配宜廢皇太后爲峻陽庶
人中書監張華等以爲太后非得罪於先帝者也今黨惡所親爲不母於聖世
宜依孝成趙皇后故事曰武帝皇后處之離宮以全貴終之恩尚書令下邳王
晃等議曰皇太后與駿潛謀欲危社稷不可復奉承宗廟配合先帝宜貶尊號
廢詣金墉城於是有司奏請從晃等議廢太后爲庶人遣使者以太牢告于郊
廟以奉承祖宗之命稱萬國之望至於諸所供奉可順聖恩務從豐厚詔不許
有司又固請乃可之又奏楊駿造亂家屬應誅詔原其妻龐命以慰太后之心
今太后廢爲庶人請以龐付廷尉行刑詔曰聽龐與庶人相隨有司希賈后旨

固請乃從之龐臨刑太后抱持號叫截髮稽顙上表詣賈后稱妾請全母命不見省初太后尚有侍御十餘人賈后奪之絕膳而崩時年三十四在位十五年賈后又信妖巫謂太后必訴冤先帝乃覆而殯之施諸厭劾符書藥物永嘉元年追復尊號別立廟神主不配武帝至成帝咸康七年下詔使內外詳議衞將軍虞潭議曰世祖武皇帝光有四海元皇后應乾作配元后既崩悼后繼作至楊駿肆逆禍延天母孝懷皇帝追復號諡豈不以鯀殛禹興義在不替者乎又太寧二年臣忝宗正帝譜泯棄罔所循按時博諮舊齒以定昭穆與故驃騎將軍華恆尚書荀崧侍中荀邃因舊譜參論撰次尊號之重一無改替今聖上孝思祇肅禋祀詢及羣司將以恢定大禮臣輒思議伏見惠皇帝起居注羣臣議奏列駿作逆謀危社稷引魯之文姜漢之呂后臣竊以文姜雖莊公之母實爲父讎呂后寵樹私戚幾危劉氏按此二事異於今日昔漢章帝竇后殺和帝之母和帝卽位盡誅諸竇當時議者欲貶竇后及后之亡欲不以禮葬和帝以奉事十年義不可違臣子之道務從豐厚仁明之稱表於往代又見故尚書僕射

裴頠議悼后故事稱繼母雖出追服無改是以孝懷皇帝尊崇號謚還葬峻陵此則母子道全而廢事蕩革也于時祭於弘訓之宮未入太廟蓋是事之未盡非義典也若以悼后復位爲宜則應配食世祖若以復之爲非則譜謚宜闕未有位號居正而偏祠別室者也若以孝懷皇帝私隆母子之道特爲立廟者此苟崇私情有虧國典則國譜帝諱皆宜除棄匪徒不得同祠於世祖之廟也會稽王昱中書監庾冰中書令何充尚書令諸葛恢尚書謝廣光祿勳留擢丹陽尹殷融護軍將軍馮懷散騎常侍鄧逸等咸從譚議由是太后配食武帝

左貴嬪

左貴嬪名芬兄思別有傳芬少好學善綴文名亞於思武帝聞而納之泰始八年拜修儀受詔作愁思之文因爲離思賦曰生蓬戶之側陋兮不閑習於文符不見圖畫之妙像兮不聞先哲之典謨既愚陋而寡識兮謬忝廁於紫廬非草茅之所處兮恆怵惕以憂懼懷思慕之忉怛兮兼始終之萬慮嗟隱憂之沉積兮獨鬱結而靡訴意慘憤而無聊兮思纏綿以增慕夜耿耿而不寐兮魂憧憧

而至曙風騷騷而四起兮霜皚皚而依庭日晻曖而無光兮氣懰慄以洌清懷愁慼之多感兮患涕淚之自零昔伯瑜之婉孌兮每綵衣以娛親悼今日之乖隔兮奄與家爲參辰豈相去之云遠兮曾不盈乎數尋何宮禁之清切兮欲瞻覩而莫因仰行雲以歔欷兮涕流射而沾巾惟屈原之哀感兮嗟悲傷於離別彼城闕之作詩兮亦以日而喻月況骨肉之相於兮永緬邈而兩絕長含哀而抱慼兮仰蒼天而泣血亂曰骨肉至親化爲它人永長辭兮慘愴愁悲夢想魂歸見所思兮驚寤號咷心不自聊泣漣洏兮援筆舒情涕淚增零訴斯詩兮後爲貴嬪姿陋無寵以才德見禮體羸多患常居薄室帝每遊華林輒回輦過之言及文義辭對清華左右侍聽無不稱美及元楊皇后崩芬獻誄曰惟泰始十年秋七月景寅晉元皇后楊氏崩嗚呼哀哉昔有莘適殷姜姒歸周宣德中闈徽音永流樊衞二姬匡齊翼楚馬鄧兩妃亦毗漢主峨峨元后光嬪晉寓伉儷聖皇比蹤往古遭命不永背陽即陰六宮號咷四海慟心嗟予鄙妾銜恩特深追慕三良甘心自沉何用存思不忘德音何用紀述託辭翰林乃作誄曰赫赫

元后出自有楊弈世朱輪燿彼華陽惟嶽降神顯茲禎祥篤生英媛休有烈光
含靈握文巽于庶姜和暢春日操厲秋霜疾彼攸遂敦此義方率由四教匪怠
匪荒行周六親徽音顯揚顯揚伊何京室是臧乃娉乃納聿嬪聖皇正位閨闈
惟德是將鳴珮有節發言有章仰觀列圖俯覽篇籍顧問女史咨詢竹帛思媚
皇姑虔恭朝夕允釐中饋執事有恪于禮斯勞于敬斯勤雖曰齊聖邁德曰新
日新伊何克廣弘仁終溫且惠帝妹是親經緯六宮罔不彌綸羣妾惟仰譬彼
北辰亦既青陽鳴鳩告時躬執桑曲率導媵姬修成蠶蔟分繭理絲女工是察
祭服是治祇奉宗廟永言孝思于彼六行靡不蹈之皇英佐舜塗山翼禹惟衛
惟樊二霸是輔明明我后異世同軌亦能有亂謀及天府內敷陰教外毗陽化
綢繆庶正密勿夙夜恩從風翔澤隨雨播中外禔福遐邇詠歌天祚貞吉克昌
克繁則百斯慶育聖育賢教踰妊姒訓邁姜嫄堂堂太子惟國之元濟濟南陽
爲屏爲藩本支菴藹四海蔭焉徽斯皇妣孰茲克臻曰乾蓋聽曰聖允誠積善
之堂五福所幷宜享高年匪隕匪傾如彭之齒如聃之齡云胡不造于茲禍殃

寢疾彌留寤寐不康巫咸騁術扁鵲奏方祈禱無應嘗藥無良形神既離載昏載荒奄忽崩殂湮精滅光哀哀太子南陽繁昌攀援不寐擗踊摧傷嗚呼哀哉闔宮號咷宇內震驚奔者塡衢赴者塞庭哀慟雷駭流涕雨零歔欷不已若喪所生惟帝與后契闊在昔比翼白屋雙飛紫閣悼后傷后早即窀穸言斯既及涕泗隕落追惟我后實聰實哲通于性命達于儉節送終之禮比素上世襚無珍寶唅無明月潛輝梓宮永背昭晰臣妾哀號同此斷絕庭宇遏密幽室增陰空設帷帳虛置衣衾人亦有言神道難尋悠悠精爽豈浮豈沉豐奠日陳冀魂之臨孰云元后不聞其音乃議景行景行已溢乃考龜筮龜筮襲吉爰定宅兆克成玄室魂之往矣于以今日仲秋之晨啓明始出星陳夙駕靈輿結駟其輿伊何金根玉箱其駟伊何二駱雙黃習習容車朱服丹章隱隱轜軒弁絰繐裳華轂曜野素蓋被原方相仡仡旌旐翻翻輓童引歌白驥鳴轅觀者夾塗士女涕漣千乘萬騎迄彼峻山峻山峨峨層阜重阿弘高顯敞據洛背河左瞻皇姑右睎帝家惟存揆亡明神所嘉諸姑姊妹娣姒媵御追送塵軌號咷衢路王侯

卿士雲會星布羣官庶僚縞蓋無數咨嗟通夜東方云曙百祇奉迎我后安厝
中外俱臨同哀並慕涕如連雲淚如湛露扃闥既闔窈窈冥冥有夜無晝曷用
其明不封不樹山坂同形昔后之崩大火西流寒往暑過今亦孟秋自我銜卹
儵忽一周衣服將變痛心若抽逼彼禮制惟以增憂去此素衣結戀靈丘有始
有終天地之經自非三光誰能不零存播令德沒圖丹青先哲之志以此爲榮
溫溫元后實宣慈焉撫育羣生恩惠滋焉遺愛不已永見思焉懸名日月垂萬
春焉嗚呼庶妾感四時焉言思言慕涕漣洏焉咸寧二年納悼后芬於座受詔
作頌其辭曰峨峨華嶽峻極泰清巨靈導流河瀆是經惟瀆之神惟嶽之靈鍾
于楊族載育盛明穆穆我后應期挺生含聰履喆岐嶷夙成如蘭之茂如玉之
榮越在幼沖休有令名飛聲八極翕習紫庭超任邈姒比德皇英京室是嘉備
禮致聘令月吉辰百僚奉迎周生歸韓詩人是詠我后戾至車服暉暎登位太
微明德日盛羣黎欣戴函夏同慶翼翼聖皇叡喆孔純愍茲狂戾闓惠播仁蠲
釁滌穢與時惟新沛然洪赦恩詔遐震后之踐祚囹圄虛陳萬國齊歡六合同

欣坤神扑儛天人載悅與順降祥表精日月和氣烟熅三光朗列旣獲嘉時尋播甘雪玄雲晻藹靈液霏霏旣儲旣積待陽而晞曣晛沾濡柔潤中畿長享豐年福祿永綏及帝女萬年公主薨帝痛悼不已詔芬爲誄其文甚麗帝重芬詞藻每有方物異寶必詔爲賦頌以是屢獲恩賜焉答兄思詩書及雜賦頌數十篇並行於世

胡貴嬪

胡貴嬪名芳父奮別有傳泰始九年帝多簡良家子女以充內職自擇其美者以絳紗繫臂而芳旣入選下殿號泣左右止之曰陛下聞聲芳曰死且不畏何畏陛下帝遣洛陽令司馬肇策拜芳爲貴妃帝每有顧問不飾言辭率爾而答進退方雅時帝多內寵平吳之後復納孫皓宮人數千自此掖庭殆將萬人而並寵者甚衆帝莫知所適常乘羊車恣其所之至便宴寢宮人乃取竹葉插戶以鹽汁灑地而引帝車然芳最蒙愛幸殆有專房之寵焉侍御服飾亞于皇后帝嘗與之樗蒱爭矢遂傷上指帝怒曰此固將種也芳對曰北伐公孫西距諸

葛非將種而何帝甚有慚色芳生武安公主

諸葛夫人

諸葛夫人名婉瑯邪陽都人也父沖字茂長廷尉卿婉以泰始九年春入宮帝臨軒使使持節洛陽令司馬肇拜爲夫人兄銓字德林散騎常侍銓弟玫字仁林侍中御史中丞玫婦弟周穆清河王覃之舅也永嘉初穆與玫勸東海王越廢懷帝立覃越不許重言之越怒遂斬玫及穆臨刑玫謂穆曰我語卿何道穆曰今日復何所說時人方知謀出于穆非玫之意

惠賈皇后

惠賈皇后諱南風平陽人也小名旹父充別有傳初武帝欲爲太子娶衞瓘女元后納賈郭親黨之說欲婚賈氏帝曰衞公女有五可賈公女有五不可衞家種賢而多子美而長白賈家種妬而少子醜而短黑元后固請荀顗荀勗並稱充女之賢乃定婚始欲聘后妹午午年十二小太子一歲短小未勝衣更娶南風時年十五大太子二歲泰始八年二月辛卯冊拜太子妃妬忌多權詐太子

畏而惑之嬪御罕有進幸者帝常疑太子不慧且朝臣和嶠等多以爲言故欲試之盡召東宮大小官屬爲設宴會而密封疑事使太子決之停信待反妃大懼倩外人作答答者多引古義給使張泓曰太子不學而答詔引義必責作草主更益譴負不如直以意對妃大喜語泓便爲我好答富貴與汝共之泓素有小才具草令太子自寫帝省之甚悅先示太子少傅衞瓘瓘大踧踖衆人乃知瓘先有毀言殿上皆稱萬歲充密遣語妃云衞瓘老奴幾破汝家妃性酷虐嘗手殺數人或以戟擲孕妾子隨刃墮地帝聞之大怒已修金墉城將廢之充華趙粲從容言曰賈妃年少妬是婦人之情耳長自當差願陛下察之其後楊珧亦爲之言曰陛下忘賈公閭耶荀勖深救之故得不廢惠帝卽位立爲皇后生河東臨海始平公主哀獻皇女后暴戾日甚侍中賈模后之族兄右衞郭彰后之從舅並以才望居位與楚王瑋東安公繇分掌朝政后母廣城君養孫賈謐干預國事權侔人主繇密欲廢后賈氏憚之及太宰亮衞瓘等表繇徙帶方奪楚王中候后知瑋怨之乃使帝作密詔令瑋誅瓘亮以報宿憾模知后凶暴恐

禍及己乃與裴頠王衍謀廢之衍悔而謀寢后遂荒淫放恣與太醫令程據等亂彰內外洛南有盜尉部小吏端麗美容止旣給廝役忽有非常衣服衆咸疑其竊盜尉嫌而辯之賈后踈親欲求盜物往聽對辭小吏云先行逢一老嫗說家有疾病師卜云宜得城南少年厭之欲暫相煩必有重報於是隨去上車下帷內簏箱中行可十餘里過六七門限開簏箱忽見樓闕好屋問此是何處云是天上即以香湯見浴好衣美食將入見一婦人年可三十五六短形青黑色眉後有疵見留數夕共寢歡宴臨出贈此衆物聽者聞其形狀知是賈后慚笑而去尉亦解意時宅人入者多死惟此小吏以后愛之得全而出及河東公主有疾師巫以爲宜施寬令乃稱詔大赦天下初后詐有身內槀物爲產具遂取妹夫韓壽子慰祖養之託諒闇所生故弗顯遂謀廢太子以所養代立時洛中謠曰南風烈烈吹黃沙遙望魯國鬱嵯峨前至三月滅汝家后母廣城君以后無子甚敬重愍懷每勸厲后使加慈愛賈謐恃貴驕縱不能推崇太子廣城君恆切責之及廣城君病篤占術謂不宜封廣城乃改封宜城后出侍疾十餘日

太子常往宜城第將醫出入恂恂盡禮宜城臨終執后手令盡意於太子言甚切至又曰趙粲及午必亂汝事我死後勿復聽入深憶吾言后不能遵之遂專制天下威服內外更與粲午專爲姦謀誣害太子衆惡彰著初誅楊駿及汝南王亮太保衞瓘楚王瑋等皆臨機專斷宦人董猛參預其事猛武帝時爲寺人監侍東宮得親信於后預誅楊駿封武安侯猛三兄皆爲亭侯天下咸怨及太子廢黜趙王倫孫秀等因衆怨謀欲廢后后數遣宮婢微服於人閒視聽其謀頗泄后甚懼遂害太子以絕衆望趙王倫乃率兵入宮使翊軍校尉齊王冏入殿廢后后與冏母有隙故倫使之后驚曰卿何爲來冏曰有詔收后后曰詔當從我出何詔也后至上閤遙呼帝曰陛下有婦使人廢之亦行自廢又問冏曰起事者誰冏曰梁趙后曰繫狗當繫頸今反繫其尾何得不然至宮西見謐尸再舉聲而哭遽止倫乃矯詔遣尚書劉弘等持節齎金屑酒賜后死后在位十一年趙粲賈午韓壽董猛等皆伏誅臨海公主先封清河洛陽之亂爲人所略傳賣吳興錢溫溫以送女女遇主甚酷元帝鎮建鄴主詣縣自言元帝誅溫及

女改封臨海宗正曹統尙之

惠羊皇后

惠羊皇后諱獻容泰山南城人祖瑾父玄之並見外戚傳賈后旣廢孫秀議立后后外祖孫旂與秀合族又諸子自結於秀故以太安元年立爲皇后將入宮衣中有火成都王穎伐長沙王乂以討玄之爲名乂敗穎奏廢后爲庶人處金墉城陳眕等唱伐成都王大赦復后位張方入洛又廢后方逼遷大駕幸長安留臺復后位永興初張方又廢后河閒王顒矯詔以后屢爲姦人所立遣尙書田淑勑留臺賜后死詔書累至司隸校尉劉暾與尙書僕射荀藩河南尹周馥馳上奏曰奉被手詔伏讀惶悴臣按古今書籍亡國破家毀喪宗祊皆由犯衆違人之所致也陛下遷幸舊京廓然衆庶悠悠罔所依倚家有跂踵之心人想鑾輿之聲思望大德釋兵歸農而兵纏不解處處互起豈非善者不至人情猜隔故耶今上官已犯闕稱兵焚燒宮省百姓讙駭宜鎭之以靜而大使卒至赫然執藥當詣金墉內外震動謂非聖意羊庶人門戶殘破廢放空宮門禁峻密

若絶天地無緣得與姦人構亂衆無智愚皆謂不然刑書猥至罪不值辜人心一憤易致興動夫殺一人而天下喜悅者宗廟社稷之福也今殺一枯窮之人而令天下傷慘臣懼凶豎乘間妄生變故臣忝司京輦觀察衆心實以深憂宜當含忍不勝所見謹密啓聞願陛下更深與太宰參詳勿令遠近疑惑取謗天下顒見表大怒乃遣陳顏呂朗東收暾暾奔青州后遂得免帝還洛迎后復位後洛陽令何喬又廢后及張方首至其日復后位會帝崩后慮太弟立爲嫂叔不得稱太后催前太子清河王覃入將立之不果懷帝卽位尊后爲惠帝皇后居弘訓宮洛陽敗沒于劉曜曜僭位以爲皇后因問曰吾何如司馬家兒后曰胡可並言陛下開基之聖主彼亡國之暗夫有一婦一子及身三耳不能庇之貴爲帝王而妻子辱於凡庶之手遣妾爾時實不思生何圖復有今日妾生於高門常謂世間男子皆然自奉巾櫛以來始知天下有丈夫耳曜甚愛寵之生曜二子而死僞諡獻文皇后

謝夫人

謝夫人名玖家本貧賤父以屠羊爲業玖清惠貞正而有淑姿選入後庭爲才人惠帝在東宮將納妃武帝慮太子尚幼未知帷房之事乃遣往東宮侍寢由是得幸有身賈后妬忌之玖求還西宮遂生愍懷太子年三四歲惠帝不知也入朝見愍懷與諸皇子共戲執其手武帝曰是汝兒也及立爲太子拜玖爲淑媛賈后不聽太子與玖相見處之一室及愍懷遇酷玖亦被害焉永康初詔改葬太子因贈玖夫人印綬葬顯平陵

懷王皇太后

懷王皇太后諱媛姬不知所出初入武帝宮拜中才人早卒懷帝卽位追尊皇太后

元夏侯太妃

元夏侯太妃名光姬沛國譙人也祖威兗州刺史父莊字仲容淮南太守清明亭侯妃生自華宗幼而明慧琅邪武王爲世子覲納焉生元帝及恭王薨元帝嗣立稱王太妃永嘉元年薨于江左葬琅邪國初有讖云銅馬入海建鄴期太

妃小字銅環而元帝中興於江左焉

晉書卷三十一

晉書卷三十二

唐　太　宗　文　皇　帝　御　撰

列傳第二

后妃下

元敬虞皇后

元敬虞皇后諱孟母濟陽外黃人也父豫見外戚傳帝爲瑯邪王納后爲妃無子永嘉六年薨時年三十五帝爲晉王追尊爲王后有司奏王后應別立廟令曰今宗廟未成不宜更興作便修飾陵上屋以爲廟太興三年冊曰皇帝咨前瑯邪王妃虞氏朕祗順昊天成命用陟帝位悼妃夙徂徽音潛翳御于家邦靡所儀刑陰教有虧用傷于懷追號制謚先王之典今遣使持節兼太尉萬勝奉冊贈皇后璽綬祀以太牢魂而有靈嘉兹寵榮乃祔于太廟葬建平陵太寧初明帝追懷母養之恩贈豫妻王氏爲邛陽縣君從母散騎常侍新野王羿妻爲平陽鄉君

豫章君

豫章君荀氏元帝宮人也初有寵生明帝及琅邪王裒由是爲虞后所忌自以位卑每懷怨望爲帝所譴漸見疎薄及明帝卽位封建安君別立第宅太寧元年帝迎還臺內供奉隆厚及成帝立尊重同於太后咸康元年薨詔曰朕少遭憫凶慈訓無稟撫育之勤建安君之仁也一旦薨殂實思報復永惟平昔感痛哀摧其贈豫章郡君別立廟于京都

明穆庾皇后

明穆庾皇后諱文君潁川鄢陵人也父琛見外戚傳后性仁惠美姿儀元帝聞之聘爲太子妃以德行見重明帝卽位立爲皇后冊曰妃庾氏昔承明命作嬪東宮虔恭中饋思媚軌則履信思順以成肅雝之道正位閨房以著協德之美朕夙罹不造煢煢在疚羣公卿士稽之往代僉以崇嫡明統載在典謨宜建長秋以奉宗廟是以追述先志不替舊命使使持節兼太尉授皇后璽綬夫坤德尙柔婦道承姑崇粢盛之禮敦螽斯之義是以利在永貞克隆堂基母儀天下

潛暢陰教鑒于六列考之篇籍禍福無門盛衰由人雖休勿休其敬之哉可不
愼歟及成帝卽位尊后曰皇太后羣臣奏天子幼沖宜依漢和熹皇后故事辭
讓數四不得已而臨朝攝萬機后兄中書令亮管詔命公卿奏事稱皇太后陛
下咸和元年有司奏請追贈后父及夫人毋丘氏后陳讓不許三請不從及蘇
峻作逆京都傾覆后見逼辱遂以憂崩時年三十二后卽位凡六年其後帝孝
思無極贈琛驃騎大將軍儀同三司毋丘氏安陵縣君從母荀氏永寧縣君何
氏建安縣君亮表陳先志讓而不受

成恭杜皇后

成恭杜皇后諱陵陽京兆人鎭南將軍預之曾孫也父乂見外戚傳成帝以后
奕世名德咸康二年備禮拜爲皇后卽日入宮帝御太極前殿羣臣畢賀晝漏
盡懸籥百官乃罷后少有姿色然長猶無齒有來求婚者輒中止及帝納采之
日一夜齒盡生改宣城陵陽縣爲廣陽縣七年三月后崩年二十一外官五日
一臨內官旦一入葬訖止后在位六年無子先是三吳女子相與簪白花望之

如素柰傳言天公織女死爲之著服至是而后崩帝下詔曰吉凶典儀誠宜備設然豐約之度亦當隨時況重壤之下而崇飾無用邪今山陵之事一從節儉陵中唯絜掃而已不得施塗車芻靈有司奏造凶門柏歷及調挽郎皆不許又禁遠近遣使明年元會有司奏廢樂詔廢管絃奏金石如故孝武帝立寧康二年以后母裴氏爲廣德縣君裴氏名穆長水校尉綽孫太傅主簿遐女太尉王夷甫外孫中表之美高於當世遐隨東海王越遇害無子唯穆渡江遂享榮慶立第南掖門外世所謂杜姥宅云

章太妃

章太妃周氏以選入成帝宮有寵生哀帝及海西公始拜爲貴人哀帝即位詔有司議貴人位號太尉桓溫議宜稱夫人尚書僕射江虨議應曰太夫人詔崇爲太皇妃儀服與太后同又詔朝臣不爲太妃敬合禮典不太常江逌議位號不極不應盡敬興寧元年薨帝欲服重江虨啓應緦麻三月詔欲降爲期年虨又啓厭屈私情所以上嚴祖考帝從之

康獻褚皇后

康獻褚皇后諱蒜子河南陽翟人也父裒見外戚傳后聰明有器識少以名家入爲琅邪王妃及康帝卽位立爲皇后封母謝氏爲尋陽鄉君及穆帝卽位尊后曰皇太后時帝幼沖未親國政領司徒蔡謨等上奏曰嗣皇誕哲岐嶷繼承天統率土宅心兆庶蒙賴陛下體茲坤道訓隆文母昔塗山光夏簡狄熙殷實由宣哲以隆休祚伏惟陛下德侔二嬀淑美關雎臨朝攝政以寧天下今社稷危急兆庶懸命臣等章惶一日萬幾事運之期天祿所鍾非復沖虛高讓之日漢和熹順烈並亦臨朝近明穆故事以爲先制臣等不勝悲怖謹伏地上請乞陛下上順祖宗下念臣吏推公弘道以協天人則萬邦承慶羣黎更生太后詔曰帝幼沖當賴羣公卿士將順匡救以酬先帝禮賢之意且是舊德世濟之美則莫重之命不墜祖宗之基有奉是其所以欲正位于內而已所奉懇到形于翰墨執省未究以悲以懼先后允恭謙抑思順坤道所以不距羣情固爲國計豈敢執守沖闇以違先旨輒敬從所奏於是臨朝稱制有司奏謝夫人旣封荀

卞二夫人亦應追贈皆后之前母也太后不許太常殷融議依鄭玄議衛將軍裒在宮庭則盡臣敬太后歸寧之日自如家人之禮太后詔曰典禮誠所未詳如所奏是情所不能安也更詳之征西將軍翼南中郎尚議謂父尊盡於一家君敬重於天下鄭玄議合情禮之中太后從之自後朝臣皆敬裒焉帝既冠太后詔曰昔遭不造帝在幼沖皇緒之微眇若綴旒百辟卿士率遵前朝勸喻攝政以社稷之重先代成義僶俛敬從弗違固守仰憑七廟之靈俯仗羣后之力帝加元服禮成德備當陽親覽臨御萬國今歸事反政一依舊典於是居崇德宮手詔羣公曰昔以皇帝幼沖從羣后之議既以闇弱又頻丁極艱銜恤歷祀沉憂在疚司徒親尊德重訓救其弊王室之不壞實公是憑帝既備茲冠禮而四海未一五胡叛逆豺狼當路費役日興百姓困苦願諸君子思量遠算戮力一心輔翼幼主匡救不逮未亡人永歸別宮以終餘齒仰惟家國故以一言託懷及哀帝海西公之世太后復臨朝稱制桓溫之廢海西公也太后方在佛屋燒香內侍啓云外有急奏太后乃出倚戶前視奏數行乃曰我本自疑此至

半便索筆答奏云未亡人罹此百憂感念存沒心焉如割温始呈詔草慮太后
意異悚動流汗見於顏色及詔出温大喜簡文帝卽位尊后爲崇德太后及帝
崩孝武帝幼沖桓温又薨羣臣啓曰王室多故禍難仍臻國憂始周復喪元輔
天下惘然若無攸濟主上雖聖資奇茂固天誕縱而春秋尚富如在諒闇蒸蒸
之思未遑庶事伏惟陛下德應坤厚宣慈聖善遭家多艱臨朝親覽光大之美
化洽在昔謳歌流詠播溢無外雖有莘熙殷任姒隆周未足以喻是以五謀克
從人鬼同心仰望來蘇懸心日月夫隨時之義周易所尚寧固社稷大人之任
伏願陛下撫綜萬幾釐和政道以慰祖宗以安兆庶不勝憂國喁喁至誠太后
詔曰王室不幸仍有艱屯覽省啓事感增悲歎內外諸君並以主上春秋沖富
加蒸蒸之慕未能親覽號令宜有所由苟可安社稷利天下亦豈有所執輒敬
從所啓但闇昧之闕望盡弼諧之道於是太后復臨朝帝既冠乃詔曰皇帝婚
冠禮備遐邇宅心宜當陽親覽緝熙惟始今歸政事率由舊典於是復稱崇德
太后太元九年崩于顯陽殿年六十一在位凡四十年太后於帝爲從嫂朝議

疑其服太學博士徐藻議曰資父事君而敬同又禮云其夫屬父道者妻皆母道也則夫屬君道妻亦后道矣服后以齊母之義也魯譏逆祀以明尊卑今上躬奉康穆哀皇及靖后之祀致敬同於所天豈可敬之以君道而服廢於本親謂應齊衰期從之

穆章何皇后

穆章何皇后諱法倪廬江灊人也父準見外戚傳以名家膺選升平元年八月下璽書曰皇帝咨前太尉參軍何琦混元資始肇經人倫爰及夫婦以奉天地宗廟社稷謀於公卿咸以宜率由舊典今使使持節太常彪之宗正綜以禮納采琦答曰前太尉參軍都鄉侯糞土臣何琦稽首頓首再拜皇帝嘉命訪婚陋族備數採擇臣從祖弟故散騎侍郎準之遺女未閑教訓衣履若如人欽承舊章肅奉典制又使兼太保武陵王晞兼太尉中領軍洽持節奉冊立爲皇后后無子哀帝卽位稱穆皇后居永安宮桓玄篡位移后入司徒府路經太廟后停輿慟哭哀感路人玄聞而怒曰天下禪代常理何預何氏女子事耶乃降后爲

零陵縣君與安帝俱西至巴陵及劉裕建義殷仲文奉后還京都下令曰戎車屢警黎元阻饑而饍御豐靡豈與百姓同其儉約減損供給勿令游過后時以遠還欲奉拜陵廟有司以寇難未平奏停永興三年崩年六十六在位凡四十八年

哀靖王皇后

哀靖王皇后諱穆之太原晉陽人也司徒左長史濛之女也后初爲琅邪王妃哀帝卽位立爲皇后追贈母爰氏爲安國鄉君后在位三年無子興寧二年崩

廢帝孝庾皇后

廢帝孝庾皇后諱道憐潁川鄢陵人也父冰自有傳初爲東海王妃及帝卽位立爲皇后太和六年崩葬于敬平陵帝廢爲海西公追貶后曰海西公夫人太元九年海西公薨于吳又以后合葬于吳陵

簡文宣鄭太后

簡文宣鄭太后諱阿春河南滎陽人也世爲冠族祖合臨濟令父愷字祖元安

豐太守后少孤無兄弟唯姊妹四人后最長先適渤海田氏生一男而寡依于舅濮陽吳氏元帝爲丞相敬后先崩將納吳氏女爲夫人后及吳氏女並游後園或見之言於帝曰鄭氏女雖嫠賢於吳氏遠矣建武元年納爲琅邪王夫人甚有寵后雖貴幸而恆有憂色帝問其故對曰妾有妹中者已適長沙王褒餘二妹未有所適恐姊爲人妾無復求者帝因從容謂劉隗曰鄭氏二妹卿可爲求佳對使不失舊隗舉其從子傭娶第三者以小者適漢中李氏皆得舊門帝召王褒爲尚書郎以悅后意后生琅邪悼王簡文帝尋陽公主帝稱尊號后雖爲夫人詔太子及東海武陵王皆母事之帝崩后稱建平國夫人咸和元年薨簡文帝時爲琅邪王制服重有司以王出繼宜降所生國臣不能匡正奏免國相諸葛頤王上疏曰亡母生臨臣國沒留國第臣雖出後亦無所厭則私情得敘昔敬后崩孝王已出繼亦還服重此則明比臣所憲章也明穆皇后不奪其志乃徙琅邪王爲會稽王追號后曰會稽太妃及簡文帝卽位未及追尊臨崩封皇子道子爲琅邪王領會稽國奉太妃祀太元十九年孝武帝下詔曰會稽

太妃文母之德徽音有融誕載聖明光延于晉先帝追尊聖善朝議不一道以疑屈朕述遵先志常惕于心今仰奉遺旨依陽秋二漢孝懷皇帝故事上太妃尊號曰簡文太后於是立廟於太廟路西陵曰嘉平時羣臣希旨多謂鄭太后應配食於元帝者帝以問太子前率徐邈邈曰臣按陽秋之義母以子貴魯隱尊桓母別考仲子之宮而不配食於惠廟又平素之時不伉儷於先帝至於子孫豈可爲祖考立配其崇尊盡禮由於臣子故得稱太后陵廟備典若乃祔葬配食則義所不可從之

簡文順王皇后

簡文順王皇后諱簡姬太原晉陽人也父遐見外戚傳后以冠族初爲會稽王妃生子道生爲世子永和四年母子並失帝意俱被幽廢后遂以憂薨咸安二年孝武帝卽位追尊曰順皇后合葬高平陵追贈后父遐特進光祿大夫加散騎常侍

孝武文李太后

孝武文李太后諱陵容本出微賤始簡文帝爲會稽王有三子俱夭自道生廢黜獻王早世其後諸姬絕孕將十年帝令卜者扈謙筮之曰後房中有一女當育二貴男其一終盛晉室時徐貴人生新安公主以德美見寵帝常冀之有娠而彌年無子會有道士許邁者朝臣時望多稱其得道帝從容問焉答曰邁是好山水人本無道術斯事豈所能判但殿下德厚慶深宜隆奕世之緒當從扈謙之言以存廣接之道帝然之更加採納又數年無子乃令善相者召諸愛妾而示之皆云非其人又悉以諸婢媵示焉時后爲宮人在織坊中形長而色黑宮人皆謂之崑崙既至相者驚云此其人也帝以大計召之侍寢后數夢兩龍枕膝日月入懷意以爲吉祥向儕類說之帝聞而異焉遂生孝武帝及會稽文孝王鄱陽長公主及孝武帝初即位尊爲淑妃太元三年進爲貴人九年又進爲夫人十二年加爲皇太妃儀服一同太后十九年會稽王道子啓母以子貴慶厚禮崇伏惟皇太妃純德光大休祐攸鍾啓嘉祚於聖明嗣徽音於上列雖幽顯同謀而稱謂未盡非所以仰述聖心允答天人宜崇正名號詳案舊典八

月辛巳帝臨軒遣兼太保劉耽尊爲皇太后稱崇訓宫安帝卽位尊爲太皇太后隆安四年崩于含章殿朝議疑其服制左僕射何澄右僕射王雅尚書車胤孔安國祠部郎徐廣等議曰太皇太后名位允正體同皇極理制備盡情禮兼申陽秋之義母以子貴旣稱夫人禮服從正故成風顯夫人之號昭公服三年之喪子於父母之所生體尊義重且禮祖不厭孫固宜追服無屈而緣情立制若嫌明文不存則疑斯從重謂應同於爲祖母後齊衰三年從之皇后及百官皆服齊衰期永安皇后一舉哀於是設廬於西堂凶儀施于神獸門葬修平陵神主祔于宣太后廟

孝武定王皇后

孝武定王皇后諱法慧哀靖皇后之姪也父蘊見外戚傳初帝將納后訪于公卿于時蘊子恭以弱冠見僕射謝安安深敬重之旣而謂人曰昔毛嘉恥於魏朝楊駿幾傾晉室若帝納后有父者唯蔭望如王蘊乃可旣而訪蘊女容德淑令乃舉以應選寧康三年中軍將軍桓沖等奏曰臣聞天地之道蓋相須而化

成帝后之德必相協而政隆然後品物流形彝倫攸敘靈根長固本支百世天人同致莫不由此是以塗山作儷而夏族以熙任姒配周而姬祚以昌今長秋將建宜時簡擇伏聞試守晉陵太守王蘊女天性柔順四業允備且盛德之冑美善先積臣等參議可以配德乾元恭承宗廟徽音六宮母儀天下於是帝始納焉封蘊妻劉氏爲樂平鄉君后性嗜酒驕妬帝深患之乃召蘊於東堂具說后過狀令加訓誡蘊免冠謝焉后於是少自改飾太元五年崩年二十一葬隆平陵

安德陳太后

安德陳太后諱歸女松滋潯陽人也父廣以倡進仕至平昌太守后以美色能歌彈入宮爲淑媛生安恭二帝太元十五年薨贈夫人追崇曰皇太后神主祔于宣太后廟陵曰熙平

安僖王皇后

安僖王皇后諱神愛琅邪臨沂人也父獻之見別傳母新安愍公主后以太元

二十一年納爲太子妃及安帝卽位立爲皇后無子義熙八年崩於徽音殿時年二十九葬休平陵

恭思褚皇后

恭思褚皇后諱靈媛河南陽翟人義興太守爽之女也后初爲琅邪王妃元熙元年立爲皇后生海鹽富陽公主及帝禪位于宋降爲零陵王妃宋元嘉十三年崩時年五十三祔葬沖平陵

史臣曰方祇體安儷乾儀而合德圓舒循晷配羲曜以齊明故知陽爍陰凝萬物假其陶鑄火炎水潤六氣由其調理取譬賢淑作伉文思靈根式固實資於此宣穆閑禮偶德潛鱗翊天造之艱虞嗣塗山之逸響寶運歸其後胤蓋有母儀之助焉武元楊氏預聞朝政明不逮遠愛溺私情深杜衞瓘之言不曉張泓之詐運其陰沴韜映乾明晉道中微基於是矣惠皇稟質天縱其嚚識暗鳴蛙智昏文蛤南風肆狡扇禍稽天初踐椒宮逞梟心於長樂方觀梓樹頒鴆羽於離明褒后滅周方之蓋小妹妃傾夏曾何足喻中原陷於鳴鏑其兆彰於此焉

昔者高宗諒闇總百官于元老成王沖眇託萬幾于上公太后御宸諒知非古而明穆康獻仍世臨朝時屬委裘躬行負扆各免華陽之釁竟躡和熹之蹤保陵遲以克終所幸實爲多矣

贊曰二妃光舜三母翼周妹升夷癸褒進亡幽家邦與滅職此之由穆后沉斷忘情執爨故劍辭恩池蒲起嘆崇化繁祉肇基商亂二楊繼寵福極災生南風熾虐國喪身傾獻容幸亂居辱疑榮援筆廢主持尺威帝契闊終罹殷憂以艷芬實窈窕芳菲婉嫕呂妾變嬴黃姬化芊石文遠著金行潛徙婦德傾城迷朱奪紫

晉書卷三十三

唐　太　宗　文　皇　帝　御　撰

列傳第三

王祥

王祥字休徵琅邪臨沂人漢諫議大夫吉之後也祖仁青州刺史父融公府辟不就祥性至孝早喪親繼母朱氏不慈數譖之由是失愛於父每使掃除牛下祥愈恭謹父母有疾衣不解帶湯藥必親嘗母常欲生魚時天寒冰凍祥解衣將剖冰求之冰忽自解雙鯉躍出持之而歸母又思黃雀炙復有黃雀數十飛入其幙復以供母鄉里驚嘆以爲孝感所致焉有丹柰結實母命守之每風雨祥輒抱樹而泣其篤孝純至如此漢末遭亂扶母攜弟覽避地廬江隱居三十餘年不應州郡之命母終居喪毀瘁杖而後起徐州刺史呂虔檄爲別駕祥年垂耳順固辭不受覽勸之爲具車牛祥乃應召虔委以州事于時寇盜充斥祥率勵兵士頻討破之州界清靜政化大行時人歌之曰海沂之康實賴王祥邦

國不空別駕之功舉秀才除溫令累遷大司農高貴鄉公卽位與定策功封關內侯拜光祿勳轉司隸校尉從討毋丘儉增邑四百戶遷太常封萬歲亭侯天子幸太學命祥爲三老祥南面几杖以師道自居天子北面乞言祥陳明王聖帝君臣政化之要以訓之聞者莫不砥礪及高貴鄉公之弑也朝臣舉哀祥號哭曰老臣無狀涕淚交流衆有愧色頃之拜司空轉太尉加侍中五等建封睢陵侯邑一千六百戶及武帝爲晉王祥與荀顗往謁顗謂祥曰相王尊重何侯既已盡敬今便當拜也祥曰相國誠爲尊貴然是魏之宰相吾等魏之三公公王相去一階而已班例大同安有天子三司而輒拜人者損魏朝之望虧晉王之德君子愛人以禮吾不爲也及入顗遂拜而祥獨長揖帝曰今日方知君見顧之重矣武帝踐阼拜太保進爵爲公加置七官之職帝新受命虛己以求讜言祥與何曾鄭沖等耆艾篤老希復朝見帝遣侍中任愷諮問得失及政化所先祥以年老疲耄累乞遜位帝不許御史中丞侯史光以祥久疾闕朝會禮請免祥官詔曰太保元老高行朕所毗倚以隆政道者也前後遜讓不從所執此

非有司所得議也遂寢光奏祥固乞骸骨詔聽以睢陵公就第位同保傅在三司之右祿賜如前詔曰古之致仕不事王侯今雖以國公留居京邑不宜復苦以朝請其賜几杖不朝大事皆諮訪之賜安車駟馬第一區錢百萬絹五百匹牀帳簟褥以舍人六人爲睢陵公舍人置官騎二十人以公子騎都尉肇爲給事中使常優游定省又以太保高潔清素家無宅宇其權留本府須所賜第成乃出及疾篤著遺令訓子孫曰夫生之有死自然之理吾年八十有五啓手何恨不有遺言使爾無述吾生值季末登庸歷試無毗佐之勳沒無以報氣絕但洗手足不須沐浴勿纏尸皆澣故衣隨時所服所賜山玄玉佩衞氏玉玦綬笥皆勿以斂西芒上土自堅貞勿用甓石勿起墳隴穿深二丈椁取容棺勿作前堂布几筵置書箱鏡奩之具棺前但可施牀榻而已糒脯各一盤玄酒一杯爲朝夕奠家人大小不須送喪大小祥乃設特牲無違余命高柴泣血三年夫子謂之愚閔子除喪出見援琴切切而哀仲尼謂之孝故哭泣之哀日月降殺飲食之宜自有制度夫言行可復信之至也推美引過德之至也揚名顯親孝之

至也兄弟怡怡宗族欣欣悌之至也臨財莫過乎讓此五者立身之本顏子所以爲命未之思也夫何遠之有其子皆奉而行之泰始五年薨詔賜東園祕器朝服一具衣一襲錢三十萬布帛百匹時文明皇太后崩始踰月其後詔曰爲睢陵公發哀事乃至今雖每爲之感傷要未得特敘哀情今便哭之明年策謚曰元祥之薨奔赴者非朝廷之賢則親親故吏而已門無雜弔之賓族孫戎歎曰太保可謂清達矣又稱祥在正始不在能言之流及與之言理致清達將非以德掩其言乎祥有五子肇夏馥烈芬肇孽庶夏早卒馥嗣爵咸寧初以祥家甚貧儉賜絹三百匹拜馥上洛太守卒謚曰孝子根嗣散騎郎肇仕至始平太守肇子俊守太子舍人封永世侯俊子遐鬱林太守烈芬並幼知名爲祥所愛二子亦同時而亡將死烈欲還葬舊土芬欲留葬京邑祥流涕曰不忘故鄉仁也不戀本土達也惟仁與達吾二子有焉

王覽

覽字玄通母朱遇祥無道覽年數歲見祥被楚撻輒涕泣抱持至于成童每諫

其母其母少止凶虐朱屢以非理使祥覽輒與祥俱又虐使祥妻覽妻亦趨而共之朱患之乃止祥喪父之後漸有時譽朱深疾之密使酖祥覽知之徑起取酒祥疑其有毒爭而不與朱遽奪反之自後朱賜祥饌覽輒先嘗朱懼覽致斃遂止覽孝友恭恪名亞於祥及祥仕進覽亦應本郡之召稍遷司徒西曹掾清河太守五等建封即丘子邑六百戶泰始末除弘訓少府職省轉太中大夫祿賜與卿同咸寧初詔曰覽少篤至行服仁履義貞素之操長而彌固其以覽爲宗正卿頃之以疾上疏乞骸骨詔聽之以太中大夫歸老賜錢二十萬牀帳薦褥遣殿中醫療疾給藥後轉光祿大夫門施五馬咸寧四年卒時年七十三諡曰貞有六子裁基會正彥琛裁字士初撫軍長史基字士先治書御史會字士和侍御史正字士則尚書郎彥字士治中護軍琛字士瑋國子祭酒初呂虔有佩刀工相之以爲必登三公可服此刀虔謂祥曰苟非其人刀或爲害卿有公輔之量故以相與祥固辭彊之乃受祥臨薨以刀授覽曰汝後必興足稱此刀覽後奕世多賢才興於江左矣裁子導別有傳

鄭沖

鄭沖字文和滎陽開封人也起自寒微卓爾立操清恬寡欲耽玩經史遂博究儒術及百家之言有姿望動必存禮任真自守不要鄉曲之譽由是州郡久不加禮及魏文帝爲太子搜揚側陋命沖爲文學累遷尚書郎出補陳留太守沖以儒雅爲德莅職無幹局之譽簞食縕袍不營資產世以此重之大將軍曹爽引爲從事中郎轉散騎常侍光祿勳嘉平三年拜司空及高貴鄉公講尚書沖執經親授與侍中鄭小同俱被賞賜俄轉司徒常道鄉公卽位拜太保位在三司之上封壽光侯沖雖位階台輔而不預世事時文帝輔政平蜀之後命賈充羊祜等分定禮儀律令皆先諮於沖然後施行及魏帝告禪使沖奉策武帝踐祚拜太傅進爵爲公頃之司隸李憙中丞侯史光奏沖及何曾荀顗等各以疾病俱應免官帝不許沖遂不視事表乞骸骨優詔不許遣使申喻沖固辭上貂蟬印綬詔又不許泰始六年詔曰昔漢祖以知人善任克平宇宙推述勳勞歸美三俊遂與功臣剖符作誓藏之宗廟副在有司所以明德庸勳藩翼王室者

也昔我祖考遭世多難攬授英儁與之斷金遂濟時務克定大業太傅壽光公
鄭沖太保朗陵公何曾太尉臨淮公荀顗各尙德依仁明允篤誠翼亮先皇光
濟帝業故司空博陵元公王沉衞將軍鉅平侯羊祜才兼文武忠肅居正朕甚
嘉之書不云乎天秩有禮五服五章哉其爲壽光朗陵臨淮博陵鉅平國置郎
中令假夫人世子印綬食本秩三分之一皆如郡公侯比九年沖又抗表致仕
詔曰太傅韞德深粹履行高潔恬遠清虛確然絕世艾服王事六十餘載忠肅
在公慮不及私遂應衆舉歷登三事仍荷保傅之重綢繆論道之任光輔奕世
亮茲天工迪宣謀猷弘濟大烈可謂朝之儁老衆所具瞻者也朕昧于政道庶
事未康挹仰耆訓導揚厥蒙庶賴顯德緝熙有成而公屢以年高疾篤致仕告
退惟從公志則朕孰與諮謀譬彼涉川罔知攸濟是用未許迄于累載而高讓
彌篤至意難違覽其慼指俾朕憮然夫功成弗有上德所隆成人之美君子與
焉豈必遂朕憑賴之心以枉大雅進止之度哉今聽其所執以壽光公就第位
同保傅在三司之右公宜頤精養神保衞太和以究遐福其賜几杖不朝古之

哲王欽祇國老憲行乞言以彌縫其闕若朝有大政皆就諮之又賜安車駟馬第一區錢百萬絹五百匹牀帳簟褥置舍人六人官騎二十人以世子徽爲散騎常侍使常優游定省祿賜所供策命儀制一如舊典而有加焉明年薨帝於朝堂發哀追贈太傅賜祕器朝服衣一襲錢三十萬布百匹諡曰成咸寧初有司奏沖與安平王孚等十二人皆存銘太常配食于廟初沖與孫邕曹羲荀顗何晏共集論語諸家訓註之善者記其姓名因從其義有不安者輒改易之名曰論語集解成奏之魏朝于今傳焉沖無子以從子徽爲嗣位至平原內史徽卒子簡嗣

何曾

何曾字穎考陳國陽夏人也父夔魏太僕陽武亭侯曾少襲爵好學博聞與同郡袁侃齊名魏明帝初爲平原侯曾爲文學及卽位累遷散騎侍郎汲郡典農中郎將給事黃門侍郎上疏曰臣聞爲國者以清靜爲基而百姓以良吏爲本今海內虛耗事役衆多誠宜恤養黎元悅以使人郡守之權雖輕猶專任千里

比之於古則列國之君也上當奉宣朝恩以致惠和下當興利而除其害得其人則可安非其人則爲患故漢宣稱曰百姓所以安其田里而無歎息愁恨之心者政平訟理也與我共此者其惟良二千石乎此誠可謂知政之本也方今國家大舉新有發調軍師遠征上下劬勞夫百姓可與樂成難與慮始愚惑之人能厭目前之小勤而忘爲亂之大禍者是以郡守益不可不得其人才雖難備猶宜粗有威恩爲百姓所信憚者臣聞諸郡守有年老或疾病皆委政丞掾不恤庶事或體性疏怠不以政理爲意在官積年惠澤不加於人然於考課之限罪亦不至黜免故得經延歲月而無斥罷之期臣愚以爲可密詔主者使隱核參訪郡守其有老病不隱親人物及宰牧少恩好修人事煩撓百姓者皆可徵還爲更選代頃之遷散騎常侍及宣帝將伐遼東會上疏魏帝曰臣聞先王制法必全於慎故建官受任則置副佐陳師命將則立監貳宣命遣使則設介副臨敵交刃又參御右蓋以盡思謀之功防安危之變也是以在險當難則權足相濟隕缺不豫則才足相代其爲國防至深至遠及至漢氏亦循舊章韓信

代趙張耳爲貳馬援討越劉隆副軍前世之迹著在篇志今太尉奉辭誅罪精甲銳鋒步騎數萬道路迥阻且四千里雖假天威有征無戰寇或潛遁消引日月命無常期人非金石遠慮詳備誠宜有副今北軍諸將及太尉所督皆爲寮屬名位不殊素無定分統御之尊卒有變急不相鎭攝存不忘亡聖達所裁臣愚以爲宜選大臣名將威重宿著者成其禮秩遣詣北軍進同謀略退爲副佐雖有萬一不虞之變軍主有儲則無患矣帝不從出補河內太守在任有威嚴之稱徵拜侍中母憂去官嘉平中爲司隸校尉撫軍校事尹模憑寵作威姦利盈積朝野畏憚莫敢言者曾奏劾之朝廷稱焉時曹爽專權宣帝稱疾曾亦謝病爽誅乃起視事魏帝之廢也曾預其謀焉時步兵校尉阮籍負才放誕居喪無禮曾面質籍於文帝座曰卿縱情背禮敗俗之人今忠賢執政綜核名實若卿之曹不可長也因言於帝曰公方以孝治天下而聽阮籍以重哀飲酒食肉於公座宜擯四裔無令汙染華夏帝曰此子羸病若此君不能爲吾忍耶曾重引據辭理甚切帝雖不從時人敬憚之毋丘儉誅子甸妻荀應坐死其族兄顗

族父虞並景帝姻通共表魏帝以匄其命詔聽離婚荀所生女芝爲潁川太守
劉子元妻亦坐死以懷妊繫獄荀辭詣曾乞恩曰芝繫在廷尉顧影知命計日
備法乞沒爲官婢以贖芝命曾哀之騰辭上議朝廷僉以爲當遂改法語在刑
法志曾在司隸積年遷尚書正元年中爲鎮北將軍都督河北諸軍事假節將
之鎮文帝使武帝齊王攸辭送數十里曾盛爲賓主備太牢之饌侍從吏騶莫
不醉飽帝既出又過其子劭曾先敕劭曰客必過汝汝當豫嚴劭不冠帶停帝
良久曾深以譴劭曾見崇重如此遷征北將軍進封潁昌鄉侯咸熙初拜司徒
改封朗陵侯文帝爲晉王曾與高柔鄭沖俱爲三公將入見曾獨致拜盡敬二
人猶揖而已武帝襲王位以曾爲晉丞相加侍中與裴秀王沉等勸進踐阼拜
太尉進爵爲公食邑千八百戶泰始初詔曰蓋謨明弼諧王躬是保所以宣崇
大訓克誠四海也侍中太尉何曾立德高峻執心忠亮博物洽聞明識弘達翼
佐先皇勳庸顯著朕纂洪業首相王室迪惟前人施于朕躬實佐命興化光贊
政道夫三司之任雖左右王事若乃予違汝弼匡奬不逮則存乎保傅故將明

袞職未如用乂厥辟之重其以曾爲太保侍中如故久之以本官領司徒曾固讓不許遣散騎常侍諭旨乃視事進位太傅曾以老年屢乞遜位詔曰太傅明朗高亮執心弘毅可謂舊德老成國之宗臣者也而高尚其事屢辭祿位朕以寡德憑賴保佑省覽章表實用憮然雖欲成人之美豈得遂其雅志而忘翼佐之益哉又司徒所掌務煩不可久勞耆艾其進太宰侍中如故朝會劍履乘輿上殿如漢相國蕭何田千秋魏太傅鍾繇故事賜錢百萬絹五百匹及八尺牀帳簟褥自副置長史掾屬祭酒及員吏一依舊制所給親兵官騎如前主者依次按禮典務使優備後每召見勑以常所飲食服物自隨令二子侍從咸寧四年薨時年八十帝於朝堂素服舉哀賜東園祕器朝服一具衣一襲錢三十萬布百匹將葬下禮官議謚博士秦秀謚爲繆醜帝不從策謚曰孝太康末子劭自表改謚爲元曾性至孝閨門整肅自少及長無聲樂嬖幸之好年老之後與妻相見皆正衣冠相待如賓己南向妻北面再拜上酒酬酢既畢便出一歲如此者不過再三焉初司隸校尉傅玄著論稱曾及荀顗曰以文王之道事其親

者其頴昌何侯乎其荀侯乎古稱曾閔今曰荀何內盡其心以事其親外崇禮讓以接天下孝子百世之宗仁人天下之命有能行孝之道君子之儀表也詩云高山仰止景行行止令德不遵二夫子之景行者非樂中正之道也又曰荀何君子之宗也又曰頴昌侯之事親其盡孝子之道乎存盡其和事盡其敬亡盡其哀予於頴昌侯見之矣又曰見其親之黨如見其親六十而孺慕予於頴昌侯見之矣然性奢豪務在華侈帷帳車服窮極綺麗廚膳滋味過於王者每燕見不食太官所設帝輒命取其食蒸餅上不拆作十字不食食日萬錢猶曰無下箸處人以小紙爲書者勑記室勿報劉毅等數劾奏曾侈忲無度帝以其重臣一無所問都官從事劉享嘗奏曾華侈以銅鈎𩌦引車瑩牛蹄角後曾辟享爲掾或勸勿應享謂至公之體不以私憾遂應辟曾常因小事加享杖罰其外寬內忌亦此類也時司空賈充權擬人主曾卑充而附之及充與庾純因酒相競曾議黨充而抑純以此爲正直所非二子遵劭劭嗣劭字敬祖少與武帝同年有總角之好帝爲王太子以劭爲中庶子及卽位轉散騎常侍甚見親待

劭雅有姿望遠客朝見必以劭侍直每諸方貢獻帝輒賜之而觀其占謝焉咸寧初有司奏劭及兄遵等受故鬲令袁毅貨雖經赦宥宜皆禁止事下廷尉詔曰太保與毅有累世之交遵等所取差薄一皆置之遷侍中尚書惠帝即位初建東宮太子年幼欲令親萬幾故盛選六傅以劭爲太子太師通省尚書事後轉特進累遷尚書左僕射劭博學善屬文陳說近代事若指諸掌永康初遷司徒趙王倫篡位以劭爲太宰及三王交爭劭以軒冕而游其閒無怨之者而驕奢簡貴亦有父風衣裘服翫新故巨積食必盡四方珍異一日之供以錢二萬爲限時論以爲太官御膳無以加之然優游自足不貪權勢嘗語鄉人王詮曰僕雖名位過幸少無可書之事惟與夏侯長容諫授博士可傳史冊耳所撰荀粲王弼傳及諸奏議文章並行於世永寧元年薨贈司徒諡曰康子岐嗣劭初亡袁粲弔岐岐辭以疾粲獨哭而出曰今年決下婢子品王詮謂之曰知死弔死何必見生岐前多罪爾時不下何公新亡便下岐品人謂中正畏彊易弱粲乃止遵字思祖劭庶兄也少有幹能起家散騎黃門郎散騎常侍侍中累轉大

鴻臚性亦奢忲役使御府工匠作禁物又鬻行器爲司隸劉毅所奏免官太康
初起爲魏郡太守遷太僕卿又免官卒於家四子嵩綏機羨嵩字泰基寬弘愛
士博觀墳籍尤善史漢少歷清官領著作郎綏字伯蔚位至侍中尚書自以繼
世名貴奢侈過度性旣輕物翰札簡傲城陽王尼見綏書疏謂人曰伯蔚居亂
而矜豪乃爾豈其免乎劉輿潘滔譖之於東海王越越遂誅綏初曾侍武帝宴
退而告遵等曰國家應天受禪創業垂統吾每宴見未嘗聞經國遠圖惟說平
生常事非貽厥孫謀之兆也及身而已後嗣其殆乎此子孫之憂也汝等猶可
獲沒指諸孫曰此等必遇亂亡也及綏死嵩哭之曰我祖其大聖乎機爲鄒平
令性亦矜傲責鄉里謝鯤等拜或戒之曰禮敬年爵以德爲主令鯤拜勢懼傷
風俗機不以爲慚羨爲離狐令旣驕且吝陵駕人物鄉閭疾之如讎永嘉之末
何氏滅亡無遺焉

石苞

石苞字仲容渤海南皮人也雅曠有智局容儀偉麗不修小節故時人爲之語

曰石仲容姣無雙縣召爲吏給農司馬會謁者陽翟郭玄信奉使求人爲御司馬以苞及鄧艾給之行十餘里玄信謂二人曰子後並當至卿相苞曰御隸也何卿相乎既而又被使到鄴事久不決乃販鐵於鄴市市長沛國趙元儒名知人見苞異之因與結交歎苞遠量當至公輔由是知名見吏部郎許允求爲小縣允謂苞曰卿是我輩人當相引在朝廷何欲小縣乎苞還嘆息不意允之知己乃如此也稍遷景帝中護軍司馬宣帝聞苞好色薄行以讓景帝帝答曰苞雖細行不足而有經國才略夫貞廉之士未必能經濟世務是以齊桓忘管仲之奢僭而錄其匡合之大謀漢高捨陳平之汙行而取其六奇之妙算苞雖未可以上儔二子亦今日之選也意乃釋徙鄴典農中郎將時魏世王侯多居鄴下尚書丁謐貴傾一時並較時利苞奏列其事由是益見稱歷東萊琅邪太守所在皆有威惠遷徐州刺史文帝之敗於東關也苞獨全軍而退帝指所持節謂苞曰恨不以此授卿以究大事乃遷苞爲奮武將軍假節監青州諸軍事及諸葛誕舉兵淮南苞統青州諸軍督兗州刺史周泰徐州刺史胡質簡銳卒爲

游軍以備外寇吳遣大將朱異丁奉等來迎誕等留輜重於都陸輕兵渡黎水苞等迎擊大破之泰山太守胡烈以奇兵詭道襲都陸盡焚其委輸異等收餘衆而退壽春平拜苞鎮東將軍封東光侯假節頃之代王基都督揚州諸將事苞因入朝當還辭高貴鄉公留語盡日既出白文帝曰非常主也數日而有成濟之事後進位征東大將軍俄遷驃騎將軍文帝崩賈充荀勗議葬禮未定苞時奔喪慟哭曰基業如此而以人臣終乎葬禮乃定後每與陳騫諷魏帝以歷數已終天命有在及禪位苞有力焉武帝踐祚遷大司馬進封樂陵郡公加侍中羽葆鼓吹自諸葛誕破滅苞便鎮撫淮南士馬彊盛邊境多務苞既勤庶事又以威惠服物淮北監軍王琛輕苞素微又聞童謠曰宮中大馬幾作驢大石壓之不得舒因是密表苞與吳人交通先時望氣者云東南有大兵起及琛表至武帝甚疑之會荊州刺史胡烈表吳人欲大出為寇苞亦聞吳師將入乃築壘遏水以自固帝聞之謂羊祜曰吳人每來常東西相應無緣偏爾豈石苞果有不順乎祜深明之而帝猶疑焉會苞子喬為尚書郎上召之經日不至帝謂

爲必叛欲討苞而隱其事遂下詔以苞不料賊勢築壘遏水勞擾百姓策免其官遣太尉義陽王望率大軍徵之以備非常又勑征東將軍琅邪王伷自下邳會壽春苞用掾孫鑠計放兵步出住都亭待罪帝聞之意解及苞詣闕以公還第苞自恥受任無効而無怨色時鄴奚官督郭廙上書理苞帝詔曰前大司馬苞忠允清亮才經世務幹用之績所歷可紀宜掌教典以贊時政其以苞爲司徒有司奏苞前有折撓不堪其任以公還第已爲弘厚不宜擢用詔曰吳人輕脆終無能爲故疆埸之事但欲完固守備使不得越逸而已以苞計畫不同慮敵過甚故徵還更授昔鄧禹撓於關中而終輔漢室豈以一眚而掩大德哉於是就位苞奏州郡農桑未有賞罰之制宜遣掾屬循行皆當均其土宜舉其殿最然後黜陟焉詔曰農殖者爲政之本有國之大務也雖欲安時興化不先富而教之其道無由而至今四海多事軍國用廣加承征伐之後屢有水旱之事倉庫不充百姓無積古者稼穡樹藝司徒掌之今雖登論道然經國立政惟時所急故陶唐之世稷官爲重今司徒位當其任乃心王事有毀家紓國乾乾匪

躬之志其使司徒督察州郡播殖將委事任成垂拱仰辦若宜有所循行者其增置掾屬十人聽取王官更練事業者苞在位稱爲忠勤帝每委任焉泰始八年薨帝發哀於朝堂賜祕器朝服一具衣一襲錢三十萬布百匹及葬給節幢麾曲蓋追鋒車鼓吹介士大車皆如魏司空陳泰故事車駕臨送於東掖門外策謚曰武咸寧初詔苞等並爲王功列於銘饗苞豫爲終制曰延陵薄葬孔子以爲達禮華元厚葬春秋以爲不臣古之明義也自今死亡者皆斂以時服不得兼重又不得飯唅爲愚俗所爲又不得設牀帳明器也定窆之後復土滿坎一不得起墳種樹昔王孫裸葬矯時其子奉命君子不譏況於合禮典者耶諸子皆奉遵遺令又斷親戚故吏設祭有六子越喬統浚儁崇以統爲嗣統字弘緒歷位射聲校尉大鴻臚子順爲尚書郎越字弘倫早卒喬字弘祖歷尚書郎散騎侍郎帝既召喬不得深疑苞反及苞至有慚色謂之曰卿子幾破卿門苞遂廢之終身不聽仕又以有穢行徙頓丘與弟崇同被害二子超熙亡走得免成都王穎之起義也以超爲折衝將軍討孫秀以功封侯又爲振武將軍征荊

州賊李辰潁與長沙王乂相攻超常爲前鋒遷中護軍陳昣等挾惠帝北伐超
走還鄴潁使超距帝於蕩陰王師敗績超逼帝幸鄴宮會王浚攻潁於鄴潁以
超爲右將軍以距浚大敗而歸從駕之洛陽西遷長安河間王顒以超領北中
郎將使與潁共距東海王越超於滎陽募兵右將軍王闡與典兵中郎趙則並
受超節度爲豫州刺史劉喬繼援范陽王虓逆擊斬超而熙得走免永嘉中爲
大傅越參軍浚字景倫清儉有鑒識敬愛人物位至黃門侍郎爲當世名士早
卒儁字彥倫少有名譽議者稱爲令器官至陽平太守早卒崇字季倫生於青
州故小名齊奴少敏惠勇而有謀苞臨終分財物與諸子獨不及崇其母以爲
言苞曰此兒雖小後自能得年二十餘爲修武令有能名入爲散騎郎遷城陽
太守伐吳有功封安陽鄉侯在郡雖有職務好學不倦以疾自解頃之拜黃門
郎兄統忤扶風王駿有司承旨奏統將加重罰既而見原以崇不詣闕謝恩有
司欲復加統罪崇自表曰臣兄統以先父之恩早被優遇出入清顯歷位盡勤
伏度聖心有以垂察近爲扶風王駿橫所誣謗司隸中丞等飛筆重奏劾案深

文累塵天聽臣兄弟跼蹐憂心如悸駿戚屬尊重權要赫奕內外有司望風承
旨苟有所惡易於投卵自統枉劾以來臣兄弟不敢一言稍自申理戢舌鉗口
惟須刑書古人稱榮華於順旨枯槁於逆違誠哉斯言於今信矣是以雖董司
直繩不能不深其文抱枉含謗不得不輸其理幸賴陛下天聽四達靈鑒昭遠
存先父勳德之重察臣等勉勵之志中詔申料罪譴澄雪臣等刻肌碎首未足
上報臣即以今月十四日與兄統浚等詣公車門拜表謝恩伏度奏御之日暫
經天聽此月二十日忽被蘭臺禁止符以統蒙宥恩出非常臣晏然私門曾不
陳謝復見彈奏訕辱理盡臣始聞此惶懼狼狽靜而思之固無怪也苟尊勢所
驅何所不至望奉法之直繩不可得也臣以凡才累荷顯重不能負載析薪以
答萬分一月之中奏劾頻加曲之與直非臣所計所愧不能承奉戚屬自陷於
此不媚於竈實愧王孫隨巢子稱明君之德察情爲上察事次之所懷具經聖
聽伏待罪黜無所多言由是事解累遷散騎常侍侍中武帝以崇功臣子有幹
局深器重之元康初楊駿輔政大開封賞多樹黨援崇與散騎郎蜀郡何攀共

立議奏於惠帝曰陛下聖德光被皇靈啓祚正位東宮二十餘年道化宣流萬國歸心今承洪基此乃天授至於班賞行爵優於泰始革命之初不安一也吳會僭逆幾於百年邊境被其荼毒朝廷爲之旰食先帝決獨斷之聽奮神武之略蕩滅逋寇易於摧枯然謀臣猛將猶有致恩竭力之效而今恩澤之封優於滅吳之功不安二也上天眷祐實在大晉卜世之數未知其紀今之開制當垂於後若尊卑無差有爵必進數世之後莫非公侯不安三也臣等敢冒陳聞竊謂泰始之初及平吳論功制度名牒皆悉具存縱不能遠遵古典尙當依準舊事書奏弗納出爲南中郎將荆州刺史領南蠻校尉加鷹揚將軍崇在南中得鴆鳥雛以與後軍將軍王愷時制鴆鳥不得過江爲司隸校尉傅祗所糺詔原之燒鴆於都街崇穎悟有才氣而任俠無行檢在荆州劫遠使商客致富不貲徵爲大司農以徵書未至擅去官免頃拜太僕出爲征虜將軍假節監徐州諸軍事鎭下邳崇有別館在河陽之金谷一名梓澤送者傾都帳飲於此焉至鎭與徐州刺史高誕爭酒相侮爲軍司所奏免官復拜衞尉與潘岳諂事賈謐謐

與之親善號曰二十四友廣城君每出崇降車路左望塵而拜其卑佞如此財產豐積室宇宏麗後房百數皆曳紈繡珥金翠絲竹盡當時之選庖膳窮水陸之珍與貴戚王愷羊琇之徒以奢靡相尚愷以粭澳釜崇以蠟代薪愷作紫絲布步障四十里崇作錦步障五十里以敵之崇塗屋以椒愷用赤石脂崇愷爭豪如此武帝每助愷嘗以珊瑚樹賜之高三尺許枝柯扶疎世所罕比愷以示崇崇便以鐵如意擊之應手而碎愷既惋惜又以爲嫉己之寶聲色方厲崇曰不足多恨今還卿乃命左右悉取珊瑚樹有高三四尺者六七株條幹絶俗光彩耀日如愷比者甚衆愷怳然自失矣崇爲客作豆粥咄嗟便辦每冬得韭蓱齏嘗與愷出遊爭入洛城崇牛迅若飛禽愷絶不能及愷每以此三事爲恨乃密貨崇帳下問其所以答云豆至難煮豫作熟末客來但作白粥以投之耳韭蓱齏是擣韭根雜以麥苗耳牛奔不遲良由馭者逐不及反制之可聽蹁轅則駃矣於是悉從之遂爭長焉崇後知之因殺所告者嘗與王敦入太學見顏回原憲之象顧而歎曰若與之同升孔堂去人何必有間敦曰不知餘人云何子

貢去卿差近崇正色曰士當聲名俱泰何至甕牖哉其立意類此劉輿兄弟少
時爲王愷所嫉愷召之宿因欲坑之崇素與輿等善聞當有變夜馳詣愷問二
劉所在愷迫卒不得隱崇徑造於後齋索出同車而去語曰年少何以輕就人
宿輿深德之及賈謐誅崇以黨與免官時趙王倫專權崇甥歐陽建與倫有隙
崇有妓曰綠珠美而豔善吹笛孫秀使人求之崇時在金谷別館方登涼臺臨
清流婦人侍側使者以告崇盡出其婢妾數十人以示之皆蘊蘭麝被羅縠曰
在所擇使者曰君侯服御麗則麗矣然本受命指索綠珠不識孰是崇勃然曰
綠珠吾所愛不可得也使者曰君侯博古通今察遠照邇願加三思崇曰不然
使者出而又反崇竟不許秀怒乃勸倫誅崇建崇建亦潛知其計乃與黃門郎
潘岳陰勸淮南王允齊王冏以圖倫秀秀覺之遂矯詔收崇及潘岳歐陽建等
崇正宴於樓上介士到門崇謂綠珠曰我今爲爾得罪綠珠泣曰當效死於官
前因自投于樓下而死崇曰吾不過流徙交廣耳及車載詣東市崇乃歎曰奴
輩利吾家財收者答曰知財致害何不早散之崇不能答崇母兄妻子無少長

皆被害死者十五人崇時年五十二初崇家稻米飯在地經宿皆化爲螺時人以爲族滅之應有司簿閱崇水碓三十餘區倉頭八百餘人他珍寶貨賄田宅稱是及惠帝復祚詔以卿禮葬之封崇從孫演爲樂陵公苞曾孫樸字玄真爲人謹厚無他材藝沒於胡石勒以與樸同姓俱出河北引樸爲宗室特加優寵位至司徒

歐陽建字堅石世爲冀方右族雅有理思才藻美贍擅名北州時人爲之語曰渤海赫赫歐陽堅石辟公府歷山陽令尚書郎馮翊太守甚得時譽及遇禍莫不悼惜之年三十餘臨命作詩文甚哀楚

孫鑠字巨鄴河內懷人也少樂爲縣吏太守吳奮轉以爲主簿鑠自微賤登綱紀時僚大姓不與鑠同坐奮大怒遂薦鑠爲司隸都官從事司隸校尉劉訥甚知賞之時奮又薦鑠於大司馬石苞苞辟爲椽鑠將應命行達許昌會臺已密遣輕車襲苞于時汝陰王鎮許鑠過謁之王先識鑠以鄉里之情私告鑠曰無與禍鑠既出即馳詣壽春爲苞畫計苞賴而獲免遷尚書郎在職駁議十有餘

事爲當時所稱

史臣曰若夫經爲帝師鄭沖於焉無愧孝爲德本王祥所以當仁何曾善其親而及其親之黨者也夏禹恭儉殷因損益牲牢服用各有品章諸侯不恆牛命士不恆豕禦而驕奢其關乎治政乘時立制莫不由之石崇學乃多聞情乖寡悔超四豪而取富踰五侯而競爽春畦靃靡列於凝沍之晨錦障逶迤亘以山川之外撞鐘舞女流宕忘歸至於金谷含悲吹樓將墜所謂高蟬處乎輕陰不知螳蜋襲其後也

贊曰鄭沖含素王祥遲暮百行斯融雙飛天路何石殊操芬餌標奇帝風流靡崇心載馳矜奢不極寇害成貲邦分身墜樂往哀隨

唐　太　宗　文　皇　帝　御　撰

列傳第四

羊祜

羊祜字叔子泰山南城人也世吏二千石至祜九世並以清德聞祖續仕漢南陽太守父衜上黨太守祜蔡邕外孫景獻皇后同產弟祜年十二喪父孝思過禮事叔父耽甚謹嘗遊汶水之濱遇父老謂之曰孺子有好相年未六十必建大功於天下既而去莫知所在及長博學能屬文身長七尺三寸美鬚眉善談論郡將夏侯威異之以兄霸之子妻之舉上計吏州四辟從事秀才五府交命皆不就太原郭奕見之曰此今日之顏子也與王沈俱被曹爽辟沈勸就徵祜曰委質事人復何容易及爽敗沈以故吏免因謂祜曰常識卿前語祜曰此非始慮所及其先識不伐如此夏侯霸之降蜀也姻親多告絕祜獨安其室恩禮有加焉尋遭母憂長兄發又卒毀慕寢頓十餘年以道素自居恂恂若儒者文

帝爲大將軍辟祜未就公車徵拜中書侍郎俄遷給事中黃門郎時高貴鄉公好屬文在位者多獻詩賦汝南和逌以忤意見斥祜在其間不得而親疎有識尚焉陳留王立賜爵關中侯邑百戶以少帝不願爲侍臣求出補吏徙祕書監及五等建封鉅平子邑六百戶鍾會有寵而忌祜亦憚之及會誅拜相國從事中郎與荀勗共掌機密遷中領軍悉統宿衛入直殿中執兵之要事兼內外武帝受禪以佐命之勳進號中軍將軍加散騎常侍改封郡公邑三千戶固讓封不受乃進本爵爲侯置郎中令備九官之職加夫人印綬泰始初詔曰夫總齊璣衡允釐六職朝政之本也祜執德清劭忠亮純茂經緯文武謇謇正直雖處腹心之任而不總樞機之重非垂拱無爲委任責成之意也其以祜爲尚書右僕射衛將軍給本營兵時王佑賈充裴秀皆前朝名望祜每讓不處其右帝將有滅吳之志以祜爲都督荊州諸軍事假節散騎常侍衛將軍如故祜率營兵出鎮南夏開設庠序綏懷遠近甚得江漢之心與吳人開布大信降者欲去皆聽之時長吏喪官後人惡之多毀壞舊府祜以死生有命非由居室書下征鎮

普加禁斷吳石城守去襄陽七百餘里每爲邊害祜患之竟以詭計令吳罷守於是戍邏減半分以墾田八百餘頃大獲其利祜之始至也軍無百日之糧及至季年有十年之積詔罷江北都督置南中郎將以所統諸軍在漢東江夏者皆以益祜在軍常輕裘緩帶身不被甲鈴閤之下侍衞者不過十數人而頗以畋漁廢政嘗欲夜出軍司徐胤執棨當營門曰將軍都督萬里安可輕脫將軍之安危亦國家之安危也胤今日若死此門乃開耳祜改容謝之此後稀出矣後加車騎將軍開府如三司之儀祜上表固讓曰臣伏聞恩詔拔臣使同台司臣自出身以來適十數年受任外內每極顯重之任常以智力不可頓進恩寵不可久謬夙夜戰悚以榮爲憂臣聞古人之言德未爲人所服而受高爵則使才臣不進功未爲人所歸而荷厚祿則使勞臣不勸今臣身託外戚事連運會誡在過寵不患見遺而猥降發中之詔加非次之榮臣有何功可以堪之何心可以安之身辱高位傾覆尋至願守先人弊廬豈可得哉違命誠忤天威曲從即復若此蓋聞古人申於見知大臣之節不可則止臣雖小人敢緣所蒙念存

斯義今天下自服化以來方漸八年雖側席求賢不遺幽賤然臣不能推有德達有功使聖聽知勝臣者多未達者不少假令有遺德於版築之下有隱才於屠釣之間而朝議用臣不以爲非臣處之不以爲愧所失豈不大哉臣忝竊雖久未若今日兼文武之極寵等宰輔之高位也且臣雖所見者狹據今光祿大夫李憙執節高亮在公正色光祿大夫魯芝絜身寡欲和而不同光祿大夫李胤清亮簡素立身在朝皆服事華髮以禮終始雖歷位外內之寵不異寒賤之家而猶未蒙此選臣更越之何以塞天下之望少益日月是以誓心守節無苟進之志今道路行通方隅多事乞留前恩使臣得速還屯不爾留連必於外虞有闕匹夫之志有不可奪不聽及還鎮吳西陵督步闡舉城來降吳將陸抗攻之甚急詔祜迎闡祜率兵五萬出江陵遣荊州刺史楊肇攻抗不剋闡竟爲抗所擒有司奏祜所統八萬餘人賊衆不過三萬祜頓兵江陵使賊備得設乃遣楊肇偏軍入險兵少糧懸軍人挫衂皆違詔命無大臣節可免官以侯就第竟坐貶爲平南將軍而免楊肇爲庶人祜以孟獻營武牢而鄭人懼晏弱城東陽

而萊子服乃進據險要開建五城收膏腴之地奪吳人之資石城以西盡爲晉有自是前後降者不絕乃增修德信以懷柔初附慨然有吞并之心每與吳人交兵剋日方戰不爲掩襲之計將帥有欲進譎詐之策者輒飲以醇酒使不得言人有略吳二兒爲俘者祜遣送還其家後吳將夏詳邵顗等來降二兒之父亦率其屬與俱吳將陳尚潘景來寇祜追斬之美其死節而厚加殯斂景尚子弟迎喪祜以禮遣還吳將鄧香掠夏口祜募生縛香既至宥之香感其恩甚率部曲而降祜出軍行吳境刈穀爲糧皆計所侵送絹償之每會衆江沔遊獵常止晉地若禽獸先爲吳人所傷而爲晉兵所得者皆封還之於是吳人翕然悅服稱爲羊公不之名也祜與陸抗相對使命交通抗稱祜之德量雖樂毅諸葛孔明不能過也抗嘗病祜饋之藥抗服之無疑心人多諫抗抗曰羊祜豈酖人者時談以爲華元子反復見於今日抗每告其戍曰彼專爲德我專爲暴是不戰而自服也各保分界而已無求細利孫皓聞二境交和以詰抗抗曰一邑一鄉不可以無信義況大國乎臣不如此正是彰其德於祜無傷也祜貞慤無私

疾惡邪佞荀勗馮紞之徒甚忌之從甥王衍嘗詣祜陳事辭甚俊辯祜不然之
衍拂衣而起祜顧謂賓客曰王夷甫方以盛名處大位然敗俗傷化必此人也
步闡之役祜以軍法將斬王戎故戎衍並憾之每言論多毀祜時人爲之語曰
二王當國羊公無德咸寧初除征南大將軍開府儀同三司得專辟召初祜以
伐吳必藉上流之勢又時吳有童謠曰阿童復阿童銜刀浮渡江不畏岸上獸
但畏水中龍祜聞之曰此必水軍有功但當思應其名者耳會益州刺史王濬
徵爲大司農祜知其可任濬又小字阿童因表留濬監益州諸軍事加龍驤將
軍密令修舟檝爲順流之計祜繕甲訓卒廣爲戎備至是上疏曰先帝順天應
時西平巴蜀南和吳會海內得以休息兆庶有樂安之心而吳復背信使邊事
更與夫期運雖天所授而功業必由人而成不一大舉掃滅則衆役無時得安
亦所以隆先帝之勳成無爲之化也故堯有丹水之伐舜有三苗之征咸以寧
靜宇宙戢兵和衆者也蜀平之時天下皆謂吳當幷亡自此來十三年是謂一
周平定之期復在今日矣議者常言吳楚有道後服無禮先彊此乃諸侯之時

耳今當一統不得與古同諭夫適道之論皆未應權是故謀之雖多而決之欲獨凡以險阻得存者謂所敵者同力足自固苟其輕重不齊彊弱異勢則智士不能謀而險阻不可保也蜀之爲國非不險也高山尋雲霓深谷肆無景束馬懸車然後得濟皆言一夫荷戟千人莫當及進兵之日曾無藩籬之限斬將搴旗伏尸數萬乘勝席卷徑至成都漢中諸城皆鳥棲而不敢出非皆無戰心誠力不足相抗至劉禪降服諸營堡者索然俱散今江淮之難不過劍閣山川之險不過岷漢孫皓之暴侈於劉禪吳人之困甚於巴蜀而大晉兵衆多於前世資儲器械盛於往時今不於此平吳而更阻兵相守征夫苦役日尋干戈經歷盛衰不可長久宜當時定以一四海今若引梁益之兵水陸俱下荆楚之衆進臨江陵平南豫州直指夏口徐揚青兗並向秣陵鼓旆以疑之多方以誤之以一隅之吳當天下之衆勢分形散所備皆急巴漢奇兵出其空虛一處傾壞則上下震蕩吳緣江爲國無有內外東西數千里以藩籬自持所敵者大無有寧息孫皓恣情任意與下多忌名臣重將不復自信是以孫秀之徒皆畏逼而至

將疑於朝士困於野無有保世之計一定之心平常之日猶懷去就兵臨之際必有應者終不能齊力致死已可知也其俗急速不得持久弓弩戟楯不如中國唯有水戰是其所便一入其境則長江非復所固還保城池則去長入短而官軍懸進人有致節之志吳人戰於其內有憑城之心如此軍不踰時剋可必矣帝深納之會秦涼屢敗祜復表曰吳平則胡自定但當速濟大功耳而議者多不同祜歎曰天下不如意恆十居七八故有當斷不斷天與不取豈非更事者恨於後時哉其後詔以泰山之南武陽牟南城梁父平陽五縣爲南城郡封祜爲南城侯置相與郡公同祜讓曰昔張良請受留萬戶漢祖不奪其志臣受鉅平於先帝敢辱重爵以速官謗固執不拜帝許之祜每被登進常守沖退至心素著故特見申於分列之外是以名德遠播朝野具瞻搢紳僉議當居台輔帝方有兼幷之志仗祜以東南之任故寢之祜歷職二朝任典樞要政事損益皆諮訪焉勢利之求無所關與其嘉謀讜議皆焚其草故世莫聞凡所進達人皆不知所由或謂祜慎密太過者祜曰是何言歟夫入則造膝出則詭辭君臣

不密之誠吾惟懼其不及不能舉賢取異豈得不愧知人之難哉且拜爵公朝謝恩私門吾所不取祜女夫嘗勸祜有所營置令有歸戴者可不美乎祜默然不應退告諸子曰此可謂知其一不知其二人臣樹私則背公是大惑也汝宜識吾此意嘗與從弟琇書曰既定邊事當角巾東路歸故里爲容棺之墟以白士而居重位何能不以盛滿受責乎疎廣是吾師也祜樂山水每風景必造峴山置酒言詠終日不倦嘗慨然歎息顧謂從事中郎鄒湛等曰自有宇宙便有此山由來賢達勝士登此遠望如我與卿者多矣皆湮滅無聞使人悲傷如百歲後有知魂魄猶應登此也湛曰公德冠四海道嗣前哲令聞令望必與此山俱傳至若湛輩乃當如公言耳祜當討吳賊有功將進爵土乞以賜舅子蔡襲詔封襲關內侯邑三百戶會吳人寇弋陽江夏略戶口詔遣侍臣移書詰祜不追討之意幷欲移州復舊之宜祜曰江夏去襄陽八百里比知賊問賊去亦已經日矣步軍方往安能救之哉勞師以免責恐非事宜也昔魏武帝置都督類皆與州相近以兵勢好合惡離疆埸之間一彼一此愼守而已古之善教也若

輒徙州賊出無常亦未知州之所宜據也使者不能詰祜寢疾求入朝既至洛陽會景獻宮車在殯哀慟至篤中詔申諭扶疾引見命乘輦入殿無下拜甚見優禮及侍坐面陳伐吳之計帝以其病不宜常入遣中書令張華問其籌策祜曰今主上有禪代之美而功德未著吳人虐政已甚可不戰而克混一六合以興文教則主齊堯舜臣同稷契爲百代之盛軌如舍之若孫皓不幸而沒吳人更立令主雖百萬之衆長江未可而越也將爲後患乎華深贊成其計祜謂華曰成吾志者子也帝欲使祜臥護諸將祜曰取吳不必須臣自行但既平之後當勞聖慮耳功名之際臣所不敢居若事了當有所付授願審擇其人疾漸篤乃舉杜預自代尋卒時年五十八帝素服哭之甚哀是日大寒帝涕淚霑鬚鬢皆爲冰焉南州人征市日聞祜喪莫不號慟罷市巷哭者聲相接吳守邊將士亦爲之泣其仁德所感如此賜以東園祕器朝服一襲錢三十萬布百匹詔曰征南大將軍南城侯祜蹈德沖素思心清遠始在內職值登大命乃心篤誠左右王事入綜機密出統方岳當終顯烈永輔朕躬而奄忽殂隕悼之傷懷其追

贈侍中太傅持節如故祜立身清儉被服率素祿俸所資皆以贍給九族賞賜軍士家無餘財遺令不得以南城侯入柩從弟琇等述祜素志求葬於先人墓次帝不許賜去城十里外近陵葬地一頃諡曰成祜喪既引帝於大司馬門南臨送祜甥齊王攸表祜妻不以侯斂之意帝乃詔曰祜固讓歷年志不可奪身沒讓存遺操益厲此夷叔所以稱賢季子所以全節也今聽復本封以彰高美初文帝崩祜謂傅玄曰三年之喪雖貴遂服自天子達而漢文除之毀禮傷義常以歎息今主上天縱至孝有曾閔之性雖奪其服實行喪禮喪禮實行除服何爲邪若因此革漢魏之薄而興先王之法以敦風俗垂美百代不亦善乎玄曰漢文以末世淺薄不能行國君之喪故因而除之除之數百年一旦復古難行也祜曰不能使天下如禮且使主上遂服不猶善乎玄曰主上不除而天下除此爲但有父子無復君臣三綱之道虧矣祜乃止祜所著文章及爲老子傳並行於世襄陽百姓於峴山祜平生游憩之所建碑立廟歲時饗祭焉望其碑者莫不流涕杜預因名爲墮淚碑荊州人爲祜諱名屋室皆以門爲稱改戶曹

爲辭曹焉祜開府累年謙讓不辟士始有所命會卒不得除署故參佐劉儈趙寅劉彌孫勃等牋詣預曰昔以謬選忝備官屬各得與前征南大將軍祜參同庶事祜執德沖虛操尚清遠德高而體卑位優而行恭前膺顯命來撫南夏既有三司之儀復加大將軍之號雖居其位不行其制至今海內渴佇羣俊望風涉其門者貪夫反廉懦夫立志雖夷惠之操無以尚也自鎮此境政化被乎江漢潛謀遠計闢國開疆諸所規模皆有軌量志存公家以死勤事始辟四掾未至而隕夫舉賢報國台輔之遠任也搜揚側陋亦台輔之宿心也中道而廢亦台輔之私恨也履謙積稔晚節不遂此遠近所以爲之感痛者也昔召伯所憩愛流甘棠宣子所游封殖其樹夫思其人尚及其樹況生存所辟之士便當隨例放棄者乎乞蒙列上得依已至掾屬預表曰祜雖開府而不備僚屬引謙之至宜見顯明及扶疾辟士未到而沒家無胤嗣官無命士此方之望隱憂載懷夫篤終追遠人德歸厚漢祖不惜四千戶之封以慰趙子弟心請議之詔不許祜卒二歲而吳平羣臣上壽帝執爵流涕曰此羊太傅之功也因以剋定之功

策告祜廟仍依蕭何故事封其夫人策曰皇帝使謁者杜宏告故侍中太傅鉅平成侯祜昔吳爲不恭負險稱號郊境不闢多歷年所祜受任南夏思靜其難外揚王化內經廟略著德推誠江漢歸心舉有成資識有全策昊天不弔所志不卒朕用悼恨于厥心乃班命羣帥致天之討兵不踰時一征而滅疇昔之規若合符契夫賞不失勞國有彝典宜增啓土宇以崇前命而重違公高讓之素今封夫人夏侯氏萬歲鄉君食邑五千戶又賜帛萬匹穀萬斛祜年五歲時令乳母取所弄金鐶乳母曰汝先無此物祜卽詣鄰人李氏東垣桑樹中探得之主人驚曰此吾亡兒所失物也云何持去乳母具言之李氏悲惋時人異之謂李氏子則祜之前身也又有善相墓者言祜祖墓所有帝王氣若鑿之則無後祜遂鑿之相者見曰猶出折臂三公而祜竟墮馬折臂位至公而無子帝以祜兄子暨爲嗣暨以父沒不得爲人後帝又令暨弟伊爲祜後又不奉詔帝怒並收免之太康二年以伊弟篇爲鉅平侯奉祜嗣篇歷官清慎有私牛於官舍產犢及遷而留之位至散騎常侍早卒孝武太元中封祜兄玄孫之子法興爲鉅

平侯邑五千戶以桓玄黨誅國除尚書祠部郎荀伯子上表訟之曰臣聞咎繇亡嗣臧文以爲深嘆伯氏奪邑管仲所以稱仁功高可百世不泯濫賞無得崇朝故太傅鉅平侯羊祜明德通賢國之宗主勳參佐命功成平吳而後嗣闕然烝嘗莫寄漢以蕭何元功故絕世輒繼愚謂鉅平封宜同酇國故太尉廣陵公準黨翼賊倫禍加淮南因逆爲利竊饗大邦值西朝政刑失裁中興因而不奪今王道維新豈可不大判臧否謂廣陵國宜在削除故太保衞瓘本爵菑陽縣公既被橫害乃進茅土始贈蘭陵又轉江夏中朝名臣多非理終瓘功德無殊而獨受偏賞謂宜罷其郡封復邑菑陽則與奪有倫善惡分矣竟寢不報祜前母孔融女生兄發官至都督淮北護軍初發與祜同母兄承俱得病祜母度不能兩存乃專心養發故得濟而承竟死發長子倫高陽相倫弟暨陽平太守暨弟伊初爲車騎賈充掾後歷平南將軍都督江北諸軍事鎮宛爲張昌所殺追贈鎮南將軍祜伯父祕官至京兆太守子祉魏郡太守祕孫亮字長玄有才能多計數與之交者必僞盡款誠人皆謂得其心而殊非其實也初爲太傅楊駿

參軍時京兆多盜竊駿欲更重其法盜百錢加大辟請官屬會議亮曰昔楚江乙母失布以爲盜由令尹公若無欲盜宜自止何重法爲駿慚而止累轉大鴻臚時惠帝在長安亮與關東連謀內不自安奔于幷州爲劉元海所害亮弟陶爲徐州刺史

杜預

杜預字元凱京兆杜陵人也祖畿魏尚書僕射父恕幽州刺史預博學多通明於興廢之道常言德不可以企及立功立言可庶幾也初其父與宣帝不相能遂以幽死故預久不得調文帝嗣立預尚帝妹高陸公主起家拜尚書郎襲祖爵豐樂亭侯在職四年轉參相府軍事鍾會伐蜀以預爲鎮西長史及會反寮佐並遇害唯預以智獲免增邑千一百三十戶與車騎將軍賈充等定律令既成預爲之注解乃奏之曰法者蓋繩墨之斷例非窮理盡性之書也故文約而例直聽省而禁簡例直易見禁簡難犯易見則人知所避難犯則幾於刑厝刑厝刑之本在於簡直故必審名分審名分者必忍小理古之刑書銘之鍾鼎鑄之

金石所以遠塞異端使無淫巧也今所注皆網羅法意格之以名分使用之者執名例以審趣舍伸繩墨之直去析薪之理也詔班于天下泰始中守河南尹預以京師王化之始自近及遠凡所施論務崇大體受詔爲黜陟之課其略曰臣聞上古之政因循自然虛己委誠而信順之道應神感心通而天下之理得逮至淳樸漸散彰美顯惡設官分職以頒爵祿弘宣六典以詳考察然猶倚明哲之輔建忠貞之司使名不得越功而獨美功不得後名而獨隱皆疇咨博詢敷納以言及至末世不能紀遠而求於密微疑諸心而信耳目疑耳目而信簡書簡書愈繁官方愈僞法令滋章巧飾彌多昔漢之刺史亦歲終奏事不制算課而清濁粗舉魏氏考課卽京房之遺意其文可謂至密然由於累細以違其體故歷代不能通也豈若申唐堯之舊去密就簡則簡而易從也夫宣盡物理神而明之存乎其人去人而任法則以傷理今科舉優劣莫若委任達官各考所統在官一年以後每歲言優者一人爲上第劣者一人爲下第因計偕以名聞如此六載主者總集採案其六歲處優舉者超用之六歲處劣舉者奏免之

其優多劣少者敘用之劣多優少者左遷之今考課之品所對不鈞誠有難易若以難取優以易而否主者固當準量輕重微加降殺不足復曲以法盡也己丑詔書以考課難成聽通薦例薦例之理卽亦取於風聲六年頓薦黜陟無漸又非古者三考之意也今每歲一考則積優以成陟累劣以取黜以士君子之心相處未有官故六年六黜清能六進否劣者也監司將亦隨而彈之若令上下公相容過此爲清議大頹亦無取於黜陟也司隸校尉石鑒以宿憾奏預免職時虜寇隴右以預爲安西軍司給兵三百人騎百匹到長安更除秦州刺史領東羌校尉輕車將軍假節屬虜兵彊盛石鑒時爲安西將軍使預出兵擊之預以虜乘勝馬肥而官軍懸乏宜并力大運須春進討陳五不可四不須鑒大怒復奏預擅飾城門官舍稽乏軍興遣御史檻車徵詣廷尉以預尚主在八議以侯贖論其後隴右之事卒如預策是時朝廷皆以預明於籌略會匈奴帥劉猛舉兵反自幷州西及河東平陽詔預以散侯定計省闥俄拜度支尚書預乃奏立籍田建安邊論處軍國之要又作人排新器興常平倉定穀價較鹽運制

課調內以利國外以救邊者五十餘條皆納焉石鑒自軍還論功不實爲預所糾遂相讎恨言論諠譁並坐免官以侯兼本職數年復拜度支尚書元皇后梓宮將還於峻陽陵舊制既葬帝及羣臣即吉尚書奏皇太子亦宜釋服預議皇太子宜復古典以諒闇終制從之預以時歷差舛不應晷度奏上二元乾度歷行於世預又以孟津渡險有覆沒之患請建河橋于富平津議者以爲殷周所都歷聖賢而不作者必不可立故也預曰造舟爲梁則河橋之謂也及橋成帝從百僚臨會舉觴屬預曰非君此橋不立也對曰非陛下之明臣亦不得施其微巧周廟欹器至漢東京猶在御坐漢末喪亂不復存形制遂絕預創意造成奏上之帝甚嘉歎焉咸寧四年秋大霖雨蝗蟲起預上疏多陳農要事在食貨志預在內七年損益萬機不可勝數朝野稱美號曰杜武庫言其無所不有也時帝密有滅吳之計而朝議多違唯預羊祜張華與帝意合祜病舉預自代因以本官假節行平東將軍領征南軍司及祜卒拜鎮南大將軍都督荊州諸軍事給追鋒車第二駙馬預既至鎮繕兵甲耀威武乃簡精銳襲吳西陵督張政

大破之以功增封三百六十五戶政吳之名將也據要害之地恥以無備取敗
不以所喪之實告于孫皓預欲間吳邊將乃表還其所獲之衆於皓皓果召政
遣武昌監劉憲代之故大軍臨至使其將帥移易以成傾蕩之勢預處分既定
乃啓請伐吳之期帝報待明年方欲大舉預表陳至計曰自閏月以來賊但敕
嚴下無兵上以理勢推之賊之窮計力不兩完必先認上流勤保夏口以東以
延視息無緣多兵西上空其國都而陛下過聽便用委棄大計縱敵患生此誠
國之遠圖使舉而有敗勿舉可也事爲之制務從完牢若或有成則開太平之
基不成不過費損日月之閒何惜而不一試之若當須後年天時人事不得如
常臣恐其更難也陛下宿議分命臣等隨界分進其所禁持東西同符萬安之
舉未有傾敗之慮臣心實了不敢以曖昧之見自取後累惟陛下察之預旬月
之中又上表曰羊祜與朝臣多不同不先博畫而密與陛下共施此計故益令
多異凡事當以利害相較今此舉十有八九利其一二止於無功耳其言破敗
之形亦不可得直是計不出己功不在身各恥其前言故守之也自頃朝廷事

無大小異意鋒起雖人心不同亦由恃恩不慮後難故輕相同異也昔漢宣帝議趙充國所上事效之後結責諸議者皆叩頭而謝以塞異端也自秋已來討賊之形頗露若今中止孫皓怖而生計或徙都武昌更完修江南諸城遠其居人城不可攻野無所掠積大船於夏口則明年之計或無所及時帝與中書令張華圍棋而預表適至華推枰斂手曰陛下聖明神武朝野清晏國富兵彊號令如一吳主荒淫驕虐誅殺賢能當今討之可不勞而定帝乃許之預以太康元年正月陳兵于江陵遣參軍樊顯尹林鄧圭襄陽太守周奇等率衆循江西上授以節度旬日之間累剋城邑皆如預策焉又遣牙門管定周旨伍巢等率奇兵八百泛舟夜渡以襲樂鄉多張旗幟起火巴山出於要害之地以奪賊心吳都督孫歆震恐與伍延書曰北來諸軍乃飛渡江也吳之男女降者萬餘口旨巢等伏兵樂鄉城外歆遣軍出距王濬大敗而還旨等發伏兵隨歆軍而入歆不覺直至帳下虜歆而還故軍中爲之謠曰以計代戰一當萬於是進逼江陵吳督將伍延僞請降而列兵登陴預攻剋之既平上流於是沅湘以南至于

交廣吳之州郡皆望風歸命奉送印綬預仗節稱詔而綏撫之凡所斬及生獲吳都督監軍十四牙門郡守百二十餘人又因兵威徙將士屯戍之家以實江北南郡故地各樹之長吏荆土肅然吳人赴者如歸矣王濬先列上得孫歆頭預後生送歆洛中以爲大笑時衆軍會議或曰百年之寇未可盡克今向暑水潦方降疾疫將起宜俟來冬更爲大舉預曰昔樂毅藉濟西一戰以幷彊齊今兵威已振譬如破竹數節之後皆迎刃而解無復著手處也遂指授羣帥徑進秣陵所過城邑莫不束手議者乃以書謝之孫皓既平振旅凱入以功進爵當陽縣侯增邑幷前九千六百戸封子耽爲亭侯千戸賜絹八千匹初攻江陵吳人知預病瘿憚其智計以瓠繫狗頸示之每大樹似瘿輒斫使白題曰杜預頸及城平盡捕殺之預既還鎮累陳家世吏職武非其功請退不許預以天下雖安忘戰必危勤於講武修立泮宮江漢懷德化被萬里攻破山夷錯置屯營分據要害之地以固維持之勢又修邵信臣遺跡激用滍淯諸水以浸原田萬餘頃分疆刊石使有定分公私同利衆庶賴之號曰杜父舊水道唯沔漢達江陵

千數百里北無通路又巴丘湖沅湘之會表裏山川實爲險固荆蠻之所恃也預乃開楊口起夏水達巴陵千餘里內瀉長江之險外通零桂之漕南土歌之曰後世無叛由杜翁孰識智名與勇功預公家之事知無不爲凡所興造必考度始終鮮有敗事或譏其意碎者預曰禹稷之功期於濟世所庶幾也預好爲後世名常言高岸爲谷深谷爲陵刻石爲二碑紀其勳績一沉萬山之下一立峴山之上曰焉知此後不爲陵谷乎預身不跨馬射不穿札而每任大事輒居將率之列結交接物恭而有禮問無所隱誨人不倦敏於事而慎於言既立功之後從容無事乃耽思經籍爲春秋左氏經傳集解又參考衆家譜第謂之釋例又作盟會圖春秋長歷備成一家之學比老乃成又撰女記讚當時論者謂預文義質直世人未之重唯祕書監摯虞賞之曰左丘明本爲春秋作傳而左傳遂自孤行釋例本爲傳設而所發明何但左傳故亦孤行時王濟解相馬又甚愛之而和嶠頗聚斂預常稱濟有馬癖嶠有錢癖武帝聞之謂預曰卿有何癖對曰臣有左傳癖預在鎮數餉遺洛中貴要或問其故預曰吾但恐爲害不

求益也預初在荊州因宴集醉臥齋中外人聞嘔吐聲竊窺於戶止見一大蛇垂頭而吐聞者異之其後徵爲司隸校尉加位特進行次鄧縣而卒時年六十三帝甚嘆悼追贈征南大將軍開府儀同三司諡曰成預先爲遺令曰古不合葬明於終始之理同於無有也中古聖人改而合之蓋以別合無在更緣生以示教也自此以來大人君子或合或否未能知生安能知死故各以己意所欲也吾往爲臺郎嘗以公事使過密縣之邢山山上有冢問耕父云是鄭大夫祭仲或云子產之冢也遂率從者祭而觀焉其造冢居山之頂四望周達連山體南北之正而邪東北向新鄭城意不忘本也其隧道唯塞其後而空其前不填之示藏無珍寶不取於重深也山多美石不用必集洧水自然之石以爲冢藏貴不勞工巧而此石不入世用也君子尚其有情小人無利可動歷千載無毀儉之致也吾去春入朝因郭氏喪亡緣陪陵舊義自表營洛陽城東首陽之南爲將來兆域而所得地中有小山上無舊冢其高顯雖未足比邢山然東奉二陵西瞻宮闕南觀伊洛北望夷叔曠然遠覽情之所安也故遂表樹開道爲一

定之制至時皆用洛水圓石開隧道南向儀制取法於鄭大夫欲以儉自完耳棺器小斂之事皆當稱此子孫一以遵之子錫嗣錫字世嘏少有威名起家長沙王乂文學累遷太子中舍人性亮直忠烈屢諫愍懷太子言辭懇切太子患之後置針著錫常所坐處氈中刺之流血他日太子問錫向著何事錫對醉不知太子詰之曰君喜責人何自作過也後轉衛將軍長史趙王倫篡位以爲治書御史孫秀求交於錫而錫拒之秀雖銜之憚其名高不敢害也惠帝反政還吏部郎城陽太守不拜仍遷尚書左丞年四十八卒贈散騎常侍子乂嗣在外戚傳

史臣曰泰始之際人祇呈貺羊公起平吳之策其見天地之心焉昔齊有黔夫燕人祭北門之鬼趙有李牧秦王罷東并之勢桑枝不競瓜潤空慚垂大信於南服傾吳人於漢渚江衢如砥襁袂同歸而在乎成功弗居幅巾窮巷落落焉其有風飈者也杜預不有生知用之則習振長策而攻取兼儒風而轉戰孔門稱四則仰止其三春秋有五而獨擅其一不其優歟夫三年之喪云無貴賤輕

纖奪於在位可以興嗟既葬釋於儲君何其斯酷狗以苟合不求其正以當代之元良爲諸侯之庶子檀弓習於變禮者也杜預其有焉

贊曰漢地西險吳江左迴羊公恩信百萬歸來昔之誓旅懷經罕素元凱文場稱爲武庫

晉書卷三十四

晉書卷三十四考證

羊祜傳時王佑賈充裴秀皆前朝名望○臣人龍按本書當時知名士不數及王佑或王沈之訛耳

此夷叔所以稱賢季子所以全節也○臣宗楷按風俗通云淸擬夷叔陶潛詩夷叔在西山皆謂伯夷叔齊也並稱兩人而一氏一名日知錄所謂文中之變體

晉書卷三十四考證

珍傚朱版珍

晉書卷三十五

唐 太 宗 文 皇 帝 御 撰

列傳第五

陳騫 子輿

陳騫臨淮東陽人也父矯魏司徒矯本廣陵劉氏爲外祖陳氏所養因而改焉騫沉厚有智謀初矯爲尙書令侍中劉曄見幸於魏明帝譖矯專權矯憂懼以問騫騫曰主上明聖大人大臣今若不合意不過不作公耳後帝意果釋騫尙少爲夏侯玄所侮意色自若玄以此異之起家尙書郎遷中山安平太守並著稱績徵爲相國司馬長史御史中丞遷尙書封安國亭侯蜀賊寇隴右以尙書持節行征蜀將軍破賊而還會諸葛誕之亂復以尙書行安東將軍壽春平拜使持節都督淮北諸軍事安東將軍進爵廣陵侯轉都督豫州諸軍事豫州刺史持節將軍如故又轉都督江南諸軍事徙都督荆州諸軍事征南大將軍封郯侯武帝受禪以佐命之勳進車騎將軍封高平郡公遷侍中大將軍出爲都

督揚州諸軍事餘如故假黃鉞攻拔吳枳里城破涂中屯戍賜騫兄子愷爵關中侯咸寧初遷太尉轉大司馬騫因入朝言於帝曰胡烈牽弘皆勇而無謀彊於自用非綏邊之材將爲國之恥願陛下詳之時弘爲揚州刺史不承順騫命帝以爲不協相構於是徵弘既至尋復以爲涼州刺史騫竊歎息以爲必敗二人後果失羌戎之和皆被寇喪沒征討連歲僅而得定帝乃悔之騫少有度量含垢匿瑕所在有績與賈充石苞裴秀等俱爲心膂而騫智度過之充等亦自以爲不及也累處方任爲士庶所懷既位極人臣年踰致仕思欲退身咸寧三年求入朝因乞骸骨賜袞冕之服詔曰騫元勳舊德統乂東夏方弘遠績以一吳會而所苦未除每表懇切重勞以方事今聽留京城以前太尉府爲大司馬府增置祭酒二人帳下司馬官騎大軍鼓吹皆如前親兵百人廚田十頃廚園五十畝廚士十人器物經用皆留給焉又給乘輿輦出入殿中加鼓吹如漢蕭何故事騫累稱疾辭位詔曰騫履德論道朕所諮詢方賴謀猷以弘庶績宜時視事可遣散騎常侍諭意騫輒歸第詔又遣侍中敦諭還府遂固請許之位同

保傅在三司之上賜以几杖不朝安車駟馬以高平公還第帝以其勳舊耆老禮之甚重又以騫有疾聽乘輿上殿騫素無謇諤之風然與帝語傲及見皇太子加敬時人以爲諂弟稚與其子輿忿爭遂說騫子女穢行騫表徙弟以此獲譏於世元康二年薨年八十一加以袞斂贈太傅謚曰武及葬帝於大司馬門臨喪望柩流涕禮依大司馬石苞故事子輿嗣爵輿字顯初拜散騎侍郎洛陽令遷黃門侍郎歷將校左軍將軍大司農侍中坐與叔父不睦出爲河內太守輿雖無檢正而有力致尋卒子植字弘先嗣官至散騎常侍卒子粹嗣永嘉中遇害孝武帝以騫玄孫襲爵卒弟子浩之嗣宋受禪國除

裴秀　子頠　從弟楷　楷子憲

裴秀字季彥河東聞喜人也祖茂漢尚書令父潛魏尚書令秀少好學有風操八歲能屬文叔父徽有盛名賓客甚衆秀年十歲有詣徽者出則過秀然秀母賤嫡母宣氏不之禮嘗使進饌於客見者皆爲之起秀母曰微賤如此當應爲小兒故也宣氏知之後遂止時人爲之語曰後進領袖有裴秀渡遼將軍毋丘

儉嘗薦秀於大將軍曹爽曰生而岐嶷長蹈自然玄靜守眞性入道奧博學彊記無文不該孝友著於鄉黨高聲聞於遠近誠宜弼佐謨明助和鼎味毗贊大府光昭盛化非徒子奇甘羅之儔兼包游夏顏冉之美爽乃辟爲掾襲父爵淸陽亭侯遷黃門侍郎爽誅以故吏免頃之爲廷尉正歷文帝安東及衞將軍司馬軍國之政多見信納遷散騎常侍帝之討諸葛誕也秀與尚書僕射陳泰黃門侍郎鍾會以行臺從豫參謀略及誕平轉尚書進封魯陽鄉侯增邑千戶常道鄉公立以豫議定策進爵縣侯增邑七百戶遷尚書僕射魏咸熙初釐革憲司時荀顗定禮儀賈充正法律而秀改官制焉秀議五等之爵自騎督已上六百餘人皆封於是秀封濟川侯地方六十里邑千四百戶以高苑縣濟川墟爲侯國初文帝未定嗣而屬意舞陽侯攸武帝懼不得立問秀曰人有相否因以奇表示之秀後言於文帝曰中撫軍人望既茂天表如此固非人臣之相也由是世子乃定武帝既卽王位拜尚書令右光祿大夫與御史大夫王沈衞將軍賈充俱開府加給事中及帝受禪加左光祿大夫封鉅鹿郡公邑三千戶時安

遠護軍郝詡與故人書云與尙書令裴秀相知望其爲益有司奏免秀官詔曰
不能使人之不加諸我此古人所難交關人事詡之罪耳豈尙書令能防乎其
勿有所問司隸校尉李熹復上言騎都尉劉尙爲尙書令裴秀占官稻田求禁
止秀詔又以秀幹翼朝政有勳績於王室不可以小疵掩大德使推正尙罪而
解秀禁止焉久之詔曰夫三司之任以翼宣皇極弼成王事者也故經國論道
賴之明喆苟非其人官不虛備尙書令左光祿大夫裴秀雅量弘博思心通遠
先帝登庸贊事前朝朕受明命光佐大業勳德茂著配蹤元凱宜正位居體以
康庶績其以秀爲司空秀儒學洽聞且留心政事當禪代之際總納言之要其
所裁當禮無違者又以職在地官以禹貢山川地名從來久遠多有變易後世
說者或彊牽引漸以暗昧於是甄擿舊文疑者則闕古有名而今無者皆隨事
注列作禹貢地域圖十八篇奏之藏於祕府其序曰圖書之設由來尙矣自古
立象垂制而賴其用三代置其官國史掌厥職暨漢屠咸陽丞相蕭何盡收秦
之圖籍今祕書既無古之地圖又無蕭何所得惟有漢氏輿地及括地諸雜圖

各不設分率又不考正準望亦不備載名山大川雖有麤形皆不精審不可依據或荒外迂誕之言不合事實於義無取大晉龍興混一六合以清宇宙始於庸蜀深入其阻文皇帝乃命有司撰訪吳蜀地圖蜀土既定六軍所經地域遠近山川險易征路迂直校驗圖記罔或有差今上考禹貢山海川流原隰陂澤古之九州及今之十六州郡國縣邑疆界鄉陬及古國盟會舊名水陸徑路爲地圖十八篇制圖之體有六焉一曰分率所以辨廣輪之度也二曰準望所以正彼此之體也三曰道里所以定所由之數也四曰高下五曰方邪六曰迂直此三者各因地而制宜所以校夷險之異也有圖象而無分率則無以審遠近之差有分率而無準望雖得之於一隅必失之於他方有準望而無道里則施於山海絕隔之地不能以相通有道里而無高下方邪迂直之校則徑路之數必與遠近之實相違失準望之正矣故以此六者參而攷之然遠近之實定於分率彼此之實定於道里度數之實定於高下方邪迂直之算故雖有峻山鉅海之隔絕域殊方之迥登降詭曲之因皆可得舉而定者準望之法既正則曲

直遠近無所隱其形也秀創制朝儀廣陳刑政朝廷多遵用之以爲故事在位四載爲當世名公服寒食散當飲熱酒而飲冷酒泰始七年薨時年四十八詔曰司空經德履哲體蹈儒雅佐命翼世勳業弘茂方將宣猷敷制爲世宗範不幸薨殂朕甚痛之其賜祕器朝服一具衣一襲錢三十萬布百匹謚曰元初秀以尚書三十六曹統事準例不明宜使諸卿任職未及奏而薨其友人料其書記得表草言平吳之事其詞曰孫皓酷虐不及聖明御世兼弱攻昧使遺子孫將遂不能臣時有否泰非萬安之勢也臣昔雖已屢言未有成旨今旣疾篤不起謹重尸啓願陛下時共施用乃封以上聞詔報曰司空薨痛悼不能去心又得表草雖在危困不忘王室盡忠憂國省益傷切輒當與諸賢共論也咸寧初與石苞等並爲王公配享廟廷有二子濬頠濬嗣位至散騎常侍早卒濬庶子憬不慧別封高陽亭侯以濬少弟頠嗣頠字逸民弘雅有遠識博學稽古自少知名御史中丞周弼見而嘆曰頠若武庫五兵縱橫一時之傑也賈充卽頠從母夫也表秀有佐命之勳不幸嫡長喪亡遺孤稚弱頠才德英茂足以興隆國

嗣詔頠襲爵頠固讓不許太康二年徵爲太子中庶子遷散騎常侍惠帝卽位轉國子祭酒兼右軍將軍初頠兄子憬爲白衣頠論述世勳賜爵高陽亭侯楊駿將誅也駿黨左軍將軍劉豫陳兵在門遇頠問太傅所在頠紿之曰向於西掖門遇公乘素車從二人西出矣豫曰吾何之頠曰宜至廷尉豫從頠言遂委而去尋而詔頠代豫領左軍將軍屯萬春門及駿誅以功當封武昌侯頠請以封憬帝竟封頠次子該頠苦陳憬本承嫡宜襲鉅鹿先帝恩旨辭不獲命武昌之封己之所蒙特請以封憬該時尚主故帝不聽累遷侍中時天下暫寧頠奏修國學刻石寫經皇太子既講釋奠祀孔子飲饗射侯甚有儀序又令荀藩終父勗之志鑄鍾鑿磬以備郊廟朝享禮樂頠通博多聞兼明醫術荀勗之修律度也檢得古尺短世所用四分有餘頠上言宜改諸度量若未能悉革可先改太醫權衡此若差違遂失神農岐伯之正藥物輕重分兩乖互所可傷夭爲害尤深古壽考而今短折者未必不由此也卒不能用樂廣嘗與頠清言欲以理服之而頠辭論豐博廣笑而不言時人謂頠爲言談之林藪頠以賈后不悅太

子抗表請增崇太子所生謝淑妃位號仍啓增置後衞率吏給三千兵於是東
宮宿衞萬人遷尚書侍中如故加光祿大夫每受一職未嘗不殷勤固讓表疏
十餘上博引古今成敗以爲言覽之者莫不寒心頠深慮賈后亂政與司空張
華侍中賈模議廢之而立謝淑妃華模皆曰帝自無廢黜之意若吾等專行之
上心不以爲是且諸王方剛朋黨異議恐禍如發機身死國危無益社稷頠曰
誠如公慮但昏虐之人無所忌憚亂可立待將如之何華曰卿二人猶且見信
然勤爲左右陳禍福之戒冀無大悖幸天下尚安庶可優游卒歲此謀遂寢頠
旦夕勸說從母廣城君令戒諭賈后親待太子而已或說頠曰幸與中宮內外
可得盡言言若不行則辭病而退若二者不立雖有十表難乎免矣頠慨然久
之而竟不能行遷尚書左僕射侍中如故頠雖后之親屬然雅望素隆四海不
謂之以親戚進也惟恐其不居位俄復使頠專任門下事固讓不聽頠上言賈
模適亡復以臣代崇外戚之望彰偏私之舉后族何常有能自保皆知重親無
脫者也然漢二十四帝惟孝文光武明帝不重外戚皆保其宗豈將獨賢實以

安理故也昔穆叔不拜越禮之饗臣亦不敢聞殊常之詔又表云咎繇謨虞伊尹相商呂望翊周蕭張佐漢咸播功化光格四極暨于繼體咎單傅說祖已樊仲亦隆中興或明揚側陋或起自庶族豈非尚德之舉以臻斯美哉歷觀近世不能慕遠溺於近情多任后親以致不靜昔疏廣戒太子以舅氏爲官屬前世以爲知禮況朝廷何取於外戚正復才均尚當先其疏者以明至公漢世不用馮野王卽其事也表上皆優詔敦譬時以陳準子匡韓蔚子嵩並侍東宮頠諫曰東宮之建以儲皇極其所與游接必簡英俊宜用成德匡嵩幼弱未識人理立身之節東宮實體夙成之表而今有童子侍從之聲未是光闡遐風之弘理也愍懷太子之廢也頠與張華苦爭不從語在華傳頠深患時俗放蕩不尊儒術何晏阮籍素有高名於世口談浮虛不遵禮法尸祿耽寵仕不事事至王衍之徒聲譽太盛位高勢重不以物務自嬰遂相放效風教陵遲乃著崇有之論以釋其蔽曰夫總混羣本宗極之道也方以族異庶類之品也形象著分有生之體也化感錯綜理迹之原也夫品而爲族則所稟者偏偏無自足故憑乎外

資是以生而可尋所謂理也理之所體所謂有也有之所須所謂資也資有攸
合所謂宜也擇乎厥宜所謂情也識智既授雖出處異業默語殊塗所以寶生
存宜其情一也衆理並而無害故貴賤形焉失得由乎所接故吉凶兆焉是以
賢人君子知欲不可絕而交物有會觀乎往復稽中定務惟夫用天之道分地
之利躬其力任勞而後饗居以仁順守以恭儉率以忠信行以敬讓志無盈求
事無過用乃可濟乎故大建厥極綏理羣生訓物垂範於是乎在斯則聖人爲
政之由也若乃淫抗陵肆則危害萌矣故欲衍則速患情佚則怨博擅恣則與
攻專利則延寇可謂以厚生而失生者也悠悠之徒駭乎若茲之釁而尋艱爭
所緣察夫偏質有弊而覩簡損之善遂闡貴無之議而建賤有之論賤有則必
外形外形則必遺制遺制則必忽防忽防則必忘禮禮制弗存則無以爲政矣
衆之從上猶水之居器也故兆庶之情信於所習習則心服其業業服則謂之
理然是以君人必慎所教班其政刑一切之務分宅百姓各授四職能令稟命
之者不肅而安忽然忘異莫有遷志況於據在三之尊懷所隆之情敦以爲訓

者哉斯乃昏明所階不可不審夫盈欲可損而未可絕有也過用可節而未可
謂無貴也蓋有講言之具者深列有形之故盛稱空無之美形器之故有徵空
無之義難檢辯巧之文可悅似象之言足惑衆聽眩焉溺其成說雖頗有異此
心者辭不獲濟屈於所狎因謂虛無之理誠不可蓋唱而有和多往弗反遂薄
綜世之務賤功烈之用高浮游之業卑經實之賢人情所殉篤夫名利於是文
者衍其辭訥者讚其旨染其衆也是以立言藉其虛無謂之玄妙處官不親所
司謂之雅遠奉身散其廉操謂之曠達故砥礪之風彌以陵遲放者因斯或悖
吉凶之禮而忽容止之表瀆棄長幼之序混漫貴賤之級其甚者至於裸裎言
笑忘宜以不惜爲弘士行又虧矣老子既著五千之文表摭穢雜之弊甄舉靜
一之義有以令人釋然自夷合於易之損謙艮節之旨而靜一守本無虛無之
謂也損艮之屬蓋君子之一道非易之所以爲體守本無也觀老子之書雖博
有所經而云有生於無以虛爲主偏立一家之辭豈有以而然哉人之既生以
保生爲全全之所階以順感爲務若味近以虧業則沉溺之釁興懷末以忘本

則天理之眞滅故動之所交存亡之會也夫有非有於無非無於無非無於有
非有是以申縱播之累而著貴無之文將以絕所非之盈謬存大善之中節收
流遁於既過反澄正于胸懷宜其以無爲辭而旨在全有故其辭曰以爲文不
足若斯則是所寄之塗一方之言也若謂至理信以無爲宗則偏而害當矣先
賢達識以非所滯示之深論惟班固著難未足折其情孫卿楊雄大體抑之猶
偏有所許而虛無之言日以廣衍衆家扇起各列其說上及造化下被萬事莫
不貴無所存僉同情以衆固乃號凡有之理皆義之卑者薄而鄙焉辯論人倫
及經明之業遂易門肆頗用矍然申其所懷而攻者盈集或以爲一時口言有
客幸過咸見命著文擿列虛無不允之徵若未能每事釋正則無家之義弗可
奪也頠退而思之雖君子宅情無求於顯及其立言在乎達旨而已然去聖久
遠異同紛糾苟少有彷彿可以崇濟先典扶明大業有益於時則惟患言之不
能焉得靜默及未舉一隅略示所存而已哉夫至無者無以能生故始生者自
生也自生而必體有則有遺而生虧矣生以有爲已分則虛無是有之所謂遺

者也故養既化之有非無用之所能全也理既有之衆非無爲之所能循也心
非事也而制事必由於心然不可以制事以非事謂心爲無也匠非器也而制
器必須於匠然不可以制器以非器謂匠非有也是以欲收重泉之鱗非偃息
之所能獲也隕高墉之禽非靜拱之所能捷也審投弦餌之用非無知之所能
覽也由此而觀濟有者皆有也虛無奚益於已有之羣生哉王衍之徒攻難交
至並莫能屈又著辯才論古今精義皆辨釋焉未成而遇禍初趙王倫詔事賈
后頠甚惡之倫數求官頠與張華復固執不許由是深爲倫所怨倫又潛懷篡
逆欲先除朝望因廢賈后之際遂誅之時年三十四二子嵩該倫亦欲害之梁
王肜東海王越稱頠父秀有勳王室配食太廟不宜滅其後嗣故得不死徙帶
方惠帝反正追復頠本官改葬以卿禮諡曰成以嵩嗣爵爲中書黃門侍郎該
出後從伯戣爲散騎常侍並爲乞活賊陳午所害
楷字叔則父徽魏冀州刺史楷明悟有識量弱冠知名尤精老易少與王戎齊
名鍾會薦之於文帝辟相國掾遷尚書郎賈充改定律令以楷爲定科郎事畢

詔楷於御前執讀平議當否楷善宣吐左右屬目聽者忘倦武帝爲撫軍妙選
僚采以楷爲參軍事吏部郎闕文帝問其人於鍾會會曰裴楷清通王戎簡要
皆其選也於是以楷爲吏部郎楷風神高邁容儀俊爽博涉羣書特精理義時
人謂之玉人又稱見裴叔則如近玉山照暎人也轉中書郎出入宮省見者肅
然改容武帝初登阼探策以卜世數多少而得一帝不悅羣臣失色莫有言者
楷正容儀和其聲氣從容進曰臣聞天得一以清地得一以寧王侯得一以爲
天下貞武帝大悅羣臣皆稱萬歲俄拜散騎侍郎累遷散騎常侍河內太守入
爲屯騎校尉右軍將軍轉侍中石崇以功臣子有才氣與楷志趣各異不與之
交長水校尉孫季舒嘗與崇酣燕慢傲過度崇欲表免之楷聞之謂崇曰足下
飲人狂藥責人正禮不亦乖乎崇乃止楷性寬厚與物無忤不持儉素每遊榮
貴輒取其珍玩雖車馬器服宿昔之間便以施諸窮乏嘗營別宅其從兄衍見
而悅之即以宅與衍梁趙二王國之近屬貴重當時楷歲請二國租錢百萬以
散親族人或譏之楷曰損有餘以補不足天之道也安於毀譽其行己任率皆

此類也與山濤和嶠並以盛德居位帝嘗問曰朕應天順時海內更始天下風聲何得何失楷對曰陛下受命四海承風所以未比德於堯舜者但以賈充之徒尚在朝耳方宜引天下賢人與弘政道不宜示人以私時任愷庾純亦以充爲言帝乃出充爲關中都督充納女於太子乃止平吳之後帝方修太平之化每延公卿與論政道楷陳三五之風次序漢魏盛衰之迹帝稱善坐者歎服焉楷子瓚娶楊駿女然楷素輕駿與之不平駿旣執政乃轉爲衞尉遷太子少師優游無事默如也及駿誅楷以婚親收付廷尉將加法是日事起倉卒誅戮縱橫衆人爲之震恐楷容色不變舉動自若索紙筆與親故書賴侍中傅祗救護得免猶坐去官太保衞瓘太宰亮稱楷貞正不阿附宜蒙爵土乃封臨海侯食邑二千戶代楚王瑋爲北軍中候加散騎常侍瑋怨瓘亮斥己任楷楷聞之不敢拜轉爲尙書楷長子輿先娶亮女女適衞瓘子楷慮內難未已求出外鎭除安南將軍假節都督荆州諸軍事垂當發而瑋果矯詔誅亮瓘瑋以前奪己中候又與亮瓘婚親密遣討楷楷素知瑋有望於己聞有變單車入城匿于妻父

王渾家與亮小子一夜八徙故得免難瑋既伏誅以楷爲中書令加侍中與張華王戎並管機要楷有渴利疾不樂處勢王渾爲楷請曰楷受先帝拔擢之恩復蒙陛下寵遇誠竭節之秋也然楷性不競於物昔爲常侍求出爲河內太守後爲侍中復求出爲河南尹與楊駿不平求爲衞尉及轉東宮班在時類之下安於淡退有識有以見其心也楷今委頓臣深憂之光祿勳缺以爲可用令張華在中書王戎在尚書足舉其契無爲復令楷入名臣不多當見將養勿違其志要其遠濟之益不聽就加光祿大夫開府儀同三司及疾篤詔遣黃門郎王衍省疾楷回眸矚之曰竟未相識衍深嘆其神儁楷有知人之鑒初在河南樂廣僑居郡界未知名楷見而奇之致之於宰府嘗目夏侯玄云肅肅如入宗廟中但見禮樂器鍾會如觀武庫森森但見矛戟在前傅嘏汪翔靡所不見山濤若登山臨下幽然深遠初楷家炊黍在甑或變爲拳或作血或作蕪菁子其年而卒時年五十五謚曰元有子五輿瓚憲禮遜輿字祖明少襲父爵官至散騎侍郎卒謚曰簡瓚字國寶中書郎風神高邁見者皆敬之特爲王綏所重每從

其遊綏父戎謂之曰國寶初不來汝數往何也對曰國寶雖不知綏綏自知國寶楊駿之誅爲亂兵所害憲字景思少而穎悟好交輕俠及弱冠更折節嚴重修尙儒學足不踰閾者數年陳郡謝鯤穎川庾敳皆儁朗士也見而奇之相謂曰裴憲鯁亮宏達通機識命不知其何如父至於深弘保素不以世物嬰心者其殆過之初侍講東宮歷黃門吏部郎侍中東海王越以爲豫州刺史北中郎將假節王浚承制以憲爲尙書永嘉末王浚爲石勒所破棗嵩等莫不謝罪軍門貢賂交錯惟憲及荀綽恬然私室勒素聞其名召而謂之曰王浚虐暴幽州人鬼同疾孤恭行乾憲拯茲黎元舊爵咸歡慶謝交路二君齊惡傲威誠信岨絕防風之戮將誰歸乎憲神色侃然泣而對曰臣等世荷晉榮恩遇隆重王浚凶麤醜正尙晉之遺藩雖欣聖化義岨誠心且武王伐紂表商容之閭未聞商容在倒戈之例也明公旣不欲以道化厲物必於刑忍爲治者防風之戮臣之分也請就辟有司不拜而出勒深嘉之待以賓禮勒乃簿王浚官寮親屬皆貲至巨萬惟憲與荀綽家有書百餘袠鹽米各十數斛而已勒聞之謂其長史張

賓曰名不虛也吾不喜得幽州喜獲二子署從事中郎出爲長樂太守及勒僭號未遑制度與王波爲之撰朝儀於是憲章文物擬於王者勒大悅署太中大夫遷司徒及季龍之世彌加禮重憲有二子挹戢並以文才知名戢仕季龍爲太子中庶子散騎常侍挹戢俱豪俠耽酒好臧否人物與河間邢魚有隙魚竊乘戢馬奔段遼爲人所獲魚誣戢使己以季龍當襲鮮卑告之爲備時季龍適謀伐遼而與魚辭正會季龍怒誅挹戢憲亦坐免未幾復以爲右光祿大夫司徒太傅封安定郡公憲歷官無幹績之稱然在朝玄默未嘗以物務經懷但以德重名高動見尊禮竟卒於石氏以族人峙子邁爲嗣楷長兄黎次兄康並知名康子盾少歷顯位永嘉中爲徐州刺史委任長史司馬奧奧勸盾刑殺立威大發良人爲兵有不奉法者罪便至死在任三年百姓嗟怨東海王越盾妹夫也越既薨騎督滿衡便引所發良人東還尋而劉元海遣將王桑趙固向彭城前鋒數騎至下邳文武不堪苛政悉皆散走盾與奔淮陰妻子爲賊人所得奧又誘盾降趙固固妻盾女有寵盾向女涕泣固遂殺之盾弟邵字道期元帝爲

安東將軍以邵爲長史王導爲司馬二人相與爲深交徵爲太子中庶子復轉
散騎常侍使持節都督揚州江西淮北諸軍事東中郎將隨越出項而卒於軍
中及王導爲司空既拜嘆曰裴道期劉王喬在吾不得獨登此位導子仲豫與
康同字導思舊好乃改爲敬豫焉楷弟綽字季舒器宇宏曠官至黃門侍郎長
水校尉綽子遐善言玄理音辭清暢泠然若琴瑟嘗與河南郭象談論一坐嗟
服又嘗在平東將軍周馥坐與人圍棊馥司馬行酒遐未即飲司馬醉怒因曳
遐墮地遐徐起還坐顏色不變復棊如故其性虛和如此東海王越引爲主簿
後爲越子毗所害初裴王二族盛於魏晉之世時人以爲八裴方八王徽比王
祥楷比王衍康比王綏綽比王澄瓚比王敦遐比王導頠比王戎邈比王玄云
史臣曰周稱多士漢曰得人取類星象頡頏符契時乏名流多以幹翮相許自
家光國豈陳鷹之謂歟秀則聲蓋朋僚稱爲領袖楷則機神幼發自以清通俱
爲晉代名臣良有以也
贊曰世既須才才應世至高平沉敏蘊茲名器鉅鹿自然亦云經笥媧皇鍊石

晉圖開祕領有清規承家來媚

晉書卷三十五

晉書卷三十五考證

裴秀傳檢得古尺短世所用四分有餘○日知錄明末富平民掊地得王莽貨布一罌凡古尺所謂長二寸五分者今之一寸六分有奇廣一寸者今之六分有半八分者今之五分與此可以相證

晉書卷三十五考證

唐　太　宗　文　皇　帝　御　撰

列傳第六

衞瓘　子恆　孫璪　玠

衞瓘字伯玉河東安邑人也高祖暠漢明帝時以儒學自代郡徵至河東安邑卒因賜所亡地而葬之子孫遂家焉父覬魏尚書瓘年十歲喪父至孝過人性貞靜有名理以明識清允稱襲父爵閿鄉侯弱冠爲魏尚書郎時魏法嚴苛母陳氏憂之瓘自請得徙爲通事郎轉中書郎時權臣專政瓘優游其間無所親疎甚爲傅嘏所重謂之甯武子在位十年以任職稱累遷散騎常侍陳留王卽位拜侍中持節慰勞河北以定議功增邑戶數歲轉廷尉卿瓘明法理每至聽訟小大以情鄧艾鍾會之伐蜀也瓘以本官持節監會艾軍事行鎭西軍司給兵千人蜀既平艾輒承制封拜會陰懷異志因艾專擅密與瓘俱奏其狀詔使檻車徵之會遣瓘先收艾會以瓘兵少欲令艾殺瓘因加艾罪瓘知欲危己然

不可得而距乃夜至成都檄艾所統諸將稱詔收艾其餘一無所問若來赴官
軍爵賞如先敢有不出誅及三族比至雞鳴悉來赴瓘唯艾帳內在焉平旦開
門瓘乘使者車徑入至成都殿前艾臥未起父子俱被執艾諸將圖欲劫艾整
仗趣瓘營瓘輕出迎之僞作表章將申明艾事諸將信之而止俄而會至乃悉
請諸將胡烈等因執之囚益州解舍遂發兵反於是士卒思歸內外騷動人情
憂懼會留瓘謀議乃書板云欲殺胡烈等舉以示瓘瓘不許因相疑貳瓘如廁
見胡烈故給使使宣語三軍言會反會逼瓘定議經宿不眠各橫刀膝上在外
諸軍已潛欲攻會瓘既不出未敢先發會使瓘慰勞諸軍瓘心欲去且堅其意
曰卿三軍主宜自行會曰卿監司且先行吾當後出瓘便下殿會悔遣之使呼
瓘瓘辭眩疾動詐仆地比出閤數十信追之瓘至外解服鹽湯大吐瓘素羸便
似困篤會遣所親人及醫視之皆言不起會由是無所憚及暮門閉瓘作檄宣
告諸軍諸軍並已唱義陵旦共攻會會率左右距戰諸將擊敗之唯帳下數百
人隨會繞殿而走盡殺之瓘於是部分諸將羣情肅然鄧艾本營將士復追破

檻車出艾還向成都瓘自以與會共陷艾懼爲變又欲專誅會之功乃遣護軍田續至綿竹夜襲艾於三造亭斬艾及其子忠初艾之入江由也以續不進將斬之既而赦焉及瓘遣續謂之曰可以報江由之辱矣事平朝議封瓘瓘以剋蜀之功羣帥之力二將跋扈自取滅亡雖運智謀而無搴旗之效固讓不受除使持節都督關中諸軍事鎮西將軍尋遷都督徐州諸軍事鎮東將軍增封菑陽侯以餘爵封弟實開陽亭侯泰始初轉征東將軍進爵爲公都督青州諸軍事青州刺史加征東大將軍青州牧所在皆有政績除征北大將軍都督幽州諸軍事幽州刺史護烏桓校尉至鎮表立平州後兼督之于時幽幷東有務桓西有力微並爲邊害瓘離間二虜遂致嫌隙於是務桓降而力微以憂死朝廷嘉其功賜一子亭侯瓘乞以封弟未受命而卒子密受封爲亭侯瓘六男無爵悉讓二弟遠近稱之累求入朝既至武帝善遇之俄使旋鎮咸寧初徵拜尚書令加侍中性嚴整以法御下視尚書若參佐尚書郎若掾屬瓘學問深博明習文藝與尚書郎敦煌索靖俱善草書時人號爲一臺二妙漢末張芝亦善草書

論者謂瓘得伯英筋靖得伯英肉太康初遷司空侍中令如故爲政清簡甚得朝野聲譽武帝勑瓘第四子宣尙繁昌公主瓘自以諸生之胄婚對微素抗表固辭不許又領太子少傅加千兵百騎鼓吹之府以日蝕瓘與太尉汝南王亮司徒魏舒俱遜位帝不聽瓘以魏立九品是權時之制非經通之道宜復古鄉舉里選與太尉亮等上疏曰昔聖王崇賢舉善而教用使朝廷德讓野無邪行誠以閭伍之政足以相檢詢事考言必得其善人知名不可虛求故還修其身是以崇賢而俗益穆黜惡而行彌篤斯則鄉舉里選者先王之令典也自茲以降此法陵遲魏氏承顛覆之運起喪亂之後人士流移考詳無地故立九品之制粗具一時選用之本耳其始造也鄉邑清議不拘爵位褒貶所加足爲勸勵猶有鄉論餘風中間漸染遂計資定品使天下觀望唯以居位爲貴人弃德而忽道業爭多少於錐刀之末傷損風俗其弊不細今九域同規大化方始臣等以爲宜皆蕩除末法一擬古制以土斷定自公卿以下皆以所居爲正無復縣客遠屬異土者如此則同鄉鄰伍皆爲邑里郡縣之宰卽以居長盡除中正九

品之制使舉善進才各由鄉論然則下敬其上人安其教俗與政俱清化與法
並濟人知善否之教不在交遊即華競自息各求於己矣今除九品則宜準古
制使朝臣共相舉任於出才之路既博且可以厲進賢之公心覈在位之明闇
誠令典也武帝善之而卒不能改惠帝之為太子也朝臣咸謂純質不能親政
事瓘每欲陳啟廢之而未敢發後會宴陵雲臺瓘託醉因跪帝牀前曰臣欲有
所啟帝曰公所言何耶瓘欲言而止者三因以手撫牀曰此座可惜帝意乃悟
因謬曰公真大醉耶瓘於此不復有言賈后由是怨瓘宣尚公主數有酒色之
過楊駿素與瓘不平駿復欲自專重權宣若離婚瓘必遜位於是遂與黃門等
毀之諷帝奪宣公主瓘慚懼告老遜位乃下詔曰司空瓘年未致仕而遜讓歷
年欲及神志未衰以果本情至真之風實感吾心今聽其所執進位太保以公
就第給親兵百人置長史司馬從事中郎掾屬及大車官騎麾蓋鼓吹諸威儀
一如舊典給廚田十頃園五十畝錢百萬絹五百匹牀帳簟褥主者務令優備
以稱吾崇賢之意焉有司又奏收宣付廷尉免瓘位詔不許帝後知黃門虛搆

欲還復主而宣疾亡惠帝卽位復瓘千兵及楊駿誅以瓘錄尚書事加綠綟綬
劍履上殿入朝不趨給騎司馬與汝南王亮共輔朝政亮奏遣諸王還藩與朝
臣廷議無敢應者唯瓘贊其事楚王瑋由是憾焉賈后素怨瓘且忌其方直不
得騁己淫虐又聞瓘與瑋有隙遂謗瓘與亮欲爲伊霍之事啓帝作手詔使瑋
免瓘等官黃門齎詔授瑋瑋性輕險欲騁私怨夜使清河王遐收瓘左右疑遐
矯詔咸諫曰禮律刑名台輔大臣未有此比且請距之須自表得報就戮未晚
也瓘不從遂與子恆嶽裔及孫等九人同被害時年七十二恆二子璪玠時在
醫家得免初杜預聞瓘殺鄧艾言於衆曰伯玉其不免乎身爲名士位居總帥
既無德音又不御下以正是小人而乘君子之器當何以堪其責乎瓘聞之不
俟駕而謝終如預言初瓘家人炊飯墮地盡化爲螺歲餘及禍太保主簿劉繇
等冒難收瓘而葬之初瓘爲司空時帳下督榮晦有罪瓘斥遣之及難作隨兵
討瓘故子孫皆及于禍楚王瑋之伏誅也瓘女與國臣書曰先公名謚未顯無
異凡人每怪一國蔑然無言春秋之失其咎安在悲憤感慨故以示意於是繇

等執黃旛撾登聞鼓上言曰初矯詔者至公承詔當免卽便奉送章綬雖有兵
仗不施一刃重敕出第單車從命如矯詔之文唯免公官右軍以下卽承詐僞
違其本文輒戮宰輔不復表上橫收公子孫輒皆行刑賊害大臣父子九人伏
見詔書爲楚王所誑誤非本同謀者皆弛遣如書之旨謂里舍人被驅逼齎白
杖者耳律受教殺人不得免死況乎手害功臣賊殺忠良雖云非謀理所不赦
今元惡雖誅殺賊猶存臣懼有司未詳事實或有縱漏不加精盡使公父子讎
賊不滅寃魂永恨訴於穹蒼酷痛之臣悲於明世臣等身被創痍殯斂始訖謹
條瓘前在司空時帳下給使榮晦無情被黜知瓘家人數小孫名字晦後轉給
右軍其夜晦在門外揚聲大呼宣詔免公還第及開門晦前到中門復讀所齎
僞詔手取公章綬貂蟬催公出第晦按次錄瓘家口及其子孫皆兵仗將送著
東亭道北圍守一時之閒便皆斬斫害公子孫實由於晦及將人劫盜府庫皆
晦所爲考晦一人衆姦皆出乞驗盡情僞加以族誅詔從之朝廷以瓘舉門無
辜受禍乃追瓘伐蜀勳封蘭陵郡公增邑三千戶諡曰成贈假黃鉞恆字巨山

少辟司空齊王府轉太子舍人尚書郎祕書丞太子庶子黃門郎恆善草隸書
爲四體書勢曰昔在黃帝創制造物有沮誦倉頡者始作書契以代結繩蓋覩
鳥跡以興思也因而遂滋則謂之字有六義焉一曰指事上下是也二曰象形
日月是也三曰形聲江河是也四曰會意武信是也五曰轉注老考是也六曰
假借令長是也夫指事者在上爲上在下爲下象形者日滿月虧效其形也形
聲者以類爲形配以聲也會意者止戈爲武人言爲信也轉注者以老壽考也
假借者數言同字其聲雖異文意一也自黃帝至三代其文不改及秦用篆書
焚燒先典而古文絕矣漢武時魯恭王壞孔子宅得尚書春秋論語孝經時人
以不復知有古文謂之科斗書漢世祕藏希得見之魏初傳古文者出於邯鄲
淳恆祖敬侯寫淳尚書後以示淳而淳不別至正始中立三字石經轉失淳法
因科斗之名遂效其形太康元年汲縣人盜發魏襄王冢得策書十餘萬言按
敬侯所書猶有髣髴古書亦有數種其一卷論楚事者最爲工妙恆竊悅之故
竭愚思以贊其美媿不足廁前賢之作冀以存古人之象焉古無別名謂之字

勢云黃帝之史沮誦倉頡眺彼鳥跡始作書契紀綱萬事垂法立制帝典用宣
質文著世爰暨暴秦滔天作戾大道既泯古文亦滅魏文好古世傳丘墳歷代
莫發眞僞靡分大晉開元弘道敷訓天垂其象地耀其文其文乃耀粲矣其章
因聲會意類物有方日處君而盈其度月執臣而虧其旁雲委蛇而上布星離
離以舒光木卉苯蕁以垂穎山嶽峨嵯而連岡蟲跂跂以若動鳥似飛而未揚
觀其錯筆綴墨用心精專勢和體均發止無間或守正循檢矩折規旋或方圓
靡則因事制權其曲如弓其直如弦矯然特出若龍騰于川森爾下頹若雨墜
于天或引筆奮力若鴻鴈高飛邈邈翩翩或縱肆阿郁若流蘇懸羽靡靡緜緜
是故遠而望之若翔風厲水清波漪漣就而察之有若自然信黃唐之遺跡爲
六藝之範先籀篆蓋其子孫隸草乃其曾玄覩物象以致思非言辭之所宣昔
周宣王時史籀始著大篆十五篇或與古同或與古異世謂之籀書者也及平
王東遷諸侯力政家殊國異而文字乖形秦始皇帝初兼天下丞相李斯乃奏
益之罷不合秦文者斯作倉頡篇中車府令趙高作爰歷篇太史令胡母敬作

博學篇皆取史籀大篆或頗省改所謂小篆者或曰下士人程邈爲衙獄吏得罪始皇幽繫雲陽十年從獄中作大篆少者增益多者損減方者使員員者使方奏之始皇善之出以爲御史使定書或曰邈所定乃隸字也自秦壞古文有八體一曰大篆二曰小篆三曰刻符四曰蟲書五曰摹印六曰署書七曰殳書八曰隸書王莽時使司空甄豐校文字部改定古文復有六書一曰古文孔氏壁中書也二曰奇字卽古文而異者也三曰篆書秦篆書也四曰佐書卽隸書也五曰繆篆所以摹印也六曰鳥書所以書幡信也又許慎撰說文用篆書爲正以爲體例最可得而論也秦時李斯號爲二篆諸山及銅人銘皆斯書也漢建初中扶風曹喜少異於斯而亦稱善邯鄲淳師焉略究其妙韋誕師淳而不及也太和中誕爲武都太守以能書留補侍中魏氏寶器銘題皆誕書也漢末又有蔡邕采斯喜之法爲古今雜形然精密閑理不如淳也邕作篆勢曰鳥遺跡皇頡循聖作則制斯文體有六篆爲真形要妙巧入神或龜文鍼列櫛比龍鱗紓體放尾長短複身頹若黍稷之垂穎蘊若蟲蛇之棼緼揚波振擊鷹

跱鳥震延頸脅翼勢似陵雲或輕筆內投微本濃末若絕若連似水露緣絲凝垂下端從者如懸衡者如編杳杪邪趣不方不員若行若飛跂跂翾翾遠而望之象鴻鵠羣游駱驛遷延迫而視之端際不可得見指撝不可勝原研桑不能數其詰屈離婁不能覼其郤間般倕揖讓而辭巧籀誦拱手而韜翰處篇籍之首目粲斌斌其可觀摛華豔於紈素爲學藝之範先喜文德之弘懿慍作者之莫刊思字體之頫仰舉大略而論旃秦旣用篆奏事繁多篆字難成卽令隸人佐書曰隸字漢因行之獨符印璽幡信題署用篆隸書者篆之捷也上谷王次仲始作楷法至靈帝好書時多能者而師宜官爲最大則一字徑丈小則方寸千言甚矜其能或時不持錢詣酒家飲因書其壁顧觀者以酬酒討錢足而滅之每書輒削而焚其柎梁鵠乃益爲版而飲之酒候其醉而竊其柎鵠卒以書至選部尚書宜官後爲袁術將今鉅鹿宋子有耿球碑是術所立其書甚工云是宜官也梁鵠奔劉表魏武帝破荊州募求鵠鵠之爲選部也魏武欲爲洛陽令而以爲北部尉故懼而自縛詣門署軍假司馬在祕書以勤書自效是以今

者多有鵠手跡魏武帝懸著帳中及以釘壁玩之以爲勝宜官今宮殿題署多是鵠篆鵠宜爲大字邯鄲淳宜爲小字鵠謂淳得次仲法然鵠之用筆盡其勢矣鵠弟子毛弘教於祕書今八分皆弘法也漢末有左子邑小與淳鵠不同然亦有名魏初有鍾胡二家爲行書法俱學之於劉德升而鍾氏小異然亦各有巧今大行於世云作隸勢曰鳥跡之變乃惟佐隸蠲彼繁文崇此簡易厥用既弘體象有度煥若星陳鬱若雲布其大徑尋細不容髮隨事從宜靡有常制或穹隆恢廓或櫛比鍼列或砥平繩直或蜿蟠膠戾或長邪角趨或規旋矩折修短相副異體同勢奮筆輕舉離而不絕纖波濃點錯落其間若鍾簴設張庭燎飛煙嶄巖巇峨高下屬連似崇臺重宇增雲冠山遠而望之若飛龍在天近而察之心亂目眩奇姿譎詭不可勝原研桑所不能計宰賜所不能言何草篆之足算而斯文之未宣豈體大之難覩將祕奧之不傳聊俯仰而詳觀舉大較而論旃漢興而有草書不知作者姓名至章帝時齊相杜度號善作篇後有崔瑗崔寔亦皆稱工杜氏結字甚安而書體微瘦崔氏甚得筆勢而結字小疎弘農

張伯英者因而轉精甚巧凡家之衣帛必書而後練之臨池學書池水盡黑下筆必為楷則號匆匆不暇草書寸紙不見遺至今世尤寶其書韋仲將謂之草聖伯英弟文舒者次伯英又有姜孟穎梁孔達田彥和及韋仲將之徒皆伯英弟子有名於世然殊不及文舒也羅叔景趙元嗣者與伯英並時見稱於西州而矜巧自與眾頗惑之故英自稱上比崔杜不足下方羅趙有餘河間張超亦有名然雖與崔氏同州不如伯英之得其法也崔瑗作草書勢曰書契之興始自頡皇寫彼鳥跡以定文章爰暨末葉典籍彌繁時之多僻政之多權官事荒蕪勦其墨翰惟作佐隸舊字是刪草書之法蓋又簡略應時諭指用於卒迫兼功并用愛日省力純儉之變豈必古式觀其法象俯仰有儀方不中矩員不副規抑左揚右望之若崎㟂企鳥跱志在飛移狡獸暴駭將奔未馳或黝黭點黶狀似連珠絕而不離畜怒怫鬱放逸生奇或淩邃惴慄若據高臨危旁點邪附似蜩螗挶枝絕筆收勢餘綖糾結若杜伯揵毒緣巇螣蛇赴穴頭沒尾垂是故遠而望之嶊焉若沮岑崩崖就而察之一畫不可移幾微要妙臨時從宜略舉

大較髣髴若斯及瓘爲楚王瑋所搆恆聞變以何劭嫂之父也從牆孔中詰之以問消息劭知而不告恆還經廚下收人正食因而遇害後贈長水校尉諡蘭陵真世子二子璪玠璪字仲寶襲瓘爵後東海王越以蘭陵益其國改封江夏郡公邑八千五百戶懷帝即位爲散騎侍郎永嘉五年沒於劉聰元帝以瓘玄孫崇嗣玠字叔寶年五歲風神秀異祖父瓘曰此兒有異於衆顧吾年老不見其長成耳總角乘羊車入市見者皆以爲玉人觀之者傾都驃騎將軍王濟玠之舅也儁爽有風姿每見玠輒歎曰珠玉在側覺我形穢又嘗語人曰與玠同遊冏若明珠之在側朗然照人及長好言玄理其後多病體羸母恆禁其語遇有勝日親友時請一言無不咨嗟以爲入微琅邪王澄有高名少所推服每聞玠言輒歎息絕倒故時人爲之語曰衛玠談道平子絕倒澄及王玄王濟並有盛名皆出玠下世云王家三子不如衛家一兒玠妻父樂廣有海內重名議者以爲婦公冰清女壻玉潤辟命屢至皆不就久之爲太傅西閣祭酒拜太子洗馬璪爲散騎侍郎內侍懷帝玠以天下大亂欲移家南行母曰我不能舍仲寶

去也玠啓諭深至爲門戶大計母涕泣從之臨別玠謂兄曰在三之義人之所重今可謂致身之日兄其勉之乃扶輿母轉至江夏玠妻先亡征南將軍山簡見之甚相欽重簡曰昔戴叔鸞嫁女唯賢是與不問貴賤況衞氏權貴門戶令望之人乎於是以女妻焉遂進豫章是時大將軍王敦鎭豫章長史謝鯤先雅重玠相見欣然言語彌日敦謂鯤曰昔王輔嗣吐金聲於中朝此子復玉振於江表微言之緒絕而復續不意永嘉之末復聞正始之音何平叔若在當復絕倒玠嘗以人有不及可以情恕非意相干可以理遣故終身不見喜慍之容以王敦豪爽不羣而好居物上恐非國之忠臣求向建鄴京師人士聞其姿容觀者如堵玠勞疾遂甚永嘉六年卒時年二十七時人謂玠被看殺葬於南昌謝鯤哭之慟人問曰子有何恤而致斯哀答曰棟梁折矣不覺哀耳咸和中改塋於江寧丞相王導教曰衞洗馬明當改葬此君風流名士海內所瞻可修薄祭以敦舊好後劉惔謝尚共論中朝人士或問杜乂可方衞洗馬不尚曰安得相比其間可容數人惔又云杜乂膚清叔寶神清其爲有識者所重若此于時中

與名士唯王承及玠爲當時第一云恆族弟展字道舒歷尙書郎南陽太守永嘉中爲江州刺史累遷晉王大理詔有考子證父或鞭父母問子所在展以爲恐傷正教並奏除之中興建爲廷尉上疏宜復肉刑語在刑法志卒贈光祿大夫

張華 子禕 韙 劉卞

張華字茂先范陽方城人也父平魏漁陽郡守華少孤貧自牧羊同郡盧欽見而器之鄉人劉放亦奇其才以女妻焉華學業優博辭藻温麗朗贍多通圖緯方伎之書莫不詳覽少自修謹造次必以禮度勇於赴義篤於周急器識弘曠時人罕能測之初未知名著鷦鷯賦以自寄其詞曰何造化之多端播羣形於萬類惟鷦鷯之微禽亦攝生而受氣育翩翾之陋體無玄黃以自貴毛無施於器用肉不登乎俎味鷹鸇過猶戢翼尙何懼於罿罻翳薈蒙蘢是焉游集飛不飄颺翔不翕集其居易容其求易給巢林不過一枝每食不過數粒棲無所滯游無所盤匪陋荊棘匪榮茝蘭動翼而逸投足而安委命順理與物無患伊茲

禽之無知而處身之似智不懷寶以賈害不飾表以招累靜守性而不矜動因循而簡易任自然以爲資無誘慕於世僞鵰鶡介其觜距鵠鷺軼於雲際鶤雞竄於幽險孔翠生乎遐裔彼晨鳧與歸鴈又矯翼而增遊咸美羽而豐肌故無罪而皆斃徒銜蘆以避繳終爲戮於此世蒼鷹鷙而受緤鸚鵡慧而入籠屈猛志以服養塊幽縶於九重變音聲以順旨思摧翮而爲庸戀鍾岱之林野慕隴坻之高松雖蒙幸於今日未若疇昔之從容海鳥爰居避風而至條支巨爵踰嶺自致提挈萬里飄颻逼畏夫惟體大妨物而形瓌足偉也陰陽陶烝萬品一區巨細舛錯種繁類殊鷦冥巢於蚊睫大鵬彌乎天隅將以上方不足而下比有餘普天壤而遐觀吾又安知大小之所如陳留阮籍見之歎曰王佐之才也由是聲名始著郡守鮮于嗣薦華爲太常博士盧欽言之於文帝轉河南尹丞未拜除佐著作郎頃之遷長史兼中書郎朝議表奏多見施用遂即真晉受禪拜黃門侍郎封關內侯華彊記默識四海之內若指諸掌武帝常問漢宮室制度及建章千門萬戶華應對如流聽者忘倦畫地成圖左右屬目帝甚異之時

人比之子產數歲拜中書令後加散騎常侍遭母憂哀毀過禮中詔勉厲逼令
攝事初帝潛與羊祜謀伐吳而羣臣多以爲不可唯華贊成其計其後祜疾篤
帝遣華詣祜問以伐吳之計語在祜傳及將大舉以華爲度支尚書乃量計運
漕決定廟算衆軍既進而未有剋獲賈充等奏誅華以謝天下帝曰此是吾意
華但與吾同耳時大臣皆以爲未可輕進華獨堅執以爲必剋及吳滅詔曰尚
書關內侯張華前與故太傅羊祜共創大計遂典掌軍事部分諸方算定權略
運籌決勝有謀謨之勳其進封爲廣武縣侯增邑萬戸封子一人爲亭侯千五
百戸賜絹萬匹華名重一世衆所推服晉史及儀禮憲章並屬於華多所損益
當時詔誥皆所草定聲譽益盛有台輔之望焉而荀勗自以大族恃帝恩深憎
疾之每伺間隙欲出華外鎮會帝問華誰可託寄後事者對曰明德至親莫如
齊王攸既非上意所在微爲忤旨間言遂行乃出華爲持節都督幽州諸軍事
領護烏桓校尉安北將軍撫納新舊戎夏懷之東夷馬韓新彌諸國依山帶海
去州四千餘里歷世未附者二十餘國並遣使朝獻於是遠夷賓服四境無虞

頻歲豐稔士馬彊盛朝議欲徵華入相又欲進號儀同初華毀徵士馮恢於帝
紞卽恢之弟也深有寵於帝紞嘗侍帝從容論魏晉事因曰臣竊謂鍾會之釁
頗由太祖帝變色曰卿何言邪紞免官謝曰臣愚惷瞽言罪應萬死然臣微意
猶有可申帝曰何以言之紞曰臣以爲善御者必識六轡盈縮之勢善政者必
審官方控帶之宜故仲由以兼人被抑冉求以退弱被進漢高八王以寵過夷
滅光武諸將由抑損克終非上有仁暴之殊下有愚智之異蓋抑揚與奪使之
然耳鍾會才具有限而太祖誇奬太過嘉其謀猷盛其名器居以重勢委以大
兵故使會自謂算無遺策功在不賞輈張跋扈遂搆凶逆耳向令太祖錄其小
能節以大禮抑之以權勢納之以軌則則亂心無由而生亂事無由而成矣帝
曰然紞稽首曰陛下既已然微臣之言宜思堅冰之漸無使如會之徒復致覆
喪帝曰當今豈有如會者乎紞曰東方朔有言談何容易易曰臣不密則失身
帝乃屏左右曰卿極言之紞曰陛下謀謨之臣著大功於天下海內莫不聞知
據方鎮總戎馬之任者皆在陛下聖慮矣帝默然頃之徵華爲太常以太廟屋

棟折免官遂終帝之世以列侯朝見惠帝即位以華爲太子少傅與王戎裴楷和嶠俱以德望爲楊駿所忌皆不與朝政及駿誅後將廢皇太后會羣臣於朝堂議者皆承望風旨以爲春秋絶文姜今太后自絶於宗廟亦宜廢黜惟華議以爲夫婦之道父不能得之於子子不能得之於父皇太后非得罪於先帝者也今黨其所親爲不母於聖世宜依漢廢趙太后爲孝成后故事貶太后之號還稱武皇后居異宮以全貴終之恩不從遂廢太后爲庶人楚王瑋受密詔殺太宰汝南王亮太保衛瓘等內外兵擾朝廷大恐計無所出華白帝以瑋矯詔擅害二公將士倉卒謂是國家意故從之耳今可遣騶虞幡使外軍解嚴理必風靡上從之瑋兵果敗及瑋誅華以首謀有功拜右光祿大夫開府儀同三司侍中中書監金章紫綬固辭開府賈謐與后共謀以華庶族儒雅有籌略進無逼上之嫌退爲衆望所依欲倚以朝綱訪以政事疑而未決以問裴頠頠素重華深贊其事華遂盡忠匡輔彌縫補闕雖當闇主虐后之朝而海內晏然華之功也華懼后族之盛作女史箴以爲諷賈后雖凶妬而知敬重華久之論前後

忠勳進封壯武郡公華十餘讓中詔敦譬乃受數年代下邳王晃爲司空領著作及賈后謀廢太子左衞率劉卞甚爲太子所信每遇會宴卞必預焉屢見賈謐驕傲太子恨之形于言色謐亦不能平卞以賈后謀問華華曰不聞卞曰卞以寒悴自須昌小吏受公成拔以至今日士感知己是以盡言而公更有疑於卞邪華曰假令有此君欲如何卞曰東宮俊乂如林四率精兵萬人公居阿衡之任若得公命皇太子因朝入錄尚書事廢賈后於金墉城兩黃門力耳華曰今天子當陽太子人子也吾又不受阿衡之命忽相與行此是無其君父而以不孝示天下也雖能有成猶不免罪況權戚滿朝威柄不一而可以安乎及帝會羣臣於式乾殿出太子手書徧示羣臣莫敢有言者惟華諫曰此國之大禍自漢武以來每廢黜正嫡恆至喪亂且國家有天下日淺願陛下詳之尚書左僕射裴頠以爲宜先檢校傳書者又請比校太子手書不然恐有詐妄賈后乃內出太子素啟事十餘紙衆人比視亦無敢言非者議至日西不決后知華等意堅因表乞免爲庶人帝乃可其奏初趙王倫爲鎮西將軍撓亂關中氐羌反

叛乃以梁王肜代之或說華曰趙王貪昧信用孫秀所在爲亂而秀變詐姦人之雄今可遣梁王斬秀刈趙之半以謝關右不亦可乎華從之肜許諾秀友人辛冉從西來言於肜曰氐羌自反非秀之爲故得免死倫既還諂事賈后因求錄尚書事後又求尚書令華與裴頠皆固執不可由是致怨倫秀疾華如讎武庫火華懼因此變作列兵固守然後救之故累代之寶及漢高斬蛇劍王莽頭孔子履等盡焚焉時華見劍穿屋而飛莫知所向初華所封壯武郡有桑化爲柏識者以爲不祥又華舍及監省數有妖怪少子韙以中台星坼勸華遜位華不從曰天道玄遠惟修德以應之耳不如靜以待之以俟天命及倫秀將廢賈后秀使司馬雅夜告華曰今社稷將危趙王欲與公共匡朝廷爲霸者之事華知秀等必成篡奪乃距之雅怒曰刃將加頸而吐言如此不顧而出華方晝臥忽夢見屋壞覺而惡之是夜難作詐稱詔召華遂與裴頠俱被收華將死謂張林曰卿欲害忠臣耶林稱詔詰之曰卿爲宰相任天下事太子之廢不能死節何也華曰式乾之議臣諫事具存非不諫也林曰諫若不從何不去位華不能

答須臾使者至曰詔斬公華曰臣先帝老臣中心如丹臣不愛死懼王室之難禍不可測也遂害之於前殿馬道南夷三族朝野莫不悲痛之時年六十九華性好人物誘進不倦至于窮賤候門之士有一介之善者便咨嗟稱詠爲之延譽雅愛書籍身死之日家無餘財惟有文史溢于几篋嘗徙居載書三十乘祕書監摯虞撰定官書皆資華之本以取正焉天下奇祕世所希有者悉在華所由是博物洽聞世無與比惠帝中人有得鳥毛三丈以示華華見慘然曰此謂海鳧毛也出則天下亂矣陸機嘗餉華鮓于時賓客滿座華發器便曰此龍肉也衆未之信華曰試以苦酒濯之必有異既而五色光起機還問鮓主果云園中茅積下得一白魚質狀殊常以作鮓過美故以相獻武庫封閉甚密其中忽有雉雊華曰此必蛇化爲雉也開視雉側果有蛇蛻焉吳郡臨平岸崩出一石鼓槌之無聲帝以問華華曰可取蜀中桐材刻爲魚形扣之則鳴矣於是如其言果聲聞數里初吳之未滅也斗牛之間常有紫氣道術者皆以吳方彊盛未可圖也惟華以爲不然及吳平之後紫氣愈明華聞豫章人雷煥妙達緯象乃

要煥宿屏人曰可共尋天文知將來吉凶因登樓仰觀煥曰僕察之久矣惟斗牛之間頗有異氣華曰是何祥也煥曰寶劍之精上徹於天耳華曰君言得之吾少時有相者言吾年出六十位登三事當得寶劍佩之斯言豈效與因問曰在何郡煥曰在豫章豐城華曰欲屈君爲宰密共尋之可乎煥許之華大喜即補煥爲豐城令煥到縣掘獄屋基入地四丈餘得一石函光氣非常中有雙劍並刻題一曰龍泉一曰太阿其夕斗牛間氣不復見焉煥以南昌西山北巖下土以拭劍光芒豔發大盆盛水置劍其上視之者精芒炫目遣使送一劍幷土與華留一自佩或謂煥曰得兩送一張公豈可欺乎煥曰本朝將亂張公當受其禍此劍當繫徐君墓樹耳靈異之物終當化去不永爲人服也華得劍寶愛之常置坐側華以南昌土不如華陰赤土報煥書曰詳觀劍文乃干將也莫邪何復不至雖然天生神物終當合耳因以華陰土一斤致煥煥更以拭劍倍益精明華誅失劍所在煥卒子華爲州從事持劍行經延平津劍忽於腰間躍出墮水使人沒水取之不見劍但見兩龍各長數丈蟠縈有文章沒者懼而反須

與光彩照水波浪驚沸於是失劍華歎曰先君化去之言張公終合之論此其驗乎華之博物多此類不可詳載焉後倫秀伏誅齊王冏輔政摯虞致箋於冏曰間於張華沒後入中書省得華先帝時答詔本草先帝問華可以輔政持重付以後事者華答明德至親莫如先王宜留以為社稷之鎮其忠良之謀款誠之言信於幽冥沒而後彰與苟且隨時者不可同世而論也議者有責華以愍懷太子之事不抗節廷爭當此之時諫者必得違命之死先聖之教死而無益者不以責人故晏嬰齊之正卿不死崔杼之難季札吳之宗臣不爭逆順之理理盡而無所施者固聖教之所不責也冏於是奏曰臣聞興微繼絕聖王之高政貶惡嘉善春秋之美義是以武王封比干之墓表商容之閭誠幽明之故有以相通也孫秀逆亂滅佐命之國誅骨鯁之臣以斲喪王室肆其虐戾功臣之後多見泯滅張華裴頠各以見憚取誅於時解系解結同以羔羊並被其害歐陽建等無罪而死百姓憐之今陛下更日月之光布維新之命然此等諸族未蒙恩理昔欒郤降在皁隸而春秋傳其違幽王絕功臣之後棄賢者子孫而詩

人以爲刺臣備忝在職思納愚誠若合聖意可令羣官通議議者各有所執而
多稱其宛壯武國臣竺道又詣長沙王求復華爵位依違者久之太安二年詔
曰夫愛惡相攻佞邪醜正自古而有故司空壯武公華竭其忠貞思翼朝政謀
謨之勳每事賴之前以華弼濟之功宜同封建而華固讓至于八九深陳大制
不可得爾終有顚敗危辱之慮辭義懇誠足勸遠近華之至心誓於神明華以
伐吳之勳受爵於先帝後封既非國體又不宜以小功踰前大賞華之見害俱
以姦逆圖亂濫被枉賊其復華侍中中書監司空公廣武侯及所沒財物與印
綬符策遣使弔祭之初陸機兄弟志氣高爽自以吳之名家初入洛不推中國
人士見華一面如舊欽華德範如師資之禮焉華誅後作誄又爲詠德賦以悼
之華著博物志十篇及文章並行於世二子禕韙禕字彥仲好學謙敬有父風
歷位散騎常侍韙儒博曉天文散騎侍郎同時遇害禕子輿字公安襲華爵避
難過江辟丞相掾太子舍人
劉卞

劉卞字叔龍東平須昌人也本兵家子質直少言少爲縣小吏功曹夜醉如廁使卞執燭不從功曹銜之以他事補亭子有祖秀才者於亭中與刺史箋久不成卞教之數言卓犖有大致秀才謂縣令曰卞公府掾之精者云何以爲亭子令卽召爲門下史百事踈簡不能周密令問卞能學不答曰願之卽使就學無幾卞兄爲太子長兵既死兵例須代功曹請以卞代兄役令曰祖秀才有言遂不聽卞後從令至洛得入大學試經爲臺四品吏訪問令寫黃紙一鹿車卞曰劉卞非爲人寫黃紙者也訪問知怒言於中正退爲尙書令史或謂卞曰君才簡略堪大不堪小不如作守舍人卞從其言後爲吏部令史遷齊王攸司空主簿轉太常丞司徒左西曹掾尙書郎所歷皆稱職累遷散騎侍郎除幷州刺史入爲左衞率知賈后廢太子之謀甚憂之以計干張華而不見用益以不平賈后親黨微服聽察外間頗聞卞言乃遷卞爲輕車將軍雍州刺史卞知言泄恐爲賈后所誅乃飲藥卒初卞知幷州昔同時爲須昌小吏者十餘人祖餞之其一人輕卞卞遣扶出之人以此少之

史臣曰夫忠爲令德學乃國華譬衆星之有禮義人倫之有冠冕也衛瓘撫武帝之牀張華距趙倫之命進諫則伯玉居多臨危則茂先爲美遵乎險轍理有可言昏亂方凝則事睽其趣松筠無改則死勝於生固以赴蹈爲期而不辭乎傾覆者也俱陷淫網同嗟承劍邦家殄瘁不亦傷哉

贊曰賢人委質道映淩寒尸祿觀敗吾生未安衛以賈滅張由趙殘忠於亂世自古爲難

晉書卷三十六

晉書卷三十六考證

衛瓘傳每書輒削而焚其柎○臣宗楷按柎當係柹字之訛若監本作柎則更誤矣今仍閣本而誌其說於此

晉書卷三十六考證

晉書卷三十七

唐　太　宗　文　皇　帝　御　撰

列傳第七

宗室

安平獻王孚　子邕　邕弟義陽成王望　望子河間平王洪　洪子威　洪弟隨穆王整　整弟竟陵王楙　望弟太原成王輔　輔弟翼　翼弟下邳獻王晃　晃弟太原烈王瓌　瓌弟高陽元王珪　珪弟常山孝王衡　衡弟沛順王景

安平獻王孚字叔達宣帝次弟也初孚長兄朗字伯達宣帝字仲達孚弟馗字季達恂字顯達進字惠達通字雅達敏字幼達俱知名故時號爲八達焉孚溫厚廉讓博涉經史漢末喪亂與兄弟處危亡之中簞食瓢飲而披閱不倦性通恕以貞白自立未嘗有怨於人陳留殷武有名於海內嘗罹罪譴孚往省之遂與同處分食談者稱焉魏陳思王植有俊才清選官屬以孚爲文學掾植負才陵物孚每切諫初不合意後乃謝之遷太子中庶子魏武帝崩太子號哭過甚孚諫曰大行晏駕天下恃殿下爲命當上爲宗廟下爲萬國柰何效匹夫之孝

乎太子良久乃止曰卿言是也時羣臣初聞帝崩相聚號哭無復行列孚厲聲於朝曰今大行晏駕天下震動當早拜嗣君以鎮海內而但哭邪孚與尚書和洽罷羣臣備禁衞具喪事奉太子以卽位是爲文帝時當選侍中常侍等官太子左右舊人頗諷諭主者便欲就用不調餘人孚曰雖有堯舜必有稷契今嗣王新立當進用海內英賢猶患不得如何欲因際會自相薦舉邪官失其任得者亦不足貴遂更他選轉孚爲中書郎給事常侍宿省內除黃門侍郎加騎都尉時孫權稱藩請送任子當遣前將軍于禁還久而不至天子以問孚孚曰先王設九服之制誠以要荒難以德懷不以諸夏禮責也陛下承緒遠人率貢權雖未送任子于禁不至猶宜以寬待之畜養士馬以觀其變不可以嫌疑責讓恐傷懷遠之義自孫策至權奕世相繼惟彊與弱不在一禁禁之未至當有他故耳後禁至果以疾遲留而任子竟不至大軍臨江責其違言吳遂絕不貢獻後出爲河內典農賜爵關內侯轉清河太守初魏文帝置度支尚書專掌軍國支計朝議以征討未息動須節量及明帝嗣位欲用孚問左右曰有兄風不答

云似兄天子曰吾得司馬懿二人復何憂哉轉爲度支尚書孚以爲擒敵制勝
宜有備預每諸葛亮入寇關中邊兵不能制敵中軍奔赴輒不及事機宜預選
步騎二萬以爲二部爲討賊之備又以關中連遭賊寇穀帛不足遣冀州農丁
五千屯於上邽秋冬習戰陣春夏修田桑由是關中軍國有餘待賊有備矣後
除尚書右僕射進爵昌平亭侯遷尚書令及大將軍曹爽擅權李勝何晏鄧颺
等亂政孚不視庶事但正身遠害而已及宣帝誅爽孚與景帝屯司馬門以功
進爵長社縣侯加侍中時吳將諸葛恪圍新城以孚進督諸軍二十萬防禦之
孚次壽春遣毌丘儉文欽等進討諸將欲速擊之孚曰夫攻者借人之力以爲
功且當詐巧不可力爭也故稽留月餘乃進軍吳師望風而退魏明悼后崩議
書銘旌或欲去姓而書魏或欲兩書孚以爲經典正義皆不應書凡帝王皆因
本國之名以爲天下之號而與往代相別耳非爲擇美名以自光也天稱皇天
則帝稱皇帝地稱后土則后稱皇后此乃所以同天地之大號流無二之尊名
不待稱國號以自表不俟稱氏族以自彰是以春秋隱公三年經曰三月庚戌

天王崩尊而稱天不曰周王者所以殊乎列國之君也八月庚辰宋公和卒書國稱名所以異乎天王也襄公十五年經曰劉夏逆王后于齊不云逆周王后姜氏者所以異乎列國之夫人也至乎列國則曰夫人姜氏至自齊又曰紀伯姬卒書國稱姓此所以異乎天王后也由此攷之尊稱皇帝赫赫無二何待於魏乎尊稱皇后彰以謚號何待於姓乎議者欲書魏者此以爲天皇之尊同於往古列國之君也或欲書姓者此以爲天皇之后同於往古之夫人也乖經典之大義異乎聖人之明制非所以垂訓將來爲萬世不易之式者也遂從孚議遷司空代王淩爲太尉及蜀將姜維寇隴右雍州刺史王經戰敗遣孚西鎮關中統諸軍事征西將軍陳泰與安西將軍鄧艾進擊維維退孚還京師轉太傅及高貴鄉公遭害百官莫敢奔赴孚枕尸於股哭之慟曰殺陛下者臣之罪奏推主者會太后令以庶人禮葬孚與羣公上表乞以王禮葬從之孚性至愼宣帝執政常自退損後逢廢立之際未嘗預謀景文二帝以孚屬尊不敢逼後進封長樂公及武帝受禪陳留王就金墉城孚拜辭執王手流涕歔欷不能自勝

曰臣死之日固大魏之純臣也詔曰太傅勳德弘茂朕所瞻仰以光導弘訓鎮靜宇內願奉以不臣之禮其封爲安平王邑四萬戶進拜太宰持節都督中外諸軍事有司奏諸王未之國者所置官屬權未有備帝以孚明德屬尊當宣化樹教爲羣后作則遂備置官屬焉又以孚內有親戚外有交游惠下之費而經用不豐奉絹二千匹及元會詔孚乘輿車上殿帝於阼階迎拜既坐帝親奉觴上壽如家人禮帝每拜孚跪而止之又給以雲母輦青蓋車孚雖見尊寵不以爲榮常有憂色臨終遺令曰有魏貞士河南溫縣司馬孚字叔達不伊不周不夷不惠立身行道終始若一當以素棺單槨斂以時服泰始八年薨時年九十三帝於太極東堂舉哀三日詔曰王勳德超世尊寵無二期頤在位朕之所倚庶永百齡諮仰訓導奄忽殂隕哀慕感切其以東園溫明祕器朝服一具衣一襲緋練百匹絹布各五百匹錢百萬穀千斛以供喪事諸所施行皆依漢東平獻王蒼故事其家遵孚遺旨所給器物一不施用帝再臨喪親拜盡哀及葬又幸都亭望柩而拜哀動左右給鑾輅輕車介士武賁百人吉凶導從二千餘人

前後鼓吹配饗太廟九子邕望輔翼晃瓌珪衡景
邕字子魁初爲世子拜步兵校尉侍中先孚卒追贈輔國將軍諡曰貞邕子崇
爲世孫又早夭泰始九年立崇弟平陽亭侯隆爲安平王立四年咸寧三年薨
諡曰穆無子國絕
義陽成王望字子初出繼伯父朗寬厚有父風仕郡上計吏舉孝廉辟司徒掾
歷平陽太守洛陽典農中郎將從宣帝討王淩以功封永安亭侯遷護軍將軍
改封安樂鄉侯加散騎常侍時魏高貴鄉公好才愛士望與裴秀王沈鍾會並
見親待數侍筵宴公性急秀等居內職急有召便至以望外官特給追鋒車一
乘武賁五人時景文相繼輔政未嘗朝覲權歸晉室望雖見寵待每不自安由
是求出爲征西將軍持節都督雍涼二州諸軍事在任八年威化明肅先是蜀
將姜維屢寇關中及望至廣設方略維不得爲寇關中賴之進封順陽侯徵拜
衞將軍領中領軍典禁兵尋加驃騎將軍開府頃之代何曾爲司徒武帝受禪
封義陽王邑萬戶給兵二千人泰始三年詔曰夫尙賢庸勳尊宗茂親所以體

國經化式是百辟也且台司之重存乎天官故周建六職政典爲首司徒中領軍以明德近屬世濟其美祖考創業翼佐大命出典方任入贊朝政文德旣著武功宣暢逮朕嗣位弼道惟明宜登上司兼統軍戎內輔帝室外隆威重其進位太尉中領軍如故置太尉軍司一人參軍事六人騎司馬五人又增置官騎十人幷前三十假羽葆鼓吹吳將施績寇江夏邊境騷動以望統中軍步騎二萬出屯龍陂爲二方重鎭假節加大都督諸軍事會荆州刺史胡烈距績破之望乃班師俄而吳將丁奉寇芍陂望又率諸軍以赴之未至而奉退拜大司馬皓率衆向壽春詔望統中軍二萬騎三千據淮北皓退軍罷泰始七年薨時年六十七賻贈有加望性儉吝而好聚斂身亡之後金帛盈溢以此獲譏四子奕洪整楙奕至黃門郎先望卒整亦早亡以奕子奇襲爵奇亦好畜聚不知紀極遣三部使到交廣商貨爲有司所奏太康九年詔貶爲三縱亭侯更以章武王威爲望嗣後威誅復奇爲棘陽王以嗣望

河閒平王洪字孔業出繼叔父昌武亭侯遺仕魏歷位典農中郎將原武太守

封襄賁男武帝受禪封河間王立十二年咸寧二年薨二子威混威嗣徙封章武其後威旣繼義陽王望更立混爲洪嗣混歷位散騎常侍薨及洛陽陷混諸子皆沒于胡而小子滔初嗣新蔡王確亦與其兄俱沒後得南還與新蔡太妃不協太興二年上疏以兄弟並沒在遼東章武國絶宜還所生太妃訟之事下太常太常賀循議章武新蔡俱承一國不絶之統義不得替其本宗而先後傍親按滔旣已被命爲人後矣必須無復兄弟本國永絶然後得還所生今兄弟在遠不得言無道里雖阻復非絶域且鮮卑恭命信使不絶自宜詔下遼東依劉羣盧諶等例發遣令還繼嗣本封謂滔今未得便委離所後也元帝詔曰滔雖出養自有所生母新蔡太妃相待甚薄滔執意如此如其不聽終當紛紜更爲不可今便順其所執還襲章武滔歷位散騎常侍薨子休嗣休與彭城王雄俱奔蘇峻峻平休已戰死弟珍年八歲以小弗坐咸和六年襲爵位至大宗正薨無嗣河間王欽以子範之繼位至游擊大將軍薨子秀嗣義熙元年爲桂陽太守秀妻桓振之妹振作逆秀不自安謀反伏誅國除

威字景曜初嗣洪咸寧三年徙封章武太康九年嗣義陽王望威凶暴無操行諂附趙王倫元康末爲散騎常侍倫將篡使威與黃門郎駱休逼帝奪璽綬倫以威爲中書令倫敗惠帝反正曰阿皮捩吾指奪吾璽綬不可不殺阿皮威小字也於是誅威

隨穆王整兄奕卒以整爲世子歷南中郎將封清泉侯先父望薨追贈冠軍將軍武帝以義陽國一縣追封爲隨縣王子邁嗣太康九年以義陽之平林益邁爲隨郡王

竟陵王楙字孔偉初封樂陵亭侯起家參相國軍事武帝受禪封東平王邑三千九十七戶入爲散騎常侍尚書楙善諂諛曲事楊駿及駿誅依法當死東安公繇與楙善故得不坐尋遷大鴻臚加侍中繇欲擅朝政與汝南王亮不平亮託以繇討駿顧望免繇楙等官遣楙就國楙遂殖財貨奢僭踰制趙王倫篡位召還及義兵起倫以楙爲衛將軍都督諸軍事倫敗楙免官齊王冏輔政繇復爲僕射舉楙爲平東將軍都督徐州諸軍事鎮下邳成都王穎輔政進楙爲衛

將軍會惠帝北征即以楙爲車騎將軍都督如故使率衆赴鄴蕩陰之役東海王越奔于下邳楙不納越乃還國帝既西幸越總兵謀迎大駕楙甚懼長史王脩說曰東海宗室重望今將興義公宜舉徐州以授之此克讓之美也楙從之乃自承制都督兗州刺史車騎將軍表於天子時帝在長安遣使者劉虔即拜焉楙慮兗州刺史苟晞不避己乃給虔兵使稱詔誅晞晞時已避位楙在州徵求不已郡縣不堪命范陽王虓遣晞還兗州徙楙都督青州諸軍事楙不受命背山東諸侯與豫州刺史劉喬相結虓遣將田徽擊楙破之楙走還國帝還洛陽楙乃詣闕及懷帝踐祚改封竟陵王拜光祿大夫越出牧豫州留世子毗及其黨何倫防察宮省楙白帝討越乃合衆襲倫不剋帝委罪於楙楙奔竄獲免越薨乃出及洛陽傾覆爲亂兵所害

太原成王輔魏末爲野王太守武帝受禪封渤海王邑五千三百七十九戶泰始二年之國後爲衛尉出爲東中郎將轉南中郎將咸寧三年徙爲太原王監并州諸軍事太康四年入朝五年薨追贈鎮北將軍永平元年更贈衛將軍開

府儀同三司子弘立元康中爲散騎常侍後徙封中丘王三年薨子鑠立

翼字子世少歷顯位官至武賁中郎將武帝末受禪而卒以兄邕之支子承爲

嗣封南宮縣王薨子祐嗣立承遂無後

下邳獻王晃字子明魏封武始亭侯拜黃門侍郎改封西安男出爲東莞太守

武帝受禪封下邳王邑五千一百七十六戸泰始二年就國晃孝友貞廉謙虛

下士甚得宗室之稱後爲長水校尉南中郎將九年詔曰南中郎將下邳王晃

清亮中正體行明潔才周政理有文武策識其以晃爲使持節都督寧益二州

諸軍事安西將軍領益州刺史晃以疾不行更拜尚書遷右僕射久之出爲鎮

東將軍都督青徐二州諸軍事惠帝即位入爲車騎將軍加散騎常侍將誅楊

駿以晃領護軍屯東掖門尋守尚書令遷司空加侍中令如故咸寧六年薨追

贈太傅二子裒緯裒早卒緯有篤疾別封良城縣王以太原王輔第三子韡爲

嗣官至侍中尚書早薨子韶立

太原烈王瓌字子泉魏長樂亭侯改封貴壽鄉侯歷振威將軍祕書監封固始

子武帝受禪封太原王邑五千四百九十六戶泰始二年就國四年入朝賜袞冕之服還東中郎將十年薨詔曰瓌乃心忠篤智器雅亮歷位文武有幹事之績出臨封土夷夏懷附鎮守許都思謀可紀不幸早薨朕甚悼之今安厝在近其追贈前將軍子顒立徙封河間王別有傳

高陽元王珪字子璋少有才望魏高陽鄉侯歷河南令進封湞陽子拜給事黃門侍郎武帝受禪封高陽王邑五千五百七十戶歷北中郎將督鄴城守諸軍事泰始六年入朝以父孚年高乞留供養拜尙書還右僕射十年薨詔遣兼大鴻臚持節監護喪事贈車騎將軍儀同三司珪有美譽於世而帝甚悼惜之無子詔以太原王輔子緝襲爵緝立五年咸寧四年薨謚曰哀無子太康二年詔以太原王瓌世子顒子訟爲緝後封真定縣侯

常山孝王衡字子平魏封德陽鄉侯進封汝陽子爲駙馬都尉武帝受禪封常山王邑三千七百九十戶二年薨無子以安平世子邕第四子敦爲嗣

沛順王景字子文魏樂安亭侯歷諫議大夫武帝受禪封沛王邑三千四百戶

立十一年咸寧元年薨子韜立

彭城穆王權　孫紘　紘子俊

彭城穆王權字子輿宣帝弟魏魯相東武城侯馗之子也初襲封拜冗從僕射武帝受禪封彭城王邑二千九百戶出爲北中郎將都督鄴城守諸軍事泰始中入朝賜袞冕之服咸寧二年薨子元王植立歷位後將軍尋拜國子祭酒太僕卿侍中尚書出爲安東將軍都督揚州諸軍事代淮南王允鎭壽春未幾或云植助允攻趙王倫遂以憂薨贈車騎將軍增封萬五千戶子康王釋立官至南中郎將持節平南將軍分魯國蕃薛二縣以益其國凡二萬三千戶薨子雄立坐奔蘇峻伏誅更以釋子紘嗣

紘字偉德初封唐邑縣公建興末元帝承制以紘繼高密王據及帝卽位拜散騎侍郎遷翊軍校尉前將軍雄之誅也紘入繼本宗拜國子祭酒加散騎常侍尋遷大宗正祕書監有風疾性理不恆或欲上疏陳事歷示公卿又杜門讓還章印貂蟬著杜門賦以顯其志由是更拜光祿大夫領大宗師常侍如故後疾

甚馳騁無度或攻劫軍士或打傷官屬醜言悖詈誹謗上下又乘車突入端門
至太極殿前於是御史中丞車灌奏劾請免紘官下其國嚴加防錄成帝詔曰
王以明德茂親居宗師之重宜敷道養德靜一其操而頃游行煩數冒履風塵
宜令官屬已下各以職奉衞不得令王復有此勞內外職司各慎其局王可解
常侍光祿宗師先所給車牛可錄取賜米布牀帳以養疾咸康八年薨贈散騎
常侍金紫光祿大夫二子玄俊玄嗣立會庚戌制不得藏戸玄匿五戸桓溫表
玄犯禁收付廷尉既而宥之位至中書侍郎薨子弘之立位至散騎常侍薨子
邵立薨子崇之立薨子緝之立宋受禪國除
恭王俊字道度出嗣高密王略官至散騎常侍薨子敬王純之立歷臨川內史
司農少府卿太宰右長史薨子恢之立義熙末以給事中兼太尉修謁洛陽園
陵宋受禪國除

高密文獻王泰　子孝王略　略兄新蔡武哀王騰
子莊王確　略弟南陽王模　模子保

高密文獻王泰字子舒彭城穆王權之弟魏陽亭侯補陽翟令遷扶風太守武

帝受禪封隴西王邑三千二百戶拜游擊將軍出爲兗州刺史加鷹揚將軍還使持節都督寧益二州諸軍事安西將軍領益州刺史稱疾不行轉安北將軍代兄權督鄴城守事還安西將軍都督關中事太康初入爲散騎常侍前將軍領鄴城門校尉以疾去官後代下邳王晃爲尚書左僕射出爲鎭西將軍領護西戎校尉假節代扶風王駿都督關中軍事以疾還京師永熙初代石鑒爲司空尋領太子太保及楊駿誅泰領駿營加侍中給步兵二千五百人騎五百匹泰固辭乃給千兵百騎楚王瑋之被收泰嚴兵將救之祭酒丁綏諫曰公爲宰相不可輕動且夜中倉卒宜遣人參審定問泰從之瑋既誅乃以泰錄尚書事還太尉守尚書令改封高密王邑萬戶元康九年薨追贈太傅泰性廉靜不近聲色雖爲宰輔食大國之租服飾肴膳如布衣寒士任眞簡率每朝會不識者不知其王公也事親恭謹居喪哀戚謙虛下物爲宗室儀表當時諸王惟泰及下邳王晃以節制見稱雖並不能振施其餘莫得比焉泰四子越騰略模越自有傳騰出後叔父弟略立

孝王略字元簡孝敬慈順小心下士少有父風元康初愍懷太子在東宮選大臣子弟有名稱者以爲賓友略與華恆等並侍左右歷散騎黃門侍郎散騎常侍祕書監出爲安南將軍持節都督沔南諸軍事遷安北將軍都督青州諸軍事略逼青州刺史程牧牧避之略自領州永興初惤令劉根起兵東萊誑惑百姓衆以萬數攻略於臨淄略不能距走保聊城懷帝卽位遷使持節都督荊州諸軍事征南大將軍開府儀同三司京兆流人王逌與叟人郝洛聚衆數千屯于冠軍略遣參軍崔曠率將軍皮初張洛等討逌爲逌所譎戰敗略更遣左司馬曹攄統曠等進逼逌將大戰曠在後密自退走攄軍無繼戰敗死之略乃劾曠罪復遣部將韓松又督曠攻逌逌降尋進開府加散騎常侍永嘉三年薨追贈侍中太尉子據立薨無子以彭城康王子紘爲嗣其後紘歸本宗立紘子俊以奉其祀

新蔡武哀王騰字元邁少拜冗從僕射封東嬴公歷南陽魏郡太守所在稱職徵爲宗正遷太常轉持節寧北將軍都督并州諸軍事并州刺史惠帝討成都

王穎六軍敗績騰與安北將軍王浚共殺穎所署幽州刺史和演率衆討穎穎遣北中郎將王斌距戰浚率鮮卑騎擊斌騰爲後係大破之穎懼挾帝歸洛陽進騰位安北將軍永嘉初遷車騎將軍都督鄴城守諸軍事鎭鄴又以迎駕之勳改封新蔡王初騰發并州次於真定值大雪平地數尺營門前方數丈雪融不積騰怪而掘之得玉馬高尺許表獻之其後公師藩與平陽人汲桑等爲羣盜起於清河鄃縣衆千餘人寇頓丘以葬成都王穎爲辭載穎主而行與張泓故將李豐等將攻鄴騰曰孤在并州七年胡圍城不能剋汲桑小賊何足憂也及豐等至騰不能守率輕騎而走爲豐所害四子虞矯紹確虞有勇力騰之被害虞逐豐豐投水而死是日虞及矯紹并鉅鹿太守崔曼車騎長史羊恒從事中郎蔡充等又爲豐餘黨所害及諸名家流移依鄴者死亡並盡初鄴中雖府庫虛竭而騰資用甚饒性儉嗇無所振惠臨急乃賜將士米可數升帛各丈尺是以人不爲用遂致於禍及苟晞救鄴桑還平陽于時盛夏尸爛壞不可復識騰及三子骸骨不獲庶子確立

莊王確字嗣安歷東中郎將都督豫州諸軍事鎮許昌永嘉末爲石勒所害無子初以章武王混子滔奉其祀其後復以汝南威王祐子弼爲確後太興元年薨無子又以弼弟邈嗣確位至侍中薨子晃立拜散騎侍郎桓溫廢武陵王免晃爲庶人徙衡陽孝武帝立晃弟崇繼邈後爲奴所害子惠立宋受禪國除

南陽王模字元表少好學與元帝及范陽王虓俱有稱於宗室初封平昌公惠帝末拜冗從僕射累遷太子庶子員外散騎常侍成都王穎奔長安東海王越以模爲北中郎將鎮鄴永興初成都王穎故帳下督公師藩樓權郝昌等攻鄴模左右謀應之廣平太守丁邵率衆救模范陽王虓又遣兗州刺史苟晞援之藩等散走還鎮東大將軍鎮許昌進爵南陽王永嘉初轉征西大將軍開府都督秦雍梁益諸軍事代河閒王顒鎮關中模感丁邵之德勑國人爲邵生立碑時關中饑荒百姓相噉加以疾癘盜賊公行模力不能制乃鑄銅人鐘鼎爲釜器以易穀議者非之東海王越表徵模爲司空遣中書監傅祗代之模謀臣淳于定說模曰關中天府之國霸王之地今以不能綏撫而還既於聲望有虧又

公兄弟唱起大事而並在朝廷若自彊則有專權之罪弱則受制於人非公之利也模納其言不就徵表遣世子保爲西中郎將東羌校尉鎮上邽秦州刺史裴苞距之模使帳下都尉陳安率衆攻苞苞奔安定太守賈疋以郡迎苞模遣軍司謝班伐疋疋退奔盧水其年進位太尉大都督洛京傾覆模使牙門趙染戍蒲坂染求馮翊太守不得怒率衆降于劉聰聰使其子粲及染攻長安模使淳于定距之爲染所敗士衆離叛倉庫虛竭軍祭酒韋輔曰事急矣早降可以免模從之遂降于染染箕踞攘袂數模之罪送詣粲粲殺之以模妃劉氏賜胡張本爲妻子保立

保字景度少有文義好述作初拜南陽國世子模遇害保在上邽其後賈疋死裴苞又爲張軌所殺保全有秦州之地自號大司馬承制置百官隴右氐羌並從之涼州刺史張寔遣使貢獻及愍帝即位以保爲右丞相加侍中都督陝西諸軍事尋進位相國模之敗也都尉陳安歸於保保命統精勇千餘人以討羌寵遇甚厚保將張春等疾之譖安有異志請除之保不許春等輒伏刺客以刺

安安被創馳還隴城遣使詣保貢獻不絕愍帝之蒙塵也保自稱晉王時上邽
大饑士衆窘困張春奉保之南安陳安自號秦州刺史稱藩於劉曜春復奉保
奔桑城將投于張寔寔使兵迎保寔禦之也是歲保病薨時年二十七保體質
豐偉嘗自稱重八百斤喜睡瘻疾不能御婦人無子張春立宗室司馬瞻奉保
後陳安舉兵攻春春走瞻降于安安送詣劉曜曜殺之安奉保喪以天子禮葬
于上邽謚曰元

范陽康王綏 子虓

范陽康王綏字子都彭城王權季弟也初爲諫議大夫泰始元年受封在位十
五年咸寧五年薨子虓立
虓字武會少好學馳譽研玫經紀清辯能言論以宗室選拜散騎常侍累遷尚
書出爲安南將軍都督豫州諸軍事持節鎮許昌進位征南將軍河間王顒表
立成都王穎爲太弟爲王浚所破挾天子還洛陽虓與東平王楙鎮東將軍周
馥等上言曰自愍懷被害皇儲不建委重前相輒失臣節是以前年太宰與臣

承惟社稷之貳不可久空所以共啓成都王穎以爲國副受重之後而弗克負
荷小人勿用而以爲腹心骨肉宜敦而猜佻薦至險詖宜遠而讒說殄行此皆
臣等不聰不明失所宗賴遂令陛下謬於降授雖戮臣等不足以謝天下今大
駕還宮文武空曠制度荒破靡有孑遺臣等雖劣足匡王室而道路之言謂張
方與臣等不同既惜所在與異又以太宰惇德允元著於具瞻每當義節輒爲
社稷宗盟之先張方受其指教爲國效節昔年之舉有死無貳此即太宰之良
將陛下之忠臣但以受性彊毅不達變通遂守前志已致紛紜然退思惟既是
其不易之節且慮事翻之後爲天下所罪故不即西還耳原其本事實無深責
臣聞先代明主未嘗不全護功名令福流子孫自中閒以來陛下功臣初無全
者非獨人才皆劣其於取禍實由朝廷策之失宜不相容恕以一旦之咎喪其
積年之勳既違周禮議功之典且使天下之人莫敢復爲陛下致節者臣等此
言豈獨爲一張方實爲社稷遠計欲令功臣長守富貴臣愚以爲宜委太宰以
關右之任一方事重及自州郡已下選舉受任一皆仰成若朝之大事廢興損

益每輒疇諮此則二伯述職周召分陝之義陛下復行於今時遣方還郡令羣后申志時定王室如加方官請悉如舊此則忠臣義士有勸功臣必全矣司徒戎異姓之賢司空越公族之望並忠國愛主小心翼翼宜幹機事委以朝政安北將軍王浚佐命之胤率身履道忠亮清正遠近所推如今日之大舉實有定社稷之勳此是臣等所以嘆息歸高也浚宜特崇重之以副羣望遂撫幽朔長爲北藩臣等竭力扞城藩屏皇家陛下垂拱而四海自正則四祖之業必隆於今日月之暉昧而復曜乞垂三思察臣所言又可以臣表西示太宰又表曰成都王失道爲姦邪所誤論王之身不宜深責且先帝遺體陛下羣弟自元康以來罪戮相尋實海內所爲匈匈而臣等所以痛心今廢成都更封一邑宜其必許若廢黜尋有禍害既傷陛下矜慈之恩又令遠近恆謂公族無復骨肉之情此實臣等內省悲慚無顏於四海也乞陛下察臣忠款於是虓先率衆自許屯於滎陽會惠帝西遷虓與從兄平昌公模長史馮嵩等刑白馬唾血而盟推東海王越爲盟主虓都督河北諸軍事驃騎將軍持節領豫州刺史劉喬不受越

等節度乘虛破許虓自拔渡河王浚表虓領冀州刺史資以兵馬虓入冀州發兵又南濟河破喬等河閒王顒聞喬敗斬張方傳首於越越與虓西迎帝而顒出奔於是奉天子還都拜虓爲司徒永興三年暴疾薨時年三十七無子養模子黎爲嗣黎隨模就國於長安遇害

濟南惠王遂 曾孫勳

濟南惠王遂字子伯宣帝弟魏鴻臚丞恂之子也仕魏關內侯進封平昌亭侯歷典軍郎將景元二年轉封武城鄉侯督鄴城守諸軍事北中郎將五等建封祝阿伯累遷冠軍將軍武帝受禪封濟南王泰始二年薨二子耽緝耽嗣立咸寧三年徙爲中山王是年薨無子緝繼成都王穎以緝爲建威將軍與石熙等率衆距王浚沒於陣薨無子國除後遂之曾孫勳字偉長年十餘歲愍帝末長安陷劉曜將令狐泥養爲子及壯便弓馬能左右射咸和六年自關右還自列云是大長秋恂之玄孫冠軍將軍濟南惠王遂之曾孫略陽太守瓘之子遂拜謁者僕射以勇聞庾翼之鎮襄陽以梁州刺史援桓宣卒請勳代之初屯西城

退守武當時石季龍死中國亂雍州諸豪帥馳告勳勳率衆出駱谷壁于懸鉤去長安二百里遣部將劉煥攻長安又拔賀城於是關中皆殺季龍太守令長以應勳勳兵少未能自固復還梁州永和中張琚據隴東遣使招勳勳復入長安初京兆人杜洪以豪族陵琚琚以勇俠侮洪洪知勳憚琚兵彊因說勳曰不殺張琚關中非國家有也勳乃僞請琚於坐殺之琚弟走池陽合衆攻勳頻戰不利請和歸梁州後桓溫伐關中命勳出子午道而爲苻雄所敗退屯于女媧堡俄遷征虜將軍監關中軍事領西戎校尉賜爵通吉亭侯爲政暴酷至於治中別駕及州之豪右言語忤意卽於坐梟斬之或引弓自射西土患其凶虐在州常懷據蜀有僭僞之意桓溫聞之務相綏懷以其子康爲漢中太守勳逆謀已成憚益州刺史周撫未發及撫卒遂擁衆入劍閣梁州別駕雍端西戎司馬隗粹並切諫勳皆誅之自號梁益二州牧成都王桓溫遣朱序討勳勳兵潰爲序所獲及息龍子長史梁憚司馬金壹等送于溫溫並斬之傳首京師

譙剛王遜 子閔王承 尚之 承子烈王無忌 尚之弟恢之 無忌子敬王恬 休之 恬子忠王 允之 韓延之 恬弟愔

譙剛王遜字子悌宣帝弟魏中郎進之子也仕魏關內侯改封城陽亭侯參鎮
東軍事拜輕車將軍羽林左監五等建徙封涇陽男武帝受禪封譙王邑四千
四百戶泰始二年薨二子隨承定王隨立薨子邃立沒于石勒元帝以承嗣遜
閔王承字敬才少篤厚有志行拜奉車都尉奉朝請稍遷廣威將軍安夷護軍
鎮安定從惠帝還雒陽拜游擊將軍永嘉中天下漸亂閒行依征南將軍山簡
會簡卒進至武昌元帝初鎮揚州承歸建康補軍諮祭酒愍帝徵爲龍驤將軍
不行元帝爲晉王承制更封承爲譙王太興初拜屯騎校尉加輔國將軍領左
軍將軍承居官儉約家無別室尋加散騎常侍輔國左軍如故王敦有無君之
心表疏輕慢帝夜召承以敦表示之曰王敦頃年位任足矣而所求不已言至
於此將若之何承曰陛下不早裁之難將作矣帝欲樹藩屏會敦表以宣城內
史沈充爲湘州帝謂承曰湘州南楚險固在上流之要控三州之會是用武之
國也今以叔父居之如何承曰臣幸託末屬身當宿衞未有驅馳之勞頻受過
厚之遇夙夜自厲思報天德君之所命惟力是視敢有辭焉然湘州蜀寇之餘

人物凋盡若上憑天威得之所莅比及三年請從戎役若未及此雖復灰身亦無益也於是詔曰夫王者體天理物非羣才不足濟其務外建賢哲以樹風聲內睦親親以廣藩屏是以太公封齊伯禽居魯此先王之令典古今之通義也我晉開基列國相望乃授瑯邪武王鎮統東夏汝南文成總一淮許扶風梁王迭據關右爰暨東嬴作司并州今公族雖寡不逮曩時豈得替舊章乎散騎常侍左將軍譙王承貞素款亮志存忠恪便蕃左右恭肅彌著今以承監湘州諸軍事南中郎將湘州刺史初劉隗以王敦威權太盛終不可制勸帝出諸心腹以鎮方隅故先以承爲湘州續用隗及戴若思等並爲州牧承行達武昌釋戎備見王敦敦與之宴欲觀其意謂承曰大王雅素佳士恐非將帥才也承曰公未見知耳鉛刀豈不能一割乎承以敦欲測其情故發此言敦果謂錢鳳曰彼不知懼而學壯語此之不武何能爲也聽承之鎮時湘土荒殘公私困弊承躬自儉約乘葦茭車而傾心綏撫甚有能名敦恐其爲己患詐稱北伐悉召境內船乘承知其姦計分半與之敦尋搆難遣參軍桓羆說承以劉隗專寵今便討

擊請承以爲軍司以軍期上道承嘆曰吾其死矣地荒人鮮勢孤援絕赴君難忠也死王事義也惟忠與義夫復何求便欲唱義而衆心疑惑承曰吾受國恩義無有貳府長史虞悝慷慨有志節謂承曰王敦居分陝之任而一旦作逆天地所不容人神所痛疾大王宗室藩屏寧可從其僞邪便宜電奮存亡以之於是與悝及弟前丞相掾望建昌太守長沙王循衡陽太守淮陵劉翼等共盟誓囚桓羆馳檄湘州指期至巴陵零陵太守尹奉首同義謀出軍營陽於是一州之內皆同義舉乃使虞望討諸不服斬湘東太守鄭澹澹敦姊夫也敦遣南蠻校尉魏乂將軍李恆田嵩等甲卒二萬以攻承承且戰且守待救於尹奉虞望而城池不固人情振恐或勸承南投陶侃又云可退據零桂承曰吾舉義衆志在死節寧偷生苟免爲奔敗之將乎事之不濟其令百姓知吾心耳初安南將軍甘卓與承書勸使固守當以兵出沔口斷敦歸路則湘圍自解承答書曰季思足下勞於王事天綱暫圮中原丘墟四海義士方謀剋復中興江左草創始爾豈圖惡逆萌自寵臣吾以闇短託宗皇屬仰豫密命作鎮南夏親奉中詔成

規在心伯仁諸賢扼腕岐路至止尚淺凡百茫然豺狼易驚遂肆醜毒聞知駭
踊神氣衝越子來之義人思自百不命而至衆過數千誠足以決一旦之機攄
山海之憤矣然迫於倉卒舟檝未備魏乂李恆尋見圍逼是故事與意違志力
未展猥辱來使深同大趣嘉謀英算發自深衷執讀周復欣無以量足下若能
卷甲電赴猶或有濟若有狐疑求我枯魚之肆矣兵聞拙速未覩工遲季思足
下勉之勉之書不盡意絕筆而已卓軍次豬口聞王師敗績停師不進乂等攻
戰日逼敦又送所得臺中人書疏令乂射以示承城內知朝廷不守莫不悵惋
劉翼戰死相持百餘日城遂沒乂檻送承荆州刺史王廙承敦旨於道中害之
時年五十九敦平詔贈車騎將軍子無忌立
烈王無忌字公壽承之難以年小獲免咸和中拜散騎侍郎累遷屯騎校尉中
書黃門侍郎江州刺史褚裒當之鎮無忌及丹陽尹桓景等餞於板橋時王廙
子丹陽丞耆之在坐無忌志欲復讎拔刀將手刃之裒景命左右救捍獲免御
史中丞車灌奏無忌欲專殺人付廷尉科罪成帝詔曰王敦作亂閔王遇禍尋

事原情今王何責然公私憲制亦已有斷王當以體國爲大豈可尋繹由來以亂朝憲主者其申明法令自今已往有犯必誅於是聽以贖論建元初遷散騎常侍轉御史中丞出爲輔國將軍長沙相又領江夏相尋轉南郡河東二郡太守將軍如故隨桓温伐蜀以勳賜少子愔爵廣晉伯進號前將軍永和六年薨贈衞將軍二子恬愔恬立

敬王恬字元愉少拜散騎侍郎累遷散騎常侍黄門郎御史中丞值海西廢簡文帝登祚未解嚴大司馬桓温屯中堂吹警角恬奏劾温大不敬請科罪温視奏嘆曰此兒乃敢彈我真可畏也恬忠正有幹局在朝憚之遷右衞將軍司雍秦梁四州大中正拜尚書轉侍中領左衞將軍補吳國內史又領太子詹事恬既宗室勳望有才用孝武帝時深仗之以爲都督兗青冀幽并揚州之晉陵徐州之南北郡軍事領鎮北將軍兗青二州刺史假節太元十五年薨追贈車騎將軍四子尚之恢之允之休之尚之立

忠王尚之字伯道初拜祕書郎還散騎侍郎恬鎮京口尚之爲振威將軍廣陵

相父憂去職服闋爲驃騎諮議參軍宗室之內世有人物王國寶之誅也散騎常侍劉鎮之彭城內史劉涓子徐州別駕徐放並以同黨被收將加大辟尙之言於會稽王道子曰刑獄不可廣宜釋鎮之等道子以尙之昆季並居列職每事仗焉乃從之兗州刺史王恭忌其盛也與豫州刺史庾楷並稱兵以討尙之爲名南連荊州刺史殷仲堪南郡公桓玄等道子命前將軍王恂右將軍謝琰討恭尙之距楷允之與楷子鴻戰於當利鴻敗走斬楷將段方楷單馬奔于桓玄道子以尙之爲建威將軍豫州刺史假節一依楷故事尋進號前將軍允之爲吳國內史恢之驃騎司馬丹陽尹休之襄城太守各擁兵馬勢傾朝廷後將軍元顯執政亦倚以爲援元顯寵倖張法順每宴會坐起無別尙之入朝正色謂元顯曰張法順驅走小人有何才異而暴被拔擢當今聖世不宜如此元顯默然尙之又曰宗室雖多匡諫者少王者尙納芻蕘之言況下官與使君骨肉不遠蒙眷累世何可坐視得失而不盡言因叱法順令下舉坐失色尙之言笑自若元顯深銜之後符下西府令出勇力二千人尙之不與曰西藩濱接荒餘

寇虜無常兵止數千不足戍衞無復可分徹者元顯尤怒會欲伐桓玄故無他

及元顯稱詔西伐命尚之爲前鋒尚之子文仲爲寧遠將軍宣城內史桓玄至

姑孰遣馮該等攻歷陽斷洞浦焚尚之舟艦尚之率步卒九千陣於浦上先遣

武都太守楊秋屯横江秋奔于玄軍尚之衆潰逃于涂中十餘日譙國人韓連

丁元等以告玄玄害之於建康市玄上疏以閔王不宜絶嗣乃更封尚之從弟

康之爲譙縣王安帝反正追贈尚之衞將軍以休之長子文思爲尚之嗣襲封

譙郡王

文思性凶暴每違軌度多殺弗辜好田獵燒人墳墓數爲有司所糾遂與羣小

謀逆劉裕聞之誅其黨與送文思付父休之令自訓厲後與休之同怨望稱兵

爲裕所敗而死國除

恢之字季明歷官驃騎司馬丹陽尹尚之爲桓玄所害徙恢之等於廣州而於

道中害之安帝反正追贈撫軍將軍

休之字季預少仕清塗以平王恭庾楷功拜龍驤將軍襄城太守鎮歷陽桓玄

攻歷陽休之嬰城固守及尚之戰敗休之以五百人出城力戰不捷乃還城攜子姪奔于慕容超聞義軍起復還京師大將軍武陵王令曰前龍驤將軍休之才幹貞審功業既成歷陽之戰事在機捷及至勢乖力屈奉身出奔猶鳩集義徒崎嶇險阻既應親賢之舉宜委分陝之重可監荊益梁寧秦雍六州軍事領護南蠻校尉荊州刺史假節到鎮無幾桓振復襲江陵休之戰敗出奔襄陽寧朔將軍張暢之高平相劉懷肅自沔攻振走之休之還鎮御史中丞王楨之奏休之失戍免官朝廷以豫州刺史魏詠之代之徵休之還京師拜後將軍會稽內史御史中丞阮歆之奏休之與尚書虞嘯父犯禁嬉戲降號征虜將軍尋復爲後將軍及盧循作逆加督浙江東五郡軍事坐公事免劉毅誅復以休之都督荊雍梁秦寧益六州軍事平西將軍荊州刺史假節以子文思爲亂上疏謝曰文思不能聿修自貽罪戾憂懼震惶惋愧交集臣御家無方威訓不振致使子姪愆法仰負聖朝悚赧兼懷胡顏自處請解所任歸罪闕庭不許後以文思事怨望遂結雍州刺史魯宗之將共誅執政時休之次子文寶及兄子文祖並

在都收付廷尉賜死劉裕親自征之密使遺休之治中韓延之書曰文思事意遠近所知去秋遣康之送還司馬君者推至公之極也而了無愧心久絕表疏此是天地所不容吾受命西征止其父子而已彼土僑舊爲之驅逼一無所問往年郗僧施謝邵任集之等交搆積歲專爲劉毅規謀所以至此今卿諸人一時逼迫本無纖釁吾虛懷期物自有由來今在近路是諸賢濟身之日若大軍相臨交鋒接刃蘭艾雜揉或恐不分故白此意幷可示同懷諸人延之報曰聞親率戎馬遠履西畿闔境士庶莫不惶駭何者莫知師出之名故也辱來疏始委以譙王前事良增歎息司馬平西體國忠貞款懷待物以君有匡復之勳家國蒙賴推德委誠每事詢仰譙王往以微事見劾猶自遜位況以大過而當默然也但康之前言有所不盡故重使胡道申白所懷道未及反已奏表廢之所不盡者命耳推寄相與正當如此有何不可便及兵戈自義旗以來方伯誰敢不先相諮疇而徑表天子可謂欲加之罪其無辭乎劉裕足下海內之人誰不見足下此心而復欲誑國士天地所不容在彼不在此矣來言虛懷期物自有

由來今伐人之君啗人以利真可謂虛懷期物自有由來矣劉藩死於閶闔之門諸葛蟞於左右之手甘言詫語方伯襲之以輕兵遂使席上靡款懷之士閫外無自信諸侯以是爲得算良可恥也吾誠鄙劣嘗聞道於君子以平西之至德寧可無授命之臣乎假令天長喪亂九流渾濁當與臧洪游於地下耳裕得書嘆息示諸佐曰事君應如此宗之聞裕向荊州自襄陽就休之共屯江陵使文思及宗之子軌以兵距裕戰于江律休之大敗遂與宗之俱奔于姚興裕平姚泓休之將奔于魏未至道死

允之字季度出後叔父愔襲爵廣晉伯歷位輔國將軍吳國宣城譙梁內史王恭庾楷桓玄等內伐也會稽王道子命允之兄弟距楷破之元興初與兄恢之同徙廣州於道被害義軍起追贈太常卿從弟康之以子文惠襲爵宋受禪國除

愔字敬王初封廣晉伯早卒無子兄恬以子允之嗣

韓延之字顯宗南陽赭陽人魏司徒暨之後也少以分義稱安帝時爲建威將軍荊州治中轉平西府錄事參軍以劉裕父名翹字顯宗延之遂字顯宗名兒

爲魏以示不臣劉氏與休之俱奔姚興劉裕入關又奔于魏

高陽王睦

高陽王睦字子友譙王遜之弟也魏安平亭侯歷侍御史武帝受禪封中山王邑五千二百戶睦自表乞依六蓼祀皋陶鄫杞祀相立廟事下太常依禮典平議博士祭酒劉憙等議禮記王制諸侯五廟二昭二穆與太祖而五是則立始祖之廟謂嫡統承重一人得立耳假令支弟並爲諸侯始封之君不得立廟也今睦非爲正統若立祖廟中山不得並也後世中山乃得爲睦立廟爲後世子孫之始祖耳詔曰禮文不明此制度大事宜令詳審可下禮官博議乃處當之咸寧三年睦遣使募徙國內八縣受逋逃私占及變易姓名詐冒復除者七百餘戶冀州刺史杜友奏睦招誘逋亡不宜君國有司奏事在赦前應原詔曰中山王所行何乃至此覽奏甚用憮然廣樹親戚將以上輔王室下惠百姓也豈徒榮崇其身而使民踰典憲乎此事當大論得失正臧否所在耳苟不宜君國何論於赦令之間邪其貶睦爲縣侯乃封丹水縣侯及吳平太康初詔復爵有

司奏封江陽王帝曰睦退靜思愆改修其德今有爵土不但以赦江陽險遠其以高陽郡封之乃封爲高陽王元康元年爲宗正薨於位世子蔚早卒孫毅立拜散騎侍郎永嘉中沒於石勒隆安元年詔以譙敬王恬次子恢之子文深繼毅後立五年薨無嗣復以高密王純之子法蓮繼之宋受禪國除

任城景王陵　弟順　斌

任城景王陵字子山宣帝弟魏司隸從事安城亭侯通之子也初拜議郎泰始元年封北海王邑四千七百戶三年轉封任城王之國咸寧五年薨子濟立拜散騎侍郎給事中散騎常侍輔國將軍隨東海王越在項爲石勒所害二子俱沒有二弟順斌

順字子思初封習陽亭侯及武帝受禪順歎曰事乖唐虞而假爲禪名遂悲泣由是廢黜徙武威姑臧縣雖受罪流放守意不移而卒

西河繆王斌字子政魏中郎武帝受禪封陳王邑千七百一十戶三年改封西河咸寧四年薨子隱立薨子喬立

史臣曰秦始之初天下少事革魏餘弊遵周舊典並建宗室以爲藩翰諸父同虞虢之尊兄弟受魯衞之社以爲歷紀長久本支百世安平風度宏邈器宇高雅內弘道義外闡忠貞泊高貴薨殂則枕尸流慟陳留就國則拜辭隕涕語曰疾風彰勁草獻王其有焉故能位班上列享年眉壽清徽至範爲晉宗英子孫遵業世篤其慶高密風監清遠簡素寡欲孝以承親忠以奉上方諸枝庶實謂國楨新蔡南陽俱莅方嶽值王室多難中原蕪梗表義甄節效績艱危于時醜類實繁凶威日逞勢懸衆寡相繼淪亡悲夫譙閔沉雄壯勇作鎭南服屬姦回肆亂稱兵內侮懷忠憤發建義湘州荊沔響應羣才致力雖元勳不立而誠節克彰垂裕後昆奕世貞烈豈不休哉勳托末屬稟性凶暴仍荷朝寄推轂梁岷遂棄親背主負恩放命憑庸蜀之饒苞藏不逞恃江山之固姦謀日深是以縉紳切齒攄積憤之志義士思奮厲忘身之節天道禍淫應時蕩定昔汲黯猶在淮南寢謀周撫若存凶渠未發以邪忌正異代同規詩云自貽伊戚其勳之謂矣習陽憑慶枝葉守約懷逸棲情塵外希蹤物表顧匹夫之獨善貴達節之弘

規言出身播猶爲幸也

贊曰安平立節雅性貞亮高密含和宗室之望新蔡遇禍忠全元喪譙門狥義

力屈志揚勳自貽戚名隕身亡順不恤忌流播遐方

晉書卷三十七

晉書卷三十七考證

下邳獻王晃傳字子明魏封武始亭侯○監本作魏武封始亭侯今改正

高密文獻王泰傳永興初惤令劉根起兵東萊○惤監本訛悺今從本紀改正

濟南惠王遂傳初京兆人杜洪○監本此下脫以豪族陵琚琚以勇俠侮洪共

十一字今照宋本增

晉書卷三十七考證

晉書卷三十八

唐　太　宗　文　皇　帝　御　撰

列傳第八

宣五王

宣帝九男穆張皇后生景帝文帝平原王榦伏夫人生汝南文成王亮琅邪武王伷清惠亭侯京扶風武王駿張夫人生梁王肜柏夫人生趙王倫汝南王亮及倫別有傳

平原王榦字子良少以公子魏時封安陽亭侯稍遷撫軍中郎將進爵平陽鄉侯五等建改封定陶伯武帝踐祚封平原王邑萬一千三百戶給鼓吹駙馬二疋加侍中之服咸寧初遣諸王之國榦有篤疾性理不恆而頗清虛靜退簡於情欲故特詔留之太康末拜光祿大夫加侍中特假金章紫綬班次三司惠帝卽位進左光祿大夫侍中如故劍履上殿入朝不趨榦雖王大國不事其務有所調補必以才能雖有爵祿若不在己秩奉布帛皆露積腐爛陰雨則出犢車

而內露車或問其故對曰露者宜內也朝士造之雖通姓名必令立車馬於門外或終夕不見時有得覲與人物酬接亦恂恂恭遜初無闕失前後愛妾死既斂輒不釘棺置後空室中數日一發視或行淫穢須其尸壞乃葬之趙王倫輔政以幹爲衛將軍惠帝反正復爲侍中加太保齊王冏之平趙王倫也宗室朝士皆以牛酒勞冏幹獨懷百錢見冏出之曰趙王逆亂汝能義舉是汝之功今以百錢賀汝雖然大勢難居不可不慎冏既輔政幹詣之冏出迎拜幹入踞其牀不命冏坐語之曰汝勿效白女兒其意指倫也及冏誅幹哭之慟謂左右曰宗室日衰唯此兒最可而復害之從今殆矣東海王越興義至洛陽往視幹幹閉門不通越駐車良久幹乃使人謝遣而自於門閒闚之當時莫能測其意或謂之有疾或以爲晦迹焉永嘉五年薨時年八十會劉聰寇洛不遑贈謚有二子世子廣早卒次子永以太熙中封安德縣公散騎常侍皆爲善士遇難合門堙滅

琅邪武王伷字子將正始初封南安亭侯早有才望起家爲寧朔將軍監守鄴

城有綏懷之稱累遷散騎常侍進封東武鄉侯拜右將軍監兗州諸軍事兗州刺史五等初建封南皮伯轉征虜將軍假節武帝踐祚封東莞郡王邑萬六百戶始置二卿特詔諸王自選令長伷表讓不許入爲尚書右僕射撫軍將軍出爲鎮東大將軍假節徐州諸軍事代衛瓘鎮下邳伷鎮御有方得將士死力吳人憚之加開府儀同三司改封琅邪王以東莞益其國平吳之役率衆數萬出涂中孫皓奉箋送璽綬詣伷請降詔曰琅邪王伷督率所統連據涂中使賊不得相救又使琅邪相劉弘等進軍逼江賊震懼遣使奉僞璽綬又使長史王恆率諸軍渡江破賊邊守獲督蔡機斬首降附五六萬計諸葛靚孫奕等皆歸命請死功勳茂著其封子二人爲亭侯各三千戶賜絹六千匹頃之并督青州諸軍事加侍中之服進拜大將軍開府儀同三司伷既戚屬尊重加有平吳之功克己恭儉無矜滿之色僚吏盡力百姓懷化疾篤賜牀帳衣服錢帛秫粱等物遣侍中問焉太康四年薨時年五十七臨終表求葬母太妃陵次并乞分國封四子帝許之恭王覲立又封次子澹爲武陵王繇爲東安王漼爲淮陵王

覲字思祖拜冗從僕射太熙元年薨時年三十五子睿立是爲元帝中興初以皇子裒爲琅邪王奉恭王祀裒早薨更以皇子煥爲琅邪王其日薨復以皇子昱爲琅邪王咸和之初既徙封會稽成帝又以康帝爲琅邪王康帝卽位封成帝長子哀帝爲琅邪王哀帝卽位以廢帝爲琅邪王廢帝卽位以會稽王攝行琅邪國祀簡文帝登祚琅邪王無嗣及帝臨崩封少子道子爲琅邪王道子後爲會稽王更以恭帝爲琅邪王帝既卽位琅邪國除

武陵莊王澹字思弘初爲冗從僕射後封東武公邑五千二百戶轉前將軍中護軍性忌害無孝友之行弟東安王繇有令名爲父母所愛澹惡之如讎遂譖繇於汝南王亮亮素與繇有隙奏廢徙之趙王倫作亂以澹爲領軍將軍澹素與河內郭俶俶弟侃親善酒酣俶等言張華之冤澹性酗酒因並殺之送首于倫其凶虐如此澹妻郭氏賈后內妹也初恃勢無禮於澹母齊王冏輔政澹母諸葛太妃表澹不孝乞還繇由是澹與妻子徙遼東其子禧年五歲不肯隨去曰要當爲父求還無爲俱徙陳訴歷年太妃薨繇被害然後得還拜光祿大夫

尚書太子太傅改封武陵王永嘉末爲石勒所害子哀王喆立喆字景林拜散騎常侍亦爲勒所害無子其後元帝立皇子晞爲武陵王以奉澹祀焉

東安王繇字思玄初拜東安公歷散騎黃門侍郎遷散騎常侍美鬚髯性剛毅有威望博學多才事親孝居喪盡禮誅楊駿之際繇屯雲龍門兼統諸軍以功拜右衞將軍領射聲校尉進封郡王邑二萬戶加侍中兼典軍大將軍領右衞如故遷尚書右僕射加散騎常侍是日誅賞三百餘人皆自繇出東夷校尉文俶父欽爲繇外祖諸葛誕所殺繇慮俶爲舅家之患是日亦以非罪誅俶繇兄澹屢搆繇於汝南王亮亮不納至是以繇專行誅賞澹因隙譖之亮惑其說遂免繇官以公就第坐有悖言廢徙帶方永康中徵繇復封拜宗正卿遷尚書轉左僕射惠帝之討成都王穎時繇遭母喪在鄴勸穎解兵而降及王師敗績穎怨繇乃害之後立琅邪王覲子長樂亭侯渾爲東安王以奉繇祀尋薨國除

淮陵元王漼字思沖初封廣陵公食邑二千九百戶歷左將軍散騎常侍趙王倫之篡也三王起義漼與左衞將軍王輿攻殺孫秀因而廢倫以功進封淮陵

王入爲尚書加侍中轉宗正光祿大夫薨子貞王融立薨無子安帝時立武陵
威王孫藴爲淮陵王以奉元王之祀位至散騎常侍薨無子以臨川王寶子安
之爲嗣宋受禪國除
清惠亭侯京字子佐魏末以公子賜爵年二十四薨追贈射聲校尉以文帝子
機字太玄爲嗣泰始元年封燕王邑六千六百六十三戸機之國咸寧初徵爲
步兵校尉以漁陽郡益其國加侍中之服拜青州都督鎭東將軍假節以北平
上谷廣甯郡一萬三百三十七戸增燕國爲二萬戸薨無子齊王冏表以子幾
嗣後冏敗國除
扶風武王駿字子臧幼聰惠年五六歲能書疏諷誦經籍見者奇之及長清貞
守道宗室之中最爲儁望魏景初中封平陽亭侯齊王芳立駿年八歲爲散騎
常侍侍講焉尋遷步兵屯騎校尉常侍如故進爵鄉侯出爲平南將軍假節都
督淮北諸軍事改封平壽侯轉安東將軍咸熙初徙封東牟侯轉安東大將軍
鎭許昌武帝踐祚進封汝陰王邑萬戸都督豫州諸軍事吳將丁奉寇芍陂駿

督諸軍距退之還使持節都督揚州諸軍事代石苞鎮壽春尋復都督豫州還鎮許昌遷鎮西大將軍使持節都督雍涼等州諸軍事代汝南王亮鎮關中加袞冕侍中之服駿善撫御有威恩勸督農桑與士卒分役已及寮佐幷將帥兵士等人限田十畝具以表聞詔遣普下州縣使各務農事咸寧初羌虜樹機能等叛遣衆討之斬三千餘級進位征西大將軍開府辟召儀同三司持節都督如故又詔駿遣七千人代涼州守兵樹機能侯彈勃等欲先劫佃兵駿命平虜護軍文俶督涼秦雍諸軍各進屯以威之機能乃遣所領二十部及彈勃面縛軍門各遣入質子安定北地金城諸胡吉軻羅侯金多及北虜熱冏等二十萬口又來降其年入朝徙封扶風王以氐戶在國界者增封給羽葆鼓吹太康初進拜驃騎將軍開府持節都督如故駿有孝行母伏太妃隨兄亮在官駿常涕泣思慕若聞有疾輒憂懼不食或時委官定省少好學能著論與荀顗論仁孝先後文有可稱及齊王攸出鎮駿表諫懇切以帝不從遂發病薨追贈大司馬加侍中假黃鉞西土聞其薨也泣者盈路百姓爲之樹碑長老見碑無不下拜

其遺愛如此有子十人暢歆最知名

暢字玄舒改封順陽王拜給事中屯騎校尉游擊將軍永嘉末劉聰入洛不知所終

新野莊王歆字弘舒武王薨後兄暢推恩請分國封歆太康中詔封新野縣公邑千八百戶儀比縣王歆雖少貴而謹身履道母臧太妃薨居喪過禮以孝聞拜散騎常侍趙王倫篡位以爲南中郎將齊王冏舉義兵移檄天下歆未知所從嬖人王綏曰趙親而彊齊疏而弱公宜從趙參軍孫洵大言於衆曰趙王凶逆天下當共討之大義滅親古之明典歆從之乃使洵詣冏冏迎執其手曰使我得成大節者新野公也冏入洛歆躬貫甲冑率所領導冏以勳進封新野郡王邑二萬戶還使持節都督荊州諸軍事鎮南大將軍開府儀同三司歆將之鎮與冏同乘謁陵因說冏曰成都至親同建大勳今宜留之與輔政若不能耳當奪其兵權冏不從俄而冏敗歆懼自結於成都王穎歆爲政嚴刻蠻夷並怨及張昌作亂於江夏歆表請討之時長沙王乂執政與成都王穎有隙疑歆與

穎連謀不聽歆出兵昌衆日盛時孫洵爲從事中郎謂歆曰古人有言一日縱敵數世之患公荷藩屏之任居推轂之重拜表輒行有何不可而使姦凶滋蔓禍釁不測豈維翰王室鎮靜方夏之謂乎歆將出軍王綏又曰昌等小賊偏裨自足制之不煩違帝命親矢石也乃止昌至樊城歆出距之衆潰爲昌所害追贈驃騎將軍無子以兄子劭爲後永嘉末沒於石勒

梁孝王彤字子徽清修恭慎無他才能以公子封平樂亭侯及五等建改封開平子武帝踐祚封梁王邑五千三百五十八戶及之國遷北中郎將督鄴城守事時諸王自選官屬彤以汝陰上計吏張蕃爲中大夫蕃素無行本名雄妻劉氏解音樂爲曹爽教伎蕃又往來何晏所而恣爲姦淫晏誅徙河間乃變名自結於彤爲有司所奏詔削一縣咸寧中復以陳國汝南南頓增封爲次國太康中代孔洵監豫州軍事加平東將軍鎮許昌頃之又以本官代下邳王晃監青徐州軍事進號安東將軍元康初轉征西將軍代秦王柬都督關中軍事領護西戎校尉加侍中進督梁州尋徵爲衛將軍錄尚書事行太子太保給千兵百

騎久之復爲征西大將軍代趙王倫鎭關中都督涼雍諸軍事置左右長史司
馬又領西戎校尉屯好畤督建威將軍周處振威將軍盧播等伐氐賊齊萬年
於六陌肜與處有隙促令進軍而絕其後播又不救之故處見害朝廷尤之尋
徵拜大將軍尚書令領軍將軍錄尚書事肜嘗大會謂參軍王銓曰我從兄爲
尚書令不能啖大臠大臠故難銓曰公在此獨嚼尚難矣肜曰長史大臠爲誰
曰盧播是也肜曰是家吏隱之耳銓曰天下咸是家吏便恐王法不可復行肜
又曰我在長安作何等不善因指單衣補幰以爲清銓答曰朝野望公舉薦賢
才使不仁者遠而位居公輔以衣補幰以此爲清無足稱也肜有慙色永康初
共趙王倫廢賈后詔以肜爲太宰守尚書令增封二萬戶趙王倫輔政有星變
占曰不利上相孫秀懼倫受災乃省司徒爲丞相以授肜猥加崇進欲以應之
或曰肜無權不益也肜固讓不受及倫篡位以肜爲阿衡給武賁百人軒懸之
樂十人倫滅詔以肜爲太宰領司徒又代高密王泰爲宗師永康二年薨喪葬
依汝南文成王亮故事博士陳留蔡充議謚曰肜位爲宰相責深任重屬尊親

近且爲宗師朝所仰望下所具瞻而臨大節無不可奪之志當危事不能舍生取義愍懷之廢不聞一言之諫淮南之難不能因勢輔義趙王倫篡逆不能引身去朝宋有蕩氏之亂華元自以不能居官曰君臣之訓我所司也公室卑而不正吾罪大矣夫以區區之宋猶有不素飧之臣而況帝王之朝有苟容之相此而不貶法將何施謹按諡法不勤成名曰靈彤見義不爲不可謂勤宜諡曰靈梁國常侍孫霖及彤親黨稱枉臺乃下符曰賈氏專權趙王倫篡逆皆力制朝野彤勢不得去而責其不能引身去朝義何所據充重議曰彤爲宗室臣而國亂不能匡主顛不能扶非所以爲相故春秋譏華元樂舉謂之不臣且賈氏之酷烈不甚於呂后而王陵猶得杜門趙王倫之無道不甚於殷紂而微子猶得去之近者太尉陳準異姓之人加弟微有射鉤之隙亦得託疾辭位不涉僞朝何至於彤親倫之兄而不得去乎趙盾入諫不從出亡不遠猶不免於責況彤不能去位北面事僞主乎宜如前議加其貶責以廣爲臣之節明事君之道於是朝廷從充議彤故吏復追訴不已故改焉無子以武陵王澹子禧爲後是

爲懷王拜征虜將軍與澹俱沒於石勒元帝時以西陽王羕子悝爲彤嗣早薨
是爲殤王至是懷王子翹自石氏歸國得立是爲聲王官至散騎常侍薨無子
詔以武陵威王子遵爲翹嗣歷永安太僕與父晞俱廢徙新安薨太元中復國
子穌立薨子珍之立桓玄篡位國臣孔璞奉珍之奔于壽陽義旗初乃歸累遷
左衛將軍太常卿劉裕伐姚泓請爲諮議參軍爲裕所害國除

文六王

文帝九男文明王皇后生武帝齊獻王攸城陽哀王兆遼東悼惠王定國廣漢
殤王廣德其樂安平王鑒燕王機皇子永祚樂平王延祚不知母氏燕王機繼
清惠亭侯別有傳永祚早亡無傳

齊獻王攸字大猷少而岐嶷及長清和平允親賢好施愛經籍能屬文善尺牘
爲世所楷才望出武帝之右宣帝每器之景帝無子命攸爲嗣從征王淩封長
樂亭侯及景帝崩攸年十歲哀動左右大見稱歎襲封武陽侯奉景獻羊后於
別第事后以孝聞復歷散騎常侍步兵校尉時年十八綏撫軍部甚有威惠五

等建改封安昌侯還衞將軍居文帝喪哀毀過禮杖而後起左右以稻米乾飯
雜理中丸進之攸泣而不受太后自往勉諭曰若萬一加以他疾將復如何宜
遠慮深計不可專守一志常遣人逼進飲食司馬嵇喜又諫曰毀不滅性聖人
之教且大王地卽密親任惟元輔匹夫猶惜其命以爲祖宗況荷天下之大業
輔帝室之重任而可盡無極之哀與顏閔爭孝不可令賢人笑愚人幸也喜躬
自進食攸不得已爲之強飯喜退攸謂左右曰嵇司馬將令我不忘居喪之節
得存區區之身耳武帝踐祚封齊王時朝廷草創而攸總統軍事撫寧內外莫
不景附焉詔議藩王令自選國內長吏攸奏議曰昔聖王封建萬國以親諸侯
軌跡相承莫之能改誠以君不世居則人心偷幸人無常主則風俗僞薄是以
先帝深覽經遠之統思復先哲之軌分土畫疆建爵五等或以進德或以酬功
伏惟陛下應期創業樹建親戚聽使藩國自除長吏而今草創制度初立雖庸
蜀順軌吳猶未賓宜俟清泰乃議復古之制書比三上輒報不許其後國相上
長吏缺典書令請求差選攸下令曰忝受恩禮不稱惟憂至於官人敘才皆朝

廷之事非國所宜裁也其令自上請之時王家人衣食皆出御府攸表租秩足以自供求絶之前後十餘上帝又不許攸雖未之國文武官屬下至士卒分租賦以給之疾病死喪賜與之而時有水旱國內百姓則加振貸須豐年乃責十減其二國內賴之遷驃騎將軍開府辟召禮同三司降身虛己待物以信常嘆公府不按吏然以董御戎政復有威克之宜乃下教曰夫先王馭世明罰勅法鞭朴作教以正逋慢且唐虞之朝猶須督責前欲撰次其事使粗有常懼煩簡之宜未審其要故令劉程二君詳定然思惟之鄭鑄刑書叔向不韙范宣議制仲尼譏之令皆如舊無所增損其常節度所不及者隨事處決諸吏各竭乃心思同在公古人之節如有所闕以賴股肱匡佐之規庶以免負於是內外祗肅時驃騎當罷營兵兵士數千人戀攸恩德不肯去遮京兆主言之帝乃還攸兵攸每朝政大議悉心陳之詔以比年饑饉議所節省攸奏議曰臣聞先王之教莫不先正其本務農重本國之大綱當今方隅清穆武夫釋甲廣分休假以就農業然守相不能勤心恤公以盡地利昔漢宣嘆曰與朕理天下者惟良二千

石乎勤加賞罰黜陟幽明于時翕然用多名守計今地有餘羨而不農者衆加附業之人復有虛假通天下謀之則飢者必不少矣今宜嚴勑州郡檢諸虛詐害農之事督實南畝上下同奉所務則天下之穀可復古政豈患於暫一水旱便憂饑餒哉考績黜陟畢使嚴明畏威懷惠莫不自厲又都邑之內游食滋多巧伎末業服飾奢麗富人兼美猶有魏之遺弊染化日淺靡財害穀動復萬計宜申明舊法必禁絶之使去奢節儉不奪農時畢力稼穡以實倉廩則榮辱禮節由之而生興化反本於茲爲盛轉鎮軍大將軍加侍中羽葆鼓吹行太子少傅數年授太子太傅獻箴於太子曰伊昔上皇建國立君仰觀天文俯察地理創業恢道以安人承祀祚延統重故援立太子尊以弘道固以貳己儲德既立邦有所恃夫親仁者功成邇佞者國傾故保相之材必擇賢明昔在周成旦奭作傅外以明德自輔內以親親立固德以義濟親則自然嬴廢公族其崩如山劉建子弟漢祚永傳楚以無極作亂宋以伊戾興難張禹佞給卒危彊漢輔弼不忠禍及乃躬匪徒乃躬乃喪乃邦無曰父子不間昔有江充無曰至親匪貳

或容潘崇諛言亂真譖潤離親驪姬之讒晉侯疑申固親以道勿固以恩脩身
以敬勿託以尊自損者有餘自益者彌昏庶事不可以不恤大本不可以不敦
見亡戒危覩安思存冢子司義敢告在闇世以爲工咸寧二年代賈充爲司空
侍中太傅如故初攸特爲文帝所寵愛每見攸輒撫牀呼其小字曰此桃符座
也幾爲太子者數矣及帝寢疾慮攸不安爲武帝敘漢淮南王魏陳思故事而
泣臨崩執攸手以授帝先是太后有疾既瘳帝與攸奉觴上壽攸以太后前疾
危篤因歔欷流涕帝有愧焉攸嘗侍帝疾恆有憂戚之容時人以此稱嘆之及
太后臨崩亦流涕謂帝曰桃符性急而汝爲兄不慈我若遂不起恐必不能相
容以是屬汝勿忘我言及帝晚年諸子並弱而太子不令朝臣內外皆屬意於
攸中書監荀勗侍中馮紞皆諂諛自進攸素疾之勗等以朝望在攸恐其爲嗣
禍必及己乃從容言於帝曰陛下萬歲之後太子不得立也帝曰何故勗曰百
僚內外皆歸心於齊王太子焉得立乎陛下試詔齊王之國必舉朝以爲不可
則臣言有徵矣紞又言曰陛下遣諸侯之國成五等之制者宜先從親始親莫

若齊王帝既信勖言又納紞說太康三年乃下詔曰古者九命作伯或入毗朝政或出御方嶽周之呂望五侯九伯實得征之侍中司空齊王攸明德清暢忠允篤誠以母弟之親受台輔之任佐命立勳劬勞王室宜登顯位以稱具瞻其以爲大司馬都督青州諸軍事侍中如故假節將本營千人親騎帳下司馬大車皆如舊增鼓吹一部官騎滿二十人置騎司馬五人餘主者詳案舊制施行攸不悅主簿丁頤曰昔太公封齊猶表東海桓公九合以長五伯況殿下誕德欽明恢弼大藩穆然東軫莫不得所何必絳闕乃弘帝載攸曰吾無匡時之用卿言何多明年策攸曰於戲惟命不于常天既遷有魏之祚我有晉既受順天明命光建羣后越造王國于東土錫茲青社用藩翼我邦家茂哉無怠以永保宗廟又詔下太常議崇錫之物以濟南郡益齊國又以攸子寔爲北海王於是備物典策設軒懸之樂六佾之舞黃鉞朝車乘輿之副從焉攸知勖紞構己憤怨發疾乞守先后陵不許帝遣御醫診視諸醫希旨皆言無疾疾轉篤猶催上道攸自彊入辭素持容儀疾雖困尚自整厲舉止如常帝益疑無疾辭出信宿

歐血而薨時年三十六帝哭之慟馮紞侍側曰齊王名過其實而天下歸之今自薨隕社稷之福也陛下何哀之過帝收淚而止詔喪禮依安平王孚故事廟設軒懸之樂配饗太廟子冏立别有傳攸以禮自拘鮮有過事就人借書必手刊其謬然後反之加以至性過人有觸其諱者輒泫然流涕雖武帝亦敬憚之每引之同處必擇言而後發三子蕤贊寔

蕤字景回出繼遼東王定國太康初徙封東萊王元康中歷步兵屯騎校尉蕤性彊暴使酒數陵侮弟冏冏以兄故容之冏起義兵趙王倫收蕤及弟北海王寔繫廷尉當誅倫太子中庶子祖納上疏諫曰罪不相及惡止其身此先哲之弘謀百王之達制也是故鯀既殛死禹乃嗣興二叔誅放而邢衛無責逮乎戰國及至秦漢明恕之道寖猜嫌之情用乃立質任以御衆設從罪以發姦其所由來蓋三代之弊法耳蕤寔獻王之子明德之胤宜蒙特宥以全穆親之典會孫秀死蕤等悉得免冏擁衆入洛蕤於路迎之冏不卽見須符付前頓蕤恚曰吾坐爾殆死曾無友于之情及冏輔政詔以蕤爲散騎常侍加大將軍領後軍

侍中特進增邑滿二萬戸又從冏求開府冏曰武帝子吳豫章尚未開府宜且須後蕤以是益怨密表冏專權與左衞將軍王輿謀共廢冏事覺免爲庶人尋詔曰大司馬以經識明斷高謀遠略猥率同盟安復社稷自書契所載周召之美未足比勳故授公上宰東萊王蕤潛懷怨妬包藏禍心與王輿密謀圖欲譖害收輿之日蕤與青衣共載微服奔走經宿乃還姦凶赫然妖惑外內又前表冏所言深重雖管蔡失道牙慶亂宗不復過也春秋之典大義滅親其徙蕤上庸後封微陽侯永寧初上庸內史陳鍾承冏旨害蕤冏死詔誅鍾復蕤改葬以王禮

贊字景期繼廣漢殤王廣德後年六歲太康元年薨謚沖王

寔字景深初爲長樂亭侯攸以贊薨又以寔繼廣漢殤王後改封北海王永寧初爲平東將軍假節加散騎常侍代齊王冏鎭許昌尋進安南將軍都督豫州軍事增邑滿二萬戸未發留爲侍中上軍將軍給千兵百騎

城陽哀王兆字千秋年十歲而夭武帝踐祚詔曰亡弟千秋少聰慧有夙成之

質不幸早亡先帝先后特所哀愍先后欲紹立其後而竟未遂每追遺意情懷
感傷其以皇子景度爲千秋後雖非典禮亦近世之所行且以述先后本旨也
於是追加兆封諡景度以泰始六年薨復以第五子憲繼哀王後薨復以第六
子祇爲東海王繼哀王後薨咸寧初又封第十三子遐爲清河王以繼兆後

遼東悼惠王定國年三歲薨咸寧初追加封諡齊王攸以長子蕤爲嗣蕤薨子
遵嗣

廣漢殤王廣德年二歲薨咸寧初追加封諡齊王攸以第五子贊紹封薨攸更
以第二子寔嗣廣德

樂安平王鑒字大明初封臨泗亭侯武帝踐祚封樂安王帝爲鑒及燕王機高
選師友下詔曰樂安王鑒燕王機並以長大宜得輔導師友取明經儒學有行
義節儉使足嚴憚昔韓起與田蘇游而好善宜必得其人泰始中拜越騎校尉
咸寧初以齊之梁鄒益封因之國服侍中之服元康初徵爲散騎常侍上軍大
將軍領射聲校尉尋遷使持節都督豫州軍事安南將軍代清河王遐鎮許昌

以疾不行七年薨子殤王籍立薨無子齊王冏以子冰紹鑒後以濟陰萬一千
二百一十九戸改爲廣陽國立冰爲廣陽王冏敗廢
樂平王延祚字大思少有篤疾不任封爵太康初詔曰弟祚早孤無識情所哀
愍幼得篤疾日冀其差今遂廢痼無復後望意甚傷之其封爲樂平王使有名
號以慰吾心尋薨無子
史臣曰平原性理不恆世莫之測及其處亂離之際屬交爭之秋而能遠害全
身享茲介福其愚不可及已琅邪武功旣暢飾之以温恭扶風文教克宣加之
以孝行抑宗室之可稱者也齊王以兩獻之親弘二南之化道光雅俗望重台
衡百辟具瞻萬方屬意旣而地疑致逼文雅見疵紱勛陳蔓草之邪謀武皇深
翼子之滯愛遂乃褫龍章於袞職徙侯服於下藩未及戒塗終於憤恚惜哉若
使天假之年而除其害奉綴衣之命膺負圖之託光輔嗣君允釐邦政求諸冥
兆或廢興之有期徵之人事庶勝殘之可及何八王之敢力爭五胡之能競逐
哉詩云人之云亡邦國殄瘁攸實有之讒人罔極交亂四國其荀馮之謂也

贊曰文宣孫子或賢或鄙扶風遺愛琅邪克己澹詔凶魁彤參釁始幹雖靜退
性乖恆理彼美齊獻卓爾不羣自家刑國緯武經文木摧於秀蘭燒以薰

晉書卷三十八

西元二〇二〇年六月一日重製一版

晉書（附考證）冊二（唐太宗御撰 何超音義）

平裝六冊基本定價肆仟捌佰元正
（郵運匯費另加）

發行人 張敏君

發行處 中華書局

臺北市內湖區舊宗路二段一八一巷八號五樓（5FL., No. 8, Lane 181, JIOU-TZUNG Rd., Sec 2, NEI HU, TAIPEI, 11494, TAIWAN）

客服電話：886-2-8797-8396

公司傳真：886-2-8797-8909

匯款帳戶：華南商業銀行西湖分行
179100026931

印刷：維中科技有限公司
海瑞印刷品有限公司

No. N1042-2

國家圖書館出版品預行編目(CIP)資料

晉書 / 唐太宗御撰 ; 何超音義. -- 重製一版. --
臺北市 : 中華書局, 2020.06
冊 ; 公分
ISBN 978-986-5512-16-3(全套 : 平裝)

1.晉史

623.101 109007154